Naime Çakır
Islamfeindlichkeit

Kultur und soziale Praxis

Naime Çakır (Dr. phil.), Soziologin, Religionswissenschaftlerin und Sozialpädagogin, ist wissenschaftliche Mitarbeiterin am Institut für Studien der Kultur und Religion des Islam im Fachbereich Kulturwissenschaften der Johann-Wolfgang-Goethe-Universität Frankfurt am Main.

Naime Çakir

Islamfeindlichkeit

Anatomie eines Feindbildes in Deutschland

[transcript]

Die vorliegende Publikation ist die überarbeitete Version meiner Dissertation »Ethnisierung des Fremden am Beispiel des Islam«, die am 17. Dezember 2012 an der Pädagogischen Hochschule Freiburg angenommen wurde.
Danken möchte ich meinem Erstgutachter Prof. Dr. Albert Scherr und meinem Zweitgutachter Prof. Dr. Franz Hamburger (Johannes Gutenberg Universität Mainz), die mir in dieser arbeitsintensiven Zeit mit Rat, Kritik und Anregungen zur Seite standen.

Bibliografische Information der Deutschen Nationalbibliothek
Die Deutsche Nationalbibliothek verzeichnet diese Publikation in der Deutschen Nationalbibliografie; detaillierte bibliografische Daten sind im Internet über http://dnb.d-nb.de abrufbar.

Umschlaggestaltung: Kordula Röckenhaus, Bielefeld
Korrektorat & Satz: Naime Çakır
Druck: Majuskel Medienproduktion GmbH, Wetzlar
Print-ISBN 978-3-8376-2661-2
PDF-ISBN 978-3-8394-2661-6

Gedruckt auf alterungsbeständigem Papier mit chlorfrei gebleichtem Zellstoff.
Besuchen Sie uns im Internet: *http://www.transcript-verlag.de*
Bitte fordern Sie unser Gesamtverzeichnis und andere Broschüren an unter:
info@transcript-verlag.de

Inhalt

Einleitung

Der Islam als gelebte Religion ist in Deutschland zum Alltag geworden; ob er dort angekommen ist und mittlerweile zu Deutschland gehört, scheint zumindest aus der jeweiligen Bewertungsperspektive umstritten. Tatsache ist, dass die Anzahl der Menschen muslimischen Glaubens in Deutschland auf etwa vier Millionen geschätzt wird.[1] Nicht nur die ehemaligen „Gast-Arbeiter" muslimischen Glaubens, deren Zukunftsperspektive sich im Laufe der Jahre perspektivisch in Richtung unbegrenzter Aufenthaltsdauer veränderte, bekennen sich zum islamischen Glauben, sondern zum größten Teil auch deren in Deutschland geborenen Nachkommen, die hier ihre bildungsbezogenen und soziokulturellen Prägungen erfuhren. Mit der sichtbaren Zunahme der religiösen Orientierung und den damit verbundenen Riten und Symbolen wächst gleichzeitig die Skepsis gegenüber dieser aus der Fremde importierten Religion: eine Grundskepsis, die sich im Zuge entsprechender publizistischer Aufbereitungen bisweilen bis hin zu islamophoben Positionen steigert, die den Islam als unvereinbar mit freiheitlich-demokratischen Prinzipien sieht und in deren religiös-kultureller Orientierung feindliche Absichten gegenüber der eigenen „Leitkultur" zu erkennen glaubt.

Diese Bedrohungsszenarien, die den Islam tendenziell als gewalttätig und menschenverachtend darstellen, wirken sich insbesondere für diejenige Mehrheit islamisch orientierter Menschen besonders erschwerend aus, die innerhalb einer Gesellschaft mit freiheitlich-demokratischem Anspruch lediglich ihren Glauben leben möchten und sich damit in ungerechtfertigter Weise dem konstruierten und offensichtlich vorurteilsbeladenen „Feindbild Islam" ausgesetzt sehen.

Wie wissenschaftliche Untersuchungen zeigen, haben sich die im Zuge der Arbeitsmigration anwachsenden islamophoben Haltungen bereits bis hin zur Mitte der Gesellschaft verschoben. Um dies zu belegen, werden in einem einführenden Kapitel zum Forschungsstand zunächst empirische Studien zur Islamophobie und

---

1 | Diese Zahlen können jedoch lediglich als Richtwert dienen, da die Religionszugehörigkeit in Deutschland durch die Staatsangehörigkeit erfasst wird, so dass im Grunde jede/ jeder MigrantIn aus muslimisch geprägten Ländern bisher automatisch dem islamischen Glauben zugeordnet wurde. In neueren Studien ändert sich allmählich diese Praxis, wie wir beispielsweise in der Studie „Muslimisches Leben in Deutschland" (MLD) 2009 sehen.

Islamfeindlichkeit in Deutschland sowie in einigen europäischen Ländern vorgestellt. Hierbei wird insbesondere auf die umfangreichen Studien des Bielefelder Soziologen Wilhelm Heitmeyer zur „Gruppenbezogenen Menschenfeindlichkeit" (GMF) detailliert eingegangen, mit denen in mehrjährigen Untersuchungen ausgrenzende und diskriminierende Einstellungen gegenüber MuslimInnen untersucht wurden. Mit diesen Studien scheint „Islamophobie" als „negativ-stereotype Haltungen" (Bielefeldt 2009, 182) gegenüber dem Islam hinreichend empirisch belegt zu sein, obgleich es in der wissenschaftlichen Debatte eine gewisse terminologische Unsicherheit hinsichtlich einer adäquaten Bezeichnung des Phänomens zu sehen ist, wie sich deutlich am Begriff der Islamophobie zeigen lässt, der von einigen Wissenschaftlern als auch von so genannten „Islamkritikern" gleichermaßen kritisiert wird (vgl. Bielefeldt 2009 184 f.; Biskamp 2011,136f.; Bühl 2010, 287f). Die auf antiislamische Vorurteile bezogenen Termini, die teilweise synonym benutzt werden (vgl. Schiffer 2011, 22; Hafez 2010, 19), reichen von Islamfeindlichkeit (Bühl 2010; Schneiders; 2009), Muslimfeindlichkeit (Bielefeldt 2010, 2), Islamopobie bzw. islamophober Populismus (Heitmeyer 2003–2010 [b]; Hafez 2010, 16) bis hin zum antimuslimischen Rassismus (Attia 2009 [b]; Eickhof 2010). Diese terminologische Vielfalt ist sicherlich dem Wunsch einer inhaltlichen Differenzierung zu diesem Phänomen geschuldet, die sich offenbar als sehr schwierig erweist. Ein weiterer Grund besteht möglicherweise darin, dass sich die Forschung zur Islamfeindlichkeit im 21. Jahrhundert in Deutschland noch in den Anfängen befindet und eine zureichende systematische und wissenschaftliche Bearbeitung dieses Phänomens insgesamt ergänzungsbedürftig ist.

So stellt sich angesichts einer immer größer werdenden Skepsis gegenüber dem Islam, die sich bis hin zur Feindlichkeit steigert, die Frage nach den eigentlichen Gründen und Ursachen solcher Haltungen. Diese Frage erscheint vor dem Hintergrund relevanter Konstitutionsprinzipien moderner säkularer Gesellschaften im Grunde anachronistisch, da man davon ausgehen müsste, dass seitens eines nach zweckrationalen, systemischen Kriterien organisierten Gesellschaftsgefüges individuelle religiöse Orientierungen relativ bedeutungslos sind. Wie konnte es dennoch dazu kommen, dass die Frage der ethnischen, kulturellen und religiösen Zugehörigkeit insbesondere im Zuge der Bleibeorientierung der zweiten und dritten Generation der Nachkommen der Gastarbeiter-Generation so an Bedeutung gewinnt? Weshalb rückt der Islam als Religion erst nach vierzig Jahren Migrationsgeschichte in dieser Weise in den Fokus? Die terroristischen Anschläge mit islamistischem Hintergrund, wie das Kristallisationsereignis des 11. Septembers 2001 in New York, oder der in der Nachfolge der sich unversöhnlich gegenüberstehenden Machtblöcke des „Kalten Krieges" prognostizierte „Kampf der Kulturen" (Huntington 1997) scheinen hier nicht umfassend geeignet, zufriedenstellende Erklärungen zu liefern.

Insofern besteht die wesentliche Intention der vorliegenden Untersuchung darin, nach möglichen Ursachen einer bestehenden Islamfeindlichkeit zu suchen und einen Beitrag zur systematisch-theoretischen Islamfeindlichkeitsforschung unter der

Fragestellung zu leisten, ob Islamfeindlichkeit als eine „Erscheinungsform des Rassismus ohne Rassen" (Balibar 1992; Castles 1991; Taguieff 1991) zu verstehen ist. Ausgehend von der Grundannahme, dass jeglichem Feindbild eine Differenzkonstruktion im Sinne einer Unterscheidung zwischen dem Eigenem und dem Fremden zugrunde liegt, soll dieses Phänomen am Beispiel von Islamphobie und Islamfeindlichkeit aus *differenz-theoretischer Perspektive* analysiert und dekonstruiert werden. Dabei werden nicht der oder das „Fremde" selbst und seine „Kultur" oder seine „Religion" als gewissermaßen essentialisierte Größe im Zentrum des Interesses stehen, sondern primär das Phänomen Fremdheit selbst. Es ist zu vermuten, dass bei der Konstruktion von Feindbildern die äußerlichen, teilweise konstruierten Differenzierungsmerkmale des Fremden gegenüber dem Eigenen lediglich Transporteur für darauf bezogene bedeutungskonstituierende Aspekte innerhalb einer hierarchischen, ideologisch geronnenen Werteskala sind, die dazu dienen sollen, eigene diskriminierende Einstellungen und Handlungen gegenüber dem „Fremd-Artigen" zu rechtfertigen.

Selbst ein empathischer Zugang im Sinne des „Fremd-Verstehens in guter Absicht", wie dies oft nicht nur in interreligiösen und interkulturellen „Dialog"-Foren praktiziert wird, basiert zumeist auf Differenzkonstruktionen zwischen Selbst und Anderem, womit auf dem Hintergrund dieser vorweggenommenen Erkenntnisgewissheit das Fremde in Abgrenzung zur eigenen, als adäquat empfundenen Weltdeutung zu erfassen gesucht wird. Im günstigsten Falle wird diesem Anderen des Eigenen eine gleichberechtigte Daseinsberechtigung zugesprochen und gegenüber unberechtigten pauschalen feindlichen Positionen verteidigt, ohne dabei jedoch den Status des gegenseitigen Fremd-Seins infrage zu stellen. „Der Islam" bleibt so im Status des vom Eigenen zu trennenden Fremden fixiert. Insofern sind solche „in guter Absicht" begründeten Annäherungen an das Fremde ein Teil des Problems selbst und verstärken durch das Festhalten an differenzkonstruierten Merkmalen somit den kulturalistischen und ethnizistischen Blickwinkel auf das Fremde. Demgegenüber sind hier vielmehr die Bedingungen und Voraussetzungen zu analysieren, die die Menschen in kulturellen, ethnischen und religiösen Kategorien denken lassen und so entlang dieser Kategorien Differenzlinien zwischen „ihnen" und „uns" aufbauen.

Im einleitenden Kapitel wird deshalb zunächst darauf verzichtet, das muslimische Leben mittels eines vermeintlich unbeirrbaren „Blicks von oben" und von „Innen" zu durchleuchten, um so aufschlussreiche Informationen zum Integrationsgrad, Bildung, Sprachkenntnisse und über die Lebensgewohnheiten und der Religiosität Auskunft zu geben. Die empirische Faktenlage hierzu wird anstelle dessen im Anhang berücksichtigt. Dieses Vorgehen ist im primären Anliegen der vorliegenden Untersuchung begründet, den Blick von den Betroffenen weg hin zu den Strukturen und Mechanismen zu lenken, die den „Anderen" zum „Fremden" und den „Fremden" zum „Feind" machen.

Zusammenfassend kann das Vorgehen der vorliegenden Arbeit mit seinem differenztheoretisch-dekonstruktivistischen Ansatz in vier Schritten beschrieben werden, die sich auf folgende Themenbereiche beziehen: (1.) Konstruktion vom Fremdheit: Unterscheidung von Fremdem versus Eigenem; (2.) die Biologisierung des Fremden: Rassismus; (3.) die Ethnisierung des Fremden: Neo-Rassismus; (4.) der Fremde als der Feind: Antiislamischer Ethnizismus.

In der weiteren inhaltlichen Ausdifferenzierung stellt sich die Arbeit graphisch wie folgt dar:

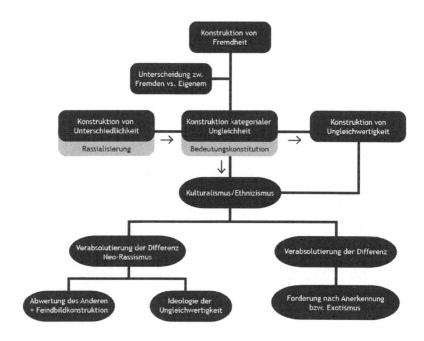

In einem ersten Schritt wird zunächst (Kapitel 2) die Konstruktion von Fremdheit aus sozial-phänomenologischer, soziologischer und sozialpsychologischer Perspektive näher in den Blick genommen, wobei es primär darum gehen soll, die Hintergründe von Feindbildkonstruktionen in ihren inneren und äußeren Entstehungs- und Wirkmechanismen zu analysieren und bezüglich impliziter Intentionen zu dekonstruieren. Hierzu wird es im Zuge einer übergeordneten Analyse der „Konstruktion von Fremdheit" nötig sein, sich zunächst aus sozial-phänomenologischer Perspektive dem „Fremden im Eigenen" zu nähern, um dann die mehr oder weniger bewussten Abgrenzungsstrukturen aufzuzeigen, die mit der eigenen ethnozentrischen Welterfassung dem Fremden einen niederen Rang zuweisen, was am Beispiel euro- bzw. logozentrischer Positionen u.a. auch am Beispiel eines romantizistisch verklärten Exotismus, bzw. einer Dualität von Okzidentalismus versus Orientalismus zu verdeutlichen sein wird. So kann schon hier gesehen werden, wie am Beispiel Islam die Aneignung des Fremden in der eurozentrischen Blickreduzierung das Fremde zum Protagonisten des „Un-Vernünftigen" mutiert. Zunächst werden

„klassische" soziologische Theorien zum Fremden, wie beispielsweise „die Objektivität des Fremden" bei Georg Simmel oder die „Krisis-Erfahrung" bei Alfred Schütz bearbeitet und aus dieser Perspektive der „Fremde" als sozialer Typus in den Blick genommen. Einen wesentlichen Schwerpunkt bilden dabei die Überlegungen von Zygmunt Bauman, der das Fremde als eine „Kategorie der Ambivalenz" begreift, weshalb die emotionale Besetzung von Fremdheit „zwischen Faszination und Bedrohung, Bewunderung und Verachtung" hin und her wechselt. Das heißt: die dem Fremden anhaftenden „Ambivalenzstrukturen" einer „Freund-Feind-Dichotomie" bedeuten sensu Bauman, dass sich die Einstellungen insbesondere gegenüber dem Fremden im Eigenen – je nach gesellschaftspolitischer Situation oder anderen Bedeutungskonstellationen – jeweils in Richtung Freundschaft, Feindschaft oder in Richtung relativer Nichtbeachtung („Niemand") äußern können.[2]

Als „Teil der Familie der ‚Unentscheidbaren'" scheint der „Fremde im Innern", der die Plausibilität der Freund-Feind-Dichotomie" in Frage stellt, dazu prädestiniert, als gefährlich wahrgenommenen zu werden. Hierzu wird im Weiteren der Gedanke einer „Figur des Dritten" aufgegriffen, um auf die besondere Position und Situation des „Fremden im Eigenen" hinzuweisen und vor diesem theoretischen Hintergrund die von muslimischen MigrantInnen ausgelöste Irritation zu verdeutlichen.

Im Zuge der näheren Analyse der „Konstruktion von Fremdheit" wird entlang eines sozial-psychologischen Zugangs die innerpsychische Funktion der „vorurteilenden" Realitätserfassung thematisiert werden, mit dem das Fremd-Unvertraute zunächst in den komplexitätsreduzierenden Blick genommen wird, was inhaltlich vom resistenten, vorurteilsbeladenen ideologischen Blick gegenüber dem Fremden abzugrenzen sein wird.

Danach wird im Zuge der Darstellung des Anerkennungs-Paradigmas einerseits aufgezeigt, wie der Mensch im Sinne eines anthropologischen Strebens nach Selbstachtung der reziproken Anerkennung von Selbst und Anderem bedarf, um andererseits gleichzeitig darauf hinzuweisen, dass durch fehlende soziale Wertschätzung und Anerkennung – insbesondere in Form einer kulturellen Herabwürdigung der lebensgeschichtlich erworbenen Werte – die Wurzeln für soziale Konflikte gelegt werden.

Im daran anschließenden dritten Kapitel wird Rassismus als Biologisierung des Fremden bzw. als Naturalisierung und Verabsolutierung der Differenz gefasst. Hierzu wird zunächst die Annahme einer so genannte „natürliche Fremdenscheu" einer kritischen Analyse unterzogen, wie sie aus humanethologischer Perspektive als genetisch bedingte Vorform einer potenziellen Fremdenfeindlichkeit gesehen wird. Zur näheren Erfassung des Rassismus folgt im Anschluss daran im Rückgriff auf historische Zusammenhänge – unter besonderer Berücksichtigung der nationalsozialistisch-völkischen Rassentheorie – eine definitorische Annäherung an den

---

2 | Die relativ kleine Gruppe der Buddhisten in Deutschland spielt hier trotz äußerlich sichtbarer Erkennungsmerkmale hinsichtlich Habitus und Rituale eine marginale Rolle.

Begriff „Rasse" und seiner jeweiligen spezifischen Konstruktions- und Konstitu-
ierungsmerkmale, wie sie im Sinne einer „Biologisierung" und „Naturalisierung"
kultureller bzw. ethnischer und sozialer Differenzen als Legitimation zur Diffamie-
rung des Fremden argumentativ herangezogen werden. Neben der Thematisierung
eines möglichen inhaltlichen Zusammenhangs von Rassismus, Sexismus und Nationalismus konzentriert sich ein Hauptschwerpunkt dieses Kapitels auf den über
den Rassismus hinausweisenden Mechanismus eines „Rassismus ohne Rassen", der
im Sinne eines „kulturellen Rassismus" auf den zunehmend tabuisierten Begriff
„Rasse" zugunsten des terminologischen Gebrauchs von (fremder) „Kultur" bzw.
„Ethnie" verzichtet, um auf diese Weise weiterhin auf die bewährten Vorurteile und
die damit verbundenen Ausgrenzungsmechanismen des Fremden zurückzugreifen zu
können. Die Besonderheit dieses Neo-Rassismus besteht offenkundig darin, nicht
mehr die Überlegenheit bestimmter Rassen, sondern stattdessen, wie sich im Umfeld des Problemkomplexes Immigration zunehmend zeigt, die Unvereinbarkeit
und Unterschiedlichkeit der „Kulturen und Ethnien" zu postulieren.

Im darauf folgenden vierten Kapitel ist die Thematik „Ethnisierung des Fremden" von primärem Interesse. Dabei wird zunächst Ethnizität inhaltlich als ethnischer Konstruktionsprozess von Selbst- und Fremdzuschreibungen im Sinne eines
Konstrukts eigener bzw. fremder Wirklichkeit erarbeitet, die, ähnlich wie nationalstaatliche Konstruktionen, als imaginäre Gemeinschaft auf tatsächliche oder fiktive
Gemeinsamkeiten zurückgreift.

In diesem Zusammenhang wird verdeutlicht, dass auf Kultur bzw. Ethnie bezogene Differenzkonstruktionen zwar bereits essentialistische Vorstellungen und
simplifizierende Typisierungen von heterogenen sozialen Strukturen transportieren
und damit die Grundvoraussetzung für neo-rassistische Positionen sein können,
aber, allein für sich betrachtet, noch nicht rassistisch sind. Es wird in diesem Zusammenhang zudem nachgewiesen, dass der Konstruktionsprozess einer „Ethnisierung des Fremden" auch hier, wie bei (neo)rassistischen Positionen, von einem
zentralen ideologischen Moment geprägt sein kann, den wir begrifflich als Ethnizismus fassen, mit dem im Interesse der Durchsetzung eigener Machtinteressen die
Ungleichwertigkeit unterschiedlicher Ethnien postuliert wird. Demnach kann man
erst dann von einem differenzialistischen Rassismus sprechen, wenn entsprechende
rassistische Bedeutungskonstitutionen, flankiert von diskriminierenden Typisierungen, zu einem geschlossenen Feindbild führen.

Im Zuge einer näheren Untersuchung neo-ethnischer Konstruktionen („Ethnisierung einer Religion") wird sich zeigen, wie religiöse Einstellungen an Bedeutung
verlieren und sukzessive in ethnisch aufgeladene Eigenschaften transformiert werden, die, herausgelöst aus einem komplexen kulturellen Hintergrund, als ethnische
Differenzmerkmale zwischen dem Eigenen und Fremden instrumentalisiert werden
können.

Nach eingehender Analyse und Dekonstruktion gängiger Terminologien und vor
dem Hintergrund der Überlegungen der vorangegangenen Kapitel wird begründet
und vorgeschlagen, anstelle von „Islamophobie" bzw. „antiislamischen Rassismus"

von „*Antiislamischem Ethnizismus*" und im Zusammenhang neo-ethnischer Konstruktionen von einem „*islambezogenen Ethnizismus*" zu sprechen. Im Anschluss daran werden konkrete Formen eines islambezogenen bzw. eines Antiislamischen Ethnizismus anhand exemplarischer Beispiele dargestellt.

1. Islamfeindlichkeit in Deutschland?

1.1 Empirische Grundlagen

Seit Beginn des 21. Jahrhunderts sind in wissenschaftlichen Untersuchungen zunehmend antiislamische Haltungen zu verzeichnen (vgl. Open Society Institute 2010 a; Open Society Institute 2010 b; Heitmeyer 2002-2010, Allensbach Studie 2006; Pollack 2010). Dabei zeigt sich, dass die qualitative und quantitative Forschung insbesondere das Phänomen der Diskriminierung nicht erschöpfend abzubilden vermag, da, wie Peucker betont, „die Messung von Diskriminierung aufgrund der ethnischen Herkunft oder der Religion" selbst ein komplexes Unterfangen ist, wie dies auch für das Phänomen Diskriminierung selbst gilt (vgl. Peucker 2009, 155). Dies bedeutet, dass vielfach nicht unterschieden werden kann, ob die Diskriminierung bzw. Ungleichbehandlung tatsächlich auf die islamische Religionszugehörigkeit zurückgeführt werden kann, bzw. diese mehr im Zusammenhang mit kulturellen bzw. ethnischen Zuschreibungen zu sehen ist.[1] Unabhängig von dieser Differenzierung weisen Statistiken wie Mikrozensus und Sozioökonomisches Panel auf eine Benachteiligung von MigrantInnen in entscheidenden gesellschaftlichen Bereichen, wie im Arbeits- und Wohnmarkt, sowie auf die Benachteiligung im Bereich der Bildung hin. Davon sind insbesondere türkischstämmige MigrantInnen stark betroffen, die nicht nur mit fehlendem „Human Kapital" (Deutschkenntnisse und anderer Qualifikationen) zu erklären sind, worauf noch näher einzugehen sein wird (vgl. ebd., 156).

Während die Daten zur tatsächlichen Diskriminierungserfahrungen von Menschen muslimischen Glaubens aus unterschiedlichen Gründen nicht sehr belastbar erscheinen (vgl. ebd.), zeigen mehrere repräsentative empirische Studien zunehmend antiislamische Einstellungen im Sinne „negativ-stereotyper Haltungen gegenüber dem Islam", die sich unter dem Namen „Islamophobie" in den wissenschaftlichen Debatten etabliert haben (vgl. Bielefeldt 2009, 182).[2]

---

1 | Zu vermuten ist, dass hier unterschiedliche Ressentiments kumulieren und die Grenzen zwischen kulturell-ethnischer bzw. religionsbedingter Diskriminierung nicht klar zu ziehen sind.

2 | Eine kritische Auseinandersetzung zum Begriff Islamophobie und zur diesbezüglichen Kritik Bielefeldts erfolgt im Kapitel „Antiislamischer Ethnizismus".

Zu Beschreibung dieses Phänomens wird im Folgenden die vom „Institut Demoskopie Allensbach" (IDA) im Auftrag der Frankfurter Allgemeinen Zeitung (FAZ)
durchgeführten Umfrage, deren Resultate im Mai 2006 unter dem Titel „Eine fremde,
bedrohliche Welt" erschienen, die Heitmeyer Studie „Gruppenbezogene Menschenfeindlichkeit" (GMF) und die im Sommer 2010 durchgeführte Bevölkerungsumfrage des Exzellenzclusters „Religion und Politik" der Westfälischen Wilhelm-Universität Münster dargestellt. Auch wenn solche auf überwiegend Frage-Items mit
teilweise suggestiv anmutenden Fragestellungen basierenden Studien keine unmittelbaren Rückschlüsse auf konkrete Diskriminierungen zulassen, offenbaren sie
doch ein Klima der Ablehnung gegenüber Menschen muslimischen Glaubens. Der
Weg von der Ablehnung einer bestimmten Menschengruppe bis hin zu ihrer tatsächlichen Diskriminierung und Ausgrenzung ist nicht weit, wie dies qualitative
Studien zum Thema nahelegen (vgl. Peuker 2009, 160).

1.1.1 Allensbach-Studie

In einer vom „Institut Demoskopie Allensbach" (IDA) im Auftrag der *Frankfurter
Allgemeinen Zeitung* (FAZ) durchgeführten Umfrage, deren Resultate im Mai
2006 unter dem Titel „Eine fremde, bedrohliche Welt. Die Einstellung der Deutschen zum Islam" in der *Frankfurter Allgemeinen Zeitung* (FAZ) veröffentlicht
wurden, schien sich der Eindruck zu verdichten, dass die Deutschen zunehmend
der Ansicht sind, „daß ein friedliches Zusammenleben mit der islamischen Welt
auf Dauer unmöglich sein wird" (Noelle/Petersen 2006, 5). Demnach glaubten
61% der Befragten, es werde immer wieder zu „schweren Konflikten zwischen
Islam und Christentum" kommen und 65% prognostizierten dies in der Zukunft
zwischen „der westlichen und der arabisch-muslimischen Kultur", 56% bekunde-
ten, die Gesellschaft befände sich bereits heute in einem „Kampf der Kulturen"
im Sinne einer ernsthaften Auseinandersetzung zwischen Islam und Christentum
(ebd.). Mit dem Stichwort „Islam" assoziierten 91% der Befragten eine „Benachteiligung von Frauen", 83% brachten ihn mit „Fanatismus" in Verbindung, 71%
hielten ihn für „intolerant", 60% waren der Ansicht, der Islam sei „undemokra-
tisch" und lediglich 8% wiesen ihm die Eigenschaft „Friedfertigkeit" zu. Im Gegensatz dazu brachten 80% der Befragten das Christentum mit „Nächstenliebe",
„Achtung der Menschenrechte" und „Wohltätigkeit" in Verbindung, 42% mit
„Toleranz" und 36% mit „Selbstbewusstsein" (vgl. Noelle/Petersen 2006, 5). Auf-
kommende Spannungen mit der muslimischen Bevölkerung in Deutschland befürchteten 58% der Befragten, 46% glaubten, dass es in absehbarer Zeit zu
„Terroranschlägen" kommen würde und 42% stimmten der Aussage zu: „Es leben
ja so viele Moslems bei uns in Deutschland. Manchmal habe ich direkt Angst, ob
darunter nicht auch viele Terroristen sind" (ebd.). Auf die Frage, ob man an einem
behördlich genehmigter Moscheebau festhalten sollte, auch wenn die Bevölkerung dagegen sei, befanden 74% der Befragten, man solle in diesem Falle auf den
Bau verzichten.

Dieses allgemeine Misstrauen gegenüber dem Islam, der immer tiefer werdende „Graben zwischen dem eigenen Lager und den anderen" lässt offenbar die Toleranz gegenüber der fremden Religion immer mehr schwinden. So stimmten 56% der Aussage zu: „Wenn es in manchen Ländern verboten ist, Kirchen zu bauen, sollte es bei uns auch verboten sein, Moscheen zu bauen?" (ebd.). Einschränkungen in das Grundrecht der Religionsfreiheit befürwortete 40% der Befragten, die der Forderung zustimmten: „Um zu verhindern, daß es zu viele radikale, gewaltbereite Moslems in Deutschland gibt, sollte man die Ausübung des islamischen Glaubens in Deutschland stark einschränken" (ebd.).

Obschon einige Fragen und selbst der Titel der Untersuchung „Eine fremde, bedrohliche Welt" bereits vorab eine gewisse suggestive Kraft in Richtung islamisches Bedrohungspotenzial entwickeln, was sich sicherlich auch auf die Einstellung der Befragten und deren Antworten auswirkte, wie insbesondere Eickhof kritisiert, bleibt dennoch eine ernüchternde Erkenntnis hinsichtlich der Akzeptanz der deutschen Bevölkerung gegenüber den muslimischen Einwanderern zurück (vgl. Eickhof 2010, 16ff).[3]

„Angesichts des diffusen Gefühls der Bedrohung und der vermuteten Intoleranz des Islam sinkt die Bereitschaft der Deutschen, ihrerseits Toleranz gegenüber dem muslimischen Glauben zu üben." (Noelle/Petersen 2006, 5)

1.1.2 Bevölkerungsumfrage des Exzellenzclusters „Religion und Politik"

Der Exzellenzcluster „Religion und Politik" der Westfälischen Wilhelm-Universität Münster führte unter der Leitung des Religionssoziologen Detlef Pollak im Sommer 2010 eine Umfrage zur religiösen Vielfalt in Europa durch. Im Rahmen dieser repräsentativen Studie befragte das Meinungsforschungsinstitut TNS Emnid im Auftrag des Clusters je 1.000 Menschen in Ost- und Westdeutschland, Frankreich, Dänemark, Portugal und den Niederlanden (vgl. Pollack 2010, 11). Die Auswahl der Länder orientierte sich am „unterschiedlichen Grad der Vielfalt": Deutschland wurde wegen der großen Zahl muslimischer Einwanderer – wobei Ost- und Westdeutschland aufgrund der unterschiedlichen Zahl von MuslimInnen getrennt untersucht wurden – und der damit verbundenen wachsenden Konflikte um Moscheen und Kopftuch ausgesucht, Frankreich wegen seiner Diskussionen um das Burka-Verbot und der sozialen Spannungen zwischen jungen Muslimen und der Mehrheitsgesellschaft, die Niederlande wegen des Wankens ihres Bildes einer toleranten Gesellschaft auf dem Hintergrund der Ermordung des Islamkritikers Theo van Gogh, Dänemark aufgrund seines veränderten Verhältnisses zum Islam nach dem

---

3 | In allen Items zeigte sich gegenüber einer im Jahre 2004 durchgeführten Untersuchung ein als problematisch anzusehender prozentualer Anstieg der ablehnenden Haltung gegenüber dem Islam.

Karikaturenstreit, Portugal wegen der geringeren religiösen Vielfalt als „Kontrast-fall zu den übrigen Ländern" (vgl. ebd.).

Man ging im Rahmen der Untersuchung, bezogen auf Deutschland und im Län-dervergleich, zunächst der Frage nach, wie hoch die Akzeptanz religiöser Vielfalt und insbesondere gegenüber nichtchristlichen religiösen Gemeinschaften ist. Die sich da-ran anschließende Leitfrage der Untersuchung bezog sich darauf, „wie sich verschie-dene Religionen in einer Gesellschaft angesichts interreligiöser und kultureller Kon-flikte politisch und sozial integrieren lassen" (ebd., 2, 11). Hierzu wurde erfragt, „was sie vom Bau von Moscheen und Minaretten halten, ob Muslime sich an die westliche Kultur anpassen sollten und ob die wachsende religiöse Vielfalt eine Ursache von Konflikten ist oder zur kulturellen Bereicherung beiträgt". Zudem wurde geprüft, „welche Eigenschaften die Befragten dem Islam und dem Christentum beimessen: Fanatismus und Gewaltbereitschaft oder Friedfertigkeit und Achtung der Menschen-rechte" (ebd., 11). Hinzu kamen Fragen zu kulturellen Unterschieden und zur prak-tischen Religionsausübung und zu möglichen Kontakten zu Juden, Christen, Mus-limen, Hindus, Buddhisten und Atheisten. Als weitere mögliche Einflussfaktoren wurden Einstellungen erfragt wie „Neid gegenüber Ausländern, Konkurrenz um Arbeitsplätze und eine allgemeine kulturelle Offenheit" (vgl. Pollack 2010, 11).

Die Frage einer potenziellen Bedrohung durch fremde Kulturen wurde in West-deutschland von zwei Fünftel und in Ostdeutschland von 50% mit ja beantwortet. Die Einschätzung in Westdeutschland wurde in etwa auch in Dänemark, Frankreich und in den Niederlanden geteilt. Über 70% der Befragten in West- und Ostdeutsch-land, Dänemark und den Niederlanden – in Frankreich 59% – sahen in der zuneh-menden Vielfalt von religiösen Gruppen eine Ursache für Konflikte. Hinsichtlich einer kulturellen Bereicherung durch eine Vielfalt der Kulturen befürworteten dies etwas mehr als 50% in Westdeutschland und knapp unter 50% der Befragten in Ostdeutschland, wobei dies in anderen Ländern um die 80% so gesehen wurde, was bedeutet, dass die Offenheit gegenüber den fremden Kulturen dort (Frankreich, Dänemark und Holland) weitaus höher ist.

Wesentlich höher („geradezu dramatisch") fielen die Unterschiede zwischen Deutschland und den anderen europäischen Ländern bezüglich der persönlichen Haltung der Menschen gegenüber Mitgliedern unterschiedlicher religiöser Gruppen aus. In Frankreich, in den Niederlanden und in Dänemark hatte trotz aktueller Kon-flikte eine klare Mehrheit ein positives Bild von den Muslimen. In Westdeutschland waren dies lediglich 34% und in Ostdeutschland 26% der Befragten (vgl. ebd., 3). Mit dem Islam wurde in allen westeuropäischen Ländern bis zu 80% eine „Benach-teiligung von Frauen", bei 70% „Fanatismus", bei 60% „Gewaltbereitschaft" und bei bis zu 50% „Engstirnigkeit" assoziiert. In Deutschland wurde „Toleranz" ledig-lich bei 5% der Befragten mit dem Islam in Verbindung gebracht, in Dänemark, Frankreich und den Niederlanden waren es mehr als 20%. Ähnlich zeigte sich die-ses Bild bezüglich einer Einschätzung der „Achtung der Menschenrechte" und der „Friedfertigkeit" (vgl. ebd.). Obwohl „die Deutschen" gegenüber dem Islam tenden-ziell überwiegend negativ eingestellt waren, stimmten über 80% der Befragten für die Anerkennung nicht-christlicher Religionsgemeinschaften, obwohl andererseits lediglich 49% in Westdeutschland und 53% in Ostdeutschland der Auffassung waren, dass alle Religionen die gleichen Rechte haben sollten; 42% forderten eine starke Einschränkung der Ausübung des islamischen Glaubens und weniger als 30% in Westdeutschland bzw. weniger als 20% in Ostdeutschland befürworteten den Bau von Moscheen (vgl. ebd.). Mehr als 80% der Befragten befürworteten eine kulturelle Anpassung der „Muslime an unsere Kultur" und stimmten auch darin überein, im Christentum das „Fundament unserer Kultur" zu sehen. Lediglich 20% der Deutschen (30% in Frankreich, Dänemark und der Niederlanden) waren der Ansicht, der Islam passe „in unsere westliche Welt" (vgl. Pollack 2010, 4). All dies veranlasste die Forschergruppe, deren Untersuchungen vor der Sarrazin-Debatte durchgeführt wurden, wie folgt mit Sorge zu resümieren:

„Die sichtbar gewordenen Länderdifferenzen müssen beunruhigen und verlangen nach einer Erklärung. In Deutschland gab es – anders als in Dänemark – keinen Karikaturenstreit, und auch Gewaltsamkeiten wie in den Banlieues von Paris sind in dieser Art hierzulande ausgeblieben. Die Einstellung zur wachsenden religiöser Pluralität und insbesondere zum Islam ist allerdings deutlich kritischer als in Frankreich, Dänemark und Holland." (Pollack 2010, 3)

Obschon im Rahmen der dargestellten Untersuchung doch einige dort verwendete Fragestellungen ob ihres stark suggestiven Charakters kritisch gesehen werden müssen, beeindrucken dennoch deren Resultate bezüglich der Haltung der Deutschen gegenüber der Religion der Fremden im Eigenen. Eigentlich war dieses Ergebnis schon vorab zu erwarten, wie dies Medienberichte, öffentliche Äußerungen zum Islam und diesbezügliche Untersuchungen spätestens seit dem 11.September 2001 bestätigen (vgl. Gerhold 2009). Man kann sich kaum des Eindrucks erwehren, dass viele gesellschaftspolitische Problemlagen dem Islam zugeschrieben werden, wie dies oft im Zuge bestehender Probleme und Herausforderungen der Integration geschieht.

1.1.3 Bielefelder Studie zur „Gruppenbezogenen Menschenfeindlichkeit"

Zur näheren Analyse dieser spezifischen Form von Menschen- bzw. Islamfeindlichkeit soll im Weiteren zunächst die auf zehn Jahre angelegte und im Jahre 2002 gestartete empirische Untersuchung des Projektes „Gruppenbezogene Menschenfeindlichkeit" (GMF) des genannten Sozialwissenschaftlers Wilhelm Heitmeyer und seines Institutes näher in den Blick genommen werden. Unter Menschenfeindlichkeit versteht hier Heitmeyer folgendes:

„Menschenfeindlichkeit meint kein individuelles Feindschaftsverhältnis zu einem anderen Menschen, sondern bezieht sich auf Gruppen. Werden Personen aufgrund ihrer gewählten oder zugewiesenen Gruppenzugehörigkeit als ungleichwertig markiert und feindseligen

Mentalitäten der Abwertung, Ausgrenzung etc. ausgesetzt, dann sprechen wir von Gruppenbezogener Menschenfeindlichkeit, so daß die Würde der betroffenen Menschen antastbar wird oder zerstört werden kann." (Heitmeyer 2003, 14)

Hintergrund dieser menschenfeindlichen Haltungen resultieren nach Heitmeyer aus einer mit Strukturkrisen und sozialer Verunsicherung verbundenen *„prekären Normalität"*[4], aus der als erste Dimension die Betonung „des Eigenen" und „des Fremden" (respektive „Ingroup" und „Outgroup") und eine damit verbundene *„Aufwertung"* bzw. *„Überlegenheit"* der Eigengruppe und *„Abwertung"* der Fremdgruppe resultiert. Die zweite Dimension lässt sich nach Heitmeyer in *„utilitaristischen Kalkülen"* festmachen, wobei es hier als „spezifische Form der *Dehumanisierung"* um die „Unterscheidung von *nützlichen* und *ausnutzenden* ,Ausländern' bzw. zwischen *„Leistungsstarken* und ,*Entbehrlichen'"* geht. Die dritte Dimension zeigt sich in einer „angsterzeugenden *Machtdemonstration* gegen Unterlegene und Abgewertete". Die Basis bilden hier, so Heitmeyer, *„Ideologien der Ungleichwertigkeit"*, mit denen „die *Anerkennung* von *Gleichwertigkeit* und das Recht auf *Unversehrtheit"* unterminiert wird, weshalb es sehr bedeutsam ist, das Ausmaß an *„Ideologien von Ungleichwertigkeit"* und dessen Zeitverlauf zu untersuchen (Heitmeyer 2002, 17f).[5]

Die Untersuchung, die unter dem Titel „Deutsche Zustände" bisher in neun Folgebänden (Folge 1 [2002] – Folge 9 [2010])[6] publiziert wurde, ging zunächst der Frage nach, ob eine „Gruppenbezogene Menschenfeindlichkeit" (GMF) in Deutschland generell vorliegt, und ob sich diese eventuell zunehmend bzw. abnehmend entwickelt. Durch entsprechende „GMF-Surveys mit 3000 Personen"[7] sollte so der „klimatische Zustand" der Gesellschaft eruiert werden (vgl. Heitmeyer 2002, 10 [Vorwort]). Zu Beginn der Studie wurden hierzu sechs Elemente berücksichtigt, die sich auf Personen fremder wie gleicher Herkunft beziehen sollten, wie *„Rassismus"*, *„Fremdenfeindlichkeit"*, *„Antisemitismus"*, *„Heterophobie"*, *„Etabliertenvorrechte"* und *„Sexismus"*.[8] Zur Phase der „Halbzeit" des Projektes wurden zu-

---

4 | Der Terminus einer „prekären Normalität" ist dem Umstand geschuldet, dass Menschen in modernen Gesellschaften mit strukturell ambivalenten Situationen konfrontiert sind, die einerseits Chancen zur Selbstverwirklichung erschließen, aber auch die Gefahr krisenhafter Verläufe in sich bergen (vgl. Endrikat u.a. 2002, 37).

5 | Nach Heitmeyer spitzt sich diese menschenfeindliche Haltung gefährlich zu, wenn sich „Ideologien der Ungleichwertigkeit" und Gewalt zu einem politischen Konzept verbinden (vgl. Heitmeyer 2002, 18).

6 | Folge 10 war zum Zeitpunkt der vorliegenden Bearbeitung in Vorbereitung.

7 | Im GMF-Survey 2005 war die Zahl der Befragten auf 2000 reduziert (vgl. Heitmeyer 2006, 23).

8 | Nähere Hintergründe zum Untersuchungsdesign bezüglich Instrumentarium, Durchführung, Datenerhebungen, Indikatoren und Items werden am Beispiel des GMF-Surveys 2005 in Deutsche Zustände, Folge 4 dargelegt (vgl. Heitmeyer 2006, 34, Anm.2).

sätzliche Elemente wie „*Homophobie*", „*Abwertung von Obdachlosen*", „*Abwertung von Behinderten*" und „*Langzeitarbeitslose*" hinzugefügt, wobei im Rahmen der vorliegenden Untersuchung die Elemente Fremdenfeindlichkeit, Rassismus und Islamphobie von primärem Interesse sind, die in der Studie wie folgt inhaltlich gefasst sind (vgl. Heitmeyer 2002, 19f; 2008, 19f):[9]

„*Rassismus* umfaßt jene Einstellungen und Verhaltensweise, die die Abwertung von Gruppenangehörigen fremder Herkunft auf der Basis konstruierter ‚natürlicher' Höherwertigkeit der Eigengruppe vornehmen. Es ist der Versuch, eine Dominanz gegenüber Gruppen auszuüben, die u.a. auch an biologischen Unterschieden festgemacht werden [...]." (Heitmeyer 2002, 20)

„*Fremdenfeindlichkeit* ist in diesem Konzept auf kulturelle und materielle Aspekte bezogen. Die Abwehr von Gruppenangehörigen fremder ethnischer Herkunft ist zum einen auf (vermutete) Konkurrenz um (knappe) Ressourcen von Positionen, Plätze etc. und zweitens auf die Etikettierung von ‚kultureller' Rückständigkeit [...] ausgerichtet." (Heitmeyer 2002, 20)

„*Heterophobie* umfaßt die auf Angst basierende Abwertung all jener, die Gruppen angehören, die von der ‚Norm' abweichen. Dazu zählen wir Homosexuelle, Behinderte und Obdachlose, die der eigenen Herkunfts-gruppe angehören, oder Menschen, die – wie Muslime – andere religiös geprägte Lebensweisen präferieren und dadurch negative Gefühle erzeugen, die sich zu Abwehrhaltungen verdichten." (Heitmeyer 2002, 20)

„*Islamphobie*" bezeichnet die Bedrohungsgefühle und die ablehnenden Einstellungen gegenüber der Gruppe der Muslime, ihren Ritualen und öffentlich-politischen wie religiösen Aktivitäten."[10] (Heitmeyer 2003, 15)

Die Ergebnisse der ersten Studie im Jahre 2002 zeigten sowohl in West- wie Ostdeutschland einen deutlichen Zusammenhang zwischen einer aus differenzierten Desintegrationsproblemen resultierenden „negativen Anerkennungsbilanz" und

---

9 | Zu einem späteren Zeitpunkt wird das hierzu zugrundegelegte Verständnis bzw. die impliziten Vorannahmen hinsichtlich Islam bzw. Islamismus der Forschergruppe um Heitmeyer näher zu analy-sieren und zu diskutieren sein.

10 | In Folge 1 der Publikationsreihe „Deutsche Zustände" wird „Islamphobie" noch nicht explizit als „Element" von GMF ausgewiesen, obwohl es innerhalb der Grafik zum „Konstrukt des Syndroms Gruppenbezogene Menschenfeindlichkeit" als „Islamphobie" abgebildet ist (vgl. Heitmeyer2002, 23). Der erstmals in Folge 2 angeführte Text zur „Islamphobie" lautet später in geänderter Fassung in Folge 3 folgendermaßen: „*Islamphobie* umfaßt die Ablehnung und Angst vor Muslimen, ihrer Kultur sowie ihren öffentlichen, politischen und religiösen Aktivitäten." Interessant dabei ist, dass die erstmals verwendete Bezeichnung „Rituale" hier durch „Kultur" ersetzt wurde (Heitmeyer 2005, 15).

zusätzlich steigender Orientierungs-*„Anomia"*[11] einerseits und einer zunehmenden Ausprägung von „Gruppenbezogener Menschenfeindlichkeit und diskriminierenden Verhaltenstendenzen" bis hin zu höchsten Werten hinsichtlich Rassismus, Heterophobie und diskriminierenden Verhaltens gegenüber Ausländern
andererseits (vgl. Endrikat u.a. 2002, 14; 49f; Kühnel/Schmidt 2002, 83ff).[12] Hinzu kam, dass mehr als ein Viertel der Befragten der Meinung zustimmten, bei
Arbeitsknappheit die in Deutschland lebenden Ausländer wieder in ihre Heimat
zurückzuschicken und dies, obwohl 52% der Befragten von positiven Alltagser-
fahrungen mit „Ausländern" und lediglich 14,5% über negative Erfahrungen berichteten (vgl. Wagner u.a. 2002, 96). Bei den als „rechtspopulistisch" einzuschät-
zenden Befragten, von denen über die Hälfte (56,1%) CDU und ein Viertel (26,8%)
davon SPD wählen würden, was zum damaligen Zeitpunkt der Untersuchung auf
ein erhebliches rechtspopulistisches Potenzial in Deutschland schließen ließ,
offenbaren sich erhöhte Werte (56,55%) hinsichtlich potenziellem diskriminierenden Verhaltens und „Verhaltensintentionen gegenüber Ausländern" (vgl.
Schaefer u.a. 2002, 123f, 128,132). Es zeigte sich allerdings auch deutlich, dass
Kontakte und positive Erfahrungen untereinander mit einer Abnahme von Fremdenfeindlichkeit und Rassismus deutlich korrelieren (vgl. Wagner u.a. 2002, 99f).
Darüber hinaus kam es zur Bestätigung des vermuteten Zusammenhangs von
Einstellungsmustern Fremdenfeindlichkeit und Etabliertenvorrechte, so dass sich –
insbesondere nach den Ereignissen des 11. September 2001 und der damit ver-
bundenen einseitigen Berichterstattung der Medienöffentlichkeit zur „Weltmacht

---

11 | „Anomia" bezeichnet hier ein sozialpsychologisches Moment als eine Einflussgröße
von GMF, die sich auf das Empfinden von zunehmender Machtlosigkeit auf der politischen
und sozialen Ebene bezieht und eben als „Orientierungsanomia und Machtlosigkeit" nicht
nur das Gefühl von Zukunftspessimismus und Sinnlosigkeit, sondern darüber hinaus einen
zunehmenden „Demokatiezweifel" und in der Folge eine „Demokratieentleerung" befördert. Es zeigte sich, dass „Orientierungsanomia" im GMF-Survey 2002, außer bei Heterophobie und Islamphobie, bei allen sieben Dimensionen des Syndroms deutliche Effekte
aufzeigte (vgl. Heitmeyer/Mansel 2003, 35ff; Kühnel/Schmidt 2002, 83f, 89; vgl. hierzu
auch Hüpping/Reinecke 2007, 89).

12 | Den theoretischen Hintergrund hierzu liefert die „Desintegrationstheorie", mit der da-
von ausgegangen wird, dass Menschen in modernen („Risiko"-)Gesellschaften einerseits
ein breites Spektrum der individuellen Selbstentfaltung („Individualismus") geboten wird
(Beck 1986), das andererseits für immer mehr Menschen durch gesellschaftlich-strukturelle krisenhafte Verläufe bedroht ist. Hierbei werden neben den Anerkennungsmöglichkeiten im Wesentlichen auch die Folgen bei Anerkennungsbedrohungen und Anerkennungsverlusten gesehen. Bezüglich möglicher Desintegrationsgefahren werden dort drei
Integrationsdimensionen unterschieden: „Individuell-funktionale Systemintegration (So-
zial-strukturelle Dimension)"; „Kommunikativ-interaktive Sozialintegration (Institutionelle
Dimension)"; „Kulturell-expressive Sozialintegration (Sozial-emotionale Dimension)" (vgl.
Endrikat u.a. 2002, 37f; 39; 41).

Islam" – seitens der bundesdeutschen Öffent-lichkeit zunehmend der Eindruck aufdrängte, vom Islam könne eine potenzielle Terrorgefahr ausgehen (vgl. Heit-meyer 2002, 22; vgl. Gast 2002, 230ff).[13] So äußerten im GMF-Survey 2002 mehr als knapp die Hälfte der Bevölkerung Befürchtungen und Ängste hinsichtlich einer zunehmenden „Machtausdehnung" des Islam (vgl. Heitmeyer 2002, 229). Das vorläufige Fazit der ersten Studie lautete demnach:

> „Unsere theoretischen Annahmen lassen erwarten, daß ein zu- oder abnehmendes Ausmaß der Gruppenbezogenen Menschenfeindlichkeit sowie diskriminierender Verhaltenstendenzen und deren Härte [...] davon abhängt, inwieweit immer mehr Menschen in belastende Konstellationen prekärer Arbeits- und Lebensverhältnisse [...], politischer Ohnmachtsempfindungen und instabiler sozial-emotionaler Situationen geraten." (Endrikat u.a. 2002, 54)

In Folge 2 der Studie wurde näher auf die Untersuchungsresultate einer „Islamphobie" eingegangen, wobei hier zwischen einer *„generellen Ablehnung"* (1), *„kulturellen Ablehnung"* (2) und *„distanzierenden Verhaltensabsichten gegenüber Muslimen"* (3) unterschieden wurde (Leibold/Kühnel 2003, 101). Wie auch nicht anders zu erwarten war, zeigte sich hier, wie auch bereits im Jahre 2002, dass „Fremdenfeindlichkeit und Islamphobie" fast untrennbar auftraten (vgl. Heitmeyer 2003, 18; Leibold/Kühnel 2003, 105ff). Sämtlichen Untersuchungen zur so genannten Islamophobie kommen offenbar zu dem Schluss, dass diese in hohem Maße mit einer allgemeinen Fremdenfeindlichkeit korreliert, gemäß dem Fazit von Leibold/Kühnel:

> „Wer fremdenfeindlich ist, ist danach mit sehr großer Wahrscheinlichkeit auch der Ansicht, daß die Bundesrepublik kein Ort für Muslime sein soll." (Leibold/Kühnel 2003, 105)

So ist es auch ein wesentliches Fazit der Untersuchungen des GMF-Survey 2003 zur Islamophobie, „daß Islamophobie ein spezifischer Aspekt der generellen Fremdenfeindlichkeit ist", die nicht nur im rechten politischen Spektrum, sondern auch bei „Personen der politischen ‚Mitte' oder mit linker Orientierung" und völlig unabhängig von der Höhe des Schulabschlusses und des individuellen Bildungsgrades zu finden ist (Leibold/Kühnel 2003, 113,111f).

Bezüglich einer möglichen Unterscheidung des gruppenbezogenen Ausmaßes einer Islamphobie zeigten sich zwischen Männern und Frauen aus den alten und neuen Bundesländern bzw. aus Gruppen zwischen niedrigen oder hohen Arbeitslosenquoten keine nennenswerte signifikante Differenzen (vgl. Leibold/Kühnel

---

13 | Hierbei konzentrierte sich das Interesse seitens der Printmedien nach dem 11. September primär auf den politischen Islam, ohne dabei zwischen gewaltbereitem und gewaltlosem Islam zu differenzieren. Der Islam, über den mehr als 60% der wichtigsten Printmedien lediglich im Zusammenhang der Gewalter-eignisse berichten, wird dort im wesentlichen auf den radikalen Fundamentalismus reduziert (vgl. Gast 2002, 233).

2003, 105f). Untersuchungen zur fremdenfeindlichen Gewaltbereitschaft zeigten einen deutlichen Zusammenhang zwischen dieser Bereitschaft einzelner und der empfundenen billigenden Unterstützung hierzu seitens des ihn umgebenden sozialen Umfeldes (vgl. Wolf u.a. 2003, 150ff). Eine weitere wichtige Erkenntnis des GMF-Survey 2003 war die Tatsache, dass sich die „ideologische Selbstpositionierung" bezüglich so genannter „linker" wie „rechter" Positionen, die mit Forderungen zum Abbau sozialer Ungerechtigkeiten bzw. mit dem Eintreten autoritärer Strukturen verbunden sind, unwesentlich auf die Islamphobie auswirkte. Demnach zeigte sich bereits eine im GMF-Survey 2002 abzeichnende problematische Tendenz, dass nämlich „Islamphobie keineswegs eine Einstellung ist, die nur bei Personen aus dem rechten politischen ‚Lager' zu finden ist, sondern, daß auch Personen aus der politischen ‚Mitte' oder mit linker Orientierung nicht frei sind von solchen Abwehrhaltungen" (Leibold/Kühnel 2003, 111). Gegenüber den Resultaten von 2002 konnte im GMF-Survey 2003 hier sogar eine Zunahme von 19,6% auf mehr als 25% des rechtspopulistischen Potentials verzeichnet werden. Die Annahme, dass mit höherem Bildungsgrad eine Abnahme von islamophoben Stereotypien und diskriminierenden Einstellungen verbunden sei, ließ sich somit empirisch nicht generell bestätigen (vgl. Leibold/Kühnel 2003, 111ff). Obschon mit zunehmendem Bildungsniveau, höheren kognitiven Fähigkeiten und sozialem Status einige Komponenten des Syndroms GMF geringer ausgeprägt waren, traf dies beispielsweise für die „soziale Kompetenz" nicht zu. Sie erwies sich empirisch als bildungsunabhängige Größe. So war die Fähigkeit zur Empathie als Bestandteil sozialer Kompetenz seitens der Befragten mit niederen Bildungsabschlüssen etwas stärker als bei Befragten mit höheren Abschlüssen ausgeprägt, was jedoch lediglich eine mindernde Wirkung auf das gesamte Syndrom GMF zu haben scheint (vgl. Heyder 2003, 92f).

„Die Fähigkeit der Empathie im Sinne sozialer Kompetenz hat eine mindernde Wirkung auf das Ausmaß Gruppenbezogener Menschenfeindlichkeit. Perspektivenübernahme als zweiter Bestandteil sozialer Kompetenz hat hingegen keine Auswirkungen auf das gesamte Syndrom. Es reicht offenbar nicht aus, die Fähigkeit zu besitzen, sich in andere hineinversetzen zu können. Es muß auch eine emotionale Anteilnahme vorhanden sein." (ebd., 92)

Insgesamt ließen sich im Vergleich zwischen den Resultaten von 2002 und 2003 demnach drei Trends erkennen: eine abnehmende „soziale Integrationsqualität" (1), eine Zunahme verschiedener Elemente von GMF (2) und eine „Ausbreitung des rechtspopulistischen Potentials" (3) (vgl. Heitmeyer 2003, 28f).

Das GMF-Survey 2004 zeigte im Vergleich zum Vorjahr eine geringere Abweichung der Resultate als zwischen den Jahren 2002 und 2003, wobei die Auffassung, es lebten zu viele Ausländer in Deutschland bei inzwischen 60% der Befragten lag. Der Forderung, Ausländer sollten bei Arbeitsplatzknappheit in ihre Heimat zurückgeschickt werden, stimmten gegenüber 27% im Jahre 2002 dieses Mal (2004) 36%

zu (vgl. Zick/Küpper 2005, 133).[14] Hier zeigten sich jedoch Frauen gegenüber Ausländern, „Andersfarbigen" und Muslimen signifikant fremdenfeindlicher, rassistischer und islamophobischer als die befragten Männer (vgl. Küpper u.a. 2005, 109). Ein hoher Anteil der Befragten (46,8%) stimmte der Ansicht („eher oder voll") zu, dass Ausländer (bei Muslimen [32,8%]) selbst die Verantwortung für die auf sie bezogene Ablehnung zu übernehmen hätten. Nach der Devise, diese seien selbst daran Schuld, dass man etwas gegen sie habe, wird ein „Immunisierungsmechanismus" in Gang gesetzt, mit dem man sich über bestimmte, dem Fremden zugewiesene „Attributionen" von der Verantwortung der Vorurteile zu entledigen sucht und statt dessen die Diskriminierten selbst für ihre Diskriminierungserfahrungen verantwortlich macht (vgl. Zick/Küpper 2005, 129ff).[15] Hinsichtlich der Wahrnehmung von sozialen Desintegrationserfahrungen, politischer Partizipationschancen und Zukunftsängste bezüglich der persönlichen finanziellen und wirtschaftlichen Situation zeichnete sich ein ansteigender negativer Trend ab, der sich insbesondere in der Wahrnehmung von „sozialer Spaltung" in der Bevölkerung niederschlug, was, so Heitmeyer, einen weiteren Anstieg hinsichtlich der Werte Gruppenbezogener Menschenfeindlichkeit vermuten lässt. Der Anteil der Bürger, die sich gegenüber Krankheit, Arbeitslosigkeit und für das Alter als abgesichert betrachteten, hatte sich im Jahre 2004 gegenüber den Untersuchungen im Jahre 2002 verdoppelt (vgl. Heitmeyer 2005, 18ff, 31; Mansell/Heitmeyer 2005, 39f, 58f). Es zeigte sich hier zudem, dass insbesondere bei Personen, die sich „infolge ihrer beruflichen, sozialen und finanziellen Situation selbst am unteren Rand der Gesellschaft einstufen", der Zusammenhang zwischen wahrgenommener sozialer Spaltung und Fremdenfeindlichkeit um das Doppelte erhöht war (Mansell/Heitmeyer 2005, 67). Interessant waren auch Erkenntnisse zur Hypothese, die Ablehnung gegenüber Ausländern in Wohnumgebungen nehme mit hohem Ausländeranteil zu. Diese Hypothese ließ sich nicht nur nicht belegen, sondern es zeigte sich im Gegenteil, dass die Einstellungen gegenüber Ausländern in Relation zur größeren Zahl der Einheimischen unterhalb eines bestimmten Schwellenwertes[16] sich eher positiv auswirkte, was sich zudem in

---

14 | Die unhaltbare Hypothese vom „vollen Boot" als Synonym für eine gesellschaftliche Belastungsgrenze mit begleiteten Warnungen vor Gefahren für das gesellschaftliche Zusammenleben gehört, so Wolf u.a., mittlerweile zum „Standartrepertoire" von Politikern vom rechten Parteienspektrum bis hin zur politischen Mitte (vgl. Wolf u.a. 2005, 73).

15 | Bezüglich der genannten Schuldzuschreibungen zeigte sich auch hier, dass, wer den Elementen des GMF-Syndroms entspricht, dazu neigt, die Schuld für die Ablehnung der diskriminierten Gruppe selbst zuzuschreiben. Insofern schien sich die Vermutung empirisch zu bestätigen, dass sich die GMF u.a. dadurch reproduziert, indem die Verantwortung für die Vorurteile primär bei der diskriminierten Gruppe selbst gesucht wird (vgl. Zick/Küpper 2005, 135f, 140).

16 | Für so genannte „Schwellenwert-Annahmen" bezüglich eines Grenzwertes, mit denen eine überschrittene „Belastungsgrenze" sich ungünstig auf Einstellungen der einheimi-

geringeren Bedrohungsempfindungen[17], weniger Rassismus und einer geringeren Fremdenfeindlichkeit und Sympathiedifferenz zeigte (vgl. Wolf u.a. 2005, 75; 83).

Im GMF-Survey 2005 fiel zunächst ins Auge, dass lediglich das Element *Fremdenfeindlichkeit* zunehmende, *Heterophobie* leicht abnehmende und *Ismlamophobie* leicht zunehmende Werte zu verzeichnen hatte. Allerdings war gegenüber 2002 ein dramatischer Anstieg hinsichtlich des Vorwurfes einer Belastung des sozialen Netzwerkes durch Ausländer (von 40% auf 59%) zu verzeichnen. Auch ein Vergleich in Ost- und Westdeutschland hinsichtlich einer latenten Fremdenfeindlichkeit förderte Unterschiedliches hervor. Während in Westdeutschland die Zustimmung zu den entsprechenden Items zwischen 2002 und 2005 von 32% auf 38% anstieg, bewegte sich in Ostdeutschland im gleichen Zeitraum der Anstieg von 46% auf 53%. Bezogen auf islamophobe Haltungen, war in Westdeutschland zwischen 2003 und 2005 ein Anstieg von 21% auf 22% und in Ostdeutschland ein Anstieg von 23% auf 34% (!) zu verzeichnen. Auch war eine signifikante Abnahme hinsichtlich einer beruflichen wie auf den Alltags bezogene Anerkennung zu verzeichnen, wobei hier in GMF-Survey 2005 in etwa 87% der Befragten der Ansicht waren, dass die Gesellschaft immer mehr auseinander drifte, und 83% verneinten die Frage, ob es noch einen „größeren Zusammenhalt" gäbe, was, wie bereits betont, durchaus Rückschlüsse auf die Integrationsqualität einer Gesellschaft zulässt (vgl. Heitmeyer 2006, 27, 30ff). Insgesamt ließ sich auch hier festhalten, dass im Zuge einer zunehmenden „Orientierungsanomia" das Erleben von Krisen im sozialen, politischen Bereich und die Angst vor einem sozialen Abstieg in unmittelbarem Zusammenhang mit der Zunahme von fremdenfeindlichen Abwertungen und islamophoben Einstellungen standen, wobei bezüglich der islamophoben Einstellungen hier vermutlich weniger ökonomische Zusammenhänge, sondern wohl eher die entsprechende mediale Dauerpräsenz verantwortlich zu machen waren (vgl. Mansel u.a. 2006, 39ff; vgl. Hüpping 2006, 86f, 94). Befragungen zu empfundenen Benachteiligungen, wie sie sich, gemäß dem Konzept der „relativen Deprivation" u.U. darstellen, zeigten, dass Deprivationswahrnehmungen als Benachteiligungserfahrungen in Deutschland generell weit verbreitet sind, und dass sich fast jede vierte Person der Befragten „fraternal depriviert", d.h. als gegenüber den in Deutschland lebenden Ausländern als benachteiligt empfand, was u.a. auch einen Zusammenhang zur GMF nahe zu legen schien. Dies bestätigte sich insofern, als 63% der Befragten, die sich (sowohl individuell als auch fraternal) depriviert fühlten, den Aussagen zur Fremdenfeindlichkeit zustimmten, gegenüber 29% der sich nicht deprivert Fühlenden, wobei hier sicherlich interessant ist, dass Befragte in Regionen

17 | Bedrohungswahrnehmungen, die im GMF-Survey 2004 durch acht Fragen ermittelt wurden, werden dort als „realistische" Bedrohungen, die „dinglicher Natur" (z.B. wirtschaftliche Situation etc.) sind und „symbolische" Bedrohungen, die sich auf die „persönliche Weltsicht" (z.B. eigene Kultur etc.) beziehen, unterschieden (vgl. Wolf u.a. 2005, 81f).

mit höherem Ausländeranteil sich deutlich in geringerem Maße gegenüber Ausländern benachteiligt sahen (vgl. Wolf u.a. 2006, 69, 74f, 82).

Bezüglich einer vorliegenden Islamophobie sollte darüber hinaus im GMF-Survey 2005 empirisch besonders der Frage nachgegangen werden, inwieweit Muslime in Deutschland insgesamt unter einem generellen Terrorverdacht stehen, bzw. ob seitens der Mehrheitsgesellschaft hier eine differenzierte Sichtweise vorgenommen wird oder nicht. Hintergrund der Überlegungen hierzu war, dass insbesondere seit den Ereignissen des 11. Septembers 2001 und auf dem Hintergrund der sich häufenden Medienberichte über Themen wie Ehrenmord, Terrorzellen und Hassprediger eben nicht nur, so Leibold/Kühnel, fundamentalistisch-islamistische Gruppierungen, sondern zunehmend in undifferenzierter Weise auch die bis dahin völlig unverdächtigen „ethnisch-religiösen Milieus" in die offen-feindselige Blickperspektive gerieten. Theoretische Bezugsgrößen hierzu waren beispielsweise Erklärungen zu „Out-group Homogentitätseffekten", womit u.a. davon ausgegangen wird, dass im Zuge der Homogenisierung Vorurteile und diskriminierendes Verhalten gegenüber der fremden Bezugsgruppe leichter zu rechtfertigen und die erlebte Bedrohlichkeit eher vorhersehbar erscheint. Hier zeigte sich zunächst, dass ein Viertel der Befragten wünschten, dass die Zuwanderung von Muslimen reduziert oder verhindert werden sollte, während von einem Drittel beklagt wurde, dass deren Anwesenheit in Deutschland Fremdheitsgefühle hervorrufe und der Aspekt „kulturelle Abwertung" mit 49,7% und 74,2% insgesamt die höchste Zustimmungsrate erhielt. Am problematischsten erscheinen die festgestellten Werte bezüglich der „generellen *subjektiven Differenzierungskompetenz*" und einer *„unterstellten Segregationsneigung"* und der *„unterstellten Sympathie für Terroristen"*. Den entsprechenden Fragen hierzu stimmten 60,2% bis 80% der Befragten zu, was demnach bedeutet, so Leibold/ Kühnel, dass entdifferenzierte Sichtweisen, islamophobe Einstellungen und distanzierende bzw. diskriminierende Verhaltensabsichten[18] gegenüber dem Islam – oder sollte man besser sagen, gegenüber Menschen aus einem islamisch geprägten Kulturkreis – in der deutschen Bevölkerung in breitem Maße vorhanden sind.[19]

Im GMF-Survey 2006 wurden bezüglich einer hinzugenommenen sozialräumlichen Analyse der Frage nachgegangen, inwieweit sich in so genannten *„abwärtsdriftenden Regionen"*, die neben den prosperierenden, *„ökonomisch aufwärtsstrebenden"* und den *„relativ gleichbleibenden"* Regionen die Hauptlast der angespannten sozialökonomischen Lage zu tragen haben, das durch prekäre Arbeitsverhältnisse und zunehmender Arbeitslosigkeit angespannte soziale Klima auf Fremdenfeindlichkeit entsprechend auswirkt (vgl. Petzke u.a. 2007, 52ff; Hüpping/Reinecke 2007, 77ff).[20] Ein wesentlich beeinträchtigender Aspekt war auch hier eine wachsende Orientierungsanomia, was den Schluss zuließ, dass Orientie-

---

18 | Vgl. hierzu Asbrock u.a. 2006, 156ff.

19 | Vgl. hierzu insgesamt Leibold/Kühnel 2006, 135f, 138ff, 144.

20 | Bezüglich einer Differenzierung der Regionen dienten entsprechende Datenerhebungen auf Kreisebene wie die Indikatoren Steuereinnahmen, Arbeitslosen-, Erwerbstätigen-

rungsunsicherheit und die sie begleitenden existenziellen Ängste in verstärktem Maße in Regionen mit negativer wirtschaftlicher Entwicklung auftaucht, die bei Befragten dieser Regionen gegenüber aufwärtsstrebenden Regionen erhöhte fremdenfeindliche Einstellungen zur Folge haben (vgl. Hüpping/Reinecke 2007, 89,92f). In den diesbezüglichen sozialräumlichen Untersuchungen wurden zudem signifikante Unterschiede zwischen Stadt und Land und Ost und West festgestellt, wobei in Ostdeutschland trotz eines relativ geringen Anteils fremder Gruppen die höchsten Zustimmungswerte in Dörfern und Kleinstädten zu verzeichnen waren, wofür, wie begründet wird, neben gruppenbildenden Mechanismen der Konformität wohl primär die zunehmende Abwanderung der jüngeren Generation in den strukturarmen Regionen verantwortlich ist (vgl. Petzke u.a. 2007, 61ff). Darüber hinaus schien sich in Survey 2006 ein sich bereits in Survey 2005 abzeichnender Trend zu verfestigen, mit dem schon seit Beginn der Untersuchungen sichtbar wurde, dass sich das Phänomen Fremdenfeindlichkeit keineswegs nur auf das rechte politische Spektrum beschränkt: nämlich die Verschiebung des Ausmaßes der Gruppenbezogenen Menschenfeindlichkeit hin zur normalen und unauffälligen politischen und sozialen „Mitte", der sich 61% der Befragten zuordneten (vgl. Zick/Küpper 2006, 115ff: vgl. Heitmeyer 2007, 30f).[21] Hintergrund dieses Trends war wohl auch dort eine zunehmende Orientierungsanomia, gepaart mit der Angst vor einem sozialen und beruflichen Abstieg. Was hier mit diesem Trend zur Mitte hin nach Heitmeyer besonders problematisch erschien, war die Tatsache, dass eben diese Mitte gegenüber dem rechten Spektrum die eigentliche „normalitätsbildende" Kraft ist, womit sich für ihn gleichzeitig die Frage stellte, „inwieweit eine solchermaßen sich entwickelnde politische Mitte neben ihrer normalitätsbildenden inzwischen auch eine legitimationsschaffende Bedeutung für fremdenfeindlich motivierte Handlungen schon bekommen hat oder zukünftig verstärkt bekommen kann" (Heitmeyer 2007, 30).

Zur Phase der „Halbzeit" des Forschungsprojektes *Gruppenbezogene Menschenfeindlichkeit* im Jahre 2007 wurden, wie bereits erwähnt, die zusätzlichen Elemente wie „*Homophobie*", „*Abwertung von Obdachlosen*", „*Abwertung von Behinderten*" und „*Langzeitarbeitslose*" hinzugefügt. Darüber hinaus sollten Elemente (ökonomische, soziale und individuelle) von GMF zwecks möglicher Vorhersehbarkeit in ein „*Perspektiven-Paradigma*" übersetzt werden, was mit der Frage verbunden sein sollte, ob sich mit positiven Entwicklungen auf dem Arbeitsmarkt, die zwischen 2002 und 2007 einsetzte, neben der Verbesserung individueller Befindlichkeiten auch feindselige Haltung gegenüber den schwachen Gruppen verrin-

---

quote etc., auf deren Hintergrund drei Regionen entsprechend definiert und die zu Befragenden zugeordnet wurden (vgl. Hüpping/Reinecke 2007, 81).

21 | Zugrundegelegte Kriterien zur so genannten „Mitte" waren hier „objektive(r) Indikatoren, Bildungsab-schlüsse oder Einkommen", die von Heitmeyer hier allerdings nicht näher spezifiziert werden (Heitmeyer 2007, 28).

gern.[22] Die zunehmend optimistisch werdenden Zukunftsaussichten zeigten sich zum einen darin, dass sich der Anteil der deutschen Bevölkerung, die eine Verbesserung ihrer wirtschaftlichen Situation erwartete, gegenüber 17% in 2004 auf 23% im Jahre 2007 anstieg und zum anderen die Angst der Erwerbspersonen vor potenzieller Arbeitslosigkeit von 17,3% in 2005 auf 13,5% in 2007 auf den Stand des Jahres 2002 zurückging (vgl. Heitmeyer/Mansel 2008, 13f, 17, 24). Es ging hierbei im Wesentlichen im Zuge eines gesellschaftlichen Wandels von einer „Marktwirtschaft zur Marktgesellschaft", bzw. einer damit verbundenen zunehmenden „Ökonomisierung des Sozialen", um die Frage, „ob und wie weit der Markt einen erodierenden Einfluß auf die moralische Qualität einer Gesellschaft hat" (Heitmeyer/ Endrikat 2008, 55, 57). Hierbei zeigte sich, dass innerhalb sozialer Beziehungen ein zunehmend wertökonomisches Kalkül vorherrscht, indem z.b. gezeigt wurde, dass ein hoher Prozentsatz (71,8%) der Befragten soziale Beziehungen primär aus einer reinen Nützlichkeitsperspektive beurteilten und in etwa 78% in ihrer sozialen Beziehungsstruktur rational abwägten, „was ihnen bestimmte Kontakte bringen" (Heitmeyer/Endrikat 2008, 60). Der Vergleich zum Vorjahr zeigte demnach, dass gegenüber 61,3% zwischen 2002 und 2006 die Intention zweckrationaler sozialer Bezugsgestaltung um 77,9% in 2007 angewachsen war. Die steigende Dominanz ökonomistischer Orientierungen in Bezug auf soziale Empathie schlug sich insofern nieder, dass bei entsprechenden Befragungen etwa 40% bis 43% der Ansicht waren, man nehme zu viel „übertriebene" Rücksicht auf „Versager" (vgl. Heitmeyer/ Endrikat 2008, 61f).

Obgleich Islamophobie mit leicht zunehmender Tendenz bis 2007 relativ stabil blieb, sollten im GMF-Survey 2007 nähere differenzierte Erkenntnisse über eine Unterscheidung zwischen Islamophobie und einer lediglich kritischen Einstellung im Sinne einer kulturellen Abwertung gegenüber dem Islam liefern, wobei gegenüber dem seit 2003 verwendeten Konstrukt „kulturelle Abwertung des Islam" die Erhebungen mehr in Richtung „kultureller Distanz gegenüber dem Islam" fokussiert werden sollten (vgl. Heitmeyer/Mansel 2008, 24; vgl. Leibold/Kühnel 2008, 100; vgl. Leibold/Kühnel, 2008, 113, Anm.6). Gründe und Erwartungen hierzu waren folgende:

„Zum einen gehen wir davon aus, daß wir eine Gruppe identifizieren können, die hohe Islamophobiewerte im Sinne einer generalisierten Ablehnung aufweist und demgemäß kritischen Äußerungen zum Islam zustimmt, zum anderen dürfte es die eher kulturrelativistische Gegenposition geben, deren Anhänger nicht islamophob sind und kritische Aussagen zum Islam ablehnen. Da ein wesentlicher Aspekt des Kulturrelativismus der Multikulturalismus ist, sollten die Befragten in dieser Gruppe auch eine deutliche Tendenz zur Wertschätzung kultureller Pluralität aufweisen." (Leibold/Kühnel 2008, 100)

---

22 | Nach diesbezüglichen Untersuchungen war die Beurteilung eigener Zukunftsaussichten im Jahre 2007 deutlich (von 17% in 2004 auf 23% in 2007) angestiegen (Heitmeyer/ Mansel 2008,17).

Die Untersuchungsresultate zeigten, dass 73% der Befragten keine oder eingeschränkte Unvereinbarkeit zwischen Islam und säkularen Prinzipien sahen, 78% erwarteten keine oder eine eingeschränkte Anerkennung anderer Konfessionen und 86% vertraten die Meinung, Homosexualität würde im Islam generell abgelehnt. Ingesamt betrachtet, wiesen die Ergebnisse auf eine große kulturelle und kritische Distanz zwischen Islam und den westdeutschen Wertvorstellungen hin. Hierbei ergaben sich folgende Unterschiede zwischen den vier Gruppen: eine Gruppe (Gruppe 1: 27,2% der Gesamtgruppe) mit relativ hohen islamophoben Werten, eine mehr kulturrelativistisch orientierte Gruppe (Gruppe 4: 18,8% der Gesamtgruppe) mit erwartungsgemäß niedrigen Werten bezüglich genereller Ablehnung und kultureller Distanz, eine mit 34,8% größte Gruppe (Gruppe 2) stimmte der Kritik am Islam eher zu und bekundete auch ein großes Maß an kultureller Distanz, während eine weitere Gruppe (Gruppe 3) niedrigere Werte bezüglich einer kulturellen Distanz und geringfügig höhere Werte gegenüber einer generellen Ablehnung zeigte. Insofern ließen sich die Gruppen inhaltlich verorten in eine eher politisch rechts orientierte, konsistent islamophobe Gruppe (Gruppe 1) (Altersschnitt 48,7 Jahre), eine eher linkspolitisch orientierte relativ junge Gruppe von „Kulturrelativisten" (Gruppe 4) und in zwei weitere lediglich „pessimistisch-kritische" Gruppen (Gruppe 2 und 3), die sich untereinander in ihrem Alter nicht signifikant unterschieden. Demnach stellten die Gruppe der „konsistent Islamophoben" gemeinsam mit den „pessimistisch-kritischen Gruppen" insgesamt gesehen über 60% der Befragten dar (vgl. Leibold/Kühnel 2008, 101ff). Dieses Resultat scheint die mit Survey 2007 eingangs gestellte Fragestellung zur gesellschaftspolitischen Bedeutung der „Mitte" bezüglich einer *Gruppenbezogenen Menschenfeindlichkeit* relativ eindeutig zu beantworten.

Im Zuge des GMF-Survey 2008 sollte es – fast zwanzig Jahre nach der „Wiedervereinigung" zwischen Ost und Westdeutschland – primär um die Frage gehen, ob und in welcher Weise sich ein Einigungsprozess eingestellt hat und wie es sich mit der Integration bzw. Desintegration der Menschen in Ost- und Westdeutschland verhält. Hier zeigte sich, dass mehr als die Hälfte der BürgerInnen in Ost- und Westdeutschland den Standpunkt vertraten, die Wende habe sich für beide Teile nachteilig ausgewirkt, was insbesondere für Ostdeutschland gelte. Was die gegenseitige Anerkennung betraf, waren zwei Drittel der Ostdeutschen der Meinung, die Westdeutschen würdigten zu wenig ihre Leistungen und hätten zu wenig Verständnis für ihre Situation, während etwa die Hälfte der Westdeutschen sich ähnlich äußerte, ihre Leistungen würden zu wenig anerkannt und die Ostdeutschen bemühten sich zu wenig um Verständnis für ihre Situation. Es wurde zudem festgestellt, dass die soziale Spaltung zwischen Ost und West nach zwanzig Jahren dramatisch zugenommen hatte, die Bürger von Ostdeutschland sich zunehmend als „Bürger zweiter Klasse" empfanden und das Verhältnis zur Demokratie in Ostdeutschland signifikant negativer wurde. Die Fremdenfeindlichkeit ging in beiden Landesteilen zurück, wobei die Islamophobie in Ostdeutschland zunahm (vgl. Heitmeyer 2009, 15, 27, 28f, 38, 41). Es zeigte sich auch, dass in Ostdeutschland „Varianten der Demokratiekritik", die sich in erster Linie gegen politische Eliten und Parteien richtete,

auch eindeutig die Zustimmung von demokratiefeindlichen und rechtspopulistischen Positionen beförderte, was, wie zu vermuten ist, Auswirkungen auf Gruppenbezogene Menschenfeindlichkeit zu haben scheint (vgl. Klein u.a, 2009, 107).

GMF-Survey 2009 stand unter dem Eindruck der Weltwirtschafts- und Finanz-
krise, die in der Folge erhebliche politische und soziale Probleme nach sich zog. Bezüglich einer *Gruppenbezogenen Menschenfeindlichkeit* stellte sich die Frage, inwieweit diese Krise Auswirkungen auf den gesellschaftlichen Zusammenhalt und die
soziale Integration hatte. Hierbei ging es um die Untersuchung in den Themenberei-
chen: „Krisenbetroffenheit in der Bevölkerung", „individuelle Strategien im Umgang
mit der Krise" und „Zusammenhänge zur *Gruppenbezogener Menschenfeindlichkeit*" (Heitmeyer 2010, 23). Empirische Ergebnisse hierzu zeigten, dass sich in etwa
die Hälfte der Befragten von der Wirtschaftskrise bedroht fühlte: 46% empfanden
dies bezüglich Karriereplanung und potenzieller Arbeitslosigkeit und 38% gaben an,
davon bereits betroffen zu sein. Über 80% waren der Meinung, dass letztlich allein
die Bürger die negativen Folgen der Krise zu tragen hätten und 65% erwarteten erhebliche zukünftige Belastungen. Über 90% der Befragten äußerten Befürchtungen
hinsichtlich einer zukünftigen Entwicklung in Richtung wachsender Armut und ver-
mehrtem sozialen Abstieg. Bezüglich möglicher Auswirkungen auf das Ausmaß
Gruppenbezogener Menschenfeindlichkeit war insbesondere bezüglich der „konkur-
renzbasierten Fremdenfeindlichkeit" und der „Reklamation von Etabliertenvorrech-
ten" ein Anstieg zu verzeichnen. In der Tendenz wurde die Verantwortung der Krise
nicht mit ausländischen Mitbürgern, sondern primär mit „Bankern und Spekulan-
ten" in Verbindung gebracht (vgl. Heitmeyer 2010, 23ff, 38). Lediglich 15% der
Befragten machten „Ausländer" für die Krise verantwortlich, wobei sich zeigte,
dass diejenigen, die sich unmittelbar bedroht fühlten, mit einer Zunahme fremdenfeindlicher Einstellungen reagierten (vgl. Becker u.a. 2010, 139).

Untersuchungsgegenstand des GMF-Survey 2010 in Deutsche Zustände (Folge 9)
war primär ein Vergleich unter acht europäischen Ländern bezüglich des europäischen Ausmaßes *Gruppenbezogener Menschenfeindlichkeit*, worauf im Rahmen der
vorliegenden Untersuchung neben der allgemeinen Feststellung, dass gegenüber dem
Islam europaweit bei 54,4% der Befragten (u.a. 46,7% in den Niederlanden bis 62,2%
in Portugal) ein Konsens in der Ablehnung dieser „intoleranten" Religion zu bestehen
scheint, nicht näher eingegangen werden soll (vgl. Zick u.a. 2010, 50). Weit wichtiger
scheint hier die im Rahmen der Untersuchung gemachte Feststellung zu sein, dass
seitens der Befragten in Deutschland ein deutlicher Anstieg islamophober sowie
fremden-feindlicher Einstellung im Bereich der oberen Einkommensgruppen, bzw.
der „Gutverdienenden" zu verzeichnen war. Demnach zeichnete sich hier ein Trend
ab, mit dem sich diese Gruppe zunehmend derjenigen der unteren Einkommens-
gruppe annäherte, was insofern als äußerst bedenklich und beunruhigend erschien, da
sich damit auch abzeichnete, dass die Gruppe in höheren Status- und Einkommensbe-
reichen neben zunehmender Fremdenfeindlichkeit auch auf dem Wege war, sich sukzessive von der Verantwortung gegenüber der Solidargemeinschaft zu verabschieden
(vgl. Heitmeyer 2010 [b], 24, 28). Ein weiterer wesentlicher Untersuchungsaspekt des

GMF-Survey 2010 war die Klärung eines möglichen Zusammenhanges zwischen der in einem Sozialraum existierenden politischen Kultur und der Verbreitung abwertender Einstellungen gegenüber schwachen Gruppen, wobei es hier vorrangig um die individuelle *„Wahrnehmung der NPD"* ging.

Hierzu wurden vier Orte ausgewählt, von denen jeweils zwei Orte (Orte A und B) durch einen starken wirtschaftlichen Niedergang und von hohen Erwerbslosenquoten mit starkem Bevölkerungsrückgang gekennzeichnet waren, die zudem eine größere Affinität zur rechtspolitischen Kultur hatten, während die Situation in den anderen beiden Orten einerseits durch wirtschaftliche Stagnation mit zunehmender Tendenz zur rechtspolitischen Kultur (Ort C) und in einem vierten Ort (Ort D) durch eine prosperierend-aufwärtsstrebende Situation gekennzeichnet war. Es zeigte sich schließlich bezüglich der empirischen Befunde, dass insbesondere in Ort A die seitens der rechtspolitischen Kultur propagierten Lösungsmuster (z.B. „Rückführung der Zugewanderten") angesichts erlebter politischer Machtlosigkeit und existenzieller Ängste ein adäquater Lösungsansatz zu sein schien, was offensichtlich zukünftig zur weiteren Verfestigung einer Entfremdung einer demokratischen Kultur beiträgt. Auch in Ort B spielte die lokalpolitische Präsenz von aktiven Repräsentanten der NPD und deren politische Problemlösestrategien eine herausgehobene Rolle, wobei auch hier das Empfinden der individuellen politischen Einflusslosigkeit von großer Wichtigkeit war. In Ort C war die Entscheidung für die NPD weniger durch deren „Problemlösekompetenz" beeinflusst, sondern mehr (wohl im Sinne einer „Protestwahl") durch das Bedrohungsempfinden durch die Gruppe der Zugewanderten geprägt. Im Ort D gelang es der NPD nur in geringem Maße, sich politisch als Alternative zu positionieren.[23]

Als Fazit bleibt hierzu festzuhalten, dass subjektiv empfundene existenzielle Bedrohungsgefühle und wahrgenommene politische Macht- und Einflusslosigkeit rechtsextreme Orientierungen und deren fremdenfeindliche Lösungsvorschläge bis hin zur Gewaltanwendung befördern, wobei insbesondere Letzteres seit den im November 2011 bekannt gewordenen Mordtaten (bis dahin als unaufgeklärte „Döner-Morde" bezeichnet) und Anschläge einer rechtsradikalen Terrorgruppe namens „Nationalsozialistischer Untergrund" (NSU) als mögliche Option rechtsradikaler Gesinnung nach der offen proklamierten Devise *„Keine Worte, sondern Taten"* auf drastische Art und Weise ins Bewusstsein der deutschen Bevölkerung drang.[24]

DISKUSSION DER ERGEBNISSE DER GMF-STUDIE

Die umfangreiche GMF-Untersuchung förderte insgesamt beeindruckende Resultate zutage. So war erwartungsgemäß ein eindeutiger Zusammenhang zwischen einer

---

23 | Vgl. hierzu insgesamt Marth u.a. 2010, 63ff, 67f, 73, 75.

24 | Nach Presseberichten sind dieser neo-nazistischen Gesinnung seit der „Wende" im Jahre 1989 im Zuge rassistischer Gewalt insgesamt 182 Menschen zum Opfer gefallen (vgl. *Frankfurter Rundschau*, 67.Jg.; 21.11.2011,10).

negativen Anerkennungsbilanz und zusätzlicher Orientierungs-Anomia der Lebens-situation der Befragten mit einer zunehmenden Ausprägung von Rassismus, Hetero-phobie und diskriminierenden Verhaltens gegenüber AusländerInnen feststellbar. Es zeigte sich hier zudem, dass insbesondere bei Personen, die sich infolge ihrer beruf-lichen, sozialen und finanziellen Situation selbst am unteren Rand der Gesellschaft einstuften, der Zusammenhang zwischen wahrgenommener sozialer Spaltung und Fremdenfeindlichkeit um das Doppelte erhöht war. Etwas überraschend war die Fest-stellung, dass sich Islamphobie keineswegs nur auf Personen aus dem rechten poli-tischen Spektrum beschränkte, sondern auch bei Personen aus der politischen Mitte bzw. aus dem linken Spektrum zu finden war (Leibold/Kühnel 2003, 111). Auch ließ sich die übliche Annahme, mit höherem Bildungsgrad sei generell eine Abnahme von Vorurteilen, negativer Stereotypien und diskriminierenden Einstellungen verbun-den, pauschal so nicht bestätigen (vgl. Leibold/Kühnel 2003, 111ff).

Interessant war auch die Erkenntnis, dass die Einstellungen gegenüber Auslän-derInnen in Wohnumgebungen mit hohem Ausländeranteil sich eher positiv als ne-gativ auswirkt, was sich zudem in geringeren Bedrohungsempfindungen, weniger Rassismus und einer geringeren Fremdenfeindlichkeit und Sympathiedifferenz of-fenbarte.

Bei näherer Betrachtung des GMF-Survey zeigt sich jedoch, dass dort an vielen Stellen kulturalistisch anmutende, bzw. undifferenzierte stereotype Positionen in die konkreten Befragungen mit einflossen. Dies wurde u.a. an den Stellen deutlich, an denen – bezogen auf das Konstrukt „Fremdenfeindlichkeit" – lediglich von „Auslän-dern" oder – bezogen auf „Islamphobie" – von „Muslimen" gesprochen und beispiels-weise in einem suggestiv anmutenden Duktus danach gefragt wurde, ob man deren Zuwanderung untersagen sollte (vgl. Heitmeyer 2003, 21f). Es ist zumindest wider-sprüchlich, wenn, bezogen auf den Islam, einerseits eine zunehmende „Entdifferen-zierung", die das „Ausmaß der Islamophobie" verstärke, beklagt wird, und diese kri-tisierte Pauschalisierung andererseits in den gestellten Fragen implizit befördert wird (vgl. Leibold/Kühnel 2006, 136). Mit der Frage, ob „Muslimen" die „Zuwanderung nach Deutschland untersagt" werden sollte, wird zudem latent eine Ethnisierung von Religion vorgenommen, indem damit zum einen unterstellt wird, dass alle Immigran-ten aus muslimisch geprägten Ländern, völlig abgesehen von ihrer jeweiligen indivi-duellen Religiosität, MuslimInnen und damit zum anderen in Deutschland per se Fremde seien und bleiben werden (Heitmeyer 2003, 22). Insofern nimmt es nicht Wunder, wenn dem Islam mehrheitlich attestiert wird, er passe nicht „in unsere west-liche Welt" (Leibold/Kühnel 2008, 102). So kritisiert auch Eickhof eine fast durch-gängige, gewissermaßen „vorausgesetzte Unvereinbarkeit von ‚muslimisch' und ‚deutsch'" in der Studie, so dass durch Formulierungen wie „eigenes Land" bzw. durch solche, wie „fremd im eigenen Land" den Befragten vorab ein scheinbar be-stehender Hiatus zwischen „Eigenem und Fremden" nicht nur suggeriert, sondern im Grunde bestätigt wird (vgl. Eickhof 2010, 19). Insofern sind bezüglich der in den GMF-Surveys gewonnenen Erkenntnisse aufgrund der dort suggestiv anmutenden Fragemuster und Itemformulierungen einige Abstriche zu machen.

Mit den vorgestellten Studien ist die Existenz von antiislamischen Haltungen und Vorurteilen gegenüber dem Islam als Religion hinreichend belegt. Wie bereits angemerkt, ist eine systematisch-theoretische Auseinandersetzung mit diesem Phänomen im 21. Jahrhundert ergänzungsbedürftig. Erste wichtige Ansätze hierzu finden sich in den Monographien von Sabine Schiffer (2005) „Die Darstellung des Islams in der Presse", Iman Attia (2009) „Die westliche Kultur und ihr Anderes", in „Antimuslimischer Rassismus in Deutschland" von Ilka Eickhof (2010) sowie bei Achim Bühl (2010) „Islamfeindlichkeit in Deutschland".

Daneben existieren diverse Aufsatzsammlungen und Sammelbände, die hier nicht alle aufgeführt werden können. Erwähnt seien in diesem Zusammenhang lediglich Publikationen wie „Islamfeindlichkeit – Wenn die Grenzen der Kritik verschwimmen" von Thorsten Gerald Schneiders (2009), der „Migrationreport 2010", herausgegeben von Marianne Krüger-Potratz und Werner Schiffauer und „Islamfeindschaft und ihr Kontext" (2009), herausgegeben von Wolfgang Benz.

2. Konstruktion von Fremdheit

2.1 DAS EIGENE UND DAS FREMDE – EIN SOZIAL-PHÄNOMENOLOGISCHER ZUGANG

Zur Annäherung an das Wesensphänomen Fremdheit und zur Bestimmung dessen, was als fremd erlebt wird, soll zunächst der Frage nachgegangen werden, wie sich Fremdheit gegenüber etwas Vertrautem beim Menschen äußert. Ganz allgemein betrachtet, drückt das Fremde eine spezifische Form der Beziehung zu etwas Bekanntem, Vertrautem (Nicht-Ich, Nicht-Wir) aus. Hierbei ist allerdings zu unterscheiden zwischen der sozialen Erfahrung von „Andersheit" und „Fremdheit". Während die Erfahrung von „Andersheit" gewissermaßen konstituierendes Identitätsmerkmal für das eigene Selbst ist, sich selbst in Abgrenzung zum Anderen als Entität erleben zu können, liegt „Fremdheit" dann vor, wenn die „Andersheit" eines Gegenübers als irritierend und störend erlebt wird (vgl. Stichweh 2010, 162).

Insofern gibt es das Fremde „an sich" nicht, sondern es tritt lediglich als Beziehungskategorie in Erscheinung, indem das Andere vom definierenden Subjekt oder Kollektiv in Relation zum Eigenen als fremd erlebt und charakterisiert wird (vgl. Fuchs 2001, 240 ff).

Bernhard Waldenfels, der sich als Philosoph dem Phänomen Fremdheit in einer anthropologisch-phänomenologischen Fragestellung annähert, weist in seinen Studien zur „Phänomenologie des Fremden" darauf hin, dass „das Fremde" allerdings mehr ist, als „das Unbekannte" oder „das Andere", das „dem Selben" lediglich entgegengesetzt ist:

> „*Fremdes* bzw. *Fremdartiges* steht vielmehr dem *Eigenen* und *Eigenartigen* gegenüber als das *Unzugängliche und Unzugehörige*, seien es fremdartige Erfahrungsgehalte oder fremdartige Erfahrungsstrukturen." (Waldenfels 1998, 136)

In seiner Studie „Topographie des Fremden" spricht Waldenfels bezüglich einer allgemeinen Charakterisierung des Fremden vom „Außerordentlichen", das sich auf verschiedene Weise an den Rändern der diversen Ordnungen bemerkbar mache (vgl. Waldenfels 1999, 10).

Wichtig scheint dabei zu betonen, dass, wie Waldenfels hervorhebt, das Fremde nicht als „totale Fremdheit" in absoluter Abgrenzung vom Eigenen, sondern als eine „Fremdheit im Eigenen", als eine „intrasubjektive Fremdheit" gedacht werden kann, der eine „intrakulturelle Fremdheit" im Gegensatz zur „interkulturellen Fremdheit" entspräche. Die von ihm bezeichnete „intrakulturelle Fremdheit" taucht gewissermaßen als „Fremdheit des eigenen Ursprungs" auf, wie es Waldenfels am Beispiel des „Eurozentrismus"[1] ausmacht. (vgl. Waldenfels 1999, 27 f, 49; 1998, 136 f).

Nach Waldenfels ist es ein Charakteristikum des Fremderlebens, alles Fremde als Produkt einer „Entfremdung" vom Eigenen wahrzunehmen, was andererseits ein Streben des Fremdgewordenen nach „Aneignung" („Sog der Aneignung")[2] hin zum Eigenen hervorrufe, wobei dieses Bestreben mit bestimmten Formen der Zentrierung einhergehe: nämlich einem vom individuellen Eigenen ausgehenden „Egozentrismus" (1), einem auf das kollektiv Eigene zentrierte „Ethnozentrismus" (2) und einem „Logozentrismus" (3), womit ein übergreifendes Allgemeines im Sinne einer universell gültigen Vernunft postuliert wird (Waldenfels 1997, 49; vgl. 1998, 137).

Die Beziehungskategorie des Fremden als „Außerordentliches" löst unterschiedliche Reaktionen auf Seiten der Inhaber des als eigen erlebten Standortes aus, wobei es offensichtlich ist, dass das Fremde um so bedrohlicher erscheint, je deutlicher es das Eigene in der Nähe heimsucht.

2.2 EIN SOZIOLOGISCHER DISKURS ÜBER DEN FREMDEN

Was ist das also, das bzw. der Fremde, der unterschiedliche Empfindungen und Reaktionen auf seine Gegenwart auslöst? Wie ist der Fremde soziologisch zu fassen?

Diese Frage nach dem Fremden im Eigenen muss sich im vorliegenden thematischen Zusammenhang primär auf die Situation des Fremd-Seins in der Fremde beziehen, in der sich ein Mensch niederließ, was insbesondere in Zeiten der Wende zum 21. Jahrhundert die Welt durch zunehmende politisch wie ökonomisch motivierte Migrationsbewegungen zu großen Teilen zu einem „Planet der Nomaden" werden ließ (vgl. Schlögel 2000). Hierbei erscheint es bedeutsam, im Zuge einer systematischen Rekonstruktion des Diskurses über den Fremden und dessen typi-

---

1 | Auf den „Eurozentrismus" wird später noch näher eingegangen.
2 | Waldenfels bezieht diesen Sog nach Aneignung im Rückblick auf Foucault auch auf „abendländische Traditionen" zivilisatorischer Normalisierungsbemühungen hinsichtlich postulierter „Anomalien", wobei hier der Prozess der Aneignung hin zum Eigenen eine krankheitsbezogene Definition der Normabweichung erforderlich macht (vgl. Waldenfels 1998, 137; vgl. Foucault 1978, 1981).

sche Merkmale auf einige „klassische"[3] soziologische Texte von Klassikern wie Georg Simmel, Alfred Schütz und Zygmunt Bauman zurückzugreifen.[4]

Hierbei interessieren uns bezüglich der vorliegenden Themenstellung weniger Charakterisierungen des Fremden als „Tourist", der „freiwillig" in der Fremde bzw. in der Ferne vorübergehend eine exotische bzw. landschaftliche Zutat zum vertrauten Zuhause sucht, das er im Grunde nicht verlässt, bzw. in das er immer wieder zurückkehrt. Von tieferem Interesse ist hier auch nicht „der Vagabund" oder „der Flaneur" bzw. „der Pilger", der in Zeiten des Übergang zur Postmoderne, so Bauman, zum repräsentativen Identitätstypus postmoderner Lebensumstände fluktuierender Verlässlichkeiten wurde, sondern der Fremde im Eigenen (vgl. Bauman 1997, 136ff).

2.2.1 Die „Objektivität des Fremden" bei Georg Simmel

Bedeutsam erscheint uns hier der „Migrant als der Fremde", wie ihn Georg Simmel in seinem „Exkurs über den Fremden" neben dem „Sesshaften" und dem „Weiterziehenden" als den Fremden, „der heute kommt und morgen bleibt", charakterisiert:

„Es ist also der Fremde nicht in dem bisher vielfach berührten Sinne gemeint, als der Wandernde, der heute kommt und morgen geht, sondern als der, der heute kommt und morgen bleibt [...]." (Simmel 1908, 509).

Simmel nahm hier im Zusammenhang seiner soziologischen Untersuchungen über die spezifischen Formen der Vergesellschaftung die auf den Raum bezogenen Wechselbeziehungen der Gesellschaftsmitglieder, deren individuelle (Im-) Mobilität zwischen den beiden Polen sesshafter „Bodenbesitzer" und insbesondere den Fremden als Bleibenden näher in den Blick.[5] Hier ist für Simmel insbesondere der zwischen den beiden Polen angesiedelte „bleibende Fremde" und sein phänome-

---

3 | Der Begriff „klassisch" wird hier im philologischen Sinne auf bestimmte Texte und deren Autoren bezogen, die aufgrund ihrer herausragender Bedeutung unter bestimmten Fragestellungen immer wieder neu rezipiert werden. Bezüglich der Erwähnung so genannter klassischer Soziologen im bezeichneten Kontext muss natürlich u.a. auch Robert E. Park genannt werden, der sich insbesondere im Zusammenhang von Auswirkungen der Migration mit der Rolle des „Randseiters" („marginal man") beschäftigte (vgl. Stichweh 2010, 9f; vgl. Park 2002, 55ff).

4 | Vgl. hierzu auch Merz-Benz/Wagner (2002), Stichweh (2010) und insbesondere Han (2005) und Breckner (2009), die die soziologischen Analysen von Simmel und Schütz über den Fremden in ihren Untersuchungen über die psychosoziale Situation von Migranten heranzogen.

5 | Der erstmals im Jahre 1908 veröffentlichte Text „Exkurs über den Fremden" erschien innerhalb des neunten Kapitels über den „Raum und die räumliche Ordnung der Gesellschaft" seines umfangreichen Werkes „Soziologie".

nologisch-räumliches Verortet-Sein („Die Einheit von Nähe und Entfernung, die jegliches Verhältnis zwischen Menschen enthält [...]") von Interesse – eben der, der „heute kommt und morgen bleibt" –, der in der „Fremde" dennoch potenzieller Wanderer bleibt, da er „die Gelöstheit des Kommens und Gehens nicht ganz überwunden hat" (Simmel 1908, 509).

Dessen besondere prekäre Situation resultiert aus der Tatsache, dass er sich als „Bodenbesitzer" geriert, der er „seiner Natur nach" nicht sein kann. Als Fremder, der, „statt den Ort seiner Tätigkeit wieder zu verlassen sich an ihm fixiert", ist gegenüber den einheimischen Landbesitzern zwar räumlich nahe, wobei er aber im zwischenmenschlich gelebten räumlichen Sinne äußerst entfernt bleibt, was letzthin bezüglich der „Distanz innerhalb des Verhältnisses bedeutet, dass der Nahe fern ist, das Fremdsein aber, dass der Ferne nah ist" (Simmel 1908, 509, 510).[6]

Diese von Simmel postulierte Distanziertheit in der räumlichen Nähe bezieht sich auf die in der Ferne (Heimat) gelebten psychosozialen und kulturellen Bedeutsamkeiten des Fremden, die dieser in die räumliche Nähe der Welt der sesshaften „Bodenbesitzer" mitbrachte und die dort mit den Wertigkeiten der Sesshaften kollidieren bzw. unvereinbar sind. Seine dort gewonnenen Überzeugungen und Wertigkeiten, seine verinnerlichten gelebten Selbstverständlichkeiten aus seinem Herkunftsraum sind in der neuen Umgebung vielfach unbrauchbar. Da der Bleibende keine gemeinsame Geschichte und keine soziokulturellen Gemeinsamkeiten mit der Residenzgesellschaft hat, wird er schließlich im Zuge der Kollision mit der anderen Welt und der zunehmenden Erkenntnis der Inkommensurabilität der jeweiligen Wertigkeiten vom Fremden und Eigenen das Andere des Eigenen aufmerksam in einer gewissen Distanz halten. Diese Befindlichkeit im Sinne des Sich-Befindens des Fremden zwischen Distanziertheit (in der räumlichen Nähe) und der gelebten Nähe (zur räumlichen Distanz seiner Herkunft) macht nach Simmel das aus, was er die „Objektivität des Fremden" bezeichnet (Simmel 1908, 510). Mit dieser „Objektivität" – ein „Nahverhältnis aus der Vogelperspektive" (510) – bleibt der Fremde durch die „positive Teilnahme einer theoretischen Beobachtung" (510) in Distanz zur individuell gelebten Perspektive der „Bodenbesitzer", was andererseits allerdings auch seine „Freiheit" ausmacht.

„Man kann Objektivität auch als Freiheit bezeichnen. Der objektive Mensch ist durch keinerlei Festgelegtheiten gebunden, die ihm seine Aufnahme, sein Verständnis, seine Abwägung des Gegebenen präjudizieren könnten." (Simmel 1908, 510)

---

6 | Simmel versteht hier Räumliches über die geographisch-physikalische Verortung hinaus gewissermaßen als Symbol zwischenmenschlich-emotionaler Verhältnisse von Nähe und Distanz. Gemeint sind damit phänomenologische Unterscheidungen zwischen gelebten und physikalischen Distanzierungen, wonach beispielsweise ein Mensch einem räumlich entfernt lebenden Mitmenschen emotional sehr nahe stehen und einem Mitmenschen in der räumlichen Nähe emotional sehr entfernt sein kann.

Das heißt: Diese aus der „besonderen Attitüde des ‚Objektiven'"[7] resultierenden Möglichkeiten, sich die räumliche Nähe aus der kritischen, subjektiv unbeteiligten Distanz zu betrachten und sich daraus ein eigenes, aus der individuellen Enthaltsamkeit gewonnenes Urteil zu bilden, macht den ungebundenen Fremden im gewissen Sinne frei, aber auch gleichzeitig verdächtig. Diese Freiheit der Wahl zwischen Partizipation, Teilnahme und Enthaltung kann dem Fremden in einer sozialen Gemeinschaft, so Simmel, zu einer dominanten Position verhelfen, was ihn potenziell mächtig und damit gefährlich macht, denn: „er ist der Freiere, praktisch und theoretisch, er übersieht die Verhältnisse vorurteilsloser, misst sie an allgemeineren, objektiven Idealen und ist in seiner Aktion nicht durch Gewöhnung, Pietät, Antezedentien gebunden" (Simmel 1908, 511).

Simmel weist in diesem Zusammenhang darauf hin, dass von jeher Aufstände und Revolutionen seitens der „angegriffenen Partei" als von außen herangetragene feindlich-aufrührerische Aktionen dargestellt werden, um damit die wahren Gründe des Aufstandes zu verschleiern und gleichzeitig zu suggerieren, „die Rebellen wären eigentlich gar nicht schuldig, sie wären nur aufgehetzt, die Rebellion ginge gar nicht von ihnen aus" (ebd.).

Für Simmel ist demnach der Fremde als der Bleibende, aber auch als der „Fremde im Innern", der schon immer da war, innerhalb der Wechselwirkung einer Einheit von Nähe und Entferntheit ein letzthin konstituierendes Element (als „ein Außerhalb und Gegenüber") der Gruppe selbst, das, wie wir sehen werden, bei Zygmunt Bauman eine wesentlich deutlichere Akzentuierung erfährt.

Die Perspektive des Fremd-Seins ermöglicht dem Fremden einen positionalen Freiraum zwischen Nähe und Entferntheit, die ihm einerseits eine gewisse „objektive", unabhängige Perspektive ermöglicht, die ihn jedoch andererseits tendenziell verdächtig macht.

2.2.2 Die „Krisis-Erfahrung" des Fremden bei Alfred Schütz

Auch Alfred Schütz widmet sich neben dem „Heimkehrer", der freiwillig auf Dauer in eine ihm scheinbar immer noch vertraute Intimität seiner „Heimat-Welt" zurückkehrt und darin zu scheitern droht, insbesondere der typischen Situation des „Fremden", „der von der Gruppe, welcher er sich nähert, dauerhaft akzeptiert oder zumindest geduldet werden möchte", wie dies, so Schütz, der sozialen Situation des Immigranten entspricht (Schütz 1972, 53). Hierbei geht es Schütz weniger um eine Analyse von Prozessen einer sozialen Assimilation, sondern um „die Situation der Annäherung (approaching), die jeder möglichen sozialen Anpassung vorhergeht und deren Voraussetzungen enthält" (ebd., 54).

---

7 | Simmel meint hiermit „ein besonderes Gebilde aus Ferne und Nähe, Gleichgültigkeit und Engagiertheit" (Simmel 1908, 510).

Schütz untersucht zunächst die spezifischen „Zivilisationsmuster des Gruppen-lebens"[8], wie sie sich dem „common sense" eines Menschen darstellen. Er prä-zisiert hierzu das Sinn- und Wissenssystem des konkret sozial handelnden „Mensch(en) des Alltagslebens", der, gegenüber „dem uninteressierte(n) wissen-schaftliche(n) Betrachter der sozialen Welt", kaum („ausnahmsweise") „an der Klarheit seines Wissens interessiert" ist, sondern im Grunde primär auf das re-lativ inkohärente bzw. inkonsistente „Vertrautheitswissen" seiner selbstverständ-lich gelebten Wissensbestände seiner Lebenswelt zurückgreift (vgl. Schütz 1972, 54, 56f).[9]

Die Inkohärenz seines Alltagswissens ist nach Schütz in den inkonsistenten Interessen begründet, die sich auf konkrete Lebenspläne (z.b. Arbeit bzw. soziale Rolle) beziehen und ständigen Veränderungsprozessen unterliegen können. Die Inkonsistenz seines Alltagswissens macht sich u.a. daran fest, dass seine unter-schiedlichen Rollen und die damit verbundenen Positionen und daraus resultie-renden Meinungen („als Vater, als Bürger, als Angestellter und als Mitglied einer Kirche") miteinander völlig unvereinbar sein können, was für Schütz keinem „lo-gischen Trugschluss", sondern der inkonsistenten Logik des Alltagsdenkens ge-schuldet ist (ebd., 57).

„Dieses so erworbene System des Wissens – so inkohärent, inkonsequent und nur teil-weise klar, wie es ist – hat für die Mitglieder der in-group den Schein genügender Ko-härenz, Klarheit und Konsistenz, um jedermann eine vernünftige Chance zu geben, zu verstehen und selbst verstanden zu werden. Jedes Mitglied, das in der Gruppe geboren oder erzogen wurde, akzeptiert dieses fix-fertige standardisierte Schema kultureller und zivilisatorischer Muster, das ihm seine Vorfahren, Lehrer und Autoritäten als eine unbefrag-bare Anleitung für alle Situationen übermittelt haben, die normalerweise in der sozialen Welt vorkommen." (ebd.)

Der Mensch des Alltagslebens verfügt damit über ein auf einem „Denken-wie-üblich" beruhenden „Wissen von vertrauenswerten *Rezepten*" und den daraus ableitbaren Handlungs- bzw. Gebrauchsanweisungen.[10]

---

8 | Schütz spricht hiermit das tradierte Alltagswissen und alle Wertungen, Sitten und Ge-wohnheiten an, die eine soziale Gemeinschaft prägen (vgl. Schütz 1972, 54).

9 | Gemeint sind hiermit u.a. unhinterfragte Alltagshandlungen wie telefonieren, Auto fah-ren etc., wobei es für den handelnden „Menschen des Alltagslebens" weniger von Inte-resse ist, wie ein Telefon funktioniert, bzw. nach welchen Gesetzen der Mechanik ein Auto funktioniert (Schütz 1972,57, 84).

10 | Dieses „Denken-wie-üblich" bezieht Schütz hier auf Max Schelers „relativ natürliche Einstellung", das er an anderer Stelle als selbstverständlich gelebte Wirklichkeit der „na-türlichen Einstellung", bzw. der „Lebenswelt als unbefragter Boden der natürlichen Welt-anschauung" bezeichnet. Im Rahmen seiner wissenssoziologischen Untersuchungen und den dort vorgenommenen typologischen Differenzierungen macht Schütz hier einen be-

Dieses Wissen wird allerdings unwirksam, so Schütz, wenn die konstituierenden Grundannahmen eines „Denkens-wie-üblich" nicht vorhanden, bzw. unbrauchbar sind, wie dies am Beispiel des Fremden der Fall ist (vgl. Schütz 1972, 58). Insofern verfügt auch jede in-group auf dem Hintergrund dieses Wissensbestandes der
natürlichen Einstellung über ein „relativ normales Weltkonzept" (86), das von ihren
Mitgliedern als selbstverständlich gegeben und intersubjektiv vorausgesetzt wird.

Für den sich annähernden Fremden, der aus einer anderen Welt mit anderen
Wissenselementen und selbstverständlich gelebten Wertigkeiten entstammt, sind
diese aus der dortigen „lebendigen geschichtlichen Tradition" gebildeten „Zivilisa-
tions- und Kulturmuster" fremd. Er ist dazu genötigt, diese in sein eigenes kulturell
erworbenes Wissens- und Handlungsschema zu übersetzen. Dies kann letztlich
nicht gelingen, da er einerseits als Fremder von den Erfahrungen der gelebten Geschichte der in-group, der er sich annähert, ausgeschlossen bleibt und andererseits
seine Übersetzungsversuche in sein eigenes tradiertes Alltagswissen im Grunde
zum Scheitern verurteilt sind, da die in der Fremde wirksamen „Zivilisationsmuster
und deren Rezepte" letztlich nur für die Mitglieder der in-group eine „Einheit von
koinzidierenden Auslegungs- und Ausdrucksschemen" bilden (ebd., 63). Der Fremde ist somit lediglich in der Lage, sich rational über den Weg der kognitiven Aneignung der funktionalen kommunikativen Bedeutungsmuster ein Wissen über die
Auslegungsfunktion der fremden Zivilisationsmuster anzueignen, ohne dabei allerdings die implizit-konnotativ tradierten Bedeutungsmuster je ganz erfassen zu
können.[11] Diese bleiben ihm letztlich in ihrem bedeutsamen Wesenskern weiterhin
verschlossen. Die Geschichte der in-group, die niemals Bestandteil seiner eigenen
Biographie werden kann, ist insofern für ihn lediglich partiell zugänglich:

stimmten Wissenstypus aus, den er als den des „Mannes auf der Straße" bezeichnet,
der vom „Experten" und „gut informierten Bürger(s)" dadurch zu unterscheiden ist, dass
„der Mann auf der Straße" – jenseits eines problemrelevanten „Expertenwissens" oder
„vernünftig begründeten Meinungen" – jederzeit über ein inkohärentes, intrinsisches „Wissen von Rezepten" verfügt, das ihn in die Lage versetzt, gewissermaßen intuitiv von der
Korrektheit seines Denken und Handeln ausgehen zu können. Mit den charakterisierten
drei Wissenstypen, die sich primär in der mehr oder weniger vorhandenen Bereitschaft
unterscheiden, die Realität als fraglos gegeben anzusehen, verbindet Schütz bestimmte
unterschiedliche Wissenszonen bzw. Relevanzsysteme, die deren Denken und Handeln
leiten (vgl. Schütz 1972, 58, 85ff; 1979, 25).

11 | Schütz vergleicht diesen Lernprozess der Aneignung des fremden Alltagswissens mit
dem Erlernen einer Fremdsprache und dem Unterschied zwischen einem „passiven Verstehen" und der „aktiven Beherrschung" einer Sprache. Gemeint sind damit beispielsweise
auch implizite konnotative „Sinnhorizonte(n)", „emotionale" und „irrationale Implikationen",
die die Sprache der in-group mit zusätzlichen Bedeutungen (Jargon, Idiome, Dialekt) versehen, die sich deren Mitgliedern unmittelbar erschließen und dem Fremden aufgrund seiner auf die Fremde bezogenen Geschichtslosigkeit unzugänglich bleiben (vgl. Schütz 1972,
63f).

„Aber sie wurde niemals ein integraler Teil seiner eigenen Biographie, wie es mit der Geschichte seiner Heimatgruppe der Fall war. Nur die Weisen, in denen Väter und Vorväter lebten, werden für jedermann Elemente des eigenen Lebensstils. Gräber und Erinnerungen können weder übertragen noch erobert werden." (Schütz 1972, 59)

Durch die Erfahrung des Scheiterns seines aus der eigenen Heimat transportierten „Denkens-wie-üblich", das sich in der Fremde als gewissermaßen hermeneutisches Instrumentarium zum Verständnis der fremden Lebenswelt als unbrauchbar erweist, gerät der „Neuankömmling" zunehmend in eine „Krisis"[12], die Schütz als eine Situation beschreibt, die „den Fluß der Gewohnheiten unterbricht und die Bedingungen sowohl des Bewußtseins wie auch der Praxis ändert' oder, wie wir sagen, sie stürzt die aktuellen Relevanzsysteme mit einem Mal um" (ebd.). Der Fremde ist nicht in der Lage, die Relevanzsysteme der in-group für sich bedeutsam zu übersetzen und infolge dessen entsprechend deren selbstverständlich gelebten Denk- und Verhaltensstrukturen zu handeln.

Auf dem Hintergrund „seiner eigenen bitteren Erfahrungen der Grenzen seines ‚Denkens-wie-üblich'" resultieren nach Schütz zwei Grundzüge der Einstellung des Fremden gegenüber der in-group: die „Objektivität des Fremden" und die von außen misstrauisch wahrgenommene „zweifelhafte Loyalität" (ebd., 68).

Die „Objektivität des Fremden" sieht Schütz primär im Bedürfnis begründet, „ein volles Wissen *von* den Elementen der Zivilisationsmuster, denen er sich anpassen möchte, zu erwerben und zu diesem Zweck sorgfältig das zu untersuchen, was für die in-group selbstverständlich erscheint" (ebd.). Der Fremde ist demnach bestrebt, sich über den Weg der kognitiven Aneignung der funktionalen kommunikativen Bedeutungsmuster ein Wissen über die Auslegungsfunktion der fremden Lebenswelt zu erwerben, was letztlich nur partiell gelingen kann, da ihm wesentliche Relevanzsysteme der in-group – wie z.B. deren tradierte implizit-konnotative Bedeutungsmuster – unzugänglich bleiben.

Aus der Perspektive der in-group erscheint das wiederkehrende Misslingen der Bemühungen des Fremden an der Teilnahme am kommunikativen Rahmen eines Denkens-wie-üblich als „zweifelhafte Loyalität" einer lediglich scheinbaren Partizipation am common-sense, bzw. als undankbare Weigerung, den bewährten und Schutz bietenden Lebensstil übernehmen zu wollen (vgl. Schütz 1972, 68f).

„Aber die Leute, die das sagen, verstehen nicht, daß der Fremde im Übergangsstadium diese Muster nicht als ein schützendes Obdach betrachtet, sondern als ein Labyrinth, in welchem er allen Sinn für seine Verhältnisse verloren hat." (ebd., 69)

Der Fremde bleibt demnach im Prozess der Annäherung an die Lebenswelt der in-group gefangen zwischen dem Wunsch der Partizipation und der andauernden

---

12 | Diese „Krisis" definiert Schütz hier entsprechend der Definition von W.I. Thomas, die er an dieser Stelle wörtlich übernimmt (vgl. Schütz 1972, 59).

Erfahrung des Scheiterns („Krisis") seiner Annäherungs- bzw. Verstehensbemühungen und der zunehmenden ablehnenden Reaktionen der Mitglieder der ingroup. Insofern bleibt er ein „kultureller Bastard", bzw. ein „marginal man"[13] eines Un-Zuhauses zwischen zwei miteinander unvereinbaren Lebenswelten.

Mit der eingehenden Analyse einer „Situation der Annäherung" beschreibt Schütz insofern sehr deutlich, wie sich für jeden Fremden eine Situation der „Krisis" einstellt, wenn das soziale Bedeutungssystem des Neuankömmlings mit dem Relevanzsystem der Residenzgesellschaft kollidiert. Aufgrund der Unmöglichkeit der Aneignung des Alltagswissens der in-group und aufgrund seiner eigenen lebenslangen Verankerung in seiner Herkunftskultur mit den dort erworbenen Zivilisationsmustern, die sich in der Fremde zunehmend als unbrauchbar erweisen, bleibt der Neuankömmling aus der Perspektive der in-group letztlich „ein Mensch ohne Geschichte" und damit auf Dauer fremd (ebd., 60).

2.2.3 Das Fremde als „Kategorie der Ambivalenz" bei Zygmunt Bauman

Interessant ist in diesem Zusammenhang die Blickperspektive auf den Fremden von Zygmunt Bauman, der das Fremde als eine „Kategorie der Ambivalenz" begreift, wobei Bauman unter „Ambivalenz" die Möglichkeit versteht, „einen Gegenstand oder ein Ereignis mehr als nur einer Kategorie zuzuordnen" (Bauman 2005, 11).[14]

Bezogen auf den Fremden bedeutet dies, dass dessen emotionale Besetzung seitens der in-group zwischen Faszination und Bedrohung, Bewunderung und Verachtung hin und her wechselt. Zur näheren Präzisierung der Fremdheit als Kategorie der Ambivalenz unterscheidet Bauman zunächst definitorisch zwischen Freunden und Feinden. Feinde sind für ihn im Sinne einer „Negativität der Positivität der Freunde" (Bauman 2005., 92) „umgekehrte Freunde'", was bedeutet, dass zwischen Freunden und Feinden ein (illusorisches) symmetrisches Verhältnis existiert, wonach es keine Feinde gibt, wo keine Freunde sind, bzw. es keine Freunde gäbe „ohne die drohende Hölle der Feinde draußen" (Bauman 1991, 23).[15] Darüber hinaus ist der Freund-Feind-Dualismus gewissermaßen, so Bauman, die konnotative Matrix für wesentliche, darüber hinausweisende qualitative Unterscheidungsmerkmale:

---

13 | Schütz bezieht sich hier mit der Bezeichnung „marginal man" auf Park (1928) und Stonequist (1937). Park – ein Schüler Simmels – knüpfte mit seinem Typus des „marginal man" wesentlich an dessen „Fremder, der kommt und bleibt" an (vgl. Schütz 1972, 68; Merz-Benz/Wagner 2002, 13, 17; Breckner 2009, 81ff).

14 | Nach Bauman bedarf der Mensch per se überschaubarer Ordnungs- bzw. Klassifikationskriterien zur Überwindung Angst erzeugender Ambivalenzstrukturen innerhalb einer unübersichtlichen, chaotischen Welt (vgl. Bauman 2005, 11).

15 | Die Illusion dieses symmetrischen Verhältnisses macht Bauman daran fest, dass es letztlich die Freunde seien, die die Feinde definierten (vgl. Bauman 1991, 23f; 2005, 92).

„Die Freund/Feind-Opposition trennt Wahres von Falschem, Gutes von Bösem, Schönes von Häßlichem. Sie differenziert auch zwischen eigentlich und uneigentlich, richtig und falsch, geschmackvoll und ungehörig." (ebd., 93)

Für den Freund ist ein Gegenüber „vor jeder Reziprozität" verantwortlich, wobei Feinde, so Bauman, gerade durch „Zurückweisung von Verantwortung und moralischer Verpflichtung„ gekennzeichnet, bzw. „aus dem Verzicht auf Verantwortung und moralische Pflicht" konstruiert sind (Bauman 1991, 24; vgl. 2005, 93). Die Nähe zum Freund definiert Bauman als „moralische Nähe", die in der Fähigkeit und Bereitschaft bestehe, den Mitmenschen über das „Zusammengehörigkeitsgefühl" als „Subjekt" mit eigenen Gefühlen und Emotionen wahrzunehmen und sein Recht auf eigene Zielsetzungen anzuerkennen. Für ihn ist eine menschliche Beziehung „moralisch" und entspricht dann einem „*ethischen* Charakter menschlicher Beziehungen", wenn diese auf einem „Gefühl der Verantwortlichkeit für das Wohlergehen und das Wohlbefinden des anderen" gründet und frei von persönlichen Nützlichkeitserwägungen ist (vgl. Bauman 2000, 59f; 99f).

Diese dualistische Interdependenz von Freund und Feind ist für Bauman die eigentliche Bedingung dafür, einerseits den Mitmenschen als Subjekt „„ähnlich dem Selbst"" wahrnehmen zu können und ist insofern andererseits ein wesentliches „archetypische(s)" Grundmuster eines gemeinsamen Rahmens der Ermöglichung von Vergesellschaftung (vgl. Bauman 1991, 25).

„Ein Freund zu sein und ein Feind zu sein sind die beiden Modalitäten, in denen der *Andere* als ein anderes *Subjekt* anerkannt, als ein ,Subjekt wie man selbst' konstruiert und in der Lebenswelt zugelassen werden kann, für relevant gehalten, relevant werden und bleiben kann." (Bauman 2005, 94)

Gegen diesen „behaglichen Antagonismus" verstößt der „*Fremde*", was ihn, so Bauman, weitaus bedrohlicher und gefährlicher macht als der Feind, da er mit seiner Anwesenheit den impliziten dualistischen Freund-Feind-Mechanismus, auf dem der Prozess der Vergesellschaftung gründet und auf dem alle Unterschiede beruhen, insgesamt in Frage stellt und damit bedroht. Insofern greift für Bauman der Fremde über das vertraute Freund-Feind-Verhältnis hinaus (ebd., 93). Für ihn ist der Fremde als „Teil der Familie der ,Unentscheidbaren'" also jenes „dritte Element", das das Prinzip des Gegensatzes – die „Plausibilität der Dichotomie" – in Frage stellt (vgl. Bauman, 1991, 24 ff; 2005, 95). Dies macht die beängstigende Gefährlichkeit des Fremden aus, da dieser die aus dem dialektischen Feind-Freund-Verhältnis konstituierte Sicherheit des Eigenen schon allein durch seine Anwesenheit in Frage stellt.

„Unentscheidbare sind alle ,weder-noch', und d.h. gleichzeitig ,dieses und jenes'. Ihre Unterdeterminiertheit ist ihre Potenz: Weil sie nichts sind, könnten sie alles sein. Sie setzen der ordnenden Macht der Gegensätze ein Ende. Gegensätze ermöglichen Wissen und

Handlung; Unentscheidbare lähmen. Sie decken brutal die Fragilität höchst sicherer Trennungen auf. Sie bringen das Äußere ins Innere und vergiften die Bequemlichkeit der Ordnung mit dem Misstrauen des Chaos. *Genau das tun Fremde.*" (Bauman 1991, 26)

Das Unentscheidbare schafft insofern kognitive bzw. klassifikatorische Unsicherheit und wird damit zum „hermeneutischen Problem", dem meist mit territorialer und funktionaler Separation begegnet wird, obschon auch diese Maßnahme, so Bauman, auf Dauer keine hermeneutische Klarheit garantiert (vgl. ebd., 27).[16]

2.2.3.1 Der Fremde im Innern als Feind

Die schon lange anwesenden unentscheidbaren Fremden, die sich in der räumlichen Nähe des Eigenen befinden, dort nicht zu übersehen sind und keinerlei Anstalten machen wegzugehen, sind „weder Nachbarn noch völlig Unbekannte" (Bauman 1995, 229). Als Fremde unterscheiden sie sich, so Bauman, auch wesentlich von den „Niemanden", die als „Hintergrundfiguren" die eigene Lebenswelt teilen, aber dort nicht zwingend bedeutsam wahrgenommen werden müssen. Gemeint sind hiermit z.B. spezifische soziale Mechanismen der Begegnung mit Mitmenschen in der Großstadt oder im gleichen Wohnumfeld, mit denen man sich räumlich nahe befindet, ohne sich wirklich begegnen zu müssen, wie dies im Zusammenhang mit Simmel bereits dargestellt wurde.

Stichweh spricht in diesem Zusammenhang vom sozialen Bezugssystem der „Indifferenz" bzw. der relativen „Gleichgültigkeit", wie sie sich insbesondere in den städtischen Ballungsräumen der Moderne zuträgt, was, so Stichweh, auf die zivilisatorisch notwendige komplexitätsreduzierende Reaktion auf die dort vorherrschende „Informationsüberlast" zurückzuführen ist. Es geht dabei um die in der Anonymität der Masse notwendige Leistung des *„Herausfilterns von Tausenden von Anderen"*, um sich konzentrativ auf das individuell Notwendige beschränken zu können (vgl. Stichweh 2010, 168; 171).

Es ist dies die Realität einer Ansammlung von fremden, anonymen Massen von Menschen in den modernen Großstädten, die einerseits in der Mehrheit „Niemande" sind, obwohl man nie sicher sein kann, ob sie Freunde, Fremde oder Feinde sind; eben solche, die „nicht wie wir sind", bzw. die „nicht dazu gehören" und denen man misstrauen sollte (vgl. Bauman 2000 [c], 39). Auch „Niemande" leben wie Fremde in der geistigen Ferne der räumlichen Nähe, aber im Gegensatz zu diesen Hintergrundfiguren des Alltagslebens lassen sich Fremde aufgrund ihrer gefährlichen Inkongruenz nicht als geistig entfernte Niemande in der räumlichen Nähe auf Dauer durch z.B. „höfliche Nichtbeachtung" ignorieren.

---

16 | Bauman spricht in diesem Zusammenhang von einer „permanente(n) ‚Grauzone' weiterhin existierender Verstehensprobleme innerhalb der vertrauten Welt des Alltagslebens (Bauman 1991, 27).

„Die Fremden hingegen fallen mir sehr wohl auf. Gerade weil ich ihrer Anwesenheit inne werde, gerade weil ich ihre Präsenz nicht einfach durch Missachtung für irrelevant erklären kann, fällt es mir schwer, aus ihnen schlau zu werden. Sie sind im Grunde weder nah noch fern. Sie bilden weder einen Teil ‚von uns' noch von ‚denen-da', sind weder Freunde noch Feinde. Deshalb verursachen sie Verwirrung und Furcht. Ich weiß nicht genau, was ich mit ihnen anfangen soll, was ich zu erwarten habe, wie ich mich verhalten soll." (Bauman 2000, 80)

Die Handlungsmaxime im Umgang mit dem Fremden besteht insofern in erster Linie darin, ihn mit der ihm anhaftenden inkonsistenten „Schleimigkeit" (Bauman 2005, 111) zur Wiederherstellung einer überschaubaren konsistenten eigenen Lebenswelt gänzlich zu entfernen, was sich gegebenenfalls, wie die Geschichte zeigt, als äußerst schwierig erweist.

„Wenn radikale oder fast radikale Lösungen entweder nicht möglich oder unbequem sind, kommt ein kultureller Zaun als zweitbestes Mittel zu Hilfe. Kann der Fremde schon nicht nicht-existent gemacht werden, so doch unberührbar. Der gesellschaftliche Verkehr mit dem Fremden kann strikt reduziert und alle noch erlaubte Kommunikation von einem listigen Ritual umgeben werden, dessen Hauptziel es ist, den Fremden aus dem Bereich des Gewöhnlichen herauszudrängen." (ebd., 112)

Eine solche Maßnahme – insbesondere angesichts des „im absoluten Sinne ‚heimatlosen'" Fremden im Eigenen (wie es bei den Juden im europäischen Raum der Fall war) – bietet hier die entmoralisierende „Kunst der Vergegnung"[17], womit der Fremde marginalisierend aus dem Bereich des Gewöhnlichen in die „Sphäre der Nichtaufmerksamkeit" verwiesen wird (Bauman 2005, 112; vgl. Bauman 2000, 100; 1995, 229f).[18] Hierbei dient diese Praxis der „Vergegnung" neben der räumlich-territorialen „normalisierenden" Separation, die zum Schutz des „wir" gegen „die-da" ihren Ausdruck in ethnischen Ghettos, Reservaten und Homelands[19] findet, als mentale Variante der Ausgrenzung, wobei nach Bauman meist beide

---

17 | Bauman bezieht sich hier auf Martin Buber, der mit „Vergegnung" das mehr oder weniger bewusste „Verfehlen einer wirklichen Begegnung zwischen Menschen" bezeichnet (Buber 1986, 10f).

18 | Dieses soziale Ausgrenzungsarrangement erinnert an die Technik der „Prätention der Nichtanwesenheit", wie diese als Haltung der Hausherren gegenüber Bediensteten in einer ständischen Gesellschaft der Vormoderne durchaus üblich war und man dort so tat, „als ob das physisch anwesende und im Erbringen von Dienstleistungen aktiv beteiligte Personal eigentlich gar nicht da sei" (Stichweh 2010, 172).

19 | Beispiele hierfür sind die Homelands in Südafrika zur Zeit der Apartheid bzw. die französischen Banlieus (vgl. Priester 2003, 105ff; Hansen/Spetsmann-Kunkel 2008, 79ff).

Separationsmodi gleichzeitig zur Anwendung kommen konnten (vgl. Bauman 2000, 89).[20]

Wie am Beispiel der Juden zu sehen war, waren diese konkreten Separationsmodi so lange relativ erfolgreich, so lange der jüdische Bevölkerungsanteil in den Metropolen in den ihnen zugewiesenen Wohnbezirken (Ghettos) lebte, seinen gewährten beruflichen Tätigkeiten nachging und sich in seinem äußeren Habitus (z.b. durch rituelle Locken und Kaftan) zu erkennen gab. Bis dahin wurden die Grenzen und Markierungen zwischen Eigenem und Fremden bestätigt. Erst das sukzessive Verschwinden dieser äußeren Differenzierungsmerkmale im Zuge der Moderne nährte das latent gehegte Misstrauen.[21]

Ähnlich charakterisiert Norbert *Elias* die so genannte „Etablierten-Außenseiter-Beziehung" zwischen marginalisierten Außenseitergruppen und „Etabliertengruppen" innerhalb eines gemeinsamen gesellschaftlichen Gefüges:

„Solange Neger Sklaven bleiben und die Juden Kleinhändler oder Hausierer, die als erkennbare Ghetto-Angehörige in fremdartiger Kleidung im Lande umherziehen, hat der Spannungsdruck zwischen Etablierten und Außenseitern, der natürlich immer vorhanden ist, ein vergleichsweise niedriges Niveau." (Elias 1984, 50)

Die Moderne trug schließlich zur Nivellierung der bis dahin äußerlich erkennbaren und Orientierung gebenden gesellschaftlich-sozialen Unterschiede der im Gesellschaftsgefüge lebenden Gruppen bei, die bis dahin beispielsweise durch Kleidung und Wohnbezirke voneinander eindeutig zu unterscheiden waren. Der Fremde wurde so in der Wahrnehmungsprojektion des Eigenen, so Bauman, tendenziell zum hinterhältigen „getarnten Feind" (vgl. Bauman, 1994, 69; 2000, 73).[22]

Nach Bauman erfüllten diese Rolle insbesondere die sich zunehmend als assimiliert zeigenden Juden Deutschlands als „Fremde im Innern". Als „die-da" der

---

20 | Bauman weist in diesem Zusammenhang darauf hin, dass diese Praxis der räumliche Separierung der Fremden, wie sie über lange Zeiträume in städtischen Ballungsräumen praktiziert wurde, in Zeiten größerer Migrationsbewegungen kaum mehr praktikabel ist, da diese gegenüber ethnisch bzw. kulturell Fremden vergangener Zeiten nicht mehr bereit sind, auf eigene kulturelle Orientierungen zu verzichten (vgl. Bauman 2000[c], 40).

21 | Dies war während der Zeit des Nationalsozialismus der Hauptgrund für die Einführung eines äußerlich sichtbaren Stigmas; nämlich des Judensterns, der als sichtbares Unterscheidungsmerkmal an der Kleidung anzubringen war.

22 | Bezogen auf die Themenstellung der vorliegenden Arbeit ließe sich hier zunächst hypothetisch anfügen, dass das Kopftuch muslimischer Frauen so lange kein Problem für die gegenwärtige Residenzgesellschaft war, so lange dieses Tuch lediglich von Frauen getragen wurde, die sich ihrerseits als Fremde begriffen, somit die definitorischen äußeren wie inneren Markierungen bestätigten und darüber hinaus keine weiteren gesellschaftliche Ansprüche stellten.

Anderen der in-group fungierten sie gewissermaßen als Begrenzungsmerkmale des Eigenen so lange, bis sich die Grenzen zunehmend verwischten und sie aus der Perspektive des Eigenen als Nicht-Unterscheidbare und somit als Feinde des Innern wahrgenommen werden konnten.

Aus der Binnenperspektive besehen, konnten diese die aus der Attitüde des Objektiven resultierenden Möglichkeiten nutzen und erfüllten somit die von Simmel beschriebenen Merkmale einer „Objektivität des Fremden".[23] Ergänzend ließe sich hier noch das von Schütz beschriebene objektive Bedürfnis des Fremden anfügen, sich kognitiv ein Wissen der Zivilisationsmuster der Fremde aneignen zu wollen, wie dies weiter oben beschrieben wurde. Was Bauman bezüglich Simmel hier anspricht, ist die Tatsache, dass jüdische Persönlichkeiten wie Heine, Tucholsky, Börne und andere im Zuge der „Attitüde des Objektiven" in der Lage waren, das Vertraute kritisch in die objektive Blickperspektive zu nehmen. Als jüdische Enthusiasten der Aufklärung[24] zeigten sie sich äußerst kritisch gegenüber den von ihnen als reaktionär empfundenen bestehenden politischen Verhältnissen ihrer Zeit. Sie waren als überzeugte Demokraten am aufklärerischen Gedanken und am „wahren Geist der deutschen Kultur" interessiert, weshalb sie andererseits, wie Bauman betont, nicht erwarten konnten, als nationales Mitglied anerkannt zu werden (Bauman 2005, 201).[25] „Der Jude" blieb aufgrund dessen, trotz seiner Anwesenheit über Jahrhunderte hinweg und faktischer nationaler Zugehörigkeit, ein „Fremder im Innern" und als solcher ein potenzieller Feind im eigenen Land. Insofern gehörte ein Jude, so Bauman, im Grunde nicht zu dem Land, das er bewohnte (vgl. Bauman 1994, 50, 68; 2005, 199ff).

2.2.3.2 Die Moderne – die natürliche Ordnung der Welt

Bauman macht für diese Entwicklung primär den ordnenden Geist der Moderne, oder, wie Nassehi betont, die moderne Idee des Kampfes gegen die Ambivalenz, und das mit der Moderne einsetzende nationalstaatliche Management moderner Staaten verantwortlich (vgl. Nassehi 2009, 342ff).

Dieses Streben nach Eindeutigkeit ist angesichts des Chaos der Welt, so Bauman, ein fundamentales menschliches Bedürfnis: ein Bedürfnis nach überschaubaren Ordnungs- bzw. Klassifikationskriterien zur Überwindung des „Anderen der Ordnung". Im Sinne seiner semiotischen Kulturtheorie versteht Bauman Kultur als

---

23 | Mit dem „Fremden im Innern" verweist Bauman auf eine Kategorie des Fremd-Seins, die bei Simmel offensichtlich so noch nicht gesehen wird: nämlich auf den Fremden, der schon immer da war.

24 | Kritische Intellektuelle, wie liberal gesinnte Schriftsteller und Dichter des Vormärz wurden 1830 unter der Bezeichnung „Das Junge Deutschland" als eine Bewegung junger liberaler Menschen gefasst, die schließlich durch einen Beschluss des Frankfurter Bundestages (1835) verboten wurde.

25 | Vgl. hierzu insbesondere Katz 1989, 174ff.

Ausdruck eines sprachlichen, Ordnung schaffenden Codes, bzw. als „semantische(n) Präzision gegen Ambivalenz" (Bauman 2005, 20; vgl. ebd., 11ff).[26] Insofern sieht Bauman einen großen Teil der Aufgaben von sozialen Organisationen (und derer der Moderne im Besonderen) darin, im „Kampf um Ordnung" hermeneutische Probleme zu reduzieren und die damit verbundenen Unsicherheiten und Uneindeutigkeiten bestehender Ambivalenzstrukturen zu verringern. Das Streben nach Klarheit und Ordnung innerhalb eines ungeordneten Daseins wäre demnach einerseits ein wesentliches Charakteristikum des menschlichen Seins und andererseits ein primäres Projekt des Sozialstaates der Moderne.[27]

Bauman vergleicht, ähnlich wie Luhmann, die moderne Gesellschaft gegenüber vormodernen Gesellschaftsstrukturen als funktional differenziertes System. Demnach wurden in der primär stratifikatorischen vormodernen Gesellschaft die Menschen den Subsystemen und hierarchisch geordneten Schichten und Ständen zugeordnet (inkludiert). Individualität wurde dort von Geburt an durch die Zuweisung eines sozialen Status erreicht. Die Moderne nivellierte gewissermaßen die Schicht- bzw. Standesunterschiede, weshalb mit dem Übergang zur Moderne die Menschen unter den Bedingungen primär funktionaler Differenzierung moderner Sozial- und Gesellschaftssysteme keinen angestammten Platz mehr vorfinden konnten. Sie waren damit genötigt, sich selbst zu orientieren und zu positionieren (vgl. Hillebrandt 1999, 240 ff; Luhmann 1996, 24ff; 1997).

Insofern musste die Moderne ihre Identität selbst symbolisieren. Sie wurde damit zur „imaginären Gemeinschaft" mit einem propagierten bzw. suggerierten nationalen Wir-Gemeinschafts-Gefühl:

„Wenn ich beim Sprechen über eine bestimmte Klasse, ein bestimmtes Geschlecht oder eine Nation ‚wir' sage, gebe ich dem, was uns eint (oder dem, von dem ich glaube oder wünsche, das es uns vereine), Priorität vor dem, was uns trennt. Es ist, als appellierte ich an andere Mitglieder einer imaginären Gemeinschaft (diese Rhetorik verwenden viele nationalistische Politiker)." (Bauman 2000, 67)

Die Bildung von „imaginären Gemeinschaften" ist hierbei gewissermaßen die Grundvoraussetzung zur Identifikation mit dem zu bildenden nationalen Staatsgefüge und dient zur Unterscheidung von „Zugehörigen" und „Nicht-Zugehörigen".[28] Die Argu-

---

26 | Vgl. hierzu Junge 2002, 85f.

27 | Unter „Moderne" versteht Bauman hier die historische Periode, die in Westeuropa im 17. Jahrhundert mit grundlegenden sozio-kulturellen Veränderungsprozessen einsetzte, die in die Phase der "Aufklärung" überging und schließlich zur Entstehung der industriellen (kapitalistischen und kommunistischen) Gesellschaft führte. In das „Unbehagen in der Postmoderne" geht es nach Bauman in der Moderne als „Kultur" oder „Zivilisation" primär um Errungenschaften wie „Reinlichkeit" und „Ordnung", die im Sinne Freuds, so Bauman, auf Triebverzicht gründen (vgl. Bauman 2005, Anm.1, 15f; 1999, 7ff).

28 | Vgl. hierzu auch Bonacker 2002, 200ff.

mente für die propagierte Einheit liefern hierzu pränationale „Körperschaften"[29], die als solche genuinen Wir-Gruppen (noch) nicht entsprechen, da sie in ihrem Bewusstsein noch über keine historisch-traditionelle Gemeinsamkeiten verfügen, die seitens dieser „imaginärer Gemeinschaften" zu produzieren sind. Insofern sind diese nun darum bemüht, sich als „Nation" entlang nationaler Identifizierungen mittels definitorischer Zugehörigkeit zu positionieren, wozu hierzu – (gewissermaßen „als unser gemeinsames Erbe") – „die ethnische, religiöse, sprachliche und kulturelle *Homogenität*" des Eigenen propagiert wird. Gleichzeitig werden in diesem nationalen Konstruktionsprozess die "Bewohner des beherrschten Territoriums" („Freunde") als „Einheimische" definiert, die als „Untertanen" des neu gegründeten nationalen Gefüges mit „Freundschaftsrechten" ausgestattet werden (Bauman 2005, 108f).

Für Bauman ist mit Gemeinschaft im beschriebenen Sinne letztlich eine imaginäre und damit eine symbolische gesellschaftliche Konstruktions- und Integrationsleistung zur Überwindung von Uneindeutigkeiten im Sinne der Ambivalenzbewältigung gemeint. Insofern ist es eine der wesentlichsten nationalstaatlichen Aufgaben, über die Unterstützung und Überbetonung bestimmter Elemente der eigenen Kultur („Nativismus") und über die Konstruktion und Förderung einer eigenen ethnischen, religiösen und kulturellen Identität eine staatlich-nationale Homogenität zu schaffen (vgl. Bauman 1991, 29 ff).[30] All dies veranlasst Bauman zu konstatieren:

„Sie (die Nationalstaaten, N.C.) schaffen ein gemeinsames ‚historisches Gedächtnis' und tun ihr bestes, um diejenigen Erinnerungen zu diskreditieren und zurückzudrängen, die nicht einer als geteilt angesehenen Tradition einverleibt werden können. [...] Sie bringen Feindseligkeiten hervor, zumindest aber legitimieren und unterstützen sie sie gegen jeden, der außerhalb der heiligen Gemeinschaft steht [...]. Nationalstaaten fördern Uniformität. Nationalismus ist eine Religion der Freundschaft; der Nationalstaat ist die Kirche, die die

---

29 | Bauman bezeichnet mit „Körperschaften" z.B. politische Parteien, Gewerkschaften, Regierung eines Nationalstaates, die mittels „imaginäre(r) Züge" („gemeinsame Tradition, gemeinsam erlittene Unterdrückung, gemeinsame Sprache und Sitten") die Idee einer Gemeinschaft zur Bildung von in-groups befördern, die allerdings aufgrund der Fragilität solcher imaginären Gemeinschaften durch ständige Einheits-Appelle am Leben erhalten werden muss (vgl. Bauman 2000, 68).

30 | Anderson widmet sich in „Die Erfindung der Nation" insbesondere dieser im Nationalbewusstsein empfundenen „Schönheit der Gemeinschaft", die meist mit Begrifflichkeiten wie „*motherland*, Vaterland, patria" im Sinne einer „natürlichen" familiären Verbundenheit assoziiert ist. Mit der „Natur dieser politischen Liebe" werden nach ihm gleichzeitig scheinbar natürliche Wesenheiten des „Nation-Seins" wie Sprache, Hautfarbe bzw. eines „Denkens-wie-üblich" – so könnte man mit Schütz ergänzen – selbstverständlich vorausgesetzt. Diese „natürliche" Liebe an das Vaterland nährte nach den Erfahrungen der letzten europäischen Kriege die leidenschaftliche Bereitschaft einer völlige Hingabe bis zum „Tod für das eigene Land" (vgl. Anderson 1988, 144f).

künftige Herde zwingt, sich unterzuordnen. Staatlich erzwungene Homogenität ist die Praxis nationalistischer Ideologie." (Bauman 1991, 34)

Der Begriff der Nation bedeutet demnach nichts anderes, als dass einer Gruppe von Menschen, neben anderen davon zu unterscheidenden Menschengruppen, gewisse konstruierte Gattungsbegriffe (Volk, Staat, Nation, Ethnie) als wesentliche externe nationale bzw. interne Unterscheidungsmerkmale (das Eigene – das Andere des Eigenen [der Feind, der Fremde]) zugeordnet werden, um damit einer zunächst heterogen zusammengesetzten Gruppe von Menschen die „schmale und enge Haut der Nation" überzuziehen.[31]

Stuart Hall, einer der einflussreichsten Mitbegründer der Cultural Studies, der sich insbesondere mit den Bedeutungshintergründen der *„nationalen* Identität" auseinandersetzt, liefert hierzu eine differenzierte Analyse (vgl. Hall 2008, 199ff).[32] Zunächst konstatiert Hall, dass in der modernen Welt nationale Kulturen zu den Hauptquellen kultureller Identität gehören, wobei diese durch ein System kultureller Repräsentationen und Symbolismen (wie einheitliche Sprache, Religion, Mythen) mittels entsprechender Institutionen (z.B. Schule) im Zuge der Konstruktion einer nationalen Kultur gebildet wird. Wesentliche identifikatorische Grundlagen von nationalen Identitäten sind dabei, so Hall weiter, die in der Alltagskultur vermittelten „Nationalgeschichten", in denen mittels eines entsprechenden „Gründungsmythos" zur Hervorhebung eines unveränderlichen, von zeitlichen Einflüssen unberührten „Nationalcharakters" die „Idee eines *reinen, ursprünglichen ‚Volkes'"* transportiert wird, was allerdings der Tatsache widerspricht, dass die meisten modernen Nationen aus unterschiedlichen, meist zwangsweise vereinigten Kulturen und ethnischen Gruppen bestehen (Hall 2008, 203).[33] Insofern versteht Hall nationale Kulturen als einen *„diskursiven Entwurf",* der die Identität und Differenz der

---

31 | Auf diese Weise wurden im Zuge einer nationalen „Naturalisierung" zwecks Beibehaltung machtvoller Dynastien, so Anderson, große, heterogene und vielsprachige Gruppen von Menschen zwangsweise, unter Preisgabe eigener kultureller Identitätsmuster in das jeweilige enge nationale Korsett gezwungen, wie das Beispiel der „Russifizierung" des zaristischen Vielvölkerstaates Russlands zeigte (vgl. Anderson 1988, 91).

32 | Stuart Hall – britischer Soziologe (Professor an der Open University London), Direktor des „Centre for Contemporary Cultural Studies" und Mitherausgeber der „New Left Review" – hat als „schwarzer" Migrant aus Jamaika (nicht zuletzt durch seine eigenen Erfahrungen) die Erkenntnisse zum Rassismus wesentlich geprägt und wird aufgrund dessen in der Rassismusforschung breit rezipiert (vgl. Ha 1999, 104).

33 | Es sei in diesem Zusammenhang mit Bielefeld daran erinnert, dass das europäische System der Nationalstaaten über erste Strukturen seit der Renaissance und dann im Westfälischen Frieden erste Formen annahm, „um sich mit der Aufklärung und schließlich mit und nach der Französischen Revolution im 19. Jahrhundert als verfeindetes oder befreundetes System von Großmachtstaaten, oder Staaten, die einen Anspruch darauf stellten, es zu sein, konturierte" (Bielefeld 2001, 134).

ursprünglichen Heterogenität seiner Gesellschaftsmitglieder dekonstruiert und als Einheit konstruiert, um sie schließlich „als Ausdruck einer ihr zugrunde liegenden Kultur ‚eines Volkes' darzustellen" (Hall 2008, 206, 207).

Aus dieser propagierten nationalstaatlichen Perspektive wurde es nach Bauman nun unerlässlich, unentscheidbare, nicht eindeutig zuzuordnende Ambivalenzstrukturen aufzuspüren und hinsichtlich eindeutiger Identifizierungen und Klassifizierungen ein- bzw. auszuschließen. Damit ist dem modernen Nationalstaat im Zuge seiner auf Nationalität bezogenen Konstituierungsbemühungen die Aufgabe gegeben, die nicht einzuordnenden Ambivalenzstrukturen des Fremden aufzuspüren und gegebenenfalls zu tilgen.[34] Diesem nationalstaatlichen Bemühen stellt sich dabei, so Bauman, ein unlösbares Problem in den Weg, das darin bestehe, dass durch gesteigerte Präzisierungs- und Klassifizierungsbemühungen zur Beseitigung von Ambivalenzstrukturen gleichzeitig immer wieder neue Mehrdeutigkeiten und Ambivalenzen geschaffen und reproduziert werden:

„Ambivalenz ist ein Nebenprodukt der Arbeit der Klassifikation; und sie verlangt nach immer mehr Bemühung um Klassifikation. Obgleich sie dem Drang zu benennen/klassifizieren entstammt, kann Ambivalenz nur durch ein Benennen bekämpft werden, das noch genauer ist, und durch Klassen, die noch präziser definiert sind: d.h. durch Eingriffe, die noch härtere (kontrafaktische) Anforderungen an die Diskretheit und Transparenz der Welt stellen und so noch mehr Gelegenheit für Mehrdeutigkeit schaffen." (Bauman 2005, 14)

2.2.3.3 Der Fremde – „das tödliche Gift der Moderne"

Diese quasi unlösbare Problematik der Klassifikationsbemühungen ambivalenter Gegebenheiten, an der die Moderne im Grunde scheitern musste, verdeutlicht nun Bauman am Beispiel des Fremden, den er „als das tödliche Gift der Moderne" bezeichnet (Bauman 2005, 104).[35] Indem der Fremde als Träger der „Inkongruenz" – die eigentliche „unverzeihliche Sünde" seine Fremdheit – ungebeten in die vertraute Lebenswelt (den inneren Kreis der „Nähe") eintritt, sich weigert wegzugehen (in die „Ferne" seines ursprünglichen Zuhause) und zudem das Recht beansprucht, Objekt von Verantwortung zu sein, was nur Freunden der Nähe vorbehalten ist, wird der

---

34 | Am Beispiel der Geschichte des Antisemitismus zeigt Jacob Katz sehr deutlich auf, wie seit dem Ende des 18. Jahrhunderts mit dem Aufkommen von Nationalstaaten und den daran anknüpfenden emanzipatorischen verfassungsmäßigen Bestrebungen für gleiche Bürgerrechte um die Frage gerungen wurde, „ob man den Juden ihren Status als Fremde oder Halb-Bürger belassen oder ihnen das volle Bürgerrecht zugestanden werden sollte" (Katz 1989, 11).

35 | Mit diesem für ihn unlösbaren Problem bezieht sich Bauman explizit auf Derrida, indem er im Sinne Derridas darauf hinweist, dass jeder Versuch, das Unbestimmte („als Grund allen Seins") eindeutig zu kodieren, immer weitergehende Kodierungs- bzw. Deutungsaufgaben produziert (vgl. Bauman 2005, 299f).

Fremde zum konstanten Ärgernis für die „natürliche" Ordnung der Welt bzw. zur Herausforderung für die Gültigkeit orthodoxer Orientierungspunkte. (Bauman 2005 104, 101; vgl. 1991, 29).

Elias spricht in diesem Zusammenhang, wie gezeigt, von einem „Spannungs-druck" zwischen „Etablierten" und „Außenseitern", der so lange ein „vergleichs-weise niedriges Niveau" habe, so lange die Gruppe der Außenseiter als solche erkenn- und definierbar sei. Dieser Spannungsdruck innerhalb einer „Etablierten-Außenseiter-Beziehung" steige jedoch an, „wenn Mitglieder der Außenseitergruppe sozial aufsteigen, oder wenn die Außenseitergruppe legale und soziale Gleich-stellung mit den überlegenen Etabliertengruppen anstrebt" und dadurch, so Elias weiter, „für die Etabliertengruppen die ihnen natürlich erscheinende Ordnung der Dinge ins Wanken kommt" (Elias 1984, 48, 50).

„Ihr überlegener Status, der ein integrales Element des individuellen Selbstwertgefühls und des persönlichen Stolzes vieler ihrer Angehörigen bildet, wird dadurch bedroht, daß die Mitglieder einer im Grunde verachteten Außenseitergruppe nicht nur soziale Gleich-heit, sondern auch menschliche Gleichwertigkeit beanspruchen. Die Konkurrenz um ge-sellschaftliche Chancen zu Mitgliedern der eigenen Gruppe wird als selbstverständlich hin-genommen. Mit Mitgliedern einer verachteten Außenseitergruppe in Wettbewerb treten zu müssen, erscheint als erniedrigend und unerträglich, besonders in der Zeit des Übergangs, wenn jedermann sich dessen bewußt ist, daß diese Chancen zuvor ein Monopol der Eta-blierten und den Menschen der Außenseitergruppen verschlossen war." (Elias 1984, 50f)

Mit dem eingeforderte Anspruch auf Gleichwertigkeit wird der Fremde gewisser-maßen zum konstanten Ärgernis für die angestrebte „natürliche" soziale Ordnung der eigenen Welt. Damit muss das bewährte binäre Klassifikationssystem einer „Freund-Feind-Dichotomie"[36] bezüglich des „Fremden, der kommt und bleibt" (Simmel) versagen, weshalb zur Bannung des undefinierbaren, Angst und Unsi-cherheit auslösenden Fremden, wie gezeigt, spezifische Verhaltensmaßnahmen und soziale Regeln geschaffen werden müssen.

Dies zu leisten, hat sich nach Bauman insbesondere der moderne Nationalstaat zum Ziel gesetzt, der demnach primär dazu bestimmt war (und wohl noch ist), *„mit dem Problem der Fremden, nicht mit dem der Feinde fertig zu werden"* (Bau-man 2005, 108). Er hat es sich damit zur (gewissermaßen erfolglosen) Aufgabe gemacht, sich mittels historisch-territorialer und kultureller Konstruktion einer nationalen Identität gegenüber dem Fremden zu positionieren.[37]

---

36 | Holz spricht hier im Zusammenhang eines gegenwärtigen Antisemitismus von der „Fi-gur des Dritten", mit der die im Zuge des Nationalismus bewährten binären eindeutigen Unterscheidungskriterien „wir/die anderen" aufgehoben sind. Wir werden auf diese Meta-phorik einer „Figur des Dritten" später noch näher eingehen (vgl. Holz 2005, 31).

37 | Es sei in diesem Zusammenhang daran erinnert, dass im Nationalsozialismus „der (ewige) Jude" von „nichtnationaler Nationalität" und insofern als „Figur des Dritten" ein

In diesem Konstituierungsprozess der eigenen nationalstaatlichen Identität bedarf es im dialektischen Sinne des erkenn- und erfassbaren Fremden, ohne den die Grenzen „zwischen ,uns' und ,denen-da'" undefinierbar blieben. Im Grunde bildet hier das Eigene als „wir/die da"-Konstrukt ein dialektisch verknüpftes und untrennbares einheitliches Gefüge, das aus der Perspektive des Eigenen Verlässlichkeit und Sicherheit so lange gewährleistet, wie die Grenzen von der jeweiligen anderen Seite gewahrt bleiben.

„Die-da' sind nicht ,wir', und ,wir' sind nicht ,die-da', ,wir' und ,die-da' lassen sich nur im Zusammenhang verstehen, in ihrer wechselseitigen Spannung." (Bauman 2000, 61)

Wenn vorher mit Bauman konstatiert wurde, der Mensch und die ihn umgebenden sozialen Strukturen (insbesondere der Moderne) seien bestrebt, Unsicherheiten und Uneindeutigkeiten bestehender Ambivalenzstrukturen zu verringern, so kann nun ergänzt werden, dass er zur Orientierung in seiner Welt der Gegensätzlichkeit von z.B. Eigenem und Fremden bedarf, um überhaupt das Eigene (und natürlich auch das dem entgegen gesetzte Fremde) definitorisch fassen zu können.[38]

2.2.3.4 Der Holocaust – ein Projekt der Moderne

Die Propagierung der als national definierten identifikatorischen Elemente war und ist demnach im Grunde der zum Scheitern verurteilte Versuch moderner Staaten, auf dem Wege einer eindeutigen Bestimmung seiner nationalstaatlichen Identität, implizite Ambivalenzstrukturen aufzuspüren und gegebenenfalls zu tilgen. Konkret bedeutet dies, den als illegitim empfundenen Lebensraum des Fremden innerhalb der Lebenswelt der zu Patrioten gewandelten Staatsbürger einzuengen, bzw. den Fremden durch Akzeptanz der nationalen Wertigkeiten nach Möglichkeit zu assimilieren. Die herrschende Gruppe suchte sich auf diesem Wege zunehmend als „Hüter und Bevollmächtigte" höherer Werte zu etablieren, wobei aus deren Perspektive von nun an diejenigen neu hinzugekommenen fremden Gesellschaftsmitglieder als „fortschrittlich" galten, die bereit waren, im Zuge der Assimilation die Wertigkeiten der Residenzgesellschaft zu übernehmen und ihre alten Orientierungsmuster abzulegen, während als „rückschrittlich" beurteilt wurde, wer trotz erhöhtem Assimilationsdruck an seinen alten tradierten Werten festhielt.

„ewiger Feind" einer „auf Nationen aufbauenden Weltordnung" war (Bauman 1994, 83; Holz 2005, 30).

38 | Bauman betont in seinen Ausführungen immer wieder dieses dialektisch verschränkte Bedeutungsgefüge, das gewissermaßen als miteinander verknüpfte Bedeutungseinheit zweier Gegensätzlichkeiten – wie der Fremde als der Andere des Eigenen bzw. die Norm als das Andere der Abnormität – sinnkonstituierende bzw. identifikatorische Bedeutung für die jeweilige Gegenseite hat.

Letztlich zeigte sich jedoch, dass, wie bereits erwähnt, gerade der um Assimilierung bemühte Fremde zunehmend als „Feind im Innern" erlebt wurde. Wie nämlich am Beispiel der unter Druck stehenden Juden in vornazistischer Zeit seit dem ersten Drittel des neunzehnten Jahrhunderts in Deutschland deutlich geworden ist, wurden deren äußere wie innere Assimilierungsbemühungen als Beweis für subversive Intentionen wahrgenommen (vgl. Bauman 2005, 194ff; Katz 1989, 195).[39] Selbst die zum Christentum konvertierten Juden waren einem massiven Täuschungsvorwurf ausgesetzt und wurden somit zu potenziellen Feinden des Innern. Die um Assimilierung bemühten Juden blieben verdächtig und konnten aufgrund ihres Jüdisch-Seins und den mit der Blut- und Rassezugehörigkeit zugeschriebenen „vererbten" Wesenszügen keinesfalls im umfassenden Sinne Teil der deutschen Nation werden (vgl. Katz 1989, 195).[40]

„Die Akkulturation gliederte die Juden nicht in die deutsche Gesellschaft ein, sondern transformierte sie in eine abgesonderte, ambivalente und inkongruente Nicht-Kategorie, die Kategorie der ‚assimilierten Juden', die sich von der traditionellen jüdischen Gemeinschaft ebenso sehr unterschieden wie von den einheimischen deutschen Eliten." (Bauman 2005, 195)

Kulturelle Intoleranz gegenüber Differenzen wurde somit nach Bauman zum Wesensbestandteil der Nationalisierung bzw. „Etatisierung" von Staaten (vgl. Bauman 1991, 40).

„Das typische moderne Verfahren des Staates, die Substanz moderner Politik lag in dem Bemühen, Ambivalenz zu vernichten – präzise zu definieren und das, was nicht präzise definiert werden konnte oder wollte, zu unterdrücken und zu eliminieren." (ebd., 46)

Insofern sich das „Inventar an Reaktionen auf die eigensinnige Gegenwart von Fremden" in letzter Konsequenz als relativ unbrauchbar erweist, besteht die Gefahr, dass insbesondere der „heimatlose" Fremde zwecks „Endlösung" des Problems, „ein verlockendes Objekt des Genozids" werden kann (Bauman 2005, 111, 112). Diese eliminatorischen Konsequenzen zur endgültigen Beseitigung der Uneindeutigkeiten beschreibt Bauman an anderer Stelle in „Dialektik der Ordnung"[41] am

---

39 | Schon im Jahre 1842 wies Bruno Bauer, Mitglied der jung-hegelianischen Intellektuellengruppe, darauf hin, dass sich der „jüdische Stamm" aufgrund seines „Blutes" und seiner „Rasse" wesentlich vom „christlichen Volk" Europas unterscheide (vgl. Katz 1989, 158, 213).

40 | Selbst Richard Wagner zeigte sich als massiver Kritiker der jüdischen Assimilation. Am Beispiel des „gebildeten Juden" stellte er dar, dass dieser selbst durch die christliche Taufe nicht seiner biologischen Bestimmung entrinnen könne (vgl. Katz 1989, 186f).

41 | Der Buchtitel „Dialektik der Ordnung" lehnt sich assoziativ an die „Dialektik der Aufklärung" der Frankfurter Schule an. Bauman teilt dort die zivilisationskritischen Positionen

Beispiel der nationalsozialistischen „Endlösung der Judenfrage", die er im Sinne eines „Social Engineering" als extremste Methode der „„Wiederherstellung von Ordnung'" ansieht. Verantwortlich hierfür macht er primär die *„mörderische Verbindung mit der typisch modernen Konzentration von Macht, Machtmitteln und Organisationsstrukturen"* (kursiv im Original, N.C.) (Bauman 1994, 81, 93; 2000, 88).[42]

„Der Holocaust wurde inmitten der modernen, rationalen Gesellschaft konzipiert und durchgeführt, in einer hochentwickelten Zivilisation und im Umfeld außergewöhnlicher kultureller Leistungen; er muß daher als Problem dieser Gesellschaft, Zivilisation und Kultur betrachtet werden." (kursiv im Original, N.C.) (Bauman 1994, 10)

Bauman sieht deshalb im „modernen Genozid" keinen „Verrat am Geist der Moderne", mit dem dortigen ursprünglichen Ziel der Befreiung des Menschen aus seiner selbst verschuldeten Unmündigkeit (Kant) und einer dort in die Zukunft projizierten zivilisatorischen Realisierung humanistischer Werte, die die Würde des Einzelnen in den Vordergrund zu stellen suchte. Für ihn ist der Genozid ein „Nebenprodukt des modernen Strebens nach einer umfassend geplanten und gesteuerten Welt" (Bauman 1994, 108).[43] Dies bedeutet nicht, dass Bauman die Moderne direkt für

---

von Horkheimer und Adorno am Projekt der Aufklärung, da auch er die emanzipatorischen Errungenschaften aufklärerischen Denkens einer Prioritätensetzung der instrumentellen-wissenschaftlichen Vernunft eines modernen Rationalismus – „die Inthronisierung der Natur als neue Gottheit" – als dem Menschen nicht dienlich, sondern in letzter Konsequenz als gegen ihn selbst gerichtet sieht. Auch an anderer Stelle – in „Moderne und Ambivalenz" – betont Bauman seine inhaltliche Nähe zu Positionen der Kritischen Theorie von Horkheimer und Adorno. Gemeint ist damit eine Kritik an den Errungenschaften der Moderne, insbesondere der instrumentellen Rationalität, die auch von Foucault geteilt wird (vgl. Horkheimer/Adorno 1969; vgl. Bauman 1994, 83; 1992, 32; vgl. Honneth 1990[b]).

42 | Bauman sieht im „moderne Rationalismus" mit seinen zweckrationalen wissenschafts-theoretischen Grundprämissen und seiner auf einem Wertfreiheitspostulat begründeten „moralischen Blindheit" den ideologisch grundierten Boden für einen „wissenschaftlichen Rassismus" nationalsozialistischer Prägung und einer daraus resultierenden nüchternen bürokratischen Selektion und industriellen Eliminierung von so genannten „rassisch Minderwertigen" (vgl. Bauman 1994, 105f; 123, 140).

43 | Mit Baumans Zugang zum Holocaust über den Weg impliziter Gewaltformen der Moderne werden gleichzeitig Defizite traditioneller soziologischer Zugänge hierzu offenbar, die diesen in der Tendenz entweder als Kumulationspunkt des christlich-europäischen Antisemitismus, als historischen Grenzfall („Zivilisationsbruch") bzw. als tragischen Fehltritt einzelner a-moralischer Protagonisten deuten. Aus seiner Perspektive ist der Holocaust auch kein spezifisches Problem der deutschen Geschichte. Bauman hat sich insofern von traditionellen Erklärungsansätzen zum Holocaust abgesetzt, indem er als dessen Grundvoraussetzung die ordnenden Rationalisierungsmechanismen und die bürokratisch-tech-

den Holocaust verantwortlich macht, sondern er sieht in der Moderne lediglich die Voraussetzung für dessen Realisierung.[44]

„Die Moderne machte den Genozid möglich, als sie das zweckgerichtete Handeln von moralischen Zwängen emanzipiert hatte. Die Moderne ist zwar nicht die hinreichende Ursache des Genozids, aber ihre notwendige Bedingung." (Bauman 2005, 88f)

Baumans besonderer Verdienst ist es, einen eigenen Weg zur Situation des Fremden aufgezeigt zu haben. Während Simmel vor allem das Problem einer zunehmenden inneren Distanzierung des Fremden zu der ihn umgebenden Gesellschaft und Schütz die daraus resultierende Situation der Krise durch die gegenseitige Kollision eines „Denkens-wie-üblich" von Fremdem und Eigenem betont, und dabei beide in ihren Überlegungen von einer geschlossenen gesellschaftlichen Einheit ausgehen, in die der Fremde eintritt, interessieren Bauman primär die konstituierenden Aspekte im Umfeld von Fremdheit.[45]

2.2.3.5 Der Fremde als „Figur des Dritten"

Wie gezeigt wurde, sieht Zymunt Bauman im Zuge der Moderne ein fundamentales Konstituierungsmerkmal – einen binären Code (z.B. Eigenes und Fremdes) – am Werk, auf dessen Hintergrund man darum bemüht ist, Ambivalenzstrukturen im Gesellschaftssystem zu überwinden. Insofern verstößt insbesondere der Fremde als Teil der Familie der „Unentscheidbaren" bzw. als mit Ambivalenz behafteter „Dritter" gegen die im Ordnungssystem der Moderne implizierte Plausibilität der Freund-Feind-Dichotomie.[46] Wie bereits weiter oben betont, ist für Bauman der Fremde „Teil der Familie der ‚Unentscheidbaren'", also jenes „dritte Element", das das Prin-

---

nische Effizienz einer modernen Zivilisation ausmacht. Kastner weist in diesem Zusammenhang allerdings darauf hin, dass Baumans Positionen seitens verschiedener Historiker als Verharmlosung des Holocaust gesehen werden, da er hierbei u.a. die besondere Rolle des deutschen Nationalsozialismus zu wenig berücksichtige (vgl. Bauman 1994, 46; vgl. Junge 2002, 89f; vgl. Peterson 2002; vgl. Kastner 2000, 41,43 [Anm.36]).

44 | Vgl. hierzu insbesondere Peterson 2002.

45 | Ein Grund für diese Ausrichtung der „klassischen" soziologischen Analysen der genannten Autoren sieht Nassehi darin, dass diese zum einen in erster Linie die Probleme des späten neunzehnten und frühen zwanzigsten Jahrhundert und zum anderen sehr stark die spezifische Situation der emanzipierten Juden in den Vereinigten Staaten und in Europa im Blick hatten. Die Situation des Fremden wird hier als ein Eindringen in eine fest umrissene, stabile soziale Gesellschaftsstruktur problematisiert, mit der sich der Fremde auseinanderzusetzen hat, die allerdings im Zuge der Entwicklungen der Moderne nicht mehr als einheitliches gesellschaftliches Gefüge denkbar ist (vgl. Nassehi 1995, 445ff).

46 | Weiter oben wurde in diesem Zusammenhang bereits vom „Dritten Element" gesprochen.

zip des Gegensatzes, die „Plausibilität der Dichotomie", in Frage stellt (vgl. Bauman, 1991, 24 ff; 2005, 95).[47] Der Fremde entspricht hier in wesentlichen Zügen der „Figur des Dritten".[48] Dieses „Dritte" charakterisiert dem Wesen nach auch eine ethnische Gruppe als heterogenes Element innerhalb eines homogenen national-staatlichen Gebildes; ein uneindeutiges Drittes nämlich als die „Kehrseite der Nation", das schon allein durch seine Anwesenheit das eigene ethnisch-nationalistische Gebilde potenziell infrage zu stellen scheint (vgl. Trubeta 1999, 35).

Andererseits zeigt Bauman in diesem Zusammenhang auch sehr deutlich auf, dass der (oder das) uneindeutige Fremde im Zuge des Konstituierungsprozesses moderner Nationalstaaten gewissermaßen als dialektisches Gegenüber zur eigenen Identitätserfassung existenziell notwendig war und ist. Insofern ist der Fremde einerseits einem unaufhörlichen Assimilations- bzw. Ausgrenzungsdruck ausgesetzt und andererseits bildet er als Gegenüber zum Eigenen die unersetzliche Kontrast-folie für die Konstituierung der eigenen (modernen) Identitätsauffassung. Mit der Abgrenzung zum uneindeutigen Fremden wird im Zuge der Reduzierungsbemü-hungen von Ambivalenzstrukturen der (letzthin vergebliche) Versuch zur Herstel-lung einer geordneten, modernen und „sauberen" Welt unternommen. Dieses am wissenschaftlich-technizistischen Kalkül orientierte a-moralische Ordnungsbemü-hen der Moderne führte nach Bauman schließlich in letzter Konsequenz zum Ho-locaust. Das heißt, verantwortlich hierfür ist für Bauman ein ethisch-moralisches Defizit der modernen wissenschaftlich-technischen Industriegesellschaft und eine damit einhergehende „soziale Erzeugung von Distanz", die im Zuge des „Fort-schritt(s) von Wissenschaft, Technik und Bürokratie" das „moralische ‚Sehvermö-gen'" zum Anderen nachlassen und schließlich im Zuge der rassistischen national-sozialistischen „Hygienemaßnahmen" völlig erblinden ließ.

---

47 | Mit dem Begriff des „Unentscheidbaren" bezieht sich Bauman auf die „Philosophie der Differenz" von Jacques Derrida., die zunächst auf Heideggers Überlegungen („Identi-tät und Differenz") und im Weiteren auf der Kritik Adornos am „Einheitsdenken" gründet. So wendet sich Adorno in „Negative Dialektik" unter dem Begriff des „Nicht-Identischen" gegen das identifizierende Denken im Allgemeinen und gegen einen Identitäts- bzw. Iden-tifizierungszwang der traditionellen Erkenntnistheorie und der Einzelwissenschaften im Besonderen (vgl. Derrida 1976; 2004; Heidegger 2002; Kimmerle 2008, 21ff; Adorno 1997, 17, 165; Bauman 2005, 95f, 299ff).

48 | Die Metaphorik einer „Figur des Dritten" gründet im Wesentlichen auf den Überlegun-gen Georg Simmels, der mit der Figur des „Tertius gaudens" (des „lachenden Dritten") – u.a. in der Rolle als „Unparteiischer" bzw. „Schiedsrichter" zwischen zwei konkurrierenden Positionen – eine wesentliche konstituierende Funktion für das Soziale sieht. Die „Figur des Dritten" wird im Rahmen der vorliegenden Arbeit nach Bauman und nach Klaus Holz verstanden. Holz betont in seinen Ausführungen zum Antisemitismus dieses „Dritte" – der Jude als Dritter der Nationen –, wenn er ausführt, dass auch dort die bewährten binären eindeutigen Unterscheidungskriterien („wir/die anderen") aufgehoben seien (vgl. Simmel 1992, 126, 337; Fischer 2010, 193ff; Holz 2005, 31; 2010, 292ff).

„Man muß der Tatsache Rechnung tragen, daß *der Zivilisationsprozeß unter anderem den Einsatz von Gewalt aus dem Bereich moralischen Entscheidens herausgelöst und die Anforderungen der Rationalität von ethischen Normen und moralischen Skrupeln befreit hat* [kursiv im Original, N.C.].“ (Bauman 1994, 42)

Die hohen Ansprüche der modernen Ethik wie „Menschenrechte, soziale Gerechtigkeit, Balance zwischen friedlicher Kooperation und individueller Selbstbehauptung“ sind für Bauman dennoch nach wie vor aktuell. Sie müssten jedoch, so Bauman, im Sinne einer „Postmodernen Ethik“, die z.b. die „moralische Ambivalenz“ des Menschen und die Prä-Rationalität bzw. Nicht-Universalisierbarkeit moralischer Phänomene berücksichtigt, neu angegangen werden (vgl. Bauman 1994, 207, 86; 1995, 13, 23ff).[49]

Im Weiteren soll nun zunächst der Aspekt des Erlebens des Fremden am Beispiel ethno- bzw. eurozentrischer Wahrnehmungsreduzierung näher in den Blick genommen und gezeigt werden, wie sich dieses Andere des Eigenen unter der idealistisch überformten Perspektive der „westlichen Anschauung“ als exotisch-orientalischer Sehnsuchtsort erscheint.

2.3 Die Aneignung des Fremden in der eurozentrischen Blickbeschränkung

Im konfrontativen Erleben des Fremden zeigen sich offenbar verschiedene mehr oder weniger spontane Bewältigungsstrategien, dem Fremden zu begegnen und die damit verbundenen Irritationen z.b. durch projektive Mechanismen oder durch innere Assimilation an die eigene Erfahrungs- und Verständniswelt zunächst zu bannen. Im Weiteren soll nun am Beispiel ethno- bzw. eurozentrischer Wahrnehmungsreduzierung im Zuge des Erlebens von Fremdheit näher in den Blick genommen werden.

Menschen verstehen ihr eigenes Menschsein, wie gezeigt, primär aus dem eigenen Kulturzusammenhang. Insofern sind Menschen als Kulturwesen immer auch ethnozentrisch geprägt (vgl. Böhme 1985, 222). In diesem Zusammenhang ist zunächst der Begriff „Kultur“ zu klären, den man allgemein als die im sozialen Miteinander erworbenen Denk- und Verhaltensstrukturen definieren kann, die im Sinne

---

49 | Unter „moralischer Ambivalenz“ versteht Bauman die im Menschen selbst begründeten unauflösbaren Widersprüche von moralisch intendierten Handlungen, weshalb es für ihn keine Garantien für moralisches Verhalten gibt. Deshalb kann „eine perfekte Gesellschaft ebenso wie ein perfektes menschliches Wesen keine realistische Aussicht darstellen und Versuche, das Gegenteil zu beweisen, zu größerer Grausamkeit als zu mehr Menschlichkeit – und sicherlich zu weniger Moralität – führen“ (Bauman 1995, 23).

des sozialen Erbes an die jeweiligen Nachkommen weitergegeben werden. Kultur wäre demnach als Träger tradierter Werte und Normen zu fassen.[50]

Nach Leiris besteht die Kultur einer Gesellschaft „aus der Totalität der Denk- und Reaktionsweisen sowie aus den gewohnten Formen des Verhaltens, die die Mitglieder dieser Gesellschaft durch Erziehung oder Nachahmung mehr oder weniger als Gemeingut erworben haben" (vgl. Leiris 1977, 92). Auf den dynamisch-sinn-konstitutiven Aspekt von Kultur weist Scherr hin, der Kulturen als sinnhafte Ordnungen definiert, die zu ihrer Stabilisierung darauf angewiesen sind, „dasjenige, was sie nicht akzeptieren können, auszugrenzen, ihm einen Platz außerhalb der Ordnung ihrer Normalität zuzuweisen" (Scherr 1999, 58).

Waldenfels sieht, wie gezeigt, in der konfrontativen Auseinandersetzung der eigenen Kultur mit dem Fremden generell die Tendenz zur „Aneignung", die mit bestimmten Formen der „Zentrierung" wie *„Egozentrismus", „Logozentrismus"* oder *„Ethnozentrismus"* in Verbindung stehe und damit das Fremde auf das Eigene reduziere (vgl. Waldenfels 1999, 49). Mit Logozentrismus ist damit ein „Monopol der Vernunft" und eine damit verbundene Form von „Denk-Kolonisierung" gemeint, mit der das Fremde mehr oder weniger bewusst den eigenen Denk- und Bewertungsschemata untergeordnet wird, wodurch, so Waldenfels weiter, das Wunder bewerkstelligt würde, „im Eigenen das Allgemeine und im Allgemeinen das Eigene wiederzufinden" (Waldenfels 1998, 62; 1999, 49).[51]

„Egozentrik und Logozentrik begegnen sich auf besondere Weise in einer *Ethnozentrik*, die im Falle der abendländischen Tradition dazu führt, daß die eigene Lebensform nicht nur verteidigt (wogegen nichts zu sagen wäre), sondern schrankenlos verteidigt wird als Vorhut einer universalen Vernunft." (Waldenfels 1998, 62)

So wurde in der logozentrischen Blickbeschränkung der abendländischen Tradition das Andere des Eigenen – als das so genannte „Primitive" – zur „Vorform" der Vernunft, die gewissermaßen aus scheinbar paternalistischem Interesse dem Diktat einer „aufgeklärten, universellen Vernunft" zu unterwerfen war.[52]

---

50 | Im Rahmen der Migrationsforschung dominiert verschiedentlich ein Kulturbegriff – insbesondere im Zusammenhang mit „dem Islam" – mit dem tendenziell jegliche Form von sozialer Ungleichheit erklärt wird (vgl. Attia 2009, 14).

51 | Dieser Bewertungsmechanismus erinnert an einen von der Ethnomethodologie aufgespürten „Ethnozentrismus", mit Hilfe dessen ein Feldforscher dazu neigt, sein subjektiv-privates Sinnfundament im Sinne einer „Unkorrigierbarkeit" eigenen Wissens in seine Untersuchungsresultate einfließen zu lassen (vgl. Mehan/Wood 1979, 37).

52 | Lévi-Strauss weist in diesem Zusammenhang darauf hin, dass bereits in der Antike alles, was nicht zur eigenen Kultur gehörte, unter dem Begriff „Barbar" subsumiert wurde, womit schon damals die dem Eigenen widersprechende kulturelle Verschiedenheit in den Bereich der Natur – als synonym von naturwüchsig, wild – verwiesen wurde (vgl. Lévi-Strauss 1972, 17).

Nach Scheich war es im Wesentlichen die Reduktion der Natur auf das Wilde bzw. auf das Ungezähmt-Unzivilisierte, das zum Beweis für die Notwendigkeit seiner Beherrschung wurde (vgl. Scheich 1988). Diese so legitimierte, Natur beherrschende Kolonialisierungspraxis fremder Lebenswelten fand immer dort statt, wo das Fremde in Besitz genommen wurde und in Richtung des Eigenen „zivilisiert" wurde, und wo es in der ethnographisch-wissenschaftlichen Erfassung des Fremden auch darum ging, deren Kulturgüter „zu sammeln", um damit Museen in der Heimat zu bestücken, ohne sich dessen bewusst zu sein, der sozialen Gemeinschaft damit das eigene kulturelle Erbe entzogen zu haben (vgl. Leiris 1977, 55).

In der ethnozentrischen Wahrnehmung des Fremden ist die implizite Überzeugung einer angeborenen Überlegenheit enthalten, mit der man sich gewissermaßen dazu berufen glaubt, anderen eine „zivilisatorische" Mission angedeihen zu lassen, wie dies in Zeiten der Kolonialisierung üblich war. Erst mit der späteren Distanzierung von der kolonialistischen Bemächtigung fremder Völker wurde es möglich, das Fremde in seiner Eigenheit zu erfahren. So waren z.B. die Erkenntnisse des Sozialanthropologen Malinowski über die soziale Organisation der Trobriander, die er 1929 unter dem Titel „Das Geschlechtsleben der Wilden in Nordwest-Melanesien" publizierte, erst möglich, als in den ethnologischen Forschungen von der „zivilisierten Blickreduzierung" der vom angelsächsischen Puritanertum beeinflussten Forscher des neunzehnten Jahrhunderts Abstand genommen werden konnte, denen in der eigenen moralischen Bewertungsskala die fremden Sitten der „primitiven Eingeborenengesellschaften" lediglich als widerliches, obszönes Fehlverhalten erscheinen konnten, das zivilisatorisch zu bändigen war (vgl. Malinowski 1979).

Diese innere Kolonisierung des Fremden schlägt sich in der relativen Unkorrigierbarkeit eigener Erlebnisbestände oftmals als Synonym für „Befreiung" nieder. So sahen sich beispielsweise die Christen durch den neutestamentlichen Missionsauftrag dazu auserwählt, die Anderen – die „armen Heiden" – durch die Vermittlung des göttlichen Heils zu retten. Diese innere Selbstgewissheit war, wie die Geschichte der christlichen Missionsarbeit belegt, ein willkommener Legitimationsgrund für die Beherrschung und Unterwerfung der so genannten „Ungläubigen" (vgl. Waldenfels 1999, 49; Böhme 1985, 223 f).

In der abendländischen Tradition macht Waldenfels deshalb einen „Sog der Aneignung" aus, der das Fremde als Produkt einer Entfremdung, als Abwandlung des Eigenen begreift und deshalb im Sinne eines übergeordneten Vernunftprinzips („*Logozentrik*") bestrebt sei, das Fremde mittels Normalisierungsmacht zur „Wiederherstellung der Ordnung" („Normalität") dem Eigenen wieder zuzuführen (vgl. Waldenfels 1998, 137 f).[53]

---

53 | Auch wenn Waldenfels seine Studien hier im Wesentlichen entlang psycho-physischer Abweichungen entwickelt und präzisiert, lassen sich seine Überlegungen auch auf soziokulturelle Fremdheitsaspekte übertragen, die ähnliche Relationen und Anpassungsbestrebungen zum Eigenen aufweisen, wie er es besonders in „Topographie des Fremden" deutlich macht (vgl. Waldenfels 1997, 48 ff).

2.3.1 Der Fremde in der logozentrischen Blickperspektive

Dieser innere Bewertungsmechanismus ist insbesondere in einem eurozentrierten Ethnozentrismus – dem „Eurozentrismus" – zu beobachten, mit dem kulturelle Differenzen im kontrastierenden Vergleich dichotom zum wesentlichen Identitätsmerkmal des Eigenen, insbesondere des eigenen Logozentrismus gedeutet werden. Hierzu bedurfte es zunächst der Konstituierung des eigentlich „Vernünftigen", worauf Michel Foucault in „Wahnsinn und Gesellschaft" hinweist. Er zeigt dort deutlich diesen dialektischen Konstituierungsprozess des Vernünftigen im Zuge aufklärerischen Denkens auf, wonach es „keine Vernunft ohne Wahnsinn geben kann," da die logozentrische, aufgeklärte „Vernunft" existenziell des „Anderen der Vernunft" als das irrsinnige Un-Vernünftige bedarf (Foucault 1978, 12). Hierbei ist das „Andere der Vernunft" gegenüber der im Zuge der Aufklärung konstituierten Vernunft das „Irrationale" bzw. „Alogische":

„Erst mit der Aufklärung läßt Vernunft alles, was aus ihr herausfällt, zum Irrationalen werden. [...] Indem Vernunft sich als Maß des Menschen setzt, bestimmt sie die Unvernunft als das Anormale." (Böhme/Böhme 1983, 13f, 17)

Die historische Aufarbeitung der Geschichte von Ethnologie und Psychiatrie offenbart hier unverkennbare Parallelen. Beide wissenschaftliche Zugänge hatten als „Ethnologie der Wilden" und als „Ethnologie der ‚Irren'" die Erforschung des Andersseins in der Fremde bzw. des „Anderen der Vernunft" in der eigenen Kultur zum Gegenstand, wobei es im Zuge dieser ethnologischen Forschungen einerseits um die Kolonialisierung des Fremden und andererseits zum Schutz der zu konstituierenden Vernunft um die definitorische Erfassung und Ausgrenzung der Unvernunft („Asylierung") ging, die von nun an der Öffentlichkeit entzogen und in entsprechenden Institutionen (Irrenhäusern bzw. Idiotenanstalten) entsorgt wurde (vgl. Erdheim 1988, 17; Foucault 1978). Auch hier handelte es sich durch die Konstruktion der inferioren Andersartigkeit im gewissen Sinne um Basisaxiome des kolonialisierenden Denkens (vgl. Sonderegger, 2008, 46; Osterhammel 1995).

Die besondere Problematik des Eurozentrismus besteht nach Böhme eben darin, im Zuge der logozentrischen Deutung des Anderen des Eigenen scheinbar legitimiert zu sein, die wissenschaftlich-rational nicht zugängliche Welterfassung des Anderen des Eigenen tendenziell als unzivilisiert und unvernünftig disqualifizieren zu dürfen (vgl. Böhme 1985, 222). Insofern kann in der wissenschaftlich-rationalen Sichtweise der Welt auch tendenziell kein Raum für das Religiöse oder Mythische gelassen werden, bzw. bleiben diese Inhalte aus logozentrischer Perspektive als „irrationales" und aus wissenschaftlich-objektiver Perspektive auf dem Hintergrund eines selbst verordneten Wertfreiheitspostulats als „irrelevantes" privates Sinn- und Bedeutungssystem vorab ausgeklammert.

Mall sieht gerade im Fehlen dieses einheitlichen Denksystems im philosophisch-religiösen Diskurs einen der Hauptgründe für die Verständigungsschwierigkeit auf diesem Gebiet:

„Die Transkulturalität der formalen, technologischen und naturwissenschaftlichen Begriffs-apparate darf nicht verwechselt werden mit der Interkulturalität auf den Gebieten der Ge-sellschaftswissenschaften; denn die letztere im Gegensatz zur ersteren setzt die innere philosophische Kultur der Interkulturalität voraus, die keinen Standpunkt in den absoluten Stand setzt. Hierin mag u.a. der Grund dafür zu suchen sein, daß, während Physiker, Ma-thematiker und Technologen aus verschiedenen Kulturen ohne große Missverständnisse und mit einer Leichtigkeit Fachgespräche führen, dies für Philosophen, Theologen und Politiker sehr viel schwieriger ist." (Mall 1996, 8)

Mall macht für diese Missverständnisse im philosophischen Diskurs u.a. auch einen dominierenden Eurozentrismus verantwortlich, der bewirke, dass eine „Interkultu-relle Philosophie" bzw. eine „Philosophie im Vergleich der Kulturen" in der euro-zentrischen Blickbeschränkung tendenziell marginalisiert würde. Einer vom eigenen erkenntnistheoretischen Dogmatismus geleiteten vorurteilsbeladenen europäisch-westlichen Philosophiegeschichte sei es durch die Beschränkung auf die eigene Kultur eigen, den Philosophien fremder Kulturen per se die Anerkennung zu ver-weigern (vgl. ebd., 4 ff). Im Gegensatz dazu müsse nach Mall eine „Interkulturelle Philosophie" das Ziel haben, durch erkenntnistheoretische Bescheidenheit den identitätsbildenden Dogmatismus der eigenen Kultur zu überwinden, um so den Blick zu öffnen für eine interkulturell begründbare geistig-philosophische, geist-lich-theologische und politische Kultur (vgl. Mall 1996, 8).

In ähnlicher Weise hebt Böhme mit Blick auf die eurozentrische Sicht- und Denkweise noch folgenden Aspekt hervor: das Denken und Erleben in das „Eigene" und das „Fremde", wobei das Eigene das Fremde mehr oder weniger latent überforme (vgl. Böhme 1985, 222). Durch diesen inneren Spaltungsmechanismus von Eigenem und Fremdem würde die nationale und kulturelle Differenz gewissermaßen zur „anthropologischen Differenz", womit das Andere im Fremden als unveränderli-ches Wesensmerkmal festgeschrieben würde (vgl. ebd., 227). Mit dieser vorurteils-beladenen Zuschreibung gegenüber der fremden Kultur wird die vermutete Wesens-art zum unabänderlichen, biologisch-genetisch bedingten Gattungsapriori.[54] Aus der gattungsapriorischen Zuschreibung wird dann das anthropologische Andere der fremden Kultur zur Rechtfertigung kolonialistisch-hegemonialer Unterwerfung und ökonomischer Ausbeutung, wie das Beispiel Afrika zeigt. So sieht Samir Amin (1988) im Eurozentrismus primär eine Ideologie der modernen kapitalistischen

---

54 | Boesch zeigt mit seiner sozialpsychologischen Untersuchung diesen vorurteilsbela-denen Ausgrenzungsmechanismus am Beispiel des nationalsozialistischen Umgangs mit der jüdischen Bevölkerung deutlich auf (vgl. Boesch 1975, 25 ff).

Welt, die darum bemüht ist, neben der Kolonialisierung des Anderen sich diese andere Welt auch ökonomisch anzueignen (vgl. Coronil 2002, 185).

Halten wir also fest: In der ethnozentrischen Wahrnehmung des Fremden, die vom Guten und Richtigen des Eigenen ausgeht, ist die Überzeugung von einer angeborenen Überlegenheit enthalten, die sich im Zuge der relativen Unkorrigierbarkeit eigener Erlebnisbestände als innere Kolonisierung des Fremden und dort oftmals als Synonym für „Befreiung" niederschlägt. Aus dieser Überlegenheitsperspektive sahen sich beispielsweise die Christen durch den neutestamentlichen Missionsauftrag dazu auserwählt, die Anderen des eigenen Glaubenssystems durch Vermittlung des göttlichen Heils zu retten. Diese innere Selbstgewissheit war, wie die Geschichte der christlichen Missionsarbeit belegt, ein willkommener Legitimationsgrund für die Beherrschung und Unterwerfung der so genannten „Ungläubigen" (vgl. Waldenfels 1999, 49; Böhme 1985, 223f).

2.3.2 Exotismus – die „natürliche" fremde Welt

Im „günstigsten Falle" wird der Fremde im Zuge exotisierender Phantasien zum idealisierten „Naturmenschen", womit z.B. das in die touristische Bewunderungs perspektive genommene Andere der Alltagsnormalität im Sinne einer „Xenophilie" in den Bereich des Natürlich-Primitiven verlegt wird und dort eine romantisch-idealistische Verklärung erfährt (vgl. Leiris 1977, 89 ff).

Für Zygmunt Bauman ist der Tourist der Nachfolger des Pilgers, für den die Wahrheit immer dort ist, wo er sich gerade nicht befindet. Der Tourist begibt sich in die abenteuerliche Ferne von einem Ort des sicheren, beschaulichen Zuhauses, dessen Enge und Ortsgebundenheit er zeitweise in der domestizierten Fremde (einer Pauschalreise) zu entrinnen sucht und an den er immer wieder zurückkehrt (vgl. Bauman 1997, 136, 156ff).

„Damit das Vergnügen ungetrübt und wahrhaft fesselnd sein kann, muß es irgendwo einen heimatlichen und gemütlichen Ort geben, der unbezweifelbar der eigene ist; wohin man zurückkehren kann, wenn das gegenwärtige Abenteuer vorüber ist oder wenn sich die Reise als nicht ganz so abenteuerlich erweist, wie erwartet." (ebd., 158)

Der globalisierte Tourismus lebt vom Interesse an fernen Ländern, um dort z.B. das kribbelnde Abenteuer einer „unverfälschten Natürlichkeit" anderer Kulturen zu erleben. War es einerseits die Natur, die als das Wilde unter dem Diktat logozentrischer Ideologie zu unterwerfen war, so ist es hier die Natürlichkeit als das imaginierte Unverfälschte, Reine, das hier gesucht wird.

Schon früh wurden im Zuge des Kolonialismus Wunschvorstellungen in die neu erschlossenen exotisch-fremden Welten projiziert, die sich in ihrer scheinbaren „Natürlichkeit" von der eigenen zivilisierten Welt abzuheben schienen, wie dies insbesondere seitens der europäischen Aufklärung beispielsweise von Rousseau und seiner Idee des „edlen Wilden" gesehen wurde. Bei aller attestierten Rückstän-

digkeit und Kulturferne gegenüber der eigenen Welt war es die von der Industriali-
sierung (noch) nicht entfremdete „natürliche" Welt, die die Faszination ausmachte
und – insbesondere gegen Ende des 19. Jahrhunderts – allenthalben in romantisch-
kitschigen Romanen oder in entsprechenden „Völkerschauen" demonstriert und beschrieben wurde.[55] Nach Herra wurde so das koloniale Europa um die Jahrhundert-
wende – insbesondere zwischen den Jahren 1874 und 1931 – zu einem „Jahrmarkt
der ‚Wildnis'", auf dem in Tiergärten und Zoos vor den speziell dafür arrangierten
künstlichen Kulissen exotischer Landschaften Völker der Fremde – etwa „Somalis,
Nubier, Hottentotten, Sioux, Inder und Singalesen" – in angemessener zivilisatorischer Distanz den sehnsuchtsvollen Blicken der einheimischen weißen Bevölkerung ausgesetzt wurden (vgl. Herra 1997,14ff). So weist auch Mitchell in „Die Welt
als Ausstellung" darauf hin, wie es besonders im 19. Jahrhundert anlässlich diverser
internationaler Weltausstellungen oder so genannter „Orientalismuskongresse" in
erster Linie darum ging, die orientalische Welt gewissermaßen als „Objekt-Welt"
zu inszenieren und „begreifbar" zu machen:

„Die Wirkung solcher Spektakel bestand darin, die Welt als Bild in Szene zu setzen. Man
arrangierte es vor einem Publikum als zur Schau gestelltes Objekt, das betrachtet, untersucht und erfahren werden sollte." (Mitchell 2002, 152)

In der Kunst – insbesondere in der europäischen Malerei – ist das Orient-Thema
besonders im 19. Jahrhundert romantisiert und zum historisch befreiten Sehnsuchtsort stilisiert worden, wie sich dies beispielsweise mit den abendländischen Vorstellungen von Haremsszenen in typischen schwülstig-erotischen Motiven jener Zeitepoche niederschlug (vgl. Lemaire 2005).[56] Der Orient ist hier in der okzidentalen
Wunschprojektion der sinnlich-erotische Sehnsuchtsort männlich-patriarchaler
Vorstellungen.

---

55 | Die wohl bekanntesten Völkerschauen wurden um die Jahrhundertwende u.a. von
Carl Hagenbeck (1844–1913) veranstaltet, der hierzu Tiere und Menschen zu Ausstellungs-
zwecken aus fernen Ländern importieren ließ (vgl. hierzu Dreesbach 2005; Herra 1997).
Im „Hamburger Abendblatt" vom 9.10.2009 wurde einem Hauptorganisator „der legendären
Völkerschauen" namens Johan Adrian Jacobsen (1853–1947) gedacht, der hierzu Men-
schen aus fernen Ländern „holte". Als einer der erfolgreichsten Autoren tat sich im gleichen
Zeitraum insbesondere Karl May (1842–1912) mit seinen fiktiven Reiseberichten hervor,
der dort – insbesondere in seinen „Orienterzählungen" – den „kaiserlich-christlich-kolonia-
listischen Mainstream" der orientalistischen Sichtweise mit den „gängigen islamfeindlichen
Stereotype(n) seiner Zeit" transportierte (Bühl 2010, 71).
56 | Das Interesse am Orientalismus-Thema in der Kunst scheint nach wie vor ungebro-
chen. So eröffnete die Hypo-Kunsthalle München im Januar 2011 zum Thema „Orientalismus in Europa" eine Gemäldeausstellung, die u.a. sehr deutlich die westliche Sehnsucht
nach einem pittoresk-erotischen Morgenland dokumentiert (vgl. Franzen, Frankfurter
Rundschau, 11.02.2011, 34f).

2.3.3 Orientalismus – Konstrukt eurozentrischer Welterfassung

Interessant sind in diesem Zusammenhang konkrete eurozentrische Vorstellungen von Lebensräumen in der Fremde, mit denen das Eigene im dialektischen Konstituierungsprozess dem Anderen gegenübergestellt wird und – wie dies insbesondere die kolonialistisch-westlichen Vorstellungen über die arabische Welt zeigen – in der eurozentrischen Vorstellung zwei gegensätzlicher Lebenswelten und Arten des Denkens erscheinen, die in essentialistischen Kategorien zwischen dem „Westen" als der westlich-abendländischen Zivilisation und einem davon abzugrenzenden „Osten" – dem „Orient" – gefasst werden.[57] Der Wortbedeutung nach ist dieser so bezeichnete „Orient" aus dem lateinischen Wort *„oriens"* abgeleitet, das in seiner deutschen Übersetzung *Morgen, Osten* bedeutet. Aus dem weiteren Bezug zum Wort *„orior"*, das „sich erheben", „aufgehen", „sichtbar werden" meint, wurde schließlich das Land der aufgehenden Sonne, das Land im Osten bzw. das „Morgenland" oder „der Osten". Dem gegenüber steht der „Okzident", dem lateinischen Wort „occidens" bzw. dem lateinischen Verbum "occidere" (untergehen) entlehnt, woraus das „Land der untergehenden Sonne", „das Abendland" bzw. „das Land im Westen" und schließlich „der Westen" wurde (vgl. Dietze 2009, 25). Die Wurzeln des Okzidents werden seit der Epoche der Aufklärung mit Rekurs auf die griechische bzw. römische Antike als Inbegriff der westlich-aufgeklärten Welt verortet (vgl. Ebner 2009, 176).

Für Edward D. Said wurde somit dieser als „Orient" in den „abendländischen Blick" genommene andere Ort des eigenen Lebensraums ein ideologisches Konstrukt, das er in seinem impliziten konnotativen Wirkmechanismus „Orientalismus" nennt.[58] Diese auf einer „ontologischen und epistemologischen Unterscheidung" basierende orientalistische Denkweise ist für ihn im Wesentlichen auf dem Hintergrund eurozentrischer Projektionen und romantischer Wunschvorstellungen entstanden (vgl. Said 1981, 9). Sie implizieren für Said eine letztlich hegemonial bestimmte Vorstellung von nichteuropäischen Völkern und Kulturen – insbesondere vom so bezeichneten Orient –, mit der von einer prinzipiellen Rückständigkeit betroffener Länder und

---

57 | Der Terminus „der Westen" bezeichnet nach Huntington im Allgemeinen „westliche Kultur", womit über die europäische Kultur hinaus auch die amerikanische und damit mit westlicher Kultur die „euro-amerikanische" Kultur angesprochen sei. Für ihn umfasst der „Westen" folglich Europa, Nordamerika, sowie die von Europäern besiedelten Länder wie Australien und Neuseeland (vgl. Huntington 1997, 60f).

58 | Als Replik zu Saids „Orientalismus" konzipierten im Jahre 2004 Buruma und Margalit ihr Buch mit dem Titel *„Okzidentalismus – Der Westen in den Augen seiner Feinde"*, in dem sie den Okzidentalismus gewissermaßen im Umkehrschluss als Ideologie des Hasses gegen alles Westliche definieren, der seine Ursprünge im Westen selbst habe (vgl. ebd.). Andere postkoloniale Studien bezeichnen demgegenüber „Okzidentalismus" als eine Form von Ethno- bzw. Eurozentrismus und beziehen sich dabei explizit auf Saids „Orientalismus" (vgl. Coronil 2002; Dietze 2009, 25f).

Kulturen ausgegangen wird. Mit diesem Orientalismus, so Said, wurde aus euro-zentrisch-kolonialistischer Perspektive – auch unter Mithilfe entsprechender For-schungen einer Ende des 18. Jahrhunderts gegründeten „Orientalistik" – eine romantisch-sinnliche orientalische Welt, aber auch eine spezifische Form orientali-scher Grausamkeit und Despotie geschaffen, die es real so niemals gegeben habe.[59] Nach Said sind viele Werke des Orientalismus in erster Linie auf in Bibliotheken verfügbaren Informationen begründet und repräsentierten so keinen realen geo-graphischen Ort als vielmehr einen Topos des Ostens (vgl. Said 1981, 201):

„Unter der allgemeinen Vormacht einer Kenntnis des Orients und innerhalb des Schutz-schirmes westlicher Hegemonie über den Orient seit dem Ende des 18. Jahrhunderts ent-wickelte sich ein komplexer Orient, der für ein Studium in der Akademie, zur Ausstellung im Museum, zur Rekonstruktion in einem Kolonialbüro, zur theoretischen Illustration in anthropologischen, biologischen, linguistischen und historischen akademischen Arbeiten über die Menschheit und das Universum geeignet war, wie auch für Beispiele ökonomi-scher und soziologischer Theorien der Entwicklung, Revolution, kulturellen Persönlichkeit, des nationalen und religiösen Charakters." (Said 1981, 15)

Für Said ist folglich jeder, „der lehrt, über den Orient schreibt oder ihn erforscht (...) ein Orientalist und was er oder sie verfolgt, ist Orientalismus", ungeachtet dessen, wie Said hervorhebt, dass dieser Begriff wegen der „Konnotation des anmaßenden Verhaltens eines europäischen Kolonialismus des 19. und frühen 20. Jahrhunderts" heute weniger gebraucht wird (ebd., 9). Im Grunde fordert Said damit, dass die For-schung über den Orientalismus auch die Vertreter dieser Positionen – nämlich die Orientalisten selbst – in die epistemologische Kritik des westlichen Wissens mit einbeziehen müsse (vgl. Coronil 2002, 182f).

2.3.4 Okzidentalismus versus Orientalismus – der Westen und der Rest

Den Forderungen Saids folgend, bezieht Coronil die „Orientalisten" in seine Un-tersuchungen mit ein, bezeichnet diese allerdings als „Okzidentalisten", um, wie er sagt, „hervorzuheben, daß ich vorwiegend an dem Problem und den Bildern des Okzidents interessiert bin, die ihre Repräsentationen nichtwestlicher Gesellschaften, ob im Orient oder anderswo, stützen" (Coronil 2002, 184).

Kommen wir noch einmal zurück auf die Vorstellung einer scheinbar bloßen geographischen Verortung – der „Westen" versus der „Osten" – und unterziehen diese Begriffe und die damit transportierten Vorstellungen und Bedeutungskons-truktionen einer eingehenden Analyse.

---

59 | Zum Beleg seiner Thesen konzentriert sich Said in seiner Arbeit mittels Foucaults Diskursbegriff primär auf die Analyse britischer und französischer Wissenschaftler und Schriftsteller.

Wie bereits erwähnt, ist mit „dem Westen" über die geographische Verortung hinaus im Wesentlichen eine „Idee des Westlichen", ein Lebenskonzept verbunden. Dass dies mehr als eine geographische Ortsbezeichnung ist, wird schon dadurch deutlich, dass bestimmte geographisch dem Westen bzw. der westlichen Hemisphäre naheliegende örtliche Bereiche, wie die Türkei, nicht unbedingt als dem „Westen" zugehörig empfunden werden, wohingegen die räumlich von „dem Westen" als (zumindest geographisch) synonym für Europa sehr weit entfernte USA, Kanada oder Japan durchaus als „westlich" erlebt werden, was nach Hall bedeutet:

„Mit ‚Westen' meinen wir einen Gesellschaftstyp, der als entwickelt, industrialisiert, städtisch, kapitalistisch, säkularisiert und modern beschrieben wird." (Hall 2008, 138)

Nach Hall erlaubt diese „Idee des Westens", Gesellschaften in gegensätzliche Kategorien (westlich – nicht westlich) einzuordnen. Er sieht darin eine spezifisch europäische Angelegenheit, die zentral für die Zeitepoche der Aufklärung war, mit der davon ausgegangen wurde, „daß die europäische Gesellschaft der fortschrittlichste Gesellschaftstyp der Erde und daß der europäische Mensch der Höhepunkt der menschlichen Errungenschaft war" (Hall 2008, 140). Diese „Einzigartigkeit des Westens" ergab sich, so Hall, durch den Kontakt – beginnend mit den frühen portugiesischen und spanischen Entdeckungsreisen im fünfzehnten Jahrhundert – zu außereuropäischen Gesellschaften. Im Zuge der Erfahrung des Anderen der fremden Welt entstand die Vorstellung, sich, ungeachtet europäischer Heterogenität, als Teil einer einzigartigen europäischen Zivilisation zu begreifen, die sich im eurozentrischen „Selbstvergleich" in wesentlich Aspekten (kulturell, wissenschaftlich-technisch etc.) in der eigenen Wahrnehmungsperspektive von der "Neuen Welt" unterschied. Dadurch konnte „dem Westen" gegenüber „dem Rest" nichteuropäischer Kulturen eine herausragende Position und eben dem „Rest" in diesem komplexitätsreduzierenden Diskurs[60] eine untergeordnete bzw. unterlegene Position zugeschrieben werden (vgl. Hall 2008, 138ff).[61]

Der „Westen" war demnach – und dies insbesondere im Diskurs der Aufklärung – im Gegensatz zum „primitiven" Anderen des Eigenen das realisierte zivilisatorische Erfolgsmodell und damit der „Prototyp und der Maßstab sozialen Fortschritts". Andererseits war zur definitorischen Bestimmung westlicher Wertekriterien im dialektischen Sinne „als Gegenbild der Aufklärung und der Moderne" die „Figur des Anderen", bzw. die „primitive" Welt des Rests vonnöten, ohne der die der Westen nicht in der Lage gewesen wäre, „sich selbst als den Höhepunkt der Menschheitsgeschichte zu erkennen und darzustellen" (Hall 1994, 173f).

---

60 | Nach Hall ist die „Vereinfachung" genau das, „was ein Diskurs tut" (Hall 1994, 142).

61 | Hall weist in diesem Zusammenhang darauf hin, dass herausragende Vertreter der französischen Aufklärung wie Diderot, Montesquieu, Voltaire, Turgot und Rousseau im Zuge des Wertevergleichs zwischen „dem Westen und dem Rest" Studien über die frühen Indianer heranzogen (vgl. Hall 1994, 172f).

Hall weist überdies darauf hin, dass in dieser schlichten Dichotomie („,edel/ unedel', ‚roh/kultiviert‘") der Westen immer auch seine „internen Anderen" hatte, wozu u.a. die Juden oder die Osteuropäer zählten, und der „Rest" in der eurozentrischen Wahrnehmungswelt enorme historisch, kulturelle und wirtschaftliche Verschiedenheiten bis heute abdeckt:

> „Er kann genauso die einfachen Gesellschaften einiger nordamerikanischer Indianer wie die entwickelten Zivilisationen Chinas, Ägyptens oder des Islams umfassen." (Hall 2008, 142)

Nach Hall war in diesem dialektischen Prozess des Fremden in Bezug auf das Eigene insbesondere der „Islam", der sich mit den Mauren im achten Jahrhundert im südlichen Europa zu etablieren begann, ein wichtiger Faktor dafür, dass Westeuropa zunehmend in der Vorstellung des „Westens" zusammenfand und schließlich mit dem Christentum gleichgesetzt wurde (vgl. Hall 2008, 149).[62]

2.4 DIE MACHT DES VORURTEILS – EIN SOZIAL-PSYCHOLOGISCHER ZUGANG ZUR FREMDHEIT

Nach den bisherigen Analysen von Fremdheit soll nun das Fremde und seine Wirkmechanismen auf das Eigene aus sozialpsychologischer Perspektive beleuchtet werden. Hier ist der innere Wahrnehmungs- und Erkenntnisprozess des Menschen von Interesse, wie er einer neuen, fremden Erfahrung, die von seiner gewohnten Lebenswelt abweicht, Bedeutung und Sinn verleiht. So wird der durch das ihm Wesensfremde irritierte Mensch zunächst versuchen, die neuen Erfahrungen zu verallgemeinern oder, wie am Beispiel der „Objektivität" sensu Simmel und Schütz gezeigt wurde, auf dem Hintergrund seiner bisherigen Erfahrungen zu verstehen. Die konfrontative Auseinandersetzung mit dem Fremden weist dabei die Tendenz zur ego- bzw. ethnozentrischen „Aneignung" auf. Ein anderer Wahrnehmungs-Verarbeitungsmechanismus besteht darin, das Eigene auf das Fremde zu projizieren, was dem durch das Fremde Irritierten anfängliche Sicherheit bietet. Dieser individuelle Verarbeitungsmechanismus ist darauf begründet, dass das menschliche Individuum in einer relativ unübersichtlichen heterogenen Welt von Beginn seines Lebens an bemüht ist, ein kohärentes Modell seiner Erlebniswelt zu schaffen, was u.a. der Konstruktivismus im Sinne einer intersubjektiv konstruierten

---

62 | Die Gleichsetzung Europas mit dem Christentum im Sinne einer („christianitas") vollzog sich unter dem Eindruck des Falls von Konstantinopel (1453) und wurde durch Pius II (1405–1464), dem „Vater des Europagedankens", befördert. Die zunehmende „Türkengefahr" wurde so gewissermaßen identitätsstiftendes Moment des christlichen Europas, das sich hier insbesondere auf die lateinische Kirche des Westens bezog. Dieser identitätsstiftende Mechanismus wird weiter unten noch näher ausgeführt.

Wirklichkeit versteht bzw. die Kognitionspsychologie mit dem kognitiven Aneignungsprozess der „Akkommodation" meint (vgl. v. Glaserfeld, 1992, 33 ff).[63] Erkennen und Verarbeiten von Wirklichkeit bedeutet demnach zunächst nichts anderes als das Wiedererkennen von bereits Gekanntem, mit dem dieses Bekannte mittels Projektionen mit den situativen Begebenheiten der fremden Realität zur Deckung gebracht wird.

Diese Wahrnehmungs-Verarbeitungsstruktur erinnert an den innerpsychischen Prozess der psychoanalytischen „Übertragungsreaktion", mit dem spontane Empfindungen und Assoziationen des Eigenen auf das Fremde situativ projiziert werden. Im „normalen" Fall werden diese spontanen, „natürlichen" Übertragungsreaktionen durch weitere, hinzukommende Erfahrungsmuster, die den ersten spontanen Eindruck relativieren, korrigiert. Demgegenüber unterscheidet sich ein psychopathologischer Übertragungsmechanismus dadurch, dass er gewissermaßen blind macht für neue Erfahrungen.

Auch das so genannte „Vorurteil" im Sinne des „Vor-Urteilens" vor der eigentlichen Erfahrung, ist im Grunde zunächst im Sinne einer „natürlichen" Übertragungsreaktion zu verstehen, die im günstigsten Fall durch die nachgeholte Erfahrung korrigiert werden kann. Als eigentliches Vor-Urteil erweist es sich, sobald es sich resistent gegenüber nachgeholten Erfahrungen und rational begründbaren Überlegungen zeigt. Gemeint sind damit besonders enthnozentrische Positionen und Begründungen, mit denen aus der Perspektive des Eigenen, bzw. der eigenen Gruppenidentität („we-group") Wertentscheidungen über Fremdgruppen („outgroup") getroffen werden.[64] Insofern wird beispielsweise ein Mensch mit rassistischer Vorurteilsbereitschaft aufgrund unerschütterlicher ideologischer Selbstgewissheiten und Überzeugungen dazu tendieren, seine ambivalenten Neigungen und Gefühle im Sinne eines „Rassen-Vor-Urteils" auf die verachtete Gruppe zu projizieren, wobei dieses Vor-Verurteilen nicht als ein psychopathologischer Abwehrmechanismus, sondern als ein kulturell vermitteltes Vor-Verurteilen von Anderen des Eigenen zu verstehen ist (vgl. Leiris 1977, 118).

---

63 | Neuere erkenntnistheoretische Untersuchungen, wie der Konstruktivismus, gehen grundsätzlich von der Prämisse aus, dass jede erfahrene Wirklichkeit letztlich eine subjektiv konstruierte Wirklichkeit ist, die auf bereits Erfahrenem basiert. Damit überschreitet die konstruktivistische Annahme eine lang gehegte Überzeugung, dass Erkennen und Wissen ein bloßes Resultat passiver Wahrnehmungsvorgänge sei (vgl. v. Glaserfeld 1991, 16 ff).

64 | Han weist in diesem Zusammenhang auf erste Untersuchungen ethnozentrischer Sichtweisen im Jahre 1906 und insbesondere auf die soziologischen Vorurteilsforschungen von Herbert Blumer in den 1960er Jahren hin, in denen dieser sich mit Rassenvorurteilen („race prejudice") in den USA auseinandersetzte und in diesem Zusammenhang ausdrücklich darauf hinwies, dass diese nicht auf dem Hintergrund individueller Gefühlslagen, sondern primär durch die in Abgrenzung zur Fremdgruppe konstituierte Gruppenidentät (we-group) und deren Wertekonstruktionen zu erklären sind (vgl. Han 2005, 299).

„Vorurteile sind negative oder ablehnende Einstellungen einem Menschen oder einer Menschengruppe gegenüber, wobei dieser Gruppe infolge stereotyper Vorstellungen bestimmte Eigenschaften von vorneherein zugeschrieben werden, die sich auf Grund von Starrheit und gefühlsmäßiger Ladung, selbst bei widersprechender Erfahrung, schwer korrigieren lassen." (Davis 1975, 43).

Aus sozialpsychologischer Perspektive unterscheidet man hier ein *„offenes Vorurteil"* von einem *„subtilen Vorurteil"*, wobei das offene Vorurteil dem Charakter nach von Ressentiments gegenüber dem Fremden und der Weigerung geprägt ist, mit der fremden Gruppe in irgendeiner Weise in Kontakt zu treten. Studien zu offenen Vorurteilen, die u.a. im Rahmen von Umfragen in den Ländern der Europäischen Union und insbesondere in einer Europabarometer-Studie im Jahre 1998 über Ressentiments gegenüber Fremdgruppen durchgeführt wurden und zeigen sollten, in welchen Nationen gegenüber welchen Fremdgruppen Voreingenommenheiten bestehen, kamen zu folgenden Resultaten: In Deutschland handelte es sich hierbei um die Gruppe der Türkeistämmigen, in Frankreich waren es Menschen aus dem nordafrikanischen und asiatischen Bereich, in den Niederlanden bezog es sich auf Menschen mit surinamesischem und türkischem Hintergrund und bei den Briten um Asiaten und Menschen aus der Karibik (vgl. Fiske 2002, 64). Insgesamt überwogen hier die subtilen Vorurteile, wobei allerdings in Deutschland gegenüber türkischstämmigen Menschen bzw. bei Menschen mit türkischem Migrationshintergrund mehr offene Vorurteile festgestellt werden konnten als in den Niederlanden. Offene Vorurteile scheinen, so Fiske, primär mit der Furcht vor einer bedrohlich anwachsenden gesellschaftlichen Benachteiligung gegenüber der Fremdgruppe und einer daraus resultierenden Minderung des ökonomischen Status der eigenen Gruppe und einer damit verbundenen „sozialen Dominanzorientierung" zu korrelieren. Im Sinne einer impliziten ethnozentrischen Position wird hierbei die Vorrangstellung des Eigenen vor dem Fremden hervorgehoben und darüber hinaus eine zunehmende Bedrohung des eigenen traditionellen Wertesystems durch das Fremde befürchtet, dem unbedingt entgegengetreten werden muss.

Dem Anderen des Eigenen wird im Zuge der auf ihn gerichteten ablehnungswürdigen Attributen ein latentes Bedrohungspotenzial unterstellt, was gleichzeitig als Rechtfertigung der Fremdenfeindlichkeit und Entlastungsfunktion für die eigene Vorurteilsbereitschaft dient. Indem hierbei dem Anderen die Verantwortung bzw. die „Schuld" zugewiesen wird, werden die Vorurteile scheinbar als wahrheitsgemäße Urteile hinsichtlich attestierter Eigenschaften gerechtfertigt und der Träger des Vorurteils entlastet. Demzufolge ist aus dieser Perspektive beispielsweise „der Obdachlose" aufgrund unterstellter „Faulheit" und „der Moslem" aufgrund seiner als feindlich erlebten religiösen Zugehörigkeit selbst für die ablehnenden Reaktionen seiner ihn umgebenden Mehrheitsgesellschaft verantwortlich (vgl. Zick/Küpper 2005).[65]

---

65 | Auf solche mythenbildende Vorurteile und entlastende Schuldzuweisungen weisen insbesondere Zick/Küpper (2005) hin.

Ein anderer Vorurteilsmechanismus ist der einer *„relativen Deprivation"*, der sich dadurch auswirkt, dass in der subjektiv wahrgenommenen Benachteiligung dem Anderen ohne jeglichen objektiven Beleg ein Vorteil gegenüber dem Eigenen unterstellt wird. Man spricht hier von der *„individuellen relativen Deprivation"*, wenn die individuelle Situation mit der eigenen Gruppe und von einer *„fraternalen Deprivation"*, wenn die eigene Situation mit einer Fremdgruppe verglichen wird, wie dies insbesondere, wie wir später sehen werden, in der Wahrnehmung des Fremden in Bezug auf das Eigene im Zusammenhang mit Menschen mit anderer religiöser bzw. kultureller Orientierung der Fall sein kann (vgl. Wolf u.a. 2006, 69). Offene Vorurteile beinhalten demnach Ressentiments gegenüber dem Fremden als Gruppe wie als Einzelpersonen und eine Ablehnung des näheren Umgangs mit der Fremdgruppe.

Damit wäre hier im Zuge einer offenen Vorurteilsbereitschaft gegenüber der als feindlich erlebten Fremdgruppe in Verbindung mit einem ethnozentrischen Überlegenheitsgefühl der Nährboden bereitet für die Zustimmung zu rassistischen politischen Positionen und für einen „rechtsgerichteten Autoritarismus" (Fiske 2002, 69). Wie Beispiele zeigen, werden die mit Angst und Ressentiments besetzten offenen Vorurteile besonders in Wahlkampfzeiten gerne genutzt, was vermuten lässt, dass hier wenig Interesse besteht, vorhandener Ressentiments zu beseitigen.[66]

Gegenüber den offenen Vorurteilen sind nach entsprechenden Untersuchungen im europäischen und im US-amerikanischen Raum, wie sie beispielsweise zwischen den Jahren 1995–2000 durchgeführt wurden, die *subtilen Vorurteile* ganz offensichtlich wesentlich weiter verbreitet (vgl. Fiske 2002, 65,71). Subtile, indirekte Vorurteile wurden hier mit Items erfasst, die Urteile über eine Fremdgruppe hinsichtlich kultureller Unterschiede enthalten und sich in monolithischen Blöcken von „Wir – die Anderen" als absolut völlig unvereinbare Größen äußern (vgl. ebd., 72).

Ein „Vor-Urteil" ist demnach zunächst als eine „natürliche Reaktion" der Irritation auf dem Hintergrund erlebter Erfahrungen von Fremdheit zu verstehen, die vorübergehende Orientierungssicherheit bietet. Erst durch dessen Resistenz gegenüber neuen Eindrücken, die das Orientierung gebende Vorurteil korrigieren könnten, wird dieses Vor-Urteilen zum (eigentlichen) unerschütterlichen Vorurteil und damit zum Problem. Zum rassistischen Vor-Urteil wird es, wenn hierzu begründbare Theorien der Ressentiments gegenüber der ausgegrenzten Gruppe und „scheinbiologische" Argumente der Ausgrenzung geliefert werden, um somit die Irreversibilität des schädlichen Andersseins des Fremden hervorzuheben (vgl. Bauman 1994, 77 f).

---

66 | So kommentierte z.B. der Ministerpräsident von Nordrhein-Westfalen, Jürgen Rüttgers, anlässlich einer Kundgebung zur Kommunalwahl am 26.August 2009 den Weggang eines Handyherstellers aus seinem Bundesland nach Rumänien mit dem Satz: „Im Unterschied zu den Arbeitnehmern hier im Ruhrgebiet kommen die in Rumänien eben nicht morgens um sieben zur ersten Schicht und bleiben bis zum Schluss da. Sondern die kommen und gehen, wann sie wollen, und wissen nicht, was sie tun" (Reiner Burger, *Frankfurter Allgemeine Sonntagszeitung*, 6.09.2009, Nr. 36, S.40).

Ein solches Vor-Urteil wird dadurch zu einem von unerschütterlicher Selbstgewissheit getragenem „rassistischen Wissen", wobei dieses „Wissen" letzthin eine
von Affekten geprägte Form des Meinens ohne Rationalität oder Wissenschaftlich-
keit ist, das sich auf dem Hintergrund irrationaler Urteile über das Andere des Eigenen (Fremden) begründet und wesentlich durch Rigidität und Resistenz gegenüber Kritik und Fakten gekennzeichnet ist.[67]

„Hier muss die Existenz eines *nichtrationalistischen*, d.h. antirationalistischen, Verständ-
nisses des Vorurteils betont werden, nach dem dieses eine lebendige (funktionale), jedoch
verborgene (implizite) Rationalität umfaßt, einen Schatz im Laufe der Zeit akkumulierter
Weisheit konstituiert, eine soziale oder existentielle Rationalität beinhaltet, die die abstrakte Vernunft nicht kennt, und dies prinzipiell aufgrund der einfachen Tatsache, daß sie
ihr den Rücken zukehren muß, um zu erkennen, was sie erkennen kann." (kursiv im Original, N.C.) (Taguieff 2000, 225)

Rassistisch konnotierte Vor-Urteile sind demnach mehr als „natürliche" Projektionen und etwas völlig anderes als innerpsychische psychopathologische Verzer-
rungen der Realität. Sie sind dem Charakter nach antirationalistische Formen sozialer Erkenntnis, die für ihre Benutzer die Wirklichkeit entlang rassistischer
Wahrnehmungsreduzierungen einleuchtend erklären.
    Halten wir bis hierhin fest: Aus der Perspektive der Sozialwissenschaften kann
auf dem Hintergrund der dargelegten Überlegungen die Unterscheidung von Eigenem und Fremdem, wie beispielsweise Scherr im Rückgriff auf die sozialphäno-
menologische Lebensweltanalyse von Schütz und Luckmann hervorhebt, als eine
„elementare soziale Operation" verstanden werden, „mit der die soziale Welt als
eine sinnhaft geordnete und verstehbare Wirklichkeit hervorgebracht wird" (Scherr
1999, 51). Das Erleben von Fremdheit wird hier, wie es bei Schütz/Luckmann heißt,
in Relation zu der intersubjektiv konstituierten „Lebenswelt" gesetzt, wobei Fremdheit den erlebten Wirklichkeitsbereich darstellt, der erst in Relation zu dieser gelebten Selbstverständlichkeit der „natürlichen Einstellung" existent wird, bzw. durch
Irritation der euro- bzw. ethnozentrischen Selbstgewissheit erst eigentlich entsteht
(vgl. Schütz/Luckmann, 1979, 25 ff).[68]
    Aus sozialphänomenologischer Perspektive ist Fremdheit demnach als
„Fremdheitskonstruktion", d.h. als „sinnhafte Konstruktion sozialer Wirklichkeit" charakterisiert, die für lebensweltliche Sinndimensionen menschlicher Subjektivität insgesamt Gültigkeit zu haben scheint. Fremdheit ist demnach keine
individuell-persönliche Eigenschaft, sondern, wie gezeigt, ein Resultat sozialer

---

67 | Vgl. hierzu Bukow/ Llaryora 1998, 129 f.

68 | Unter „alltäglicher Lebenswelt" als der „unbefragte(r) Boden der natürlichen Weltan-
schauung" wird hier jener Wirklichkeitsbereich verstanden, „den der wache und normale
Erwachsene in der Einstellung des gesunden Menschenverstandes als schlicht gegeben
vorfindet" (Schütz/Luckmann 1979, 25).

Praxis, das innerhalb sozialer Beziehungen entsteht. Für Scherr ist es deshalb wesentlich, folgende Aspekte bei der Konstruktion von Fremdheit zu klären: „die Prozesse der sinnhaften Konstruktion sozialer Wirklichkeit, die Semantiken, Regeln und Ordnungsstrukturen, vor deren Hintergrund Individuen und soziale Gruppen als Fremde wahrgenommen werden" (Scherr 1999, 52). Demnach sind weniger kulturelle Differenzen und mangelndes Verstehen zwischen den Kulturen für Fremdheit verantwortlich, als vielmehr eine ökonomische, politische, sowie rechtliche Ungleichbehandlung bzw. abstrakte Strukturmerkmale moderner Gesellschaften (vgl. ebd, 55 f). Für Nassehi, der im Rückgriff auf Baumans Überlegungen insbesondere der Frage nachgeht, welche sozialen Konstitutionsbedingungen den Fremden zum Feind werden lassen, weist in diesem Zusammenhang auf einen „vertrauten" gesellschaftlichen Konstituierungsprozess hin. Für ihn gründet die potenzielle Feindschaft gegenüber dem Fremden insbesondere darin, dass dieser als ein „Vertrauter" erscheint, wobei das so genannte „Vertraute" im Sinne einer „Vertrautheitsstrategie" auf einen bewährten feindlichen Ausgrenzungsmechanismus verweist:

„Der Fremde [...] wird tatsächlich dann zum Feind, wenn er in den vertrauten Antagonismus innergesellschaftlicher Zuschreibungen und Gruppenkonstruktionen eingeordnet werden kann. Diese Einordnung mutiert in der Regel dann zur Feindschaft, wenn sich Fremde aufgrund ihrer Sichtbarkeit als Zurechnungsfokus für Konflikte um knappe Ressourcen anbieten. Dadurch wird die Position paradox: *Der Fremde als Feind erscheint als ein Vertrauer.*" (Nassehi 1995, 457f)

Der gesellschaftliche Konstituierungsprozess, der Fremde zu Feinden werden lässt, wäre demnach nicht nur auf Zuwanderungsprobleme zu beziehen, sondern wesentlich auf das Problem knapper werdender Ressourcen und einer allgemeinen Verunsicherung über gesellschaftliche Zukunftsorientierungen, die, so Nassehi, gewissermaßen reflexartig mit „vertrauten" fremdenfeindlichen Einstellungen beantwortet werden und danach streben, die Rechte und die Anerkennung des zum Feind gewordenen Fremden zu beschneiden (vgl. Nassehi 1995).

Im Zuge der weiteren Reflexion über die Dialektik vom Fremden und Eigenen ist es insofern sicher lohnenswert, sich dem Anerkennungsbegriff im Sinne einer Dialektik von Individuum und Gesellschaft aus sozialphilosophischer Perspektive anzunähern.

2.5 DER FREMDE ZWISCHEN ANERKENNUNG UND MISSACHTUNG

Für Charles Taylor und Axel Honneth bedarf jeder Mensch im Zuge der Herausbildung seiner individuellen Subjektivität der reziproken Anerkennung, die ihm nur ein Gegenüber gewähren kann. Taylor bezeichnet dieses Gegenüber als „das signifikante Andere",[69] womit mit diesem „Anderen" sowohl der Mitmensch (der Andere) als auch die soziale Gemeinschaft (das Andere) gemeint ist, das im dialogischen Kommunikationsprozess von Selbst und Anderem (der Andere und Anderes) die jeweilige individuelle Identität konstituiert (vgl. Taylor 2009, 19ff).[70]

Dieser dialektisch-intersubjektive Prozess von Anerkennung[71] zwischen Anderem (Fremden) und Eigenem ist darüber hinaus im Sinne eines „Strebens nach Selbstachtung" gewissermaßen konstitutiv für die jeweilig individuelle Subjektbildung, weshalb letztlich, so Fraser, „soziale Beziehungen den Individuen vorhergehen und die Intersubjektivität der Subjektivität gegenüber Vorrang hat" (Fraser 2003 (b), 19).[72] Dies hebt auch Honneth im Zuge seines intersubjektivistischen Anerkennungsmodells im Rückgriff auf Parsons (1982) hervor. Für ihn muss die menschliche Identitätsbildung ohne intersubjektive Anerkennung misslingen.[73]

„Jeder Mensch ist, wie Parsons sagt, primär an der Wahrung einer Form von ‚Selbstachtung' interessiert, die auf die Anerkennung durch ihrerseits anerkannte Interaktionspartner angewiesen ist. Insofern ist es ‚einer der schlimmsten Schläge' für jeden Einzelnen, die Achtung von Menschen zu verlieren, deren Achtung man erwartet." (Honneth 2011, 37)

---

69 | Taylor bezieht sich mit dieser Bezeichnung der sächlichen und menschlichen Umwelt, die im dialogischen Verarbeitungsprozess Grundbedingung menschlicher Subjektivitätsbildungsprozesse ist, auf G.H. Mead (Taylor 2009, 20).

70 | Der Kommunitarist Taylor stellt mit seinem ausdrücklichen Verweis auf „das signifikante Andere" gleichzeitig ein liberalistisch-anthropologisches Verständnis von menschlicher Person als relativ abgeschlossene, unabhängige und ungebundene Entität in Frage und stellt dem ein intersubjektives Person-Konzept entgegen, mit dem davon ausgegangen wird, dass der jeweilige Mensch Produkt seines sozialen Umfeldes ist und immerfort durch dieses geprägt und abhängig bleibt, was besonders im Rahmen einer „Pädagogik als Subjektbildung in Anerkennungsverhältnissen" zu berücksichtigen ist (vgl. Taylor 1995, 1996; Honneth 1993; Scherr 2007, 37ff).

71 | Der Begriff der „Anerkennung" in seiner hier gebrauchten impliziten Bedeutung stammt aus der Philosophie Hegels *(Phänomenologie des Geistes)*, in dessen Tradition „Anerkennung eine ideale reziproke Beziehung zwischen Subjekten (meint, N.C.), in der jeder den anderen als seinesgleichen und zugleich als von sich getrennt sieht" (Fraser 2003, 19).

72 | Bedorf unterscheidet hier drei Anerkennungstheorien, wovon im Zuge der vorliegenden Themenstellung zwei von besonderem Interesse erscheinen: ein „intersubjektivistischer" Ansatz im Sinne Honneths und ein „interkultureller" Ansatz im Sinne Taylors, die hier näher expliziert werden sollen (vgl. Bedorf 2010).

73 | Honneth präzisiert sein intersubjektivistisches Anerkennungsmodell erstmals in seiner Antrittsvorlesung „Die soziale Dynamik von Missachtung" (1993), in der er im Zuge seiner Kritik an einer, wie er es dort nennt, rationalitätstheoretisch verengten Gesellschaftsdiagnose der „Frankfurter Schule" (102) seine anerkennungstheoretischen Prämissen entwickelt (vgl. Honneth 2000, 88ff).

Für Taylor, der hier noch stärker den anthropologischen Aspekt im Sinne einer spezifischen menschlichen Seinsweise betont, ist das „Verlangen nach Anerkennung" dem Wesen nach ein menschliches Grundbedürfnis, weshalb für ihn Anerkennung mehr als ein „Ausdruck von Höflichkeit" ist und Nicht-Anerkennung des Anderen mehr als von einem „Mangel an gebührendem Respekt" zeugt (Taylor 2009, 14).

2.5.1 Typen der Missachtung und Formen der Anerkennung

Zur näheren Bestimmung von Formen der Anerkennung beim Menschen soll hier auf Honneths Intersubjektivitätsmodell eingegangen werden. Honneth liefert zu dieser Bestimmung zunächst eine differenzierte Analyse von Typen der Missachtung, mit der er drei kategorial verschiedene Formen unterscheidet, um im Anschluss daran die dazu korrespondierenden Formen der Anerkennung zu entwickeln. Typen der Missachtung wären demnach bestimmte Formen wie die der *physischen Demütigung*, der *Entrechtung* bzw. der *sozialen Ausschließung* und der *kulturellen Herabwürdigung der Lebensform*.

Die physische Demütigung besteht für ihn in „jene(n) Formen der praktischen Misshandlung, in denen einem Menschen alle Möglichkeiten der freien Verfügung über seinen Körper gewaltsam entzogen werden" (Honneth 1990, 1045f). Zusätzlich angesprochen ist mit den erlittenen elementarsten Erniedrigungen wie Folter und Vergewaltigung ein zusätzlich hinzukommender „Verlust an Selbst- und Weltvertrauen" (ebd. 1046).

Mit der zweiten Missachtungsform der *Entrechtung* und der *sozialen Ausschließung* meint Honneth Formen persönlicher Missachtung, „die einem Subjekt dadurch zugefügt werden, daß es vom Besitz bestimmter Rechte innerhalb der Gesellschaft strukturell ausgeschlossen bleibt" (1990, 1046) und „mit der Erfahrung der Entrechtung typischerweise auch ein Verlust an Selbstachtung, der Fähigkeit, sich auf sich selbst als gleichberechtigter Interaktionspartner aller Mitmenschen zu beziehen", verbunden ist (1990, 1047). Die Entwürdigung erfährt hier ein Mensch, indem er „innerhalb seines Gemeinwesens nicht die moralische Zurechnungsfähigkeit einer vollwertigen Rechtsperson zugebilligt erhält" (Honneth 1990, 1049).

Mit der dritten Grundform einer *kulturellen Herabwürdigung der Lebensform* erfahren die betroffenen Subjekte für ihre lebensgeschichtlich erworbenen Fähigkeiten keine soziale Wertschätzung. Demnach resultiert diese zugewiesene Entwertung aus einer gesellschaftlichen Wertehierarchie innerhalb derer einzelne Lebensformen und Überzeugungsweisen als minderwertig oder mangelhaft und, so ließe sich ergänzen, als gefährlich beurteilt werden (ebd., 1048).

Honneth leitet nun aus den genannten Missachtungsformen im Umkehrschluss entsprechende Anerkennungsformen als elementare, aber kategorial zu unterscheidende menschliche Grundbedürfnisse innerhalb der sozialen Interaktion ab. Das Anerkennungsverhältnis, das der *physischen Demütigung* als elementarster Form der Missachtung entgegengesetzt ist, „ist das einer emotionalen Zuwendung, wie es

Hegel, der Romantiker, im Begriff der ‚Liebe' zu fassen versucht hat" (ebd., 1049).[74] Hiermit sind bei Honneth auch wesentliche emotional getragene dyadische Primärbeziehungen des Menschen bezüglich seiner Identitätsbildungsprozesse im Sinne der psychoanalytischen Objektbeziehungstheorie Winnicotts angesprochen, die sich auf das Einzelindividuum auf dem Wege „von der organischen Hilflosigkeit zur Entwicklung von Selbstvertrauen" beziehen, aber letztlich auch auf ein allgemeines menschengemäßes Grundbedürfnis nach Liebe und Geborgenheit im Sinne einer anthropologischen Kategorie verweisen (vgl. Honneth 2010, 271ff).[75] Gleichwohl sind hiermit nicht nur die emotionalen Entstehungsbedingungen menschlichen Denkens angesprochen, dem, wie Honneth konstatiert, das Anerkennen des libidinösen Objektes vor dem Erkennen vorausgehen muss, sondern auch alle Beziehungen reziproker Anerkennung, die „aus starken Gefühlsbindungen zwischen wenigen Personen bestehen" und vom Prinzip der wechselseitigen Zuneigung und Fürsorge gekennzeichnet sind (Honneth 2003, 164; 2005, 53f; 2011, 38).[76]

„Auf dieser ersten Ebene reziproker Anerkennung soll der Einzelne in einem von Sorge, Zuneigung und emotionaler Bindung geprägten Umfeld sich selbst als Individuum erfahren lernen, das mit elementaren Bedürfnissen ausgestattet, aber auch auf andere und deren Zuwendung angewiesen ist, um ein intaktes Verhältnis zu sich selbst etablieren zu können. [...] Die Erfahrung dieser grundlegenden Form von Anerkennung erlaubt es, auch fremde Perspektiven als bedeutungsvoll zu erleben und so fundamentale Kompetenzen für die Partizipation am öffentlichen Leben zu entwickeln." (Honneth 2011, 38f)

Der zweiten Missachtungsform, der „Entrechtung und sozialen Ausschließung", muss nach Honneth umgekehrt „ein Verhältnis der wechselseitigen Anerkennung entsprechen, in dem der Einzelne sich aus dem Blickwinkel seiner Interaktionspartner als ein ihnen gleichberechtigter Träger von Rechten zu begreifen lernt" (1990, 1049). Gegenüber der ersten affektiv-emotional konnotierten Anerkennungsform ist die reziproke Anerkennungsform des Rechts, die die „Rechtsphilosophie" Hegels zum Vorbild hat, universalistisch konzipiert, wonach innerhalb einer „Rechtsgemeinschaft" auf der Grundlage der freien Zustimmung aller und über „den Prozeß der Übernahme der Perspektive eines ‚generalisierten Anderen'" (Honneth 1990, 1050) der jeweilige Andere als freie, moralisch urteilsfähige Person anerkannt und behandelt werden soll (vgl. Honneth 2011, 39).

Der dritten Form der Missachtung – der kulturellen Herabwürdigung der Lebensform –, die für unsere Problemstellung neben der vorher genannten von zentraler Bedeutung ist, entspricht nach Honneth umgekehrt die Anerkennungsform der

---

74 | Honneth grenzt sich in diesem Zusammenhang ausdrücklich von möglichen Assoziationen zu den Begriffen „Liebe" und „Familie" ab, die hier eine Affinität zu einer „romantischen Verklärung der bürgerlichen Ehe" zu erkennen glauben (Honneth 2011, 38).

75 | Vgl. hierzu Winnicott 1974.

76 | Vgl. hierzu auch „Der Vorrang der Anerkennung" (Honneth 2005, 46ff).

„Solidarität", mit der „die Subjekte wechselseitig an ihren unterschiedlichen Lebenswegen Anteil nehmen, weil sie sich untereinander auf symmetrische Weise wertschätzen" (Honneth 1994, 208).

„Daher entspricht dieser Missachtungsform als die Anerkennungsbeziehung, die dem Einzelnen zu einer derartigen Selbstschätzung gerade verhelfen kann, ein Verhältnis der solidarischen Zustimmung zu alternativen Lebensweisen; in ihm würden die Subjekte in ihren individuellen Besonderheiten, als lebensgeschichtlich individuierte Personen, die Anerkennung wechselseitiger Ermutigung finden". (Honneth 1990, 1050)

2.5.2 Das Verhältnis von Umverteilung und Anerkennung

Was hier Honneth aus der Perspektive des Anerkennungs-Paradigmas insbesondere auch in den Blick nimmt, ist die Frage, „wie sich unter Zugrundelegung eines ausdifferenzierten Anerkennungsbegriffs jene politisch-moralischen Forderungen verstehen lassen sollen, die heute von kulturellen Minderheiten bezüglich der ‚Anerkennung' ihrer (kollektiven) Identität erhoben werden" (Honneth 2003, 190). Charles Taylor weist in diesem Zusammenhang darauf hin, dass die Forderung nach Anerkennung in sozialpolitischen Zusammenhängen in unterschiedlichen Kontexten insbesondere im Zusammenhang mit Fragen des Zusammenlebens in multikulturell geprägten Gesellschaften erhoben werden, wohingegen die Forderung nach Verteilungsgerechtigkeit in den politischen Debatten der letzten zwanzig Jahre, so Taylor weiter, mehr und mehr in den Hintergrund gerückt und durch die Forderung einzelner Gruppen nach der Anerkennung ihrer Differenz abgelöst zu werden scheint (vgl. Taylor 2009, 13).

Für Fraser und Honneth stellt sich im Rahmen ihrer gemeinsamen Publikation „Umverteilung oder Anerkennung?" (2003) auch die Frage, ob sich gesellschaftliche Konflikte um Verteilungsgerechtigkeit im begrifflichen Rahmen der Anerkennungstheorie analysieren lassen, oder ob Anerkennung und Umverteilung kategorial eher verschiedene Dimensionen von Gerechtigkeit darstellen (vgl. Fraser/Honneth 2003). Für Honneth greifen theoretische Versuche, soziale Kämpfe primär unter dem ökonomischen Paradigma der Umverteilung als Verteilungskonflikte erklären zu wollen, zu kurz, weshalb für ihn aus der Perspektive einer Kategorie der Anerkennung die Beschreibung sozialer Konflikte eine gänzlich neue Gestalt erhalten, die er in Anlehnung an Hegel als einen *„Kampf um Anerkennung"* bezeichnet (vgl. Fraser 2003 (b) 22; Honneth 2011, 37).[77] Für Honneth lassen sich demnach soziale Konflikte nicht allein aus dem Motiv der Konkurrenz von Individuen oder Gruppen um knappe Güter verstehen. Mit dem Hinweis auf Bloch (1961) hebt er hervor, dass

---

77 | Honneth rekonstruiert in „Kampf um Anerkennung" die Anerkennungslehre von Hegel und zeigt dabei auf, wie Hegel vom Kampf um Selbstbehauptung zum Kampf um Anerkennung gelangt. Er verfolgt dabei das Ziel, so Dungs, den von ihm dort kritisierten Mangel an Empirie durch einen Begriff von Sittlichkeit zu ergänzen (vgl. Honneth 1994, 54ff; Dungs 2006, 80ff).

die „bloßen Erfahrungen wirtschaftlicher Not und politischer Abhängigkeit historisch nie zu einer Antriebskraft von praktischen Umsturzbewegungen" geworden
wären. Das Entscheidende ist für ihn hierbei die zusätzliche „Erfahrung sozialer
Missachtung" (Honneth 1990, 1052).[78]

2.5.3 Interkulturelle Anerkennung

Charles Taylor formuliert bezüglich der Situation von Minderheiten oder benach-
teiligter Gruppen im Rückgriff auf die auch von ihm konstatierte Bedeutung eines
Bedürfnisses nach Anerkennung folgende These:

> „Die These lautet, unsere Identität werde teilweise von der Anerkennung oder Nicht-Aner-
> kennung, oft auch von der *Verkennung* durch die anderen geprägt, so daß ein Mensch oder
> eine Gruppe von Menschen wirklich Schaden nehmen, eine wirkliche Deformation erleiden
> kann, wenn die Umgebung oder die Gesellschaft ein einschränkendes, herabwürdigendes
> oder verächtliches Bild ihrer selbst zurückspiegelt." (Taylor 2009, 13)

Eben dies scheint ein wesentliches Charakteristikum des Nationalismus, der innerhalb seines Gesellschaftsgefüges dem Anderen des Eigenen zwecks Stabilisierung der
Machtverhältnisse in der dort konstruierten Wertehierarchie einen niederen, von
Missachtung geprägten Rang zuweist.[79] Taylor entwickelt mit seiner Unterscheidung
einer „Politik der Würde" und einer „Politik der Differenz" (28) nun dahingehend
weiter, dass ein „Liberalismus der allgemeinen Menschenwürde" (30), der von einer
„Politik der universellen Würde" (26) getragen ist und für „Formen der Nicht-Dis-
kriminierung" (26) eintritt, sich bei genauerem Hinsehen als ein gewissermaßen
„blinder Liberalismus" mit kulturellen (Eigen-)Interessen darstelle (vgl. Taylor 2009,
26ff). Insofern wären aus der kritischen Perspektive einer „Politik der Differenz"
jene Absichten eines solchen Liberalismus von differenzblinden Tendenzen mit latent hegemonialen Absichten gegenüber Minderheiten durchdrungen.
    Eine „Politik der Würde" ist insofern, so Taylor, tendenziell unaufgeschlossen
gegenüber den kulturellen Besonderheiten und Interessen ihrer Minderheiten. Sie
sei in ihrer mildesten Form an einer Homogenisierung der Unterschiede interessiert

---

78 | Auf diesem Hintergrund lassen sich wohl auch eher die arabischen Revolten und
Emanzipationsbestrebungen im nord-afrikanischen Raum zu Beginn des Jahres 2011 gegen die dort herrschenden autoritären Strukturen verstehen. So ist Presseberichten vom
Februar 2011 zu entnehmen, dass der 86jährige saudische König Abdullah – Herrscher
über ein Land ohne jegliche demokratische Rechte – erste Proteste am 11.3.2011 von
Demonstrierenden gegen herrschende Missstände („Tag des Zorns") mit königlichen Wohl-
taten in Höhe von 35 Milliarden Euro zu dämpfen suchte, was mit dem Hinweis, man kämpfe
um Rechte und Reformen und nicht um königliche Almosen, seitens der Protestbewegung
zurückgewiesen wurde (vgl. Grobe, *Frankfurter Rundschau*, 01.3.2011).
79 | Vgl. hierzu insbesondere Anderson 1988, 142ff.

und gleiche insofern tendenziell Minderheiten im Sinne einer Gleichheitspolitik an Majoritäten an.

Am Beispiel der Einwohner der französischsprachigen kanadischen Provinz Quebec und deren Wunsch nach kultureller Selbsterhaltung der französischen Kultur zeigt Taylor auf, wie multinationale Gesellschaften zerbrechen können, wenn eine Gruppe die Gleichwertigkeit einer anderen Gruppe nicht anerkennt (vgl. ebd., 2009, 41ff). Demgegenüber vertritt Taylor – als gewissermaßen dritten Weg – eine „Politik der Gleichachtung" (48), die einerseits fundamentale Grundrechte für alle einfordert und verteidigt und andererseits Sonderrechte und individuelle Freiheitsrechte gewährt, die sich seitens kultureller Minderheiten im Interesse der „Wichtigkeit des Überlebens einer Kultur" herausgebildet haben (vgl. ebd., 46ff).

Dies bedeutet für ihn, dass dieses Sichern von spezifischen kulturellen Besonderheiten – auch zum Preis der Einschränkung bzw. Relativierung bestimmter Rechte – gewährt werden muss, wenn dies im Interesse einer identifizierbaren Gruppe geschieht. Identifizierbare Merkmale bzw. Unterscheidungskriterien von kulturellen Besonderheiten einer zu definierenden Gruppe von Menschen wären hierzu die Sprache (1), eine gemeinsam herausgebildete Identität (2) und spezifische normative Zielsetzungen (3), die diese als singuläre Kultur kennzeichnet, und die gegenüber der Dominanz einer Mehrheitskultur zu sichern wären (vgl. Bedorf 2010, 18ff).

Diese Bedenken Taylors gegenüber einem „Liberalismus der allgemeinen Menschenwürde" mit den von ihm befürchteten Konsequenzen hinsichtlich der Bewahrung der Identität von Minderheiten in einem gesellschaftlichen Gesamtgefüge mögen noch nachvollziehbar sein. Problematischer erscheinen die Konsequenzen, die seiner Meinung nach daraus gezogen werden sollten. So kritisiert hier insbesondere Zygmunt Bauman die für ihn „illiberalen" Intentionen des Kommunitaristen Taylors hinsichtlich einer privilegierten Wahloption von Minderheitengemeinschaften zur Bewahrung von Minderheitenrechten, da sich diese, so Bauman, im Grunde leicht nationalistisch missbrauchen ließen.[80]

„Der Leitgedanke [...] des Nationalstaates lautete, dem Mosaik kommunitärer ‚Partikularismen' im Namen des ‚nationalen' Interesseseine einzige Art der Treuebindung überzuordnen, die sich über alle anderen Interessen hinweg- und sie außer Kraft setzte – einschließlich dessen, was dieses oder jenes Individuum für sein oder ihr ‚ureigenstes' individuelles Interesse halten mochte." (Bauman 1999, 338)

Zudem kritisiert Bauman, dass der „Multikommunitarismus" die kulturelle Zugehörigkeit nicht als eine Sache der Wahl, sondern als natürliches Schicksal ansieht

---

80 | Reese-Schäfer wendet hier gegen Baumans Kritik an Charles Taylors „Gruppenkommunitarismus" ein, dass die von ihm gegenüber dem Kommunitarismus vertretene klassische liberale Position, für die es keine Minderheitengruppen und -rechte gibt, andererseits immer wieder für die Unterdrückung von Minderheitenkulturen verantwortlich war und ist (vgl. Reese-Schäfer 2002, 330ff).

und insofern primär an der Bewahrung bestehender gruppenspezifischer kultureller Unterschiede und deren Reinerhaltung („kulturelle Reinheit") und nicht an einem freien kulturellen Austausch zwischen Gemeinschaften interessiert sei, wie dies der von ihm favorisierte „Multikulturalismus" für sich beanspruche (vgl. Bauman 2000 (b), 281ff).[81] Insofern sieht Bauman „verblüffende Ähnlichkeiten" zwischen der „modernen Ideologie" einer kommunitaristischen Theorie und den nationalistischen Hoffnungen (vgl. Bauman 1999, 335, 340).[82]

Im weiteren Fortgang der vorliegenden Arbeit sollen nun den möglichen Hintergründen der genannten Formen der Missachtung, wie Entrechtung bzw. kulturelle Herabwürdigung bis hin zur Entstehung von Feindbildern und Rassismen in ihren unterschiedlichen Ausprägungen nachgegangen werden, da, wie insbesondere Balibar hervorhebt, der Rassismus als ein „wahrhaft ‚totales soziales Phänomen'" sich in einer Vielzahl von Praxisformen äußert, zu denen Formen „der Gewaltanwendung ebenso gehören wie Formen der Mißachtung, der Intoleranz, der gezielten Erniedrigung und der Ausbeutung" (Balibar 1992, 23).

Darüber hinaus wird im Zusammenhang einer kritischen Analyse verschiedener Studien zur „Islamophobie" bzw. zur religiös begründeten Gewaltbereitschaft islamisch orientierter Jugendlicher unter Berücksichtigung des integrationstheoretischen Ansatzes zu untersuchen sein, inwieweit die dort genannten Problembereiche u.a. auch auf die genannten Anerkennungsdefizite bezüglich ethnisch-kultureller Minderheiten zurückzuführen sind, bzw. sich umgekehrt die Relevanz des Anerkennungsgedankens insbesondere darin zeigt, deutlich zu erkennen, dass unter der Perspektive der Anerkennungstheorie die Würde jeglichen Mensch-Seins im Zusammenhang der Achtung seiner sozial-kulturellen Eingebundenheit zu sehen ist.[83]

---

81 | Anstelle des für ihn verwirrenden Begriffs „Multikulturalismus", der die Vision relativ geschlossener, nebeneinander existierender kultureller Welten suggeriere, favorisiert Bauman hier den trennschärferen Begriff *„polykulturelle Gesellschaft"* (Baumann 2000(b),284). Mittlerweile ist der Begriff „Multikulturalismus" insgesamt wegen seines möglichen essentialistischen Verständnisses von Kultur und Ethnie und seiner möglichen missbräuchlichen Verwendung im neorassistischen Diskurs dem Begriff und den damit verbundenen Inhalten der „Transkulturalität" bzw. „(Super-)Diversität" oder „(Super)-Vielfalt" gewichen, wobei mit Letzterem darauf hingewiesen wird, dass Aspekte wie Kultur, Religion und Ethnizität nicht mehr für sich allein, sondern im Zusammenhang mit den ihnen umgebenen sozialen und sozioökonomischen Prozessen gesehen werden müssen (vgl. Welsch 1995).

82 | Wir werden später im Rahmen der Ausführungen zum Neo-Rassismus sehen, dass u.a. auch Taguieff (2000) und Balibar (1991;1992) mit der Propagierung einer „Verteidigung kultureller Identitäten" und der Forderung auf ein „Recht auf Differenz" einen Rassismus ausmachen, der sich als „differentialistischer Rassismus" auf das „Prinzip der radikalen Inkommensurabilität" der verschiedenen kulturellen Formen beruft.

83 | Vgl. hierzu vorab: Babka von Gostomski 2003; Endrikat u.a. 200; Hafenegger u.a. 2007; Scherr 2007; Mecheril 2005, 322.

3. Rassismus – die Biologisierung des Fremden

3.1 PHÄNOMEN FREMDENFEINDLICHKEIT

3.1.1 Die so genannte „natürliche Fremdenscheu"

Wenden wir uns nun der Frage zu, was den Fremden zum Feind macht und durch welche Mechanismen dies möglicherweise geschieht. Schauen wir uns hierzu zunächst den humanethologischen Zugang zu diesem Fremdheitsphänomen an, das dort dem Wesen nach als ein natürlicher Vorgang beim Menschen erklärt wird. Demnach geht man aus dieser Perspektive im Sinne einer anthropologischen Kategorie beim Menschen von biologisch-genetischen Faktoren aus, deren Entstehungshintergründe, so die These, in der Entwicklungsgeschichte des Menschen begründet seien. Gemeint ist damit eine so genannte „natürliche Fremdenangst", aus der eine Fremdenfeindlichkeit erwachsen könne, die der Mensch gewissermaßen „von Natur aus" in sich trage.[1]

So wird seitens der Humanethologie verschiedentlich eine so genannte „natürliche Fremdenangst", die sich evolutionsbiologisch-phylogenetisch entwickelt habe, soziobiologisch durch den Vergleich mit dem Territorialverhalten von Tieren zu belegen versucht, wie dies beispielsweise der Verhaltensphysiologe Irenäus Eibl-Eibesfeldt mit seinen Beispielen des Sozialverhaltens von Primaten zur Verdeutlichung von stammesgeschichtlichen Anpassungen menschlichen Rangstrebens unternimmt (vgl. Eibl-Eibesfeldt 1990, 75).[2] Eibl-Eibesfeldt bemüht zum Beleg sei-

---

1 | Vgl. hierzu auch Tsiakolos 1990; Kleinert 2004, 103.

2 | Die problematischen Positionen von Irenäus Eibl-Eibesfeldt, ein Schüler des Verhaltensforschers Konrad Lorenz, werden auch von Andrea Wolf kritisch in den Blick genommen (vgl. Wolf 1997, 53ff). Auch sein Lehrer Konrad Lorenz vertrat in seinem Buch „Das sogenannte Böse" ein problematisches ethologisches Instinktkonzept, mit dem er einen angeborenen „menschlichen Aggressionstrieb" zu begründen suchte. So zeigte er am Beispiel von Gemeinschaften von Tieren (z.B. Ratten), dass diese im Zuge einer „natürlichen Auslese" ihre sozialen Tugenden ablegten und sich in „wahre Bestien" verwandeln würden, sobald sie es mit sippenfremden Mitgliedern einer anderen Sozietät zu tun hätten (Lorenz 1974, 154ff).

ner biologistischen Thesen einer genetisch vermittelten Fremdenfeindlichkeit das Verhalten von Kleinkindern, wie das so genannte „Fremdeln", woraus er auf ein generelles legitimes „genetisches Eigeninteresse" gegen das Fremde schließt und schlussfolgert, dass es einer „genetischen Verdrängung" gleichkäme, „wenn ein Nationalstaat den Aufbau von nicht assimilierbereiten Minoritäten durch Einwanderung gestattet", was für ihn unweigerliche Folgen nach sich ziehen muss:

„Es läßt sich kaum vermeiden, daß die Immigranten in diesem Falle als Eindringlinge und Konkurrenten aufgefasst werden und Abwehr auslösen" (Eibl-Eibesfeldt 1990, 82).

In ähnlicher Weise weist der renommierten Psychologe Hans Jürgen Eysenck in seinen Ausführungen auf die rational begründbare Funktion des Rassenvorurteils hin, das für ihn eine wesentliche soziale Funktion hat (vgl. Eysenck 1973, 237).

Etwas differenzierter, aber missverständlich interpretierbar, erscheinen die in diesem Zusammenhang angeführten Erkenntnisse der Ethnopsychoanalyse nach Mario Erdheim, mit denen im Sinne einer „Psychogenese der Fremdenrepräsentanz" darauf hingewiesen wird, dass der frühkindlichen Repräsentanz des Fremden immer die Erinnerung an die ursprüngliche Trennung von der Mutter anhafte. Für Erdheim ist das Fremde in seiner primitivsten Form die mit Angst besetzte Abwesenheit der Mutter („Nicht-Mutter"), wobei nach ihm diese frühkindliche Angst – als die eigentliche Wurzel für spätere Gewalttätigkeiten im späteren Leben – immer wieder überwunden werden muss, um sich dem Fremden überhaupt zuwenden zu können (vgl. Erdheim 1993, 166). Diese frühen Fremdheitserfahrungen bildeten schließlich den Grundstock, so Erdheim, für jene späteren Haltungen, „die zum Exotismus und zur Xenophobie führen werden" (Erdheim 1988, 259).

„Allmählich entwickeln sich die inneren Bilder – Repräsentanzen –, die dem Fremden (oder die, das Fremde) als etwas Anziehendes, Begehrenswertes, eben Exotisches, oder als etwas Furchterregendes, zu Vermeidendes erscheinen lassen." (Erdheim 1988, 259)

Erdheim sieht hier innerpsychische Spaltungsmechanismen am Werk, mit denen die aus der Mutterrepräsentanz abgespalteten angstregenden Anteile auf das unheimliche Fremde projiziert würden:

„Der Fremde wird zum Inbegriff des Bösen, Gemeinen, Hässlichen. In die kulturell elaborierten Bilder des Barbaren, Vandalen, Juden oder Türken werden jene frühkindlichen Phantasien hineingenommen und erhalten den Schein einer Objektivität, worüber ein allgemeiner Konsens hergestellt werden kann. Wie einst das Mutterbild vom Unangenehmen entlastet wurde, so nun das des Vaterlandes: Das Böse ist draußen." (Erdheim 1988, 260).

Man könnte aus Erdheims Konzept der „xenophobischen Position" in missverständlicher Weise einen impliziten Biologismus im Sinne einer anthropologischen Kategorie herauslesen, mit dem die Protagonisten einer fremdenfeindlichen Haltung im

Grunde von ihrer Verantwortung vorab freigesprochen werden könnten. Bei Eibl-Eibesfeldt erscheint die Fremdenfeindlichkeit als unabänderlicher genetisch-biologischer Faktor des Menschlichen, bei Erdheim wäre dies dann die Folge frühkindlicher Erfahrungen, die sich, je nach Verarbeitungsmuster, im späteren Leben in Richtung eines idealisierenden Exotismus oder als reinszenierte frühe Spaltungsmechanismen, eben als „Xenophobie", festmachen könnten, wobei die so bezeichnete „Xenophobie" hier eine problematische psychopathologische Konnotation (-Phobie) erfährt, was später noch näher zu diskutieren sein wird.

Eibl-Eibesfeldt geht über seine biologistischen Begründungen noch weit hinaus, indem er warnend konkrete Beispiele seiner genetischen Verdrängungshypothese liefert, die er beispielsweise am „Reproduktionsverhalten" der schwarzen und weißen Bevölkerung der USA festmacht. Wie die Fakten dort zeigten, so Eibl-Eibesfeldt, habe die schwarze Bevölkerung aufgrund einer früheren Geschlechtsreife und einem „freizügigerischen Sexualverhalten" eine weitaus höhere „Reproduktionsrate" als der weiße Bevölkerungsanteil, was auf längere Sicht die „Verdrängung der reproduktionsschwächeren Ethnie" bewirken könne (Eibl-Eibesfeldt 1990 (b), 189).[3] Die größten Konflikte drohten hier gegenüber dem „Wirtsvolk" besonders durch diejenigen Migranten, „die aus kulturell nicht dem ,Abendland' zuzuschreibenden Ländern stammen", bei denen nicht zu erwarten sei, dass sie sich als Einwanderer integrierten (Eibl-Eibesfeldt 1990, 71).

„Tritt zur glaubensmäßigen Kennzeichnung noch eine physisch-anthropologische, so stößt die Integration dann auf Schwierigkeiten, wenn die Einwanderer in einem relativ kurzen Zeitraum als Gruppe ankommen und damit die Möglichkeit haben, sich mit ihresgleichen zusammenzufinden. Sie setzen sich vom Wirtsvolk ab, das sich seinerseits wiederum absetzt." (Eibl-Eibesfeldt 1990 [b], 187)

Wie zudem das Beispiel Frankreich zeige, so Eibl-Eibesfeldt weiter, bildeten dort die eingewanderten Nordafrikaner „einen sich vom Wirtsvolk abkapselnden Bevölkerungsblock", der sich als „Moslems und Nordafrikaner" abgrenze und keineswegs bereit sei, sich mit der französischen Kultur zu identifizieren, da deren Grundhaltung dem Staat gegenüber weniger von Loyalität geprägt sei, sondern vielmehr von „eigennützlichen Erwägungen" (Eibl-Eibesfeldt 1990, 71). Die angeborene „Fremdenscheu" ermahne insofern eine Majorität daran, das im Evolutionsprozess gewonnene „legitime genetische Eigeninteresse" vor genetischer Überfremdung

---

3 | Aktuelle Varianten dieser Thesen lieferte der ehemalige Berliner Finanzsenator, Bundesbankpräsident und SPD-Politiker Thilo Sarrazin, der anlässlich einer Rede am 10. Juni 2010 vor Unternehmerverbänden in Darmstadt mit der Bemerkung in die Schlagzeilen geriet, Einwanderer aus muslimisch geprägten Ländern machten Deutschland „auf natürlichem Wege dümmer", da diese mehr Kinder als Deutsche bekämen. So gäbe es eine unterschiedliche Vermehrung von Bevölkerungsgruppen mit unterschiedlicher Intelligenz, die bei fast 80% von den Eltern an die Kinder vererbt würde (vgl. Handelsblatt, 10.6.2010).

und vor dem Verschwinden der eigenen Ethnie zu schützen (ebd., 81). Insofern plädiert Eibl-Eibesfeldt für „einen ethnischen Pluralismus, aber bei territorialer Trennung", der schließlich, wie wir sehen werden, zur (schein-)wissenschaftlichen Grundlage eines sozio-biologischen „Neo-Rassimus" herangezogen wird (ebd., 73).[4]

Fremdenfeindlichkeit ist aus dieser humanethologischen Perspektive eine im Menschen aus evolutionären Prozessen begründete „anthropologische Konstante" zur „Abgrenzung und Bewahrung der Identität". Demnach verstoße es im Grunde gegen das So-Sein des Menschen, unterschiedliche Kulturen und Ethnien in einem gemeinsamen Lebensraum zusammenbringen zu wollen. Aus ethnopsychoanalytischer Perspektive dagegen wird die ursprüngliche Fremdenfurcht als Resultat unbewältigter Spaltungsmechanismen frühkindlicher Erfahrungen zur späteren Xenophobie, die sich gegen das Fremde richte.

Beiden Erklärungszugänge haftet eine gewisse ontogenetische Kontingenz an, mit der aus dieser biologistischen Perspektive die fremdenfeindliche Haltung einerseits unabänderliches Faktum des Menschlichen ist und andererseits – je nach frühkindlicher Konstellation – einen zufällig-schicksalshaften Verlauf nimmt, womit in beiden Fällen im Grunde die potenziellen Protagonisten einer Fremdenfeindlichkeit vorab von der Verantwortung für ihre Haltung und eventuellen Handlungen gegen das Fremde freigesprochen werden.

Im Gegensatz dazu wird von soziobiologischer Seite darauf hingewiesen, dass die – so es sie nun wirklich geben sollte – „natürlich angeborene Verhaltensflexibilität des Menschen" sehr wohl in der Lage sei, natürliche Verhaltensvorgaben unter bestimmten Bedingungen zu überwinden. Die genannten humanethologischen bzw. ethnopsychoanalytischen Ansätze werden besonders dann hochproblematisch, wenn, wie gezeigt, zur Erklärung der Angst oder Scheu vor dem Fremden als mögliche Vorstufe der Fremdenfeindlichkeit vorab darauf verzichtet wird, nach anderen Zugangs- und Erklärungsmöglichkeiten zu suchen, sondern lediglich monokausal versucht wird, diese Verhaltensweisen biologistisch zu legitimieren, um damit mehr oder weniger bewusst eine darauf begründete Migrationspolitik argumentativ zu stützen (vgl. Winkler 1994, 111; Kleinert 2004, 105).[5] Mit dieser in die Natur verwiesenen und in den Status einer anthropologischen Kategorie gehobenen Fremdenfeindlichkeit gegenüber allem, was nicht der Normali-

---

4 | Ein wesentliches Charakteristikum der Ausführungen von Eibl-Eibesfeldt ist ein essentialistisch-konstantes Verständnis von Ethnie und Kultur und eine daraus resultierende, genetisch vermittelte, quasi unveränderliche Charakterstruktur eines Menschen. Der Begriff „Ethnie" ist hier gewissermaßen ein Äquivalent des Begriffes Rasse. Als ein typisches Beispiel neo-rassistischer Praxis wird es im Zuge der nachfolgenden Ausführungen zum Neo-Rassismus noch deutlicher zu problematisieren sein.

5 | Eibl-Eibesfelds Ausführungen wurden im Jahre 1990 unter dem Titel „Gewaltbereitschaft aus ethologischer Sicht" im Rahmen eines Gutachtens für das Bayerische Staatsministerium des Innern zum Thema „Gewalt in unserer Gesellschaft" publiziert.

tätsempfindung des Eigenen entspricht, werden feindliche Positionen und Handlungen gegenüber dem Fremden zur natürlichen „normerhaltenen Aggression" (Eibl-Eibesfeldt 1990, 76). Aus der humanethologischer Blickperspektive im Sinne Eibl-Eibesfelds sind demzufolge die eigentlichen Hintergründe von „Fremdenhaß" und „Ausländerfeindlichkeit" in einer „Ratio des Überlebens" („Kampf der Wiegen") begründet, die nach ihm dort ihre natürlichen stammesgeschichtlichen Wurzeln hat (Eibl-Eibesfeldt 1990 (b), 190). Hier scheint sehr deutlich ein impliziter Rassismus auf, der hier im Kleide einer anthropologisch bedingten „Ratio des Überlebens" erscheint.

Stuart Hall wendet sich vehement gegen solche monokausalen Erklärungsansätze, die im Sinne einer biologistischen Rassekonzeption den Rassismus auf eine universelle Funktionsweise der individuellen Psychologie im Sinne eines „Rasse-Instinkts" oder als einen anthropologisch bedingten Wirkmechanismus des Vorurteils in der menschlichen Natur begreifen, da sie damit, so Hall, jeglichem Rassismus eine ahistorische Aura verleihen (Hall 2008, 92).

„Die Frage ist nicht, ob Menschen im allgemeinen Unterschiede in der Wahrnehmung zwischen Gruppen mit verschiedenen ‚rassischen' oder ethnischen Charakteristika machen, sondern, welches die spezifischen Bedingungen sind, die dieser Form der Unterscheidung soziale Bedeutung und historische Wirksamkeit verliehen." (Hall 2008, 129)

3.2 Definitorische Annäherung an den Begriff „Rasse"

Wir hätten mit dem genannten biologistisch-anthropologischen Hintergrund der Fremdenfeindlichkeit eine wesentliche Grundlogik rassistischer Einstellungen angesprochen. Mit einer dort impliziten Ideologie des Rassismus[6] wird davon ausgegangen, bestimmte biologische Merkmale und spezifische Persönlichkeitseigenschaften von Menschengruppen und deren sozioökonomischer Lebenshintergrund bzw. deren kulturelle Unterschiede seien naturgegeben und in einer hierarchischen Werteskala als bestimmte Rassen identifizierbar. Auf welche Weise sich diese rassistischen Einstellungen hinsichtlich einer in der Hierarchie unten angesiedelten Gruppe von Menschen auswirkt, hängt offenbar von den jeweiligen historischen Bedingungen eines konkreten Gesellschaftssystems ab. Bevor wir uns im Weiteren näher mit den Grundmustern des Rassismus beschäftigen, bedarf es zunächst einer näheren Bestimmung des Begriffes „Rasse", zumal, wie Miles ausdrücklich betont, jegliche Form von Rassismus eine „Rassenkonstruktion" voraussetzt (vgl. Miles 1992, 106).

Nach Memmi zeigten sich erste in Richtung Rassismus weisende Konstruktionen verstärkt im 16. Jahrhundert, als Spanien daran ging, sich Amerika kolo-

---

6 | Auf den Begriff der „Ideologie" werden wir später unter dem Unterkapitel „Rassismus als Ideologie" differenzierter eingehen.

nialistisch einzuverleiben. Aus ihrer zivilisatorisch empfundenen Überlegenheit gegenüber der „natürlichen Unterlegenheit" bzw. „Verdorbenheit" der Indianer leiteten sie die Legitimität ihrer Eroberung und Besiedlungen ab. Eine der wichtigsten Ereignisse in jener Zeit war wohl die Entdeckung Amerikas durch Christoph Columbus (1492), die die Voraussetzung für die damit einsetzenden hegemonialen Bestrebungen Spaniens und dessen Kolonialherrschaft war, die Terkessidis im Rückgriff auf Geiss als „erste moderne Rassen-Kasten-Gesellschaft" bezeichnet (Terkessidis 1998, 85). In gleicher Weise wurde auch der Sklavenhandel im 17. Jahrhundert mit der Unterlegenheit der Schwarzafrikaner biologistisch begründet (vgl. Memmi 1992, 152 f).

Hier waren es die äußeren (Rassen-)Merkmale dieser Menschen, die ihnen ihren untergeordneten Status gegenüber der privilegierten „weißen Herrenrasse" zuwiesen, womit sich im kolonialistischen Sprachgebrauch der Terminus „Rasse" als Differenzierungsmerkmal allmählich etablierte. Nach Memmi stammt der Begriff selbst, der sich vermutlich aus dem Lateinischen „ratio" ableiten lässt, aus dem 15. Jahrhundert (vgl. ebd., 152). Schriftlich belegt ist der Begriff „Rasse" erstmals zur Bezeichnung von Menschengruppen zur Zeit der spanischen Reconquista („Rückeroberung") Ende des 15. Jahrhunderts, als die Mauren von einer christlichen Allianz aus Kastilien und Aragon aus Granada vertrieben wurden und es im Zusammenhang der „Fortsetzung der reconquista mit anderen Mitteln" mit einem Zwangsbekehrungsedikt zur Kategorisierung von Menschen maurischer und jüdischer Abstammung kam, womit man diese Menschen vor die Wahl stellte, zum Christentum zu konvertieren oder das Land zu verlassen. Eine mögliche Übernahme von öffentlichen Ämtern wurde von der „Reinheit des Blutes" („limpieza de sangre") abhängig gemacht. Damit waren all diejenigen Personen vorab vom Staatsdienst ausgeschlossen, bei denen sich bis zur dritten Generation ein jüdischer bzw. maurischer Vorfahre nachweisen ließ. Eine weitere „Urszene" rassischer Praktiken setzte ein, als Spanien in seinen Kolonien ein an äußeren physischen Merkmalsunterschieden („Antinegrismus") orientiertes „Rassen-Kasten-Sytem" etablierte, das als soziale Barriere zwischen den „weißen Herrn" und den Indios bzw. schwarzen Skalven diente und in der Folge zum Vorbild europäischer Expansionsbestrebungen wurde. Auch in den Kolonien konnten nur „reinblütige" Spanier bzw. weiße Kreolen als deren Nachkommen im Staatsdienst tätig werden. Der Begriff „Rasse" wurde schließlich im Spanischen als „Raza" – synonym für „von reiner Abstammung" – ein etablierter Terminus in der spanischen Gesellschaft. Eine erste systematische Einteilung nach Rasse-Kriterien wurde erstmals im Jahre 1684 unternommen (vgl. Terkessidis 1998, 84ff).

Zur Zeit der Aufklärung des siebzehnten und achtzehnten Jahrhunderts wurde der Begriff „Rasse" immer wieder zur Einteilung und Hierarchisierung von Menschengruppen benutzt, womit die eurozentristische Überlegenheit durch die im Entstehen begriffenen, auf Natur bezogenen Unterteilungskriterien legitimiert werden sollten. Die wissenschaftliche Verwendung des Rasse-Begriffs findet sich erstmals bei dem französischen Arzt François Bernier (1620–1688) in einem 1684 publizierten Aufsatz auf, in dem er auf dem Hintergrund seiner Reiseerfahrungen konkrete typologische Beschreibungen von unterschiedlichen Menschenarten und Menschen-„Rassen" festhielt. Diese sollten ihm zufolge zur Begründung einer neuen Einteilung der Erde dienen. Seine Thesen wurden von dem deutschen Anatom und Wegbereiter der (physischen) Anthropologie, Johann Friedrich Blumenbach (1752–1840), aufgegriffen und – in Erweiterung der ersten Rassentheorie in Deutschland für die Entwicklung eines „wissenschaftlichen Rassismus", genutzt.[7] Er wurde besonders durch seine schädelkundlichen Untersuchungen und weitere rasse-bezogenen physischen Differenzen bekannt, die er schließlich in seiner im Jahre 1775 publizierten Einteilung der Menschen in fünf Rassen dokumentierte (vgl. Brückmann u.a. 2009, 21ff). Durch Immanuel Kant, der sich in seinen Schriften zur Menschenrasse mit dem Wort „Race" explizit auf den Rasse-Begriff mit seinen impliziten Bedeutungskonstruktionen bezog, gewann diese Begrifflichkeit weitere Popularität und Bedeutung. So empfahl Kant in seiner Schrift „Von den verschiedenen Racen der Menschen" im Unterkapitel „Einteilung der Menschengattung in ihre verschiedene Rassen" aus dem Jahre 1775 folgende Einteilung:

„Ich glaube, man habe nur nötig, vier Rassen derselben anzunehmen, um alle dem ersten Blick kenntliche und sich perpetuierende Unterschiede davon ableiten zu können. Sie sind 1) die Rasse der Weißen, 2) die Negerrasse, 3) die hunnische (mungalische oder kalmuckische) Rasse, 4) die hinduische oder hindistanische Rasse." (Kant 1982, 14)

Auf dieser Bedeutungsgrundlage breitete sich der frühe Rasse-Diskurs immer weiter aus und wurde von den damaligen Protagonisten der sich konstituierenden biologischen Anthropologie und Ethnologie im Sinne einer Rassen-Anthropologie besonders ab Mitte des 19. Jahrhunderts weiterentwickelt. Im Zuge einer zunehmenden „Vernaturwissenschaftlichung" breiter Gesellschaftsbereiche, die von der Möglichkeit umfassender Vermessung und metrisch-statistischer Datenverarbeitung, den „neuen Garanten naturwissenschaftlicher Objektivität", fasziniert waren, bemühte sich die physisch-biologische Anthropologie nun darum, Rassentheorien wissenschaftlich zu fundieren (Hanke 2009, 141).

Halten wir bis hierhin fest: Als Ordnungskriterium wurde der Begriff der Rasse zunächst auf die Tierzucht und seit dem 17. Jahrhundert auf den Menschen bezogen

---

7 | Mit diesem so bezeichneten und mittlerweile etabliertem Begriff *„wissenschaftlicher Rassismus"* ("Rassialismus") ist eben jener im neunzehnten Jahrhundert entstandene Rassismus gemeint, der mittels anthropologisch-biologischer Hypothesen zum Mensch-Sein angeborene Wesensmerkmale zu begründen suchte, die sich als spezifische Rassemerkmale phänotypisch auf Charakter, Intelligenz und Verhalten auswirken sollten und somit zur Grundlage einer Rasse-Hierarchie heranzuziehen waren. Diese Rasse-Hierarchie beinhaltet im Grunde eine dyadische Beziehungsstruktur im Sinne einer „binären Spaltung", in der die Merkmale des Fremden negativ (schlecht/böse) und des Eigenen positiv (gut) konnotiert sind.

und tauchte später im Diskurs der biologischen bzw. genetischen Wissenschaften und der Sozialwissenschaften auf (Miles 1992, 94).[8]

„Unter ‚Rasse‘ versteht man hinfort die Gesamtheit biologischer und psychologischer Merkmale, die Vorfahren und Nachkommen innerhalb eines Stammes miteinander verbinden." (Memmi 1992, 152)

Der Ethnologe und Anthropologe Claude Lévi-Strauss versteht unter dem Begriff der Rasse „eine Population oder eine Gesamtheit von Populationen, die sich von anderen durch die mehr oder weniger große Häufigkeit bestimmter Gene unterscheiden" (Lévi-Strauss 2008, 22).

Diese um Objektivität bemühten Definitionen zum Begriff Rasse lassen noch nicht erahnen, welche unheilvolle Konnotationen dieser Begriff im Laufe der Geschichte erfahren hat, und welche gesellschaftspolitischen Konsequenzen im Zuge des mit Diskriminierungen aufgeladenen Rasse-Diskurses daraus resultier(t)en.

3.2.1 Der bedeutungskonstruierende Aspekt des Rasse-Diskurses

Bezüglich des Rasse-Diskurses spricht Robert Miles vom „Prozess der Bedeutungskonstruktion", im Zuge dessen er zwei Selektionsebenen unterscheidet:

„Die erste ist die Selektion biologischer oder somatischer Eigenschaften allgemein; sie dient als Mittel der Klassifizierung und Kategorisierung. Die zweite ist eine Selektion aus der verfügbaren Bandbreite somatischer Eigenschaften, wobei diejenigen ausgewählt werden, die als Bedeutungsträger einer angenommenen Differenz zwischen den Menschen gelten sollen." (Miles 1992, 95)

Miles weist im Zusammenhang dieser Bedeutungskonstruktionen darauf hin, dass in Europa, Nordamerika und Australasien die „Rassen"-Idee vorwiegend dazu benutzt würde, „um zwischen Kollektivgruppen zu differenzieren, die sich durch ihre Hautfarbe unterscheiden" und eben nicht durch die Größe ihrer Ohren (Miles 1995, 95). Im Zuge dieser auf phänotypische Merkmale bezogene Bedeutungskonstruktionen werden Menschen in Gruppen eingeteilt, so Miles, denen in einem dritten Schritt als „Rassen" spezifische kulturelle Charakteristika und typische Wesensbesonderheiten zugeordnet werden (Miles 1992, 95).

Die Suche nach weiteren auf Rasse bezogenen Unterscheidungsmerkmalen wurde im Zuge des sich ausbreitenden Rasse-Diskurses Mitte des 19. und zu Beginn des 20. Jahrhunderts immer diffiziler. So wurden in den 1920er Jahren mit der entstandenen Rassenbiologie und Rassenkunde Bemühungen angestellt, Rasseneigenschaften neben klassifikatorischen Ordnungsprinzipien äußerlicher Rassenmerkmale (Hautfarbe, Körperwuchs etc.) auch mittels Blutgruppenforschungen zu

---

8 | Vgl. hierzu auch insbesondere Miles 1991, 189ff.

verifizieren, mit denen die These der unterschiedlichen Beschaffenheit des Blutes verschiedener Rassen belegt werden sollte. Verbunden damit war eine Erblehre, die davon ausging, menschliche Rassen seien innerhalb der Art auserlesene Komplexe von spezifischen Erbanlagen. So war die „Deutsche Gesellschaft für Blutgruppenforschung" darum bemüht, die Feststellung des Agglutionsverhaltens der roten Blutkörperchen zunächst bei Deutschen, Österreichern, schließlich bei allen Europäern und darüber hinaus bei Bewohnern der restlichen Erdteile zu ermitteln, um so einen verlässlichen Überblick über die unterschiedliche Blutbeschaffenheit der jeweiligen Rassen zu erhalten (vgl. Mühlmann 1986, 185; Weingart u.a. 1996, 184f).

Wie sich schließlich zeigte, brachte der zu Beginn der 1930er Jahre angestrebte eindeutige Beweis einer besonderen Beschaffenheit der arischen Rasse mittels konkreter Blutbestimmungen nicht den erwünschten Erfolg (vgl. Weingart u.a. 1996, 358). Schon bereits Anfang des zwanzigsten Jahrhunderts, im Jahre 1903, stellte der dänische Biologe und Genetiker Wilhelm Johannsen auf dem Hintergrund genetischer Erkenntnisse jener Zeit fest, dass es beim Menschen keinerlei reinerbigen Rassen gäbe, womit er im Grunde schon damals der Anthropologie und deren Rassenkonzepte den biologischen Boden entzog (vgl. Palm 2009, 241).

Dies alles zeigt, dass es bereits in vor-nationalsozialistischer Zeit um die um harte Kriterien bemühte Rassenlehre der biologischen Anthropologie insgesamt schlecht bestellt war, was sich auch zunehmend von wissenschaftlicher Seite bestätigte. So führten z.b. auch Scheidts Untersuchungen (1928–1931) so genannter Rassenmischungen zur grundsätzlichen Skepsis gegenüber der auf Rassen bezogenen Idealtypen, was im Grunde schon damals die aufkommenden Rassentheorien hätte in Frage stellen müssen (vgl. Mühlmann 1986, 189f). Auch international wurde die Kategorie „Rasse" besonders im Hinblick auf ihre möglichen psychologisch-sozialen Konnotationen, wie sie sich insbesondere in der späteren nationalsozialistischen Ideologie präsentierten, als reine Spekulation ohne jeglichen wissenschaftlichen Gehalt zurückgewiesen, so etwa im Rahmen einer Erklärung der „American Anthropological Association" und des „amerikanischen Psychologenverbandes" aus dem Jahre 1938 (vgl. Guillaumin 1991, 163). Das heißt, es gab schon damals keine wissenschaftliche Rechtfertigung dafür, den Begriff Rasse hierarchisch auf phänotypische Besonderheiten einer Gruppe von Menschen zu beziehen, geschweige denn, darauf begründbare Wesensbesonderheiten zu konstruieren.

Hanke zeigt in ihrer diskursanalytischen Analyse der wissenschaftlichen Konstruktionen von „Rasse" im neunzehnten Jahrhundert deutlich auf, wie diese fehlenden wissenschaftlichen Belege des aufkommenden wissenschaftlichen Rasse-Diskurses die postulierte Evidenz der Kategorie „Rasse" nicht etwa zum Verschwinden brachte, sondern dass diese inhaltliche „Leere" ganz im Gegenteil weitere Identifizierungsversuche im Wechsel von ontologischer Konstruktion und Destruktion geradezu weiter vorantrieb, um, wie sie vermutet, die vorab getroffenen Ideologeme endlich auf naturwissenschaftlichem Wege bestätigen zu können (Hanke 2009, 161).

Der scheinbar von seinen früheren rassisch-nationalsozialistisch konnotierten Rasse-Positionen geläuterte Ethnologe und Anthropologe Wilhelm Mühlmann[9] (1904–1988) machte hier eine frühe gegensätzliche, im Grunde unversöhnliche Betrachtungsweise zwischen „populationsgenetischer" und „typologischer" Sichtweise aus, die bis in die Gegenwart zwei in sich unvereinbare Tendenzen aufwiesen, die er wie folgt beschreibt:

„Wer von der Anschauung ausgeht, wird sich die großen typologischen Unterschiede etwa zwischen Europäern, Ostasiaten und Schwarzafrikanern niemals ausreden lassen; wer erbbiologisch denkt, kann diesen Unterschieden kein allzu großes Gewicht beimessen. [...] Ein Rassenmerkmal als biologisch bedingtes Merkmal und als soziologisches Symbol für Gruppendifferenzierung sind eben zwei verschiedene Phänomene, und das zweite aus dem ersten abzuleiten, gehört zu den beliebtesten Kurzschlüssen des trivialen Rassismus, ist aber wissenschaftlich unhaltbar." (Mühlmann 1986, 191, 196)

Diese Perspektive der „Anschauung" fasst Miles als Alltagsdiskurs („common sense") mit den damit verbundenen Grundüberzeugungen, „die Menschen benutzen, um der sozialen Welt eine ideologische Struktur aufzuprägen, innerhalb derer sie handeln können" (Miles 1992, 94). Diese alltagstheoretische Deutung von wissenschaftlich unhaltbaren Rasse-Differenzierungen der genannten Art lassen sich insbesondere politisch nutzen, wie dies im Zuge des sich etablierenden Nationalsozialismus, der sich in erster Linie als „angewandte Rassenkunde" verstand, offenbar wurde. Dies meint Zygmunt Bauman, wenn er konstatiert, dass „Rasse" seit seiner terminologischen Prägung insbesondere während der „nationalsozialistischen Revolution" ein politischer Kampfbegriff war, der dazu benutzt wurde, propagandistisch den Boden für ein Projekt zur Züchtung einer auserwählten Rasse zu bereiten und ideologische Begründungen für die Verhinderung der Verbreitung minderwertigen bzw. rasseschädlichen Erbgutes zu liefern. Für ihn war die nationalsozialistische Revolution ein „gigantisches Projekt des Social Engineering", wobei die „Rasse" das Kernstück der gestalterischen Maßnahmen abgab (vgl. Bauman 1994, 81). Wie im Folgenden zu zeigen sein wird, entwickelte demnach der Begriff der Rasse als politischer Rassismus insbesondere in Deutschland zur Zeit des Nationalsozialismus im Zuge der Hinwendung einer international verstandenen Eugenik hin zur deutschen Rassenhygiene eine extreme politische Sprengkraft, die letztlich zur Eliminierung von so genannten „Rasseschädlingen" führte. Was bedeutet all dies bezüglich einer näheren definitorischen Erfassung des Rasse-Begriffs?

---

9 | Mühlmann vertrat insbesondere in seiner im Jahre 1936 veröffentlichten Publikation „Rassen- und Völkerkunde: Lebensprobleme der Rassen, Gesellschaften und Völker" die üblichen pseudowissenschaftlichen Positionen des nationalsozialistischen Rassegedankens, von denen er sich später distanzierte (vgl. Mühlmann 1986).

„Rasse ist somit kein Konzept, aber unbestreitbar ist es eine Vorstellung, das heißt ein Bündel von Konnotationen, ein Cluster unbeständiger Bedeutungen, dessen Bedeutungskern allerdings konstant bleibt. Als Vorstellung ist dieser der Träger zweier wesentlicher ideologischer Formen des 19. und des 20. Jahrhunderts: des Rassismus und des Nationalismus." (Guillaumin 1991, 164)

Für Albert Memmi, einen der bedeutendsten Rassismusforscher, bedeutet Rassismus „die verallgemeinerte und verabsolutierte Wertung tatsächlicher oder fiktiver biologischer Unterschiede zum Nutzen des Anklägers und zum Schaden seines Opfers", mit der „eine Aggression gerechtfertigt werden soll" (Memmi 1992, 151).

Dieser Rassismus, mit dem bestimmte, auf eine Rasse bezogene Merkmale gewissermaßen biologistisch als rassische Wesenseigenart einer Gruppe von Menschen einerseits mythisch erhöht oder andererseits als minderwertig beurteilt wurden, war der Grundbestandteil der nazistischen Rassenideologie und einer darauf beruhenden eliminatorischen Praxis. Man bediente sich beliebiger Kriterien zur Definition der verschiedenen Rassen und den damit verbundenen Wertekonnotationen, mit Hilfe derer man im Zuge einer „völkischen Rassentheorie" daran ging, die Rasseeinheit des eigenen Volkes als Rasseeinheit zu belegen und zu bewahren. Schon zu Beginn des Nationalsozialismus waren die damaligen Rassentheorien kaum mehr wissenschaftlich zu begründen. Es herrschte lediglich Übereinstimmung hinsichtlich einer Vererbung gleicher oder ähnlicher kategorialer Merkmale bei bestimmten Gruppen von Menschen, aber darüber hinausreichende psychologische bzw. kulturelle Konnotationen wurden auch noch im Jahre 1938 seitens internationaler anthropologischer Vereinigungen als nicht wissenschaftlich belegbare Spekulationen zurückgewiesen (vgl. Guillaumin 1991, 163). Insofern war der Rassebegriff als zentrale Kategorie der Eugenik von Anbeginn an „das Einfallstor für gesellschaftliche Vorurteile und politische Ideologien" und diente schließlich als scheinwissenschaftliche Legitimation für den nationalsozialistischen Rassismus und seine eliminatorischen Folgen, was insbesondere durch den „Sonderweg" der deutschen Anthropologie und der damit verbundenen Institutionalisierung der deutschen Eugenik als „Rassenhygiene" zu Anfang des 20. Jahrhunderts forciert und erst eigentlich initiiert wurde (vgl. Weingart u.a. 1996, 602; Ebner 2009, 187).

Bevor auf die nähere terminologische Erfassung des Begriffs Rassismus und die bedeutungskonstituierenden Aspekte dieses Phänomens eingegangen wird, soll hier, zunächst zur Verdeutlichung einer seiner extremsten Formen, auf diesen „Sonderweg" der deutschen Anthropologie und dem daraus generierten expliziten Rassismus der nationalsozialistischen Ideologie näher eingegangen werden.

3.2.2 Der biologisch-anthropologische Rasse-Begriff

In Deutschland übertrug der Biologe Ernst Haeckel (1834–1919) erstmals die Evolutionstheorie von Charles Darwin (1909–1882) im Sinne des darauf begründeten Sozialdarwinismus auf die menschliche Entwicklung. Der Mediziner Alfred Ploetz

(1860–1940), der Begründer der deutschen Eugenik, prägte in seinem im Jahre 1895 herausgegebenen Buch „Die Tüchtigkeit unserer Rasse und der Schutz der Schwachen" erstmals im Untertitel den Begriff „Rassenhygiene" im Sinne einer wissenschaftlichen Rassenanthropologie, mit der zunächst noch nicht die Züchtung einer spezifischen Rasse („Rasseprimat") beabsichtigt war, sondern die Einführung des Rasse-Begriffs als eine Grundkategorie der Eugenik. Damit war mit der zunehmenden Distanz zur internationalen Etablierung der Eugenik und der Institutionalisierung der deutschen „Rassenhygiene" der erste Schritt auf dem bezeichneten „Sonderweg" der deutschen Anthropologie getan. Bereits 1913 wurde die „Rassenhygiene" als akademische Disziplin etabliert (vgl. Ebner 2009, 187).

Definitorisch unterschied Ploetz zwischen einer „Systemrasse" innerhalb einer Spezies, die sich morphologisch unterscheiden sollte von einer „Vitalrasse", die nach ihm den gesunden Kern einer bestimmten Rasse ausmachen sollte (vgl. Weingart u.a. 1996, 91).

„Vor dem Hintergrund dieser Definition zielte das Programm einer ‚Rassenhygiene' auf die Abwehr degenerativer Tendenzen in ganzen Populationen und auf die Hebung des durchschnittlichen generativen Niveaus ganzer Völker, nicht etwa auf die eugenische Förderung eines bestimmten morphologischen Typus, d.h. nicht auf die Erhaltung oder Höherzüchtung einer spezifischen (arischen, weißen etc.) ‚Rasse'". (Weingart u.a. 1996, 91)

Sein im Jahre 1895 erschienenes Buch „Grundlinien einer Rassenhygiene" war wohl schon damals als eine Utopie einer zukünftigen Vererbungswissenschaft zu lesen, der ethische Maßstäbe und Menschenwürde, so die implizite Folgerung, im Zuge wissenschaftlicher Objektivität unterzuordnen wären (vgl. Weß 1989, 87f). Noch deutlicher forderte der Mediziner Wilhelm Schallmayer (1857–1919), der neben Ploetz als Hauptbegründer der deutschen Rassenhygiene gilt und Herausgeber des rassenhygienischen Lehrbuches „Vererbung und Auslese" war, in einer im Jahre 1891 erschienenen rassenhygienischen Publikation die Durchführung einer negativen Eugenik zur Bekämpfung der Degeneration der menschlichen Rasse. Ploetz gab seit 1904 die Zeitschrift „Archiv für Rassen- und Gesellschaftsbiologie, einschließlich Rassen- und Gesellschaftshygiene" heraus und gründete 1905 die „Gesellschaft für Rassenhygiene", der auch andere bedeutende Rassenhygieniker jener Zeit, wie der Schweizer Psychiater Ernst Rüdin (1874–1952) und der erste Lehrstuhlinhaber für Rassenhygiene, der Anthropologe Fritz Lenz (1887–1976), als Gründungsmitglieder angehörten. Im Gegensatz zu seinem rassenhygienischen Vordenker Schallmayer, der die Rassenpflege als Stärkung der nationalen Effizienz verstand, richtete Ploetz zunächst die neu gegründete Gesellschaft international aus (vgl. Kühl 1997, 22). Ploetz Thesen bezüglich einer soziologischen Relevanz des Begriffes Rasse stieß verschiedentlich, besonders seitens der neu entstandenen soziologischen Wissenschaften, auf massive Kritik. Anlässlich des „Ersten deutschen Soziologentages" im Jahre 1910 in Frankfurt am Main, an dem führende Vertreter des jungen Faches Soziologie zusammenkamen, hielt auch Alfred Ploetz einen Vortrag mit dem Titel „Die Begriffe Rasse und Gesellschaft", dessen implizite Thesen, insbesondere zur soziologischen Relevanz des von Ploetz beanspruchten Rassebegriffs, Max Weber in seiner anschließenden Diskussionsrede vehement widersprach. Er hielt besonders den von Ploetz postulierten Gedanken einer „Vitalrasse" für eine nicht bewiesene Annahme (vgl. Weber 1988, 456ff).[10]

Die Ideologie der Rassenhygiene fand insbesondere zur Weimarer Zeit eine enorme Verbreitung, die sich in entsprechenden, daran orientierten Zeitschriftenausgaben äußerte, wie mit der vom „Deutschen Bund für Volksaufartung" herausgegebenen „Zeitschrift für Volksaufartung" (1926–1933), in der führende Rassenhygieniker jener Zeit aus Medizin, Anthropologie, Zoologie und Biologie publizierten, wobei es ihnen in erster Linie um so genannte neue wissenschaftliche Erkenntnisse der Vererbungslehre und die daraus abzuleitenden Handlungsanweisungen zur Vermeidung degenerativer Konsequenzen für das Volk ging. Hier war es vor allen Dingen der genannte Rassenhygieniker Fritz Lenz[11], der in seinem 1931 erstmals erschienen Buch „Menschliche Auslese und Rassenhygiene" im Unterkapitel „Rassenhygiene und Weltanschauung" auf die dringliche „Erneuerung der Weltanschauung" hinwies, die mit der damaligen „individualistischen Weltanschauung" („die entsetzliche Barbarei dieser Zivilisation") endlich Schluss zu machen habe, da diese „unsere Rasse dahin bringt, zu verpöbeln und zu verkommen" (Lenz 1932, 551). Lenz primäres Bemühen war es hier insbesondere, die Ideologie der Rassenhygiene mit der „christlichen Wertforderung" zu vereinbaren.

Nicht zu vergessen sind in diesem Zusammenhang die Rassenhygieniker Fischer und von Eickstedt. Der Anthropologe Egon von Eickstedt (1892–1965), eine maßgebliche Größe der nationalsozialistischen Rassentheorie, führte 1934 eine auf Rassen bezogene Dreiteilung (Europide, Mongoloide und Negride) mit jeweiligen Unterrassen ein, die in ihren Grundzügen bis in das späte zwanzigste Jahrhundert tonangebend blieb (vgl. Palm 2009, 242). Der Mediziner, Anthropologe und Rassenhygieniker Eugen Fischer[12] (1874–1967), ebenso einer der wichtigsten Wegbereiter

---

10 | Max Weber schien hier einige rassehygienische Thesen nicht ganz ernst nehmen zu wollen. So zeigte er sich äußerst belustigt über die „Behauptung" von Ploetz, der Gegensatz zwischen Weißen und „Negern" beruhe auf „Rasseninstinkten", was sich, so Ploetz, u.a. darin äußere, dass die Weißen die Neger nicht riechen könnten. Weber setzte dem entgegen, er ginge von der Überzeugung aus, dass ein ungewaschener Neger genau so rieche wie ein ungewaschener Weißer, und umgekehrt (vgl. Weber 1988). Weber war insgesamt darum bemüht, die Rassentheorien jener Zeit – insbesondere diejenigen des Begründers einer „Schule für Rassenhygiene" (Alfred Ploetz) – einer epistemologischen Kritik zu unterziehen (vgl. Taguieff 2000, 218).

11 | Lenz wandte sich in den 1950er Jahre vehement gegen die UNESCO Statements (1950), da dort, so sein Einwand, die Fakten der Vererbungslehre unberücksichtigt blieben (vgl. AG gegen Rassismus in den Lebenswissenschaften, 30).

12 | Fischer, der so genannte „Führer der Anthropologie", hatte später als „Erbgesundheits-Oberrichter" über Zwangssterilisierungen bei so genannten „Erbkranken" zu urteilen.

der nationalsozialistischen Rassentheorie, war zwischen 1927 und 1942 Direktor des „Kaiser-Wilhelm-Institutes für Anthropologie, menschliche Erblehre und Eugenik", das zur Zeit des Nationalsozialismus eine herausragende Rolle für die Forschungen zur Rassentheorie spielte. Er beschäftigte sich u.a. mit dem „Bastardisierungsproblem beim Menschen".[13] Fischer, der sich selbst als „Vorkämpfer des arisch-germanischen Rassengedankens" bezeichnete, gab im Jahre 1927 gemeinsam mit Baur und Lenz das zweibändige Standardwerk „Menschliche Erblichkeitslehre" heraus (vgl. Weingart 1992, 99). Dort empfahl Fischer bereits damals, nicht mehr vom Menschen, sondern nur noch von „Menschen bestimmter Rassen" zu sprechen:

„Es gibt nicht Menschen schlechthin, es gibt nur Menschen bestimmter Rassen oder Rassenmischungen." (Fischer 1927, 168)

All dies zeigt, dass bereits seit Mitte des neunzehnten Jahrhunderts die biologisch-physische Anthropologie, die gegenüber einer auf Kulturgeschichte bezogenen Anthropologie primär auf die Natur des Menschen fokussiert war, von einem „lebens-wissenschaftlichen Rassismus" und den darauf begründeten Erblichkeits-Determinismen durchdrungen war. Damit konnte durch die Verlagerung von der äußerlichen Phänoebene auf die Genoebene die wissenschaftsinterne Lücke zwischen Genetik und Rassenhygiene geschlossen und die Rassenkunde damit erst eigentlich begründet werden (vgl. Ebner 2009, 185ff).

3.2.3 Die nationalsozialistisch-völkische Rassentheorie

Im Zuge einer Fusion bestehender rassischer Ideologien mit Vorstellungen, die den Primat der arisch-germanischen Rasse propagierten, deren völkisch-rassistische Vorreiter Houston Steward Chamberlain (1855–1927), Joseph Arthur Gobineau (1816–1882) und dessen deutscher Rezipient Karl Ludwig Schemann (1852–1940) waren, etablierte sich allmählich eine vom Rasseprimat getragene rassehygienische Ideologie (vgl. Weingart u.a. 1996, 36f, 91ff). Zu vergessen sind in diesem Zusammenhang auch nicht die äußerst erfolgreichen demagogischen Bemühungen von Vertretern des Antisemitismus wie die von Theodor Fritsch

---

Er nahm u.a. 1941 als „Ehrengast" auf einer von Alfred Rosenberg in Frankfurt/Main veranstalteten Konferenz zur „Gesamtlösung der Judenfrage" teil und konnte trotz seiner nationalsozialistisch-rassistischen Vergangenheit im Jahre 1952 Ehrenmitglied der „deutschen Gesellschaft für Anthropologie" und 1954 Ehrenmitglied der „deutschen Gesellschaft für Anatomie" werden (vgl. Weingart u.a. 1996; Ebner 2009, 195).

13 | Zu seiner Überraschung konnte er in seinen hierzu durchgeführten Untersuchungen keine spezifischen Degenerationserscheinungen feststellen, was ihn allerdings vermuten ließ, die festgestellten positiven Eigenschaften der Bastarde seien letzthin europäischen Ursprungs (vgl. Ha 2009, 213).

(1852–1933). Fritsch war der Übersetzer und Herausgeber so genannter geheimer Dokumente einer jüdischen Weltverschwörung („Protokolle der Weisen von Zion") mit dem Titel „Zionistischen Protokolle" (1920). Er veröffentlichte rassistisch-antisemitische Publikationen im von ihm eigens dafür gegründeten antisemitischen Hammer-Verlag (z.b. das „Handbuch des Antisemitismus" [1887] bzw. als erweiterte Fassung „Handbuch der Judenfrage" [1907]). Hinzu kamen seine politischen Aktivitäten wie die Gründung einer „antisemitischen Deutschen Reformpartei", mit denen er gewissermaßen eine ideologische Brücke hin zur nationalsozialistischen Rassenhygiene schlug (vgl. Katz 1989, 307ff; Benz 2007, 69ff;).[14] All diese vornazistischen Protagonisten bereiteten den ideologischen Boden, der von den entsprechenden Repräsentanten wie Gobineau (schein-)wissenschaftlich begründet wurde.

Graf Joseph Arthur Gobineau, ein französischer Diplomat und Schriftsteller, publizierte im Jahre 1853 sein Buch mit dem Titel „Die Ungleichheit der Menschenrassen", in dem er erstmals eine umfassende Deutung der Weltgeschichte auf der Grundlage des Rassenprinzips lieferte. Er hob dort die Vorzüge der weißen Rasse hervor und prognostizierte das Ende der Menschheit als Folge der Rassenvermischung. So waren für Gobineau unter allen menschlichen Gruppen „die europäischen Nationen und ihre Abkömmlinge" aufgrund der „Schönheit der weißen Rasse" gegenüber den anderen Rassen – z.B. der mit dem „armseligen Körperbau und Gesicht des Austral-Negers" – nicht nur in Schönheit, sondern auch in den daraus resultierenden charakterlichen Eigenschaften weit überlegen (vgl. Gobineau 1935, 110). Auch Houston Steward Chamberlain, ein englischer Schriftsteller und Verfasser vieler populärwissenschaftlicher Werke pangermanischen und antisemitischen Inhalts, ging in seinem 1899 erschienenen Buch mit dem Titel „Die Grundlagen des neunzehnten Jahrhunderts" von der Ungleichheit der Rassen aus. Dessen prominenter Schwiegervater, der Komponist Richard Wagner, beklagte neben dem äußeren abstoßenden physischen Erscheinungsbild der Juden insbesondere deren Eindringen („Verjudung") in die europäische und deutsche Kultur, was sich für ihn als Komponisten insbesondere sehr negativ als „Judenthum in der Musik" niederschlug (vgl. Katz 1989, 174ff).

Für Chamberlain waren menschliche Eigenschaften nicht primär Folgen von bestimmten Rassen im Sinne von Rassenmerkmalen, sondern Resultate von ungünstigen bzw. günstigen Mischungen. Die „Grundlagen", die am Ende des Ersten Weltkrieges in hoher Auflage verkauft wurden, hatten zur damaligen Zeit einen großen Einfluss. Chamberlain beschied dort den Deutschen, über die besten Rasseneigen-

---

14 | Mit den so genannten „Protokolle(n) der Weisen von Zion", die bis in die Gegenwart seitens islamistischer und neo-nazistischer Kreise nach wie vor als Beleg einer jüdischen Weltverschwörung dienen sollen, handelt es sich um ein verschwörungstheoretisches Konstrukt des zaristischen Geheimdienstes, das insbesondere zur Zeit des Nationalsozialismus immer wieder zum Aufheizen der antisemitischen Stimmung herangezogen wurde (vgl. Benz 2007).

schaften zu verfügen und empfahl zur Rettung der Menschheit die Veredelung der germanischen Rasse durch selektive Züchtung (vgl. ebd., 313f).[15] In seiner Einleitung betonte Chamberlain, dass es ihm in seinem umfassenden zweibändigen Werk in erster Linie darauf ankomme, den Angelpunkt der Geschichte Europas im Germanentum zu bestimmen:

„Das Erwachen der Germanen zu ihrer welthistorischen Bestimmung als Begründer einer durchaus neuen Civilisation und einer durchaus neuen Kultur [...]. Dass die nördlichen Europäer die Träger der Weltgeschichte geworden sind, wird wohl kaum jemand zu leugnen sich vermessen. [...] Was die Araber gründen, ist von kurzer Dauer; die Mongolen zerstören, aber schaffen nichts [...]. Von dem Augenblick ab, wo der Germane erwacht, ist also eine neue Welt im Entstehen [...]." (Chamberlain 1936, 6, 7).

Chamberlains pangermanische Schwärmereien und antisemitische Positionen übten einen großen Einfluss auf die Vorstellungen des führenden Ideologen des Nationalsozialismus, Alfred Rosenberg (1893–1946), aus, der sich 1930 in „Der Mythus des 20. Jahrhunderts" und 1934 in „Blut und Ehre" explizit auf ihn bezog und damit zu einer Verschärfung des Antisemitismus beitrug (vgl. Rosenberg 1930; 1934).[16] Schließlich dauerte es vom Primat einer germanischen Rasse nicht mehr lange bis zur Propagierung einer Züchtung der nordisch-arischen Herrenrasse, wie dies u.a. später in Hitlers „Mein Kampf" nachzulesen war[17]. Dort wurde der „Arier" als der „Begründer höheren Menschentums", der „Urtyp" dessen, „was wir unter dem Worte ‚Mensch' verstehen", dargestellt und beklagt, dass die „alleinige Ursache des Absterbens alter Kulturen" in der „Blutsvermischung", der „Bastardisierung" und der „Verschmelzung von höherer Rasse mit niederer" bestehe (Hitler 1935, 313, 317, 324, 329). Diese Thesen waren, wie gezeigt, nicht neu. Sie wurden bereits längst in vornazistischer Zeit von (pseudo-) wissenschaftlicher Seite, beispielsweise von dem Sozialanthropologen Hans F. K. Günther[18] (1891–1968) gestützt, der schon während der Weimarer Republik als „Rasseforscher" tätig war und als einer der Urheber der nationalsozialistischen Rassenideologie gilt. Günther wies in seinem 1930 erstmals erschienenen Buch „Rassenkunde des deutschen Volkes" insbesondere auf die besonderen „leiblichen Merkmale der nordischen Rasse" hin und hob gleichzeitig deren herausragende „seelischen Eigenschaften" hervor (vgl. Günther 1935, 38ff; 1933, 190ff). In seinem im Jahre 1929 erstmals erschienenen Buch „Kleine Rassen-

---

15 | Selbst Kaiser Wilhelm II. war von seinen Ausführungen so weit angetan, dass er die „Grundlagen" als „eine Offenbarung zum Verständnis der gegenwärtigen Welt lobte" (Katz 1989, 313).

16 | Rosenberg veröffentlichte als völkischer Gefolgsmann Hitlers zum Beleg seiner antisemitischen Positionen 1923 ein Buch unter dem Titel „Die Protokolle der Weisen von Zion und die jüdische Weltpolitik" (vgl. Benz 2007, 73).

17 | Vgl. A Hitler: Mein Kampf. Bd.I u.II München 1935 (1925/1927).

18 | Vgl. Näheres zu Günther bei Grüttner (2004, 66).

kunde des deutschen Volkes" lieferte Günther folgende „zweckmäßige" inhaltliche Bestimmung des Begriffs „Rasse":

„Eine Rasse stellt sich dar in einer Menschengruppe, welche sich durch die ihr eignende Vereinigung leiblicher Merkmale und seelischer Eigenschaften von jeder anderen (in solcher Weise zusammengefaßten) Menschengruppe unterscheidet und immer nur ihresgleichen zeugt." (Günther 1933 (b), 11)

Später wurde der nationalsozialistische „Rasse"-Begriff sukzessive metaphysisch-mythisch aufgeladen. So sprach der „Rassenseelenkundler" Ludwig Ferdinand Clauß (1892–1974), der sich als Psychologe und Herausgeber der Zeitschrift „Rasse" im Besonderen mit der „nordischen Seele" beschäftigte, mit Blick auf eine nähere Definition einer Rasse von in Tausenden von Jahren selektiv entstandenen Erbanlagen im Sinne eines genetisch vermittelten „Urbildes" eines „erlesenen Volkes" (vgl. Clauß 1933; 1936, 117ff).[19]

Zur Bewahrung und Züchtung der auserwählten Rasse und einer damit legitimierten „Ausjäte" musste sich der Nationalsozialismus allerdings erst das Primat des Staates auf dem Gebiet des Lebens sichern, was mit der Machtergreifung im Jahre 1933 zur Freude damaliger Rassenhygieniker gewährleistet schien und schließlich insbesondere aufgrund des wachsenden Antisemitismus zu den bekannten eliminatorischen Folgen führte.

Ausgangspunkt nationalsozialistisch-rassistischer Überlegungen war hier die Suche nach den materiellen Ursprüngen der menschlichen Natur und deren äußerlichen Unterscheidungsmerkmalen (Gestalt, Physiognomie etc.), die sich quasi in rassetypischen Charaktereigenschaften niederschlagen sollten.

3.3 Zur Dekonstruktion des Rasse-Diskurses

Demnach basiert Rassismus, so können wir vorläufig festhalten, im Sinne einer Rassenkonstruktion zunächst auf der theoretischen Annahme der Unterschiedlichkeit von Menschengruppen, die primär mit unterschiedlichen, willkürlich zugeordneten biologischen Merkmale begründet und einem bestimmten Rassentypus zugeordnet werden. Er gründet hier auf naturgegebenen äußeren Merkmalen zwischen Gruppen von Menschen, die sich durch typische äußerliche Kennzeichen untereinander unterscheiden lassen. Hierbei ist es nicht entscheidend, ob die konstatierten

---

19 | Es soll hier nicht unerwähnt bleiben, dass die meisten herausragende Vertreter der nationalsozialistischen Rassenideologie – wie z.B. die genannten Mühlmann, Guenther, Graf, Fischer, von Eickstedt und Lenz – auch nach 1945, trotz ihrer Verstrickungen mit dem NS-System, ihren wissenschaftlichen Einfluss und ihre Karriereim Zuge eines Neuaufbaus der Humangenetik, Anthropologie und Psychiatrie im Nachkriegsdeutschland ungehindert fortsetzen konnten (vgl. Weingart u.a. 1992, 562ff; Kühl 1997, 176ff; Ha 2009, 219ff).

morpho-physiologischen Typisierungen sichtbar oder unsichtbar sind. Wichtig erscheint in diesem Zusammenhang lediglich, dass sie sich dazu eignen, Menschengruppen voneinander zu unterscheiden (vgl. Guillaumin 2000, 39).

3.3.1 Die „Biologisierung" kultureller und sozialer Differenzen

Wesentliches Faktum des Rasse-Diskurses ist der Bezug dieser phänotypischen Unterscheidungsmerkmale auf kulturelle Differenzen und typisierende Wesens- und Verhaltensmerkmale einer bestimmten Gruppe von Menschen:

„Dabei werden soziale und kulturelle Differenzen naturalisiert und somit soziale Beziehungen zwischen Menschen als unveränderlich und vererbar verstanden *(Naturalisierung)*. Die Menschen werden dafür in jeweils homogenen Gruppen zusammengefasst und vereinheitlicht *(Homogenisierung)* und den anderen als grundsätzlich verschieden und unvereinbar gegenübergestellt *(Polarisierung)* und damit zugleich in eine Rangordnung gebracht *(Hierarchisierung)*." (Rommelspacher 2009, 29)

Ebner bezeichnet im Rückgriff auf Foucaults „Bio-Macht" den von Rommelspacher bezeichneten Naturalisierungsprozess soziokultureller Differenzen in ähnlicher Weise als „Biologisierung" menschlichen Lebens, womit nach ihm auf der Grundlage eines „Erblichkeits-Determinismus" – als ein wesentlicher Bestandteil rassistischer Funktionslogik – Individuen und in der Folge Gesellschaften als Ganzes biologistisch „essentialisiert" und deren Handlungen auf vermeintlich „erbliche Dispositionen" reduziert werden (Ebner 2009, 171). Für Foucault selbst reicht diese „Bio-Macht" als „Bio-Politik" über diesen von Ebner beschriebenen biologistischen Essentialismus weit hinaus. Er begreift „Bio-Macht" im Sinne einer „staatlichen Bio-Regulierung" als ein grundlegendes Phänomen einer „biopolitischen Kontrolle" des 19. Jahrhunderts, mit der der „Rassismus", so Foucault, eine Fragmentierung und Zäsur des Lebens eingeführt habe (vgl. Foucault 2001, 282ff).[20]

„Was ist der Rassismus letztendlich? Zunächst ein Mittel, um in diesem Bereich des Lebens, den die Macht in Beschlag genommen hat, eine Zäsur einzuführen: die Zäsur zwischen dem, was leben, und dem, was sterben muß. Schon das biologische *Kontinuum* der menschlichen Gattung, das Auftauchen von Rassen, die Unterscheidung von Rassen, die Hierarchie von Rassen und die Bewertung bestimmter Rassen als gut und anderer als minderwertig, all das stellt eine Art und Weise dar, das biologische Feld, das die Macht besetzt, zu fragmentieren; eine Art und Weise, im Innern der Bevölkerung Gruppen gegeneinander auszuspielen und, kurz gesagt, eine Zäsur biologischen Typs in einen Bereich

---

20 | Für Foucault bediente sich der Nationalsozialismus in besonderer, „auf die Spitze" getriebener Weise als „Bio-Macht" der Kontrolle und des „Zugriffs auf das Biologische" bis hin zur Etablierung einer „Tötungsmacht", deren Entfesselung quer durch die gesamte Gesellschaft ging (Foucault 2001, 306).

einzuführen, der sich eben als biologischer Bereich darstellt. Dies gestattet der Macht, die Bevölkerung als Rassenmischung zu behandeln oder genauer die Gattung in Augenschein zu nehmen und die Gattung zu unterteilen, derer sie sich in Untergruppen angenommen hat und die eben die Rassen sind." (Foucault 2001, 301)

3.3.2 Auf Rasse bezogene Hierarchisierungsprozesse

Ein weiteres wichtiges Merkmal dieses weit über ein individuelles Vorurteil hinausgreifenden Zuschreibungsprozesses ist eine auf Diskriminierung basierende gesellschaftliche Hierarchie, in der der rassistisch diskriminierten Gruppe ein naturalistisch bzw. biologistisch begründeter niederer Rang zugeordnet werden soll, der z.B. in der nationalsozialistischen Ära die Begründung für das Recht der „Herrenmenschen" – einem „Volk ohne Raum" (Grimm 1926) – lieferte, den von niederen, z.B. „ostischen Menschen" besiedelten Lebensraum im Osten gewaltsam zu erobern und sich deren Menschen als Zwangsarbeiter oder zum Zwecke einer „Aufnordung" zu bedienen.[21]

Im Grunde realisiert sich nach Sonderegger demnach der Rassismus auf drei Ebenen:

„1) die Ebene der sozialen Wirklichkeiten (die sich von einer Gesellschaft zur anderen unterscheiden); 2) die Ebene der soziokulturellen Ideologien, der Weltanschauungen mitsamt ihren rationalisierenden und legitimatorischen Aspekten (die von einer Kultur zur anderen verschieden gestaltet sind; 3) die Ebene der wissenschaftlichen Reflexion (deren Ergebnisse theoretisch kulturunabhängige Aussagekraft beanspruchen dürfen)." (Sonderegger 2008, 10)

In seiner inneren dynamischen Struktur unterscheidet auch Bauman im Rückgriff auf Taguieff, der allerdings im Gegensatz zu Memmi Rassismus und Heterophobie im Sinne einer absoluten Negation der Differenz gleichsetzt (vgl. Taguieff 2000, 37; Memmi 1992, 124), drei Entwicklungsstufen des Rassismus:

Einen (1) „primären Rassismus" als eine gleichsam spontane Reaktion auf die Gegenwart des Fremden, der auf „elementarem Hass" beruht, gefolgt von einem (2) „sekundären" bzw. „rationalisierten" Rassismus, der auf einer scheinbar logischen Theorie bzw. Ideologie primärer Vorurteile gründet und einen (3) „tertiären" oder „mystifizierten Rassismus", der die genannten untergeordneten Ebenen voraussetzt

---

21 | Ebner weist in diesem Zusammenhang darauf hin, wie der Rasse-Diskurs besonders zu Zeiten des Nationalsozialismus die damit verbundene Hierarchisierung von Rassen in der Logik des rassistisch-geopolitischen Ordnungsmodells auch geographisch verortet wurde (vgl. Ebner 2009, 183). Ein Beispiel der Aufnordungspraxis ist die von Himmler im Jahre 1942 angeordnete „Heuaktion", mit der insgesamt etwa fünfzigtausend Kinder „guten Blutes" aus den eroberten Ostgebieten geraubt und nach Deutschland verbracht wurden (vgl. hierzu Arendt 1958, 109, Anm.3).

und diesen durch zusätzliche „scheinbiologische Argumente" einen wissenschaftlichen Anstrich verleiht, womit die wissenschaftlich verifizierte objektive Unveränderlichkeit des „schädlichen ‚Andersseins'" betont werden soll (Bauman 1994, 77ff).

Guillaumin unterscheidet hier bestimmte Kennzeichen als wesentliche Unterscheidungsmerkmale einer so genannten „Rasse", wie die bereits genannten „morpho-physiologische Kennzeichen" (1); „soziale Kennzeichen" (2), wie die eigene Sprache, spezifische kulturelle Eigenschaften etc.; „symbolische und geistige Kennzeichen" (3), wie die jeweiligen kulturellen, religiösen oder politische Praktiken, die sie als „realistische", äußerlich zuzuordnende Elemente charakterisieren im Gegensatz zu den „imaginäre Kennzeichen" (4), mit denen wahnhafte Deutungen und paranoid-imaginäre Konstrukte verbunden sind, die einer Rasse zugeordnet werden.[22] Solche „phantasmatische Merkmale" bilden unter Umständen, so Guillaumin, bestimmte paranoide „Wahnelemente" aus (vgl. Guillaumin 1991, 167; 2000, 39).

„Den in Betracht gezogenen Gruppen spricht man etwa außergewöhnliche Eigenschaften an der Grenze zum Übermenschlichen zu, bis dahin, daß man ihnen über extrem detaillierte und ausgearbeitete paranoide Konstrukte eine okkulte Macht zuweist. Beispiele dafür sind u.a. das Verständnis der Geschichte als Komplott, aber auch der obsessive Gedanke an Geheimgesellschaften." (Guillaumin 1991, 167)

3.3.3 Rassialisierung – Rasse und Bedeutungskonstitution

Robert Miles, der sich in seinen Untersuchungen wesentlich auf die konkreten äußerlichen rassistisch konnotierten Zuschreibungen konzentriert, begreift Rassismus, wie bereits gezeigt wurde, als einen „Prozess der Konstruktion von Bedeutungen", durch den bestimmte phänotypische und/oder genetische Eigenschaften von Menschen Bedeutungen zugeschrieben und einem hierarchisch geordneten Kategoriensystem zugewiesen werden. Nach Miles setzt demnach eine jegliche Form von Rassismus zunächst eine „Rassenkonstruktion" im Sinne einer somatischen Definition des Anderen voraus (vgl. Miles 1992, 106).

Damit meint Miles, dass sich Menschen untereinander durch diverse phänotypische und somatische Merkmale, beispielsweise durch Größe, Länge, Haarfarbe, Gewicht, Augenfarbe, Ohrform etc. unterscheiden, wobei nicht jedes Differenzierungsmerkmal zur phänotypischen Konstruktion von Rassen herangezogen wird. Insofern bezieht sich nach Miles der Begriff der Rassenkonstruktion „sowohl auf das Aufkommen der Vorstellung von ‚Rassen' als auch auf ihre fortdauernde Anwendung und Reproduktion." (Miles 2000, 22). Das heißt: Obgleich die Vorstellung

---

22 | Ein Beispiel hierfür ist sicherlich die in der nationalsozialistischen Ideologie beschworene „jüdische Weltherrschaft", wie z.B. die genannten „Protokolle der Weisen von Zion" dies nahezulegen schienen.

einer „Hierarchie von Rasse" in der politischen Öffentlichkeit offensichtlich nicht mehr präsent ist, ist die Auffassung von der Existenz von „Rassen" als biologisch unterschiedliche Gruppen im alltagstheoretischen Diskurs und der Vorstellung weiterhin virulent. Miles macht hier deutlich, dass dieser Begriff nicht nur auf historische Kontexte zu beziehen ist, in denen lediglich das Wort „Rasse" vorkommt, da die Einteilung und Stigmatisierung der Menschen aufgrund phäno-typischer Merkmale nicht zwangsläufig mit dem Begriff der Rasse verbunden sei. Die verschiedenen Verwendungsweisen des Begriffs der „Rassenkonstruktion" treffen sich beim Punkt der biologischen – meist phänotypischen – Eigenschaften, der für sie den kleinsten gemeinsamen Nenner darstellt.

Der erste Schlüsselbegriff in den Texten von Miles ist demnach die „Rassenkonstruktion", den er dann, wie gezeigt, verwendet, „wenn soziale Beziehungen dadurch strukturiert werden, dass biologische Merkmale die Bedeutung bekommen, unterschiedliche soziale Gruppen zu konstruieren" (vgl. ebd., 21).[23] Miles bezeichnet diesen willkürlichen Zuschreibungsmechanismus vermeintlich natürlicher Merkmale als „Rassialisierung".

Miles sieht im „Rasse"-Diskurs eine weitere, weit bedeutsamere Ebene der Selektion, in der diejenigen äußeren Merkmale bedeutungsvoll aufgeladen werden, die als phänotypische Unterscheidungsmerkmale dazu geeignet scheinen, als spezifisches Rassemerkmal einer als „Rasse" definierten Bevölkerungsgruppe zugeordnet werden zu können.

„Aus einer möglichen Menge von Objekten, Merkmalen und Prozessen werden nur bestimmte ausgewählt, die eine bestimmte zusätzliche Bedeutung bekommen. Das betreffende Objekt, Merkmal oder der Prozess werden damit zum Zeichen für die Existenz eines anderen, hypothetischen oder wirklichen Phänomens." (Miles 2000, 18)

Nach Miles sind besonders im Alltagswissen weniger die in einem ersten Schritt konstruierten biologischen Unterschiede bedeutsam, sondern eben die in einem weiteren Schritt zugeordneten Bedeutungen, die diesen Unterschieden zugeschrieben werden.

Diesen mit Bedeutung aufgeladenen Zuschreibungsprozess willkürlich ausgewählter Unterscheidungsmerkmale nennt Miles „_Bedeutungskonstitution"_ (signification), die er als einen Darstellungsprozess bezeichnet, „in dessen Verlauf bestimmten Objekten, Merkmalen und Prozessen eine Bedeutung zugeschrieben wird, die ihnen ein besonderes Gewicht verleiht und sie zugleich zu Trägern einer Reihe zusätzlicher, untergeordneter Merkmale macht" (ebd.). Sind Menschen nun mit Bedeutung versehenen Merkmalen unterschieden und kategorisiert, können ihnen weitere „spezifische oder einzigartige kulturelle Merkmale" zugeschrieben werden, so dass „eine ‚Rasse'

---

23 | In den 1960er Jahren wurde dieser Begriff erstmals von Fanon (1962) in die Debatte eingebracht, in den 1980er Jahren die Bedeutung dieses Begriffs durch Reeves erweitert und in „praktische" und „ideologische" Rassenkonstruktion unterteilt (vgl. Miles 2000, 20).

als etwas vorgestellt wird, dem ein spezifisches Profil biologischer und kultureller Eigenschaften zukommt. Der Determinismus dieser Vorstellung bedeutet, daß allen, die die phänotypischen Merkmale besitzen, auch die kulturellen Charakteristika unterstellt werden" (vgl. ebd.,18f), wobei zu ergänzen ist, dass diese Unterstellung spezifischer Charakteristika völlig unabhängig von tatsächlich feststellbaren phänotypischen Besonderheiten erfolgt. So weist Memmi in diesem Zusammenhang am Beispiel des antisemitischen Rassismus darauf hin, wie selbst bei nicht feststellbaren phänotypischen Besonderheiten (gebogene Nase; dunkler Teint etc.) bei Menschen jüdischer Herkunft („gut, nicht alle Juden gleichen dem ‚ewigen Juden'") dennoch am Stereotyp, „daß sie im allgemeinen raffgierig sind, kein Vaterland kennen und zum Verrat neigen", festgehalten werden kann (vgl. Memmi 1992, 101). Insofern sind im „Rasse-Diskurs", so Miles, nicht allein die somatisch-phänotypischen Unterscheidungsmerkmale bedeutsam, sondern erst die selektive Auswahl bestimmter Merkmale, wie beispielsweise die üblicherweise hierzu herangezogene Hautfarbe, die eben „bedeutungsvoll aufgeladen und so zum Einteilungskriterium von ‚Rasse' definierten Bevölkerungsgruppe gemacht" wird (Miles 2000, 18).

Diese rassische Bedeutungskonstitution ist dabei als ein dialektischer Prozess zu verstehen, der mit der phänotypischen Bedeutungsaufladung des Anderen in Abgrenzung zu diesem gleichzeitig das entgegengesetzte Eigene mittels dem gleichen äußeren Merkmal (z.B. schwarz als das *Andere* – weiß als das *Eigene*) definitorisch setzt. Hall spricht in diesem Zusammenhang von einer rassistisch herbeigeführten „binären Spaltung", mit der die ausgeschlossene Gruppe gewissermaßen das Gegenteil all derjenigen Tugenden verkörpere, die die „Identitätsgemeinschaft" im positiven Sinne auszeichnet (vgl. Hall 2000, 14). Albert Memmi spricht hier von einer dyadischen Beziehungsstruktur, in der die Merkmale des Anderen negativ konnotiert und die eigenen gut sind, was für ihn bedeutet, dass die naturalistisch begründete Behauptung der Rasse letzthin ein Mittel zur Behauptung des Ichs ist (vgl. Memmi 1992, 98,100).[24]

Nach Guillaumin, die zwischen „auto-" und „alterozentriertem" Rassismus unterscheidet, richtet sich ein solcher „autozentrierter" Rassismus auf sich selbst und die eigene Gruppe, und ist dort, wie insbesondere im Zuge der Konstituierung einer „arischen Rasse" zu sehen war, meist mit einer „leidenschaftlichen Hinwendung zu den eigenen charakteristischen Merkmalen" verbunden (vgl. Guillaumin 2000, 41).[25]

---

24 | Wir haben diesen dialektischen Mechanismus der Konstruktion des Eigenen in Abgrenzung zum Anderen und umgekehrt im Sinne eines dyadischen Beziehungsgeflechts bereits weiter oben am Beispiel des Fremden bei Bauman und im Zusammenhang der Konstruktion des Orientalismus im Sinne Saids beschrieben.

25 | Im „alterozentrierten" Rassismus sind „die Anderen" gewissermaßen die Inkarnation „der Rassen", wobei sich die eigene Gruppe als „universell" bzw. „a-rassisch" begreift und die Debatte um den Rassismus primär auf „den Anderen" und Rassismus generell als eine

„Dieser Prozeß, die Welt in Begriffen ‚rassisch' definierter Gegensätze zu konstruieren, hat die Funktion, Identität zu produzieren und Identifikationen abzusichern. Er ist Bestandteil der Gewinnung von Konsens und der Konsolidierung einer sozialen Gruppe in Entgegensetzung zu einer anderen, ihr untergeordneten Gruppe." (Hall 2000, 14)

Die Vorstellung von „Rasse" ist, so Miles, ursprünglich ein europäischer Diskurs, der auf Andere projiziert und schließlich von diesen anerkannt wurde, wie dies z.b. auch die Black-Panther-Bewegung in der USA gezeigt habe. Obwohl hier die Inhalte, Ziele und Strategien in eine andere Richtung wiesen, war nach ihm diese Bewegung dennoch vom europäischen Rassen-Diskurs getragen, den sie nicht nur anerkannte, sondern seine „Bedeutungskonstitution" in einem „tieferliegenden" Bereich verstärkte, indem sie die ihnen dort zugewiesene Rolle übernahm (vgl. Miles 2000, 19). Die Bemühungen, den Rassismus durch Umwandlung der negativen Zuschreibung ins Positive zu wenden, wie am Beispiel der Black Panther gezeigt werden kann, scheint nicht wirkungsvoll, da diese Umkehr-Logik den „Rasse"-Diskurs eher verstärkte, indem sie im Grunde im Muster des Rasse-Diskurses verhaftet blieb.

Dem „Rasse"-Begriff wurde so durch einen inflationären, unkritischen Gebrauch sukzessive zur umgangssprachlichen Akzeptanz verholfen, weshalb es offensichtlich erforderlich ist, einen differenzierteren Weg als die im Alltagsdiskurs zementierten Unterscheidungen von Menschen nach somatischen und genetischen Merkmalen zu gehen.

„Wenn ‚Rassen' keine natürlich vorkommenden Populationen sind, dann sollten die Gründe und Bedingungen für die Prozesse der Rassenkonstruktion problematisiert werden, statt von ihrer Universalität auszugehen." (Miles 2000, 20)

Um die Historizität dieser Prozesse konsistent erfassen zu können, geht es Miles primär um die Entwicklung, bzw. Dekonstruktion dieser mit Menschengruppen assoziierten Begriffe.

3.4 Rassismus – die Naturalisierung der Differenz

Nachdem die jeweiligen Konstruktionen des Anderen im Rasse-Diskurs auf ihrem historischen Hintergrund entwickelt und bedeutungskonstruierende bzw. bedeutungs-konstituierende Momente des Rassismus in ihren jeweiligen Wirkmechanismen dargestellt wurden, sollen nun nochmals die wesentlichen Kriterien „rassistischen Wissens" artikuliert und im Hinblick auf ihre Genealogie systematisiert werden.

Frage des „Andersseins" erscheint. Guillaumin umreißt so insbesondere die Position vieler französischer Forscher (vgl. Guillaumin 2000, 41).

Wie bereits ausgeführt, läßt sich die Geburt des Rassismus in seiner manifesten Form auf die zweite Hälfte des achtzehnten Jahrhunderts zurückführen. Erste Vorformen mit ersten rassetypischen Einteilungen tauchten mit der einsetzenden spanischen reconquista auf, die Spanien in den "Rassen-Kasten-Gesellschaften" ihrer Kolonien zur Anwendung brachte. Für Terkessidis läßt sich die "Wiege des Rassismus" auf das Jahr 1492 datieren, da mit der Entdeckung der neuen Welt auch die spanische Kolonialherrschaft mit ihren rassistischen Praktiken einsetzte (vgl. Terkessidis 1998, 85).[26]

Nach Miles kann dann von Rassismus gesprochen werden, wenn eine Gruppe von Menschen im Zuge einer Zuordnung zu einer so genannten „Rasse" mit negativ bewerteten und biologistisch begründeten Merkmalen assoziiert und im gleichen Zuge ein rational nicht zugängliches Bedrohungsszenario gegenüber anderen Gruppen – in der Regel gegenüber der eigenen Gruppe – entwickelt wird (vgl. Miles 2000, 24).

Auch Albert Memmi, dessen Rassismustheorie eine weit verbreitete Akzeptanz in der wissenschaftlichen Rassismusdebatte in Frankreich und in Deutschland findet, beschreibt Rassismus ähnlich „als die verallgemeinerte und verabsolutierte Wertung tatsächlicher oder fiktiver Unterschiede zum Nutzen des Anklägers und zum Schaden seines Opfers, mit der seine Privilegien oder seine Aggressionen gerechtfertigt werden sollen" (vgl. Memmi 1992, 165).[27] Memmi rückt vier wesentliche Elemente rassistischer Einstellung in den Vordergrund:

„1.Nachdrückliche Betonung von *tatsächlichen oder fiktiven Unterschieden* zwischen dem Rassisten und seinem Opfer.
2. *Wertung* dieser Unterschiede zum Nutzen des Rassisten und zum Schaden seines Opfers.
3.Verabsolutierung dieser Unterschiede, indem diese *verallgemeinert* und für *endgültig* erklärt werden.
4. *Legitimierung* einer – tatsächlichen oder möglichen – Aggression oder eines – tatsächlichen oder möglichen – *Privilegs.*" (Memmi 1992, 165)

Auffallend ist hier, dass für Memmi die Differenzierung zwischen fiktiven und vorhandenen Unterschiede nicht von Relevanz zu sein scheint, obgleich er sich bewusst ist, dass dies wiederum andere definitorische Probleme nach sich zieht. Dennoch hebt er die Rolle von Differenzkonstruktionen als Voraussetzung für Rassismus hervor und konstatiert, dass der Begriff „Rassismus" bei genauer Betrachtung lediglich auf Theorien bzw. „Pseudo-Theorien" biologischer Unterschiede rekurriere. In diesem Zusammenhang merkt er an:

---

26 | Ein Jahr später stellte der Papst in einer Bulle alle Heiden unter das Verfügungsrecht von Spanien und Portugal (vgl. Terkessidis 1998, 106, Anm.8).
27 | Diese Definition wurde in leicht modifizierter Fassung in die *Enzyklopaedia Universalis* aufgenommen (vgl. Kerner 2009, 45).

„Tatsächlich stützt sich die rassistische Anklage bald auf einen biologischen und bald auf einen kulturellen Unterschied. Einmal geht sie von der Biologie, dann wieder von der Kultur aus, um daran anschließend allgemeine Rückschlüsse auf die Gesamtheit der Persönlichkeit, des Lebens und der Gruppe des Beschuldigten zu ziehen. Manchmal ist das biologische Merkmal nur undeutlich ausgeprägt, oder es fehlt ganz." (ebd., 165f)

Taguieff unterteilt diesen „biologischen Rassismus"[28] im Sinne einer „Theorie der biologischen Differenz", die er auch als „Rassialismus" bezeichnet, in zwei Kernbereiche:

„(1) ein dogmatischer und integraler Biologismus; ein biologischer (oder genetischer) Determinismus des Sozialen und Kulturellen, Biologisierung sozialer Kategorien, menschlicher Gruppen, Identitäten sowie kollektiver Differenzen und kollektiver Interaktionen (‚Rassenkampf');
(2) die Annahme einer Ungleichheit menschlicher Gruppen, wobei die als natürlich vorgestellten Unterschiede als ‚Rassen' bezeichnet werden, die sich als eine hierarchisierende Klassifikation menschlicher Gruppen verstehen." (Taguieff 1991, 228)

Der wissenschaftlich begründete Rassismus des 19. und 20. Jahrhundert, wie er weiter oben am Beispiel der biologistisch-naturalistischen Anthropologie dargestellt wurde, scheint heute weitestgehend überwunden und mit den Methoden der Humanbiologie und anderen Wissenschaften wie der Anthropologie und Soziologie widerlegt. Rassistische Bedeutungskonstruktionen, die Menschen nach physischen und biologischen Merkmalen einteilen, um so deren Unterlegenheit bzw. Überlegenheit begründen zu wollen, wird heute kaum jemand seriös vertreten können (vgl. Miles 1999, 18; 2000, 17 f; Taguieff 1991, 221). In diesem Sinne verkündeten die Vereinten Nationen am 7. März 1966, dass die „biologische Rassenlehre" wissenschaftlich nicht haltbar sei:

„In der Überzeugung, dass jede Lehre von einer auf Rassenunterschiede gegründeten Überlegenheit wissenschaftlich falsch, moralisch verwerflich sowie sozial ungerecht und gefährlich ist und dass eine Rassendiskriminierung, gleichviel ob in Theorie oder in Praxis, nirgends gerechtfertigt ist." (UN-Antirassismuskonvention 1966, zitiert in: Institut für Menschenrechte 2009)

Damit wurde einerseits zwar konstatiert, dass es im Grunde niemals eine „biologische Rasse" gab, aber andererseits, so Miles, zu wenig berücksichtigt, „daß der Rassismus unter verschiedenen historischen Bedingungen unterschiedliche Formen

---

28 | Mit der Betonung des „biologischen" Rassismus deutet sich mit Taguieff bereits an, dass daneben auch Formen rassistischer Phänomene jenseits biologistischer Konnotationen (wie „Neorassismus" bzw. „Rassismus ohne Rassen") existieren, auf die später näher einzugehen ist.

angenommen hatte, wirksam geworden war und wirksam werden kann, daß also der wissenschaftliche Rassismus nur eine Form des Rassismus darstellt" und dennoch, so ließe sich ergänzen, trotz fehlender wissenschaftlicher Belege über alle Zeiten hinweg hoch wirksam blieb und bleibt (Miles 1999, 21).[29] Diese Wirksamkeit unterschiedlicher Formen des Rassismus – jenseits eines wissenschaftlichen Rassismus (Rassialismus) – hinsichtlich ihrer Konstruktionsmechanismen und konkreten Auswirkungen zu analysieren und zu dekonstruieren, wird nun im Folgenden zu leisten sein.

3.4.1 Rassismus als Ausschließungspraxis

Ein wesentliches Moment von Rassismus ist nach Miles eine darauf gründende „Ausschließungspraxis" (exclusionary practice), mit der „eine bestimmte Gruppe bei der Verteilung von Ressourcen und Dienstleistungen benachteiligt oder in der Hierarchie der Klassenpositionen unter- bzw. überrepräsentiert ist", wobei hier Miles ausdrücklich betont, dass der Begriff „Ausschließungspraxis" zunächst lediglich die konkreten Handlungen meint, „ohne etwas über deren Ursache auszusagen", und erst in einem weiteren Schritt analysiert werden muss, „ob Ausschließungen ein vorsätzliches oder ungewolltes Resultat von Handlungen sind" (Miles 2000, 23).

„Der Begriff unterstellt z.B. nicht, daß Ausschließungspraxen, die die Erfahrungen und gesellschaftlichen Positionen von Personen aus der Karibik oder Asien bestimmen, teilweise oder ausschließlich darauf zurückzuführen sind, daß ihnen aufgrund ihrer Hautfarbe negative Eigenschaften zugeschrieben werden." (ebd.)

Wenn also vorher im Zuge der Charakterisierung des „Rassismus als gesellschaftliches Verhältnis" nach Rommelspacher konstatiert wurde, dass Rassismus eben nicht nur ein „Vorurteil" gegen eine Gruppe von Menschen bedeutet, sondern dass es wesentlich mit Diskriminierungen gegenüber einer Gruppe von Minderheiten verbunden sein muss, die im Vergleich zur Mehrheit geringere Chancen zur Teilhabe an der Gesellschaft hat, so nimmt hier Miles den Aspekt potenzieller „Ausschließungspraxis" genauer in den Blick (vgl. Rommelspacher 2009, 30). Demnach sind nach Miles Ausschließungspraxen nicht zwangsläufig ein Element von Rassismus, wobei rassistische Ideologien allerdings auch zu Ausgrenzungen führen können (vgl. Kerner 2009, 52; Miles 2000, 22).

Am Beispiel männlicher Jugendlicher aus Westindien und Frauen im Arbeitsmarkt in England verdeutlicht er diesen Unterschied. Dort sind männliche Jugendliche aus Westindien unter den Arbeitslosen überrepräsentiert und Frauen im Management unterrepräsentiert. Offensichtlich liegt hier eine Differenzkonstruktion vor, die Entscheidungen und Prozesse voraussetzen, die zwischen Menschen unter-

---

29 | Vgl. hierzu auch Taguieff 1991, 235.

scheiden. Die Grundlage für die Diskriminierung sieht er in den knappen Ressourcen und Sozialleistungen, die aufgrund ihrer Knappheit „Entscheidungen über Wert und Berechtigung" erfordern (vgl. Miles 2000, 23). Der Begriff der Ausschließungspraxis beschreibt gewissermaßen „nur die konkreten Handlungen und Prozesse, ohne etwas über deren Ursache auszusagen" (ebd.). Nach dieser Logik dürfte beispielsweise eine hohe Arbeitslosenzahl unter maghrebinischen Jugendlichen in Frankreich nicht zwangsläufig auf ihre Hautfarbe zurückgeführt werden, da die Ursache der Ausschließung ebenso darin begründet sein könnte, dass diese Jugendlichen im Verhältnis zu anderen Gruppen in höherer Zahl in rationalisierungsanfälligen Industriezweigen arbeiten und dort regelmäßig von Arbeitslosigkeit betroffen sind. Ausschließungspraxen haben demnach verschiedene Ursachen und resultieren nicht nur aus Rassenkonstruktionen. Auch ist es notwendig zu unterscheiden, ob die Handlung, die letztlich die Ausschließungspraxis begründet, intentional, also gewollt und beabsichtigt ist, oder ob sie als das Resultat und Folge ungleicher Strukturen und somit als nicht-intentional eingeordnet werden kann.

Somit macht Miles deutlich, dass Herstellung von Ungleichheit nicht ausschließlich durch die Ideologie des Rassismus erklärt werden kann, sondern dass bei der Beurteilung von Ungleichheit und Diskriminierung komplexe Vorgänge mit berücksichtigt werden müssen. Damit unterscheidet Miles zwischen Ausgrenzungspraxis und Rassismus und weist darauf hin, dass die Ausgrenzungspraxis nicht zwangsläufig rassistisch sein muss, jedoch zu den Voraussetzungen von Rassismus gehört.

Schließlich berücksichtigt Miles die dialektische Beziehung zwischen Eingrenzung und Ausgrenzung bzw. das dialektische Verhältnis von „Ausschließung und Einschließung", wonach eben jede Eingrenzung Ausgrenzung zur Folge hat, da durch Ausgrenzung bzw. Eingrenzung bestimmt wird, wer dazu gehört und wer nicht dazu gehört (vgl. Miles 2000, 23). Wenn zum Beispiel bei der Vergabe von Studienplätzen ein bestimmter Notendurchschnitt vorgegeben wird, dann ist das gleichzeitig ein Aus- und Eingrenzungsprozess, da durch die Vergabe einer Gruppe der Zugang verweigert und einer anderen der Zugang ermöglicht wird. Da die zur Verfügung stehenden Studienplätze Ein- und Ausgrenzung bzw. Aus- und Einschließung notwendig machen, muss hier allerdings nicht zwangsläufig eine Diskriminierung vorliegen, wobei allerdings auch hier im Sinne eines „institutionellen Rassismus" eine hinter objektiven Begründungen verborgene rassistisch intendierte Ausschließungspraxis vorliegen kann.

3.4.2 Institutioneller Rassismus

Eine solche Ausgrenzungspraxis, in der der offenkundige rassistische Diskurs aufgrund konkreter Rassismus-Kritik zum Schweigen gebracht, aber dennoch implizit wirksam ist, nennt Miles „*institutionellen* Rassismus". Ein solcher Rassismus bezieht sich „nicht auf Ausgrenzungspraktiken an sich, sondern auf die Tatsache, daß ein ehemals präsenter Diskurs nicht mehr gegenwärtig ist, und daß er Ausgrenzungspraktiken gerechtfertigt oder initiiert hat, die von daher diesen Diskurs institutionalisieren" (Miles 1992, 113). Demnach spricht man von einem „institutionellen Rassismus", „wenn eine herrschende Gruppe Strukturen (wie Gesetze, politische Strategien oder administrative Praktiken) entwickelt, mittels derer die beherrschte Gruppe ausgeschlossen oder diskriminiert wird" (Castles 1991, 140).

Um einen solchen Mechanismus in seinen immanenten Strukturen zu verifizieren, ist es nach Miles erforderlich, die Geschichte des darauf bezogenen Rassismus-Diskurses hinsichtlich expliziter Rassismen gewissermaßen diskursanalytisch zu rekonstruieren. Miles verdeutlicht einen solchen „institutionellen Rassismus" am Beispiel der Einwanderungsgesetze Großbritanniens nach 1945, die sich, im Gegensatz zu früheren Gesetzestexten mit offen geäußerten Rassismen, zur Umgehung rassistischer Formulierungen verschiedener administrativer „Kunstgriffe" bedienten, um die Einwanderung farbiger Bürger weiterhin zu verhindern (vgl. Miles 1992, 114f; 2000, 29).[30] Castles sieht hier die Ideologie eines „Neo-Rassismus"[31] am Werk, der zur Rechtfertigung von Ausgrenzungspraktiken gegenüber Minderheiten wie ArbeitsmigrantInnen besonders in entwickelten Ländern zunehmend Anwendung finde (vgl. Castles 1991, 140f).

Auf einen darüber hinausgehenden institutionell begründeten Ausgrenzungsfaktor, wie den der *„Diskriminierung in guter Absicht"*, mit der beispielsweise sozial benachteiligten Heranwachsenden im institutionellen Beratungszusammenhang vom Erwerb höherer Bildungsabschlüsse abgeraten wird, weist insbesondere Scherr hin:

„Diskriminierung resultiert demnach aus den ‚ganz normalen' Arbeitsweisen von Organisationen und den dort eingespielten Deutungsmustern und Entscheidungsroutinen. Dies ist etwa dann der Fall, wenn im Bildungssystem Schüler oder Studierende mit ungleichen Ausgangsvoraussetzungen als gleich behandelt werden oder das Wissen über Unterstützungsleistungen durch familiale und verwandtschaftliche Netzwerke entscheidungsrelevant sind." (Scherr 2011, 273)

3.4.3 Rassismus als Ideologie

Bei näherer Betrachtung von Rassismus offenbart sich dort ein bestimmtes, durchgängig implizites ideologische Moment im Sinne einer „Ideologie von Ungleichwertigkeit", wobei Ideologie in diesem Zusammenhang sensu Heitmeyer als „Verzerrung der Realität im Sinne der *Monopolisierung von Weltdeutung* zum Zwecke

---

30 | So wurde in den 1950er Jahren von diversen Politikern u.a. gefordert, die Einreiserechte von Commonwealth-Bürgern wegen möglicher ansteckender Krankheiten, bzw. potenzieller krimineller Handlungen zu beschränken (vgl. Miles 1992, 114).
31 | Wir werden weiter unten auf die Besonderheiten des „Neo-Rassismus" noch ausführlicher eingehen.

der *Durchsetzung* von Macht" zu fassen ist (Heitmeyer u.a.1997, 30; 2002, 19).[32] Eine solche „Ideologie der Ungleichwertigkeit" impliziert ein System von Überzeugungen, das primär der „Durchsetzung von Machtinteressen bzw. der Konservierung von Hierarchien und sozialer Überlegenheit" dienen soll. Hierzu dominiert dort ein „dichotomisches Weltbild", das „zwischen Freund und Feind, Ingroup und Outgroup" streng unterscheidet und eine Gemeinschaft propagiert, „die ihre Identität durch Ausgrenzung und Diskriminierung" gewinnt (Heitmeyer 2008, 37f).

Rassismus als Ideologie ist, so Miles, von einem zentralen Merkmal geprägt, das er mit anderen Ideologien teilt, nämlich durch die falschen Behauptung: „es gäbe eine natürliche Aufteilung der Menschen in Gruppen mit jeweils angeborenen Unterschieden, die daher notwendigerweise die jeweilige soziale Organisation bestimmten" (Miles 2000, 29). Miles betont hier in Anlehnung an den Marxschen Ideologiebegriff als primäres Moment die konkreten Herrschaftsstrukturen, die mittels rassistischer Naturalisierungsdiskurse verdinglicht würden, womit gefolgert werden dürfe, bestimmte gesellschaftliche Strukturen und die damit verbundenen Aus- bzw. Eingrenzungsprozesse seien zeitlos und unveränderbar, und somit sei es von Natur aus gegeben, dass bestimmte Menschengruppen im gesellschaftlich-ökonomischen Gefüge ein- bzw. ausgeschlossen sind.

Auch für Hall sind Mechanismen tendenzieller Ausschließungspraktiken Belege für eine „ideologische Instanz" von Rassismus, da hier eine Verknüpfung von „Bedeutung und Macht" bzw. von „Wissen und Macht" aufscheine, was für ihn in dieser Bedeutungskombination exemplarisch für einen „Rassismus als ideologischer Diskurs" ist:

„Rassistische Ideologien entstehen also immer dann, wenn die Produktion von Bedeutungen mit Machtstrategien verknüpft sind und diese dazu dienen, bestimmte Gruppen vom Zugang zu kulturellen und symbolischen Ressourcen auszuschließen." (Hall 2000, 7)

---

32 | Bezüglich des Begriffs „Ideologie" hebt Horkheimer in „Ideologie und Handeln" hervor, dass unter dem in den alltäglichen Sprachduktus eingedrungenen Terminus Ideologie nur selten ein prägnanter Begriff verstanden, sondern dieser eher in einem "verschwommenen und universalen Sinn gebraucht" würde. Er erinnert in diesem Zusammenhang daran, dass sich der Terminus „Ideologie" im Zuge des französischen Sensualismus auf das „geistige Leben" bezog, das neben den physikalischen Erscheinungen als „eine Mechanik der Vorstellungen" vorgestellt wurde, auf deren Hintergrund in Anlehnung an die Naturwissenschaften eine „Lehre von der Ideologie als einen Teil der Zoologie" begründet werden sollte. Demgegenüber weist er darauf hin, dass das Bewusstsein spätestens seit dem ökonomischen Materialismus als ein interdependentes Geschehen der gesamten menschlichen Kultursphäre und der sozial-ökonomischen Verhältnisse gesehen wird und sich dort das Ideologische, so ließe sich interpretieren, als quasi vergegenständlichtes (falsches) Bewusstsein zum Zwecke der Verschleierung und Erhaltung von Machtinteressen manifestiert (vgl. Horkheimer 1967, 38ff).

Das implizite ideologische Moment von Rassismus ist demnach dadurch gekennzeichnet, dass im Zuge des Prozesses der Bedeutungskonstitution naturalistisch-biologistische Begründungen für Aus- und Einschließungspraxen von Menschengruppen geliefert werden, wobei die konkrete Machtausübung im Zuge der Verdinglichung von Menschengruppen („Rasse") als eine vom Menschen unabhängige Determinante sozialer Verhältnisse dargestellt und zur Verschleierung eigentlicher Machtinteressen genutzt wird. Die Hauptkennzeichen einer solchen Ideologisierung bestehen demnach in einer Verknüpfung von „Bedeutung und Macht" und dienen dazu, mittels spezifischer ideologischer Rechtfertigungen und politischer Maßnahmen die Herrschaft über eine Gruppe von Menschen zu sichern (vgl. ebd.).

Ein bedeutendes Beispiel hierzu ist die ehemalige Politik der Apartheid in Südafrikas, die als Politik einer konsequenten Rassentrennung nach der Gründung der Südafrikanischen Union Anfang des zwanzigsten Jahrhunderts einsetzte und im Jahre 1994 endete. Das ideologische Moment dieser Rassen-Politik der Diskriminierung bestand in der Behauptung einer Überlegenheit der weißen Rasse gegenüber der schwarzen Bevölkerungsmehrheit, die Grundlage der gesetzlichen Legitimierung der politischen und ökonomischen Vorherrschaft war und in entsprechenden Gesetzesvorschriften zur Durchführung der Rassentrennung fixiert wurde.[33]

Ein weiteres zentrales Merkmal ideologischer Diskurse zum Rassismus ist, so Hall, deren immanente Enthistorisierungstendenz:

„Rassismen enthistorisieren – sie übersetzen historisch-spezifische Strukturen in die zeitlose Sprache der Natur; sie zerlegen die Klassen in Individuen und setzen diese disaggregierten Individuen wieder zu rekonstruierten Einheiten zusammen, großen kohärenten Gebilden, neuen ideologischen ‚Subjekten': sie übersetzen ‚Klassen' in Schwarze und ‚Weiße' ökonomische Gruppen in ‚Völker', feste Kräfte in ‚Rassen'." (Hall 2008, 135)

Für Stuart Hall ist es demnach offensichtlich, dass sich Rasse als „soziale Kategorie" manifestiert und er räumt hierbei ein, dass, obwohl er ein monokausales Abgleiten in einen „ökonomischen Reduktionismus" zurückweist, Rassen-Konflikte wesentlich die Manifestation grundlegender ökonomischer Widersprüche seien (vgl. Hall 2008, 90f). Dieses Moment der sozialen Kategorie im Zuge auf Rasse bezogene Konstruktionen sieht auch Miles, wenn er sagt:

---

[33] | Der „Mines and Works Act" aus dem Jahre 1911 sah z.B. vor, dass Schwarze ausschließlich niedere Arbeiten verrichten durften, der „Native Land Act" (1913) wies der schwarzen Bevölkerung lediglich 7,3% der Fläche Südafrikas in Homelands zu, womit ihnen gleichzeitig darüber hinaus Landerwerb verboten wurde. Vgl. hierzu auch die ausführliche Schilderung der historischen Hintergründe des südafrikanischen Apartheidsystems durch Priester 2003, 105ff.

„Definiert man also Gruppen auf Grund phänotypischer Merkmale als ‚Rassen', so handelt es sich um einen Aspekt der sozialen Konstruktion von Wirklichkeit: ‚Rassen' sind sozial *imaginierte*, keine biologischen Realitäten." (Miles 2000,19)

Faktisch konstituieren sich rassistisch konnotierte Ideologisierungsprozesse im Sinne spezifischer ideologischer Rechtfertigung von Herrschaft demnach in folgenden fünf Schritten: In einem ersten Schritt (1) finden, wie oben beschrieben, Prozesse der Rassenkonstruktion und Rassenkonstituierung statt, dem als zweiter Schritt (2) die negative Bewertung ausgewählter (biologischer/kulturelle) Merkmale folgt, die schließlich dazu dienen, den Unterschied zwischen dem Eigenem und dem Fremden zu markieren und das Andere für das Eigene als bedrohlich erscheinen zu lassen (vgl. Miles 2000, 24; Kerner 2000). Daraus folgt in einem dritten Schritt (3), dass die Form der Darstellung des Anderen auch die Darstellung des Eigenen im dialektischen Sinne bedingt, indem die im Prozess der Rassenkonstruktion bezeichneten negativen Eigenschaften des Anderen damit gleichzeitig zu positiven Eigenschaften des Selbst werden, was Memmi, wie gezeigt, eine „dyadische Beziehungsstruktur" zwischen Eigenem und Fremdem bezeichnet (vgl. Miles 1992, 106; Memmi 1992, 98, 100). Viertens kann der so konstruierte Rassismus in einem weiteren Schritt (4) „die Form einer relativ kohärenten Theorie annehmen", womit gemeint ist, dass zur Legitimierung und Beweisführung von Rassismen (schein-)wissenschaftliche naturalistisch-biologistische Begründungszusammenhänge herangezogen werden können.

Diese letztgenannte Rolle hatten im Rahmen der nationalsozialistischen Rassenhygiene die anthropologischen Forschungen zu übernehmen, denen es aufgetragen war, im Zuge einer (schein-)wissenschaftlichen Verifizierung typischer Rassenmerkmale wie Schädelform, Blutbeschaffenheit, Körperhaltungen etc. in Verbindung bestimmter wünschenswerter Charaktereigenschaften die Überlegenheit der „arischen Rasse" objektiv belegen zu können. Damit ist der im neunzehnten Jahrhundert entstandene „wissenschaftliche Rassismus" („Rassialismus") angesprochen, der mittels biologisch-anthropologischer Theorien vermeintlich angeborene und unveränderliche Merkmale konstruierte und auf dieser Grundlage gemäß einer Werteskala Menschen nach Rassen einteilte.[34]

Das fünfte, über den bloßen Rassialismus hinausreichende Merkmal ist nach Miles die (5) *„praktische Angemessenheit"*, was bedeuten soll, dass rassistische Ideologien scheinbar in sich kohärente Erklärungsmuster für beobachtbare Phänomene bieten, mit denen komplexe, heterogene Sachverhalte in der komplexitätsreduzierenden rassistischen Blickverengung als verlässliche „Wahrheiten" verfügbar gemacht werden können. Auf diese Weise können zum Beispiel, wie Räthzel betont, interne soziale Konflikte wie Arbeitslosigkeit, Kriminalität, Wohnungsnot etc. gewissermaßen „externalisiert" werden, indem suggeriert wird, diese seien von den Anderen des Eigenen („Ausländern") in die eigene Lebenswelt importiert (vgl. Räthzel 2000 [b], 144).

---

34 | Vgl. hierzu den weiter oben zitierten Anthropologen Günther 1933.

So kann die Überzeugung„ „die Ausländer nehmen uns die Arbeitsplätze weg", die in ihrer populistischen Wendung nicht nur an einschlägigen Stammtischen zu hören ist, scheinbar sinnhaft zur Komplexitätsreduzierung beitragen, da damit die im globalen Zusammenhang stehende wachsende Arbeitslosigkeit eine plausible Erklärungsfolie hierfür zu liefern scheint, wohingegen bei näherer Analyse kaum zu übersehen ist, dass beispielsweise in den kaum von Migration betroffenen neuen Bundesländern die Arbeitslosigkeit am weitesten verbreitet ist. So lebten nach den Angaben des Statistischen Bundesamtes vom Jahre 2005 sechsundneunzig Prozent (96%) der Menschen mit Migrationshintergrund in den früheren Bundesgebieten und Berlin (vgl. Statistisches Bundesamt 2007).

Diesen rassistisch konnotierten Schuldzuschreibungen wurde wohl auch von staatstragender Seite im Zuge der Ölkrise in den 1970er Jahren, die nicht nur Deutschland in die ökonomische Krise stürzte und den Abbau von Arbeitsplätzen nach sich zog, Rechnung getragen, indem es im Jahre 1973 zum allgemeinen Anwerbestopp von Ausländern kam.

Auch hier liefert der latente Rassismus als „Sinngebungsinstanz" kausale, lösungsorientierte Erklärungsmuster für diejenigen, die dieser Ideologie anhängen. Insofern verkennt man diesen ideologischen Wirkmechanismus und dessen Gebrauchswert, wenn man, so Miles, den Rassismus lediglich als „Irrlehre" abtut und seinen machtstabilisierenden ideologischen Gehalt, wie er im Kleide eines kulturellen (Neo)-Rassismus weiter besteht, mehr oder weniger bewusst übersieht (vgl. Miles 2000, 25; Kerner 2009, 53).

Zusammenfassend lässt sich bis hierhin festhalten, dass Rassismus primär als ideologische Bedeutungskonstitution zu begreifen und demnach zwischen Rassenkonstruktion und Ausschließungsprozessen zu unterscheiden ist. Der Ideologie des Rassismus geht, wie gezeigt, ein Prozess der Rassenkonstruktion und Rassenkonstitution voraus, wobei eine Gruppe konstruiert wird, die das Andere des Eigenen darstellt und mit den beschriebenen Attributen versehen wird. In diesem Konstruktionsprozess werden zur Unterscheidung phänotypisch-biologische oder auch kulturelle Merkmale herangezogen, die selektiv eine negative Bewertung erfahren. Diese negativ bewerteten, mit Bedeutung versehenen Merkmale dienen zur Grenzziehung zwischen dem Eigenen und dem Fremden, wobei die Fremd-Gruppe aufgrund dieser Zuschreibungen und Bewertungen homogenisiert und als gefährlich für das Eigene imaginiert wird.[35]

Schließlich sieht Miles im Rassismus-Begriff eine dynamische Komponente am Werk, die ständigen Veränderungen unterworfen ist, mit denen letztlich keine allgemein-gültigen Merkmale bestimmt werden können, die ein Diskurs aufweisen müssen, um ihn als rassistisch zu definieren (vgl. Miles 2000, 25; Kerner 2009, 53). Mit den Worten Miles bedeutet dies, dass der „Rassismus" keine einmalige, statische Ideologie ist, „die sich an Hand spezifischer Vorstellungen, Bilder und Stereotypen identifizieren ließe" (Miles 2000, 26). Insofern konstatiert

---

35 | Vgl. hierzu Miles 2000, 24.

Miles im Rückgriff auf Hall (1980, 342), dass es empirisch gesehen viele Rassismen gibt, „wobei jeder historisch spezifisch und in unterschiedlicher Weise mit den Gesellschaften verknüpft war, in denen er aufgetreten ist" (Hall 1980, 342 in Miles 2000, 26). Insofern wird von Miles und Hall besonders hervorgehoben, dass die Formen und die Repräsentanzen des Rassismus Veränderungen unterworfen sind, die sich, je nach politischen, ökonomischen und historischen Gegebenheiten, auf unterschiedliche Weise artikulieren und gegen unterschiedliche Gruppen richten können.

Miles warnt allerdings ausdrücklich vor einem inflationärem Gebrauch des Rassismus-Begriffs und einer damit verbundenen drohenden Unschärfe, da sonst der Bedeutungsgehalt des Begriffes abgeschwächt und eine sinnvolle und nötige Bekämpfung der mit dem Rassismus zusammenfallenden Ausgrenzung bestimmter Gruppen erschwert würde (vgl. Miles 2000, 17 ff). Auch Taguieff sieht diese Gefahr und spricht in diesem Zusammenhang von einer „Desemantisierung" des Rasse-Begriffs, mit der tendenziell jegliche Form von Diskriminierung als Rassismus bezeichnet würde, was schließlich zur Unschärfe und missbräuchlichen Verallgemeinerung dieses Begriffs führe (vgl. Taguieff 2000, 58).

3.4.4 Rassismus und Sexismus

Miles bezieht den beschriebenen Mechanismus der Ideologisierung auch auf „Sexismus" und „Nationalismus", da auch hier im „Prozeß der Bedeutungskonstitution", eine Begründung von „Aus- und Einschließungspraxen" geliefert würde (vgl. Miles 2000, 29f). Insofern sind für ihn Sexismus und Nationalismus die zwei wichtigsten Ideologien, die in ihren Grundmechanismen denen des Rassismus gleichen. Beim Sexismus werden nach gleichem ideologischen Muster biologische Geschlechtsmerkmale als absolute Unterscheidungsmerkmale gesetzt und daraus spezifische charakterliche und kulturelle Merkmale abgeleitet, mit denen zwei absolut unterschiedliche Menschentypen (Mann und Frau) konstruiert werden können:

„Der Geschlechtsunterschied wird zur Basis für die Konstruktion eines sozialen Geschlechts. Aus den angeblich angeborenen verschiedenen Eigenschaften von Frauen und Männern werden unterschiedliche Formen und Grade der Beteiligung an ökonomischen und politischen Prozessen abgeleitet. Eine sexistische Argumentationsweise behauptet darüber hinaus, diese angeblichen Unterschiede erklärten und rechtfertigten die Behandlung von Frauen als minderwertige Personen." (Miles 2000, 30)

Frauen kommt hier gerade aufgrund ihrer Gebärfähigkeit bezüglich der potenziellen Entstehung von „spezifischen Rassen" eine besondere Bedeutung zu. So weist Miles in diesem Zusammenhang u.a. darauf hin, dass im Zuge der Rekrutierung von Arbeitsmigranten primär alleinstehende Männer auf der Basis besonderer Verträge eingestellt und Frauen nach Möglichkeit ausgeschlossen wurden, um die

„Ansiedelung und Reproduktion einer ‚minderwertigen Rasse' zu verhindern" (ebd.).

Für Hall besteht demnach im Grunde kein wesentlicher Unterschied zwischen rassistischen und sexistischen Praktiken, da man auch im Sexismus scheinbar natürliche Eigenschaften finde, die es rechtfertigten, einem Teil der Bevölkerung im Zuge einer damit verbundenen Ausschließungspraxis einen untergeordneten Platz zuzuweisen. Er sieht in diesen Ausschließungspraxen eine große Ähnlichkeit mit dem Diskurs-Begriff Foucaults, da dieser keinen Unterschied zwischen Praxis und Ideologie mache, weshalb er es vorziehe, von „rassistischen Diskursen" oder von „Diskursen des Rassismus" zu sprechen (vgl. Hall 2000, 8). Im Rückgriff auf Foucaults Machtanalytik fasst auch Ina Kerner Rassismus und Sexismus als mehrdimensionale, komplexe Machtphänomene auf, „die mit kategorialen Differenzzuschreibung in Verbindung stehen" und geht dabei von „komplexen Interferenzen" zwischen den einzelnen Dimensionen aus (vgl. Kerner 2009, 37). Sie unterscheidet dabei drei Dimensionen von „Sexismen" und „Rassismen": die epistemische bzw. die Wissensdimension (1), die institutionelle Dimension (2) und die personelle Dimension (3). Zwischen den unterschiedlichen Dimensionen bestehen, so Kerner, sowohl „Interdependenzen" als auch „partielle Ununterscheidbarkeitseffekte." Sie geht davon aus, „dass Rassismen und Sexismen von Diskursen, von Institutionen und Strukturen sowie von Akteuren und Akteurinnen ausgehen und aufrechterhalten werden können sowie auf diese einwirken" (Kerner 2009, 37f). Dabei korrespondieren Diskurse mit der epistemischen Dimension, Institutionen und Strukturen mit den institutionellen Dimension und Akteure und Akteurinnen mit der personalen Dimension (vgl. ebd.).

3.4.5 Rassismus und Nationalismus

Nationalismus in seiner traditionellen Form gleicht offenbar in seiner Konstruktionsdynamik ebenfalls dem Rassismus, da „Nationen" ähnlich wie Rassen in Abgrenzung zum Anderen des Eigenen konstruiert und tendenziell als biologische Größen innerhalb eines gemeinsamen Genpools imaginiert werden. So sind „Rassen" auch bei dem Pionier der nationalsozialistischen Rassenlehre, Houston Stewart Chamberlain, in erster Linie „Abstammungsgemeinschaften". So heißt es bei ihm: „was die Deutschen sind (...) ist der Erfolg von Rassenerzeugung durch Nationenbildung" (Chamberlain 1936, 348).

Aus nationalsozialistischer Perspektive waren „Rasse" und „Nation" demnach identische Größen, da die Ideologie des Nationalismus ebenfalls eine natürliche Aufteilung der Weltbevölkerung mit jeweils unterschiedlichem kulturellem Profil unterstellte. Für Guillaumin gehörte diese „Idee einer Gemeinschaft der körperlichen Konstitution" zu den zentralen Mythen der Nationalismen des 19. und 20. Jahrhunderts (Guillaumin 2000, 37). So wurde bereits schon seit dem 18. Jahrhundert tendenziell davon ausgegangen, dass die kulturelle Entwicklung durch die jeweilige „Rasse" und jede nationale Identität biologisch determiniert sei (vgl. Miles 2000, 29ff).

„In seiner extremsten Form vertrat dieser Rassismus die Auffassung, das kulturelle Vermögen und die historische Entwicklungsfähigkeit seien durch die ‚Rasse' bestimmt, jede ‚Nation' daher Ausdruck der jeweiligen biologisch determinierten Fähigkeiten." (ebd., 31)

Diesen als „ethnischen Nationalismus" bezeichneten Konstruktionsprozess, der mit der Idee der Nationalstaatsbildung im 18.Jahrhundert in Deutschland zunächst als intellektuelle Bewegung entstand und schließlich im 19.Jahrhundert zur politischen Ideologie und zur „sozialen (Massen-)Bewegung" heranwuchs, ist seither aufgrund der damit eingeforderten bevölkerungspolitischen Homogenität des Nationalstaatsgefüges und des ethnischen Vereinheitlichungsstrebens eben auch für die Herausbildung der Bedeutung von Ethnizität verantwortlich. Ein sich selbst konstituierender „ethnischer Nationalismus" bezieht sich dabei häufig auf fiktive kulturelle Gruppen, die im Zuge von Geschichts- und Herkunftslegenden als einheitliche gemeinsame Größe konstruiert werden. Die politische Ideologie des ethnischen Nationalismus, der in seiner radikalsten Form, wie am Beispiel des nationalsozialistischen Rassismus gezeigt wurde, das rassereine arische „Volk" zum kollektiven Subjekt erhob, war von Beginn an mit der Forderung nach ethnischer Homogenität verbunden, mit der gleichzeitig, zwecks Erhalt der nationalen Einheit, die dort lebenden ethnischen Minderheiten als Störfaktoren begriffen wurden und von nun an unter einem hohen Anpassungs-, Assimilierungs- und Vertreibungsdruck standen (vgl. Heckmann 1992, 62ff).

Ein solches selbst-konstruiertes Gebilde als imaginierte nationale Gemeinschaft ist bei Bedrohung des Verlustes eines nationalen Zugehörigkeitsgefühls darum bemüht, dieses Identitätsgefühl am Leben zu halten. Wie die zunehmende Migrationsproblematik in Deutschland zeigt, wurde hierzu offenbar die Erinnerung an eine als dominierend erwünschte „Leitkultur" bemüht. Damit verbunden war die Forderung eines „gesunden Umgangs mit der eigenen Nation" bzw. „eines aufgeklärten, selbstbewussten Patriotismus", wie dies insbesondere von Seiten der Politik eingeklagt wurde und nach wie vor noch wird. Kampagnen wie „Du bist Deutschland", wie sie anlässlich eines großen deutschen Fußballereignisses gestartet wurden, sind sicherlich auch in diesem Zusammenhang zu sehen (vgl. Becker u.a. 2007, 131ff).[36]

Im Zuge der Bielefelder Studie konnte allerdings schlüssig belegt werden, dass insbesondere eine zu starke und vor allen Dingen undifferenzierte nationalistische Identifizierung mit dem eigenen Land gleichzeitig mit menschenfeindlichen Abwertungen gegenüber denjenigen Menschengruppen verbunden ist, die gewissermaßen im dialektischen Sinne in Abgrenzung zum Eigenen als unerwünschtes Gegenüber zur Stabilisierung des eigenen nationalen Identitätsgefühls funktionalisiert werden.

Mit Verweis auf Habermas und Sternberg favorisieren Becker u.a. deshalb gegenüber einem solchermaßen problematischen „traditionellen Nationalismus"

---

36 | Die Politikerzitate bzw. Slogans sind wörtlich den Ausführungen hierzu von Becker u.a. entnommen (vgl. Becker u.a. 2007, 131).

einen „Verfassungspatriotismus", mit dem eine „wertebezogene, an Demokratie und deren Wertekanon ausgerichtete Bindung" verknüpft sein sollte (Becker u.a. 2007, 131).

3.5 Neo-Rassismus – die Verabsolutierung der Differenz

Inzwischen wurden im Zuge zunehmender Probleme im Bereich der Migration zwar von rassebiologischen Argumentationen zur Notwendigkeit eines einheitlichen ethnisch-kulturellen staatlichen Gefüges (Nation) Abstand genommen, um sich hierzu allerdings eines anderen, nicht weniger problematischen Argumentationsmusters zu bedienen. Gemeint ist hiermit eine „neue" Form des Rassismus: ein „Neo-Rassismus", wie er terminologisch auch als „Rassismus ohne Rassen", „kultureller Rassismus" (auch: „Kulturrassismus" oder „Kulturalismus") bzw. „differentialistischer Rassismus" gefasst wird, den Balibar inhaltlich so charakterisiert:

„Ideologisch gehört der gegenwärtige Rassismus, der sich bei uns (gemeint ist die Situation in Frankreich, N.C.) um den Komplex der Immigration herum ausgebildet hat, in den Zusammenhang eines ‚Rassismus ohne Rassen' [...] eines Rassismus, der – jedenfalls auf den ersten Blick – nicht mehr die Überlegenheit bestimmter Gruppen oder Völker über andere postuliert, sondern sich darauf ‚beschränkt', die Schädlichkeit jeder Grenzvermischung und die Unvereinbarkeit der Lebensweisen und Traditionen zu behaupten." (Balibar 1992, 28)

Diese neue Form des Rassismus nimmt folglich Abstand von inzwischen als problematisch und wissenschaftlich unhaltbar beurteilten rassebiologischen Begründungen und betont demgegenüber u.a., dass sich menschliche Eigenarten und Verhaltensstrukturen im Grunde lediglich aus ihrer Zugehörigkeit zu „historischen ‚Kulturen'" erklären ließen (vgl. ebd., 29).

Taguieff sieht diese zunehmende Distanzierungen vom rassebiologischen Diskurs im Zusammenhang mit ersten kritischen Positionen zum Rassismus der dreißiger Jahre und insbesondere mit den antirassistischen Aktivitäten der UNESCO (1950). Diese Distanzierung war insbesondere unter dem Eindruck der Folgen des eliminatorischen nationalsozialistischen Rassismus entstanden, die zudem die zunehmende Erkenntnis beförderte, dass es sich beim so genannten „wissenschaftlichen Rassismus" um nicht belegbare, pseudowissenschaftliche Theorien handelt.[37]

---

37 | Eine der ersten kritischen Reaktionen auf die rassistische Politik und den Rassebegriff des Nationalsozialismus war das bereits im Jahre 1935 publizierte Buch von Huxley/ Haddon mit dem Titel „We Europeans: A Survey of ‚Racial' Problems", in dem die dortige „Rassenbiologie" als Pseudowissenschaft bezeichnet wurde. Nach 1945 erschien schließlich die von einer Kommission von Soziologen und Anthropologen erstellte Erklärung der UNESCO (1950), die sich ebenfalls vehement gegen den pseudowissenschaftlichen Miß-

Erst danach kam es, so Taguieff, zu neuen ideologischen Formen eines Rassismus, der als „differentialistischer Neorassismus" auf dem *„Prinzip der radikalen Inkommensurabilität"* der verschiedenen kulturellen Formen begründet wurde (Taguieff; 2000, 227; 1991, 237). So hat man es seither mit einem „Rassismus ohne Rassen", gewissermaßen mit einem „Anti-Antirassismus" zu tun, der sich bewusst von rassebiologischen Positionen distanziert, um anstelle dessen – beispielsweise im Umfeld des Problemkomplexes Immigration – auf Ersatz-Begrifflichkeiten wie *Kultur* und *Ethnie* auszuweichen.[38]

3.5.1 Kultureller Rassismus

Die Besonderheit dieses Neo-Rassismus besteht nun darin, nicht mehr, wie gezeigt, die Überlegenheit bestimmter Rassen zu postulieren, sondern statt dessen die Unvereinbarkeit der Lebensweisen unterschiedlicher Kulturen und Ethnien zu postulieren: einen „Ethnopluralismus" nämlich, der durch ein Postulat strikt voneinander

---

brauch des Rassebegriffs wandte und dabei gleichzeitig betonte, dass mit Bezug auf den Menschen „Rassen" Konstrukte ohne jegliche biologische Basis seien(vgl. Miles 1991, 59ff). Seither scheint sich insgesamt eine gewisse vorsichtige Distanzierung gegenüber dem Rassen- und insbesondere dem Rassismusbegriff zu etablieren. So fällt ins Auge, dass im Rahmen von wissenschaftlichen Untersuchungen zum Rassismus – selbst bei eindeutigen Belegen rassistischer Tendenzen – nicht mehr von Rassismus gesprochen wird. So wird in der gegenwärtigen deutschen Diskussion in auffälliger Weise der Rassismusbegriff – selbst im Zusammenhang mit Untersuchungen zum Rechtsextremismus – zugunsten alternativer Termini wie Ausländerfeindlichkeit, Fremdenangst oder Fremdenfeindlichkeit gemieden, was wohl, wie Rommelspacher vermutet, mit den damit assoziierten nationalsozialistischen rassistisch motivierten Verbrechen in Zusammenhang stehe und, so Bielefeld, dem Gründungsmythos der Bundesrepublik zuzurechnen sei, mit dem Rassismus in der Tendenz lediglich als überwunden geglaubtes historisches Faktum Geltung zukomme (vgl. Rommelspacher 2009, 33; Bielefeld 1991, 101). Insofern sollte wohl der alternativ geprägte Begriff „Ausländerfeindlichkeit" eine assoziative Nähe zum tabuisierten nationalsozialistischen Rassismus-Begriff vermeiden helfen. Rassismus wurde so aus dem Eigenen in geographische Weiten exiliert und lediglich als Phänomen anderer Nationalstaaten thematisiert, weshalb Bielefeld schon 1991 im Vergleich gegenüber anderen europäischen Nachbarländern das Fehlen einer breiteren deutschen Rassismus-Diskussion beklagt (vgl. Bielefeld 1991, 101). Auch Hansen sieht die Gründe des zunehmenden Gebrauchs von Kultur und Ethnie/Ethnizität bei gleichzeitiger Vermeidung des Begriffs Rasse im deutschen Diskurs als eine Folge der nationalsozialistischen Ära und deren auf Rasse bezogenen eliminatorischen Folgen, wobei auch für ihn hier lediglich die Begriffe ausgetauscht wurden, ohne dass dabei eine nähere inhaltliche Bestimmung vorgenommen wurde (vgl. Hansen 2001, 9ff).

38 | Nach Balibar ist dieser „differentialistische Rassismus" u.a. darum bemüht, sich als „Träger des wahren Anti-Rassismus" darzustellen" (Balibar 1992, 31).

abzugrenzender Ethnien bzw. Kulturen innerhalb eines nationalstaatlichen Gefüges gekennzeichnet ist.[39]

Theoretische Bezugsgrößen hierzu liefert ein „anthropologischer Kulturalismus", mit dem von der „Anerkennung der Unterschiedlichkeit und Gleichwertigkeit der Kulturen" ausgegangen wird und auf dem Hintergrund einer latenten „Mixophobie" vor jeglicher „Kulturvermischung" bzw. einer Beseitigung „kultureller Distanzen" gewarnt wird (Balibar 1992, 29; Taguieff 2000, 289). Leggewie erkennt hier ein implizites Wirkmuster einer „ethnopluralistischen" bzw. „multikulturellen Apartheid", die er als „Kopfprodukt der gescheiterten Moderne" bezeichnet. Der Terminus Rasse wurde demnach hier lediglich durch Ethnie oder Kultur ersetzt, ohne dabei auf das alte Postulat der Differenz zwischen den absolut zu unterscheidenden Menschengruppen (Ethnien), wie es dem „wissenschaftlichen Rassismus" zugrunde lag, zu verzichten (Leggewie 1996, 60f).

Auch Taguieff sieht hier letztlich einen „doktrinären Rassismus" am Werk, der vom „Prinzip der radikalen Inkommensurabilität" geleitet sei und dem es primär um die „Verteidigung kultureller Identitäten" und der Forderung auf das „Recht auf Differenz" gehe, wobei mit diesem „differentialistischen Rassismus" bewusst auf alte biologistisch-genetische Begründungen einer Ungleichheit der Rassen verzichtet und demgegenüber die plausibel erscheinende Bewahrung von kulturellen Identitäten und Verhinderung von Überfremdung betont würde (vgl. Taguieff 1991, 233f, 236f).[40]

„Diese Formen des Neorassismus setzen weder einen biologischen Dogmatismus noch die Behauptung der Ungleichheit aufgrund von Rassenbeziehungen voraus – Positionen, die nun wissenschaftlich disqualifiziert und sozial nicht mehr akzeptabel waren. Sie lassen sich von einer ideologischen Bastelei (bricolage) ableiten, die auf zwei wesentlichen Schritten beruht: einer Verteidigung kultureller Identitäten und einer Verherrlichung (éloge) der Differenz, teils unter den Individuen, teils unter den Gruppen. Hieraus wird ein ‚Recht auf Differenz‘ gefolgert." (Taguieff 1991, 236)

Der Neo-Rassismus ist demnach dadurch gekennzeichnet, dass er alle Menschengruppen einerseits als gleichwertig anerkennt, andererseits jedoch deren Kulturen als miteinander unvereinbar beurteilt, was man auf dem Hintergrund soziobiologischer Erkenntnisse wissenschaftlich zu begründen versucht, um das Konzept der „natürlichen Differenzen" zu stützen. Während der wissenschaftlich-biologische Rassismus („Rassialismus"), wie gezeigt, die Überlegen- bzw. die Unterlegenheit einer Menschengruppe erbbiologisch und mittels entsprechenden Rasse-Typisie-

---

39 | Der Begriff eines „Ethnopluralismus" geht auf Henning Eichberg zurück, auf dessen ethno-pluralistische Position sich seit den 1970er Jahren die „Neue Rechte" bezieht (vgl. Eichberg 2007).

40 | Als Beispiel hierfür nennt Taguieff das Apartheidsystem Südafrikas, das zur Legitimation seines rassistischen Systems die notwendige Bewahrung kultureller Differenzen hervorhob (vgl. Taguieff 1991, 237; vgl. hierzu auch Priester 2003, 105ff).

rungen begründet, bedient sich der differentialistische Neo-Rassismus kulturalistischer Argumente und konstruiert und etabliert Hierarchien, Macht- und Dominanzansprüche entlang imaginärer oder tatsächlicher Differenzen zwischen den Kulturen, die er für nicht miteinander vereinbar erklärt, wobei auch hier, gemäß der rassistischen Ideologie, bestehende kulturelle Unterschiede im Zuge einer Naturalisierung der Differenzen essentialisiert und als naturgegeben behauptet werden, ohne dabei die eigentliche Bedeutung von Kultur zu diskutieren und differenziert zu erfassen.[41] Mit dieser neuen Form eines ideologischen Rassismus wurde die Biologisierung zugunsten einer ahistorischen Kulturalisierung verdrängt, und die vormalige „interrassistische Ungleichheit" wurde zur „interkulturellen Differenz" (vgl. Taguieff 1991, 238).

Für Castles ist diese Ideologie des Neo-Rassismus deshalb so mächtig, da hier wie beim „wissenschaftlichen" Rassismus, pseudowissenschaftliche Erklärungen für Ausgrenzungs- und Diskriminierungspraktiken geliefert würden, ohne dabei rassistisch im herkömmlichen Sinne zu erscheinen (vgl. Castles 1991, 141).[42]

Ein Beispiel hierfür sind die weiter oben behandelten humanethologischen Begründungen zur so genannten „natürlichen Fremdenangst" und die aus dieser Perspektive zu ziehenden Konsequenzen. So konnte Eibl-Eibesfeldt unter bewusster Vermeidung biologisch-rassistischer Termini ganz im beschriebenen Sinne für „einen ethnischen Pluralismus, aber bei territorialer Trennung" plädieren (Eibl-Eibesfeldt 1990, 73). Der biologische Rassismus transformiert sich auf diese Weise, so Scherr, in einen „ethnisierenden Kulturrassismus":

„Für diesen ist *erstens* kennzeichnend, dass der Kultur bzw. Ethnizität die gleiche Bedeutung zugewiesen wird, wie im biologischen Rassismus den Erbanlagen. *Zweitens* wird weniger mit Annahmen über die Höher- bzw. Minderwertigkeit, sondern mit dem Postulat der grundlegenden Unterschiede und der erforderlichen Trennung der Kulturen bzw. Ethnien argumentiert." (Scherr 2011, 271)

---

41 | Auf den Begriff von „Kultur" geht demgegenüber insbesondere Auernheimer in seiner Publikation „Der sogenannte Kulturkonflikt" differenziert ein und zeigt dort im Zuge seiner historischen Analyse der Beutung von Kultur (in der Phase der Aufklärung als „synonym für die Beherrschung der Natur", der deutschen Klassik und der Kulturphilosophie, -soziologie und Kulturanthropologie als u.a. „System von Ordnungs- und Deutungsformen") auf, dass Kultur dem Wesen nach „das System von symbolischen Bedeutungen (ist), das eine Gruppe in der Auseinandersetzung mit ihren materiellen Lebensbedingungen unter historisch bestimmten Produktionsverhältnissen, in ihren Lebenstätigkeiten also, produziert und das sie gemeinsam teilt". Das heißt, Kultur als „Mittel der Sinngebung" ist der jeweils historisch gewachsene, letzthin konstruierte dynamische „Fundus an symbolischen Repräsentationsmitteln" zur sinnhaften Orientierung in der Lebenswelt, der, so ließe sich ergänzen, zur Ideologie erstarrt, sobald er sich resistent gegenüber den Einflüssen äußerer Systeme symbolischer Bedeutungen (im Sinne von Kultur) erweist (Auernheimer 1988, 119f).
42 | Vgl. hierzu auch Taguieff 1991, 236ff.

Seit der Anwerbung von ArbeitsmigrantInnen findet die Differenzkonstruktion in Deutschland im beschriebenen Sinne anhand von Kultur statt, wobei seit den 1990er Jahren vermehrt die islamische Religion als das Gegenbild zur christlich-abendländischen Kultur in die Blickperspektive gerät. Dabei wird auch hier Kultur und Religion im Zuge der impliziten Ideologie eines Kulturellen Rassismus als unveränderliches, gewissermaßen naturalisiertes Wesensmerkmal gesetzt, um letzthin in der öffentlichen Debatte um die Integration von Minderheiten eine klare Trennlinien zwischen Einheimischen und Zugewanderten entlang ihrer Kultur- bzw. Religionszugehörigkeit ziehen zu können. Auf dieser Grundlage können moderne Rassismen im verschleierten Gewand von Kultur und Religion ohne einen biologistischen Rassebegriff des „wissenschaftlichen Rassismus" auskommen und dennoch rassistisch konnotiert sein, da auch hier – wie im biologistischen Rassismus – die Betonung auf die Differenz zwischen Personen oder Personengruppen gelegt wird.

3.5.2 Ausländerfeindlichkeit aus der Perspektive des „differentialistischen Rassismus"

Wie sehr sich dieses neo-rassistische Denken in der jüngeren politischen Wirklichkeit in Deutschland bereits etablierte, zeigt das so genannten „Heidelberger Manifest"[43] aus dem Jahre 1981, mit dem vor einem Bedrohungsszenario durch eine ungebremste Einwanderungspolitik gewarnt wurde, und das zum Beleg der wissenschaftlichen Seriosität von fünfzehn namhaften Professoren unterzeichnet wurde. Dort heißt es in der ersten erschienenen Fassung:

„Der Zuzug der Ausländer wurde von der Bundesregierung aus Gründen des heute als fragwürdig erkannten hemmungslosen Wirtschaftswachstums gefördert. Die deutsche Bevölkerung wurde bisher über Bedeutung und Folgen nicht aufgeklärt. Sie wurde auch nicht darüber befragt. Deshalb rufen wir zur Gründung eines parteipolitisch und ideologisch unabhängigen Bundes auf, dessen Aufgabe die Erhaltung des deutschen Volkes und seiner geistigen Identität auf der Grundlage unseres christlich-abendländischen Erbes ist."

Und weiter heißt es dort:

„Jedes Volk, auch das deutsche Volk, hat ein Naturrecht auf Erhaltung seiner Identität und Eigenart in seinem Wohngebiet. Die Achtung vor anderen Völkern gebietet ihre Erhaltung, nicht aber ihre Einschmelzung (,Germanisierung'). Europa verstehen wir als einen Organismus aus erhaltenswerten Völkern und Nationen auf der Grundlage ihrer gemeinsamen Geschichte. ,Jede Nation ist die einmalige Facette eines göttlichen Plans' (Solschenizyn)." (Heidelberger Manifest, 17.6.1981)

---

43 | Die folgenden Zitate beziehen sich auf die Dokumentation: Das Heidelberger Manifest (Unterzeichner-Fassung vom 17.6.1981) Webseite: Schutzbund für das deutsche Volk (SDV) e.V: *http://schutzbund.de /heidelberger-manifest.htm* (Zugriff am 21.2.2010).

Von so genannten „ethnischen Katastrophen multikultureller Gesellschaften" als Folge einer beklagten „Überfremdung" des deutschen Volkes und einer sich bereits jetzt schon abzeichnenden „Überfremdung unserer Sprache, unserer Kultur und unseres Volkstums" ist dabei die Rede. Hierbei, so wird ausdrücklich betont, seien nicht die Gastarbeiter schlechthin das Problem, „sondern ihr asiatischer Anteil", der sich gegenüber denjenigen aus dem „europäischen Raum" bezüglich ihres „kulturellen, soziologischen und religiösen Kontextes" keine Aussicht auf „Akkulturation" böten. Einer von der damaligen Bundesregierung geförderten „multirassischen Gesellschaft", die gegen das im Grundgesetz verankerte Lebensrecht und gegen die Erhaltung des deutschen Volkes gerichtet sei und insgesamt zur Unterwanderung deutschen Volksinteresses führe, sollte von nun an, so die Empfehlung der Autoren, durch eine überparteiliche Arbeitsgemeinschaft entgegengewirkt werden.

Besonders problematisch muten die im zitierten Manifest gebrauchten Begrifflichkeiten wie deutsches „Volk" und die mehr als überholt geglaubten Annahmen einer genetischen Weitergabe völkischer Eigenschaften an.

„Der Begriff ‚Volk' läßt sich heute naturwissenschaftlich definieren: Völker sind (kybernetisch und biologisch) lebende Systeme höherer Ordnung mit voneinander verschiedenen Systemeigenschaften, die genetisch weitergegeben werden. Dabei sind auch nicht körperliche Eigenschaften eingeschlossen, die genauso vererbt werden, wie die körperlichen (die Milieu-Therapie ist wissenschaftlich falsch)."

Diese Formulierungen erinnern auf fatale Weise an nationalsozialistisch-rassenhygienische Forderungen zur Erhaltung der arischen Rasse, mit denen im Zuge der Sicherung des „völkischen" Charakters u.a. auch von einem göttlichen Heilsplan ausgegangen wurde. Der ethnozentristische, fremdenfeindlich-rassistische Blick des Heidelberger Manifestes offenbart hier einen ungebrochenen Glauben an die Einmaligkeit der eigenen genetisch manifestierten Volkssubstanz, die unbedingt vor Kontaminierungen fremdgenetischer Eigenschaften bewahrt werden soll.[44]

Obschon die Ausführungen des Heidelberger Manifestes mit ihrem neo-nazistisch anmutendem Sprachduktus und erbbiologischen Hypothesen weit über die vorsichtigen Formulierungen des beschriebenen Neo-Rassismus hinausgehen, was insgesamt, besonders angesichts der Befürwortung von wissenschaftlicher Seite, mehr als erstaunlich ist, zeigen sie dennoch sehr deutlich die Grundprämissen eines „Kulturellen Rassismus" auf wie: die Verteidigung der kulturellen Identität des eigenen „Volkes", die bewusste Vermeidung des Rassebegriffs, das proklamierte

---

44 | Dessen ungeachtet hatte das Heidelberger Manifest ganz offenbar einen großen Einfluss auf die nachfolgende Ausländerpolitik, was sich nach Erscheinen des Manifestes in entsprechenden restriktiven Ausländererlassen niederschlug (vgl. Burgkart 1984; Han 2004, 315).

Recht auf Differenz und die konstatierte Unvereinbarkeit verschiedener Kulturen, wobei Kultur in diesem Zusammenhang ähnlich dem Begriff der „Nation" als ahistorischer essentialistischer Terminus erscheint.

Die wissenschaftlichen Gewährsleute dieser neo-rassistischen Positionen waren u.a. Humanethologen wie der bereits genannte Verhaltensforscher Irenäus Eibl-Eibesfeld, der, wie gezeigt wurde, „Fremdenhass" und „Ausländerfeindlichkeit" aus seiner humanethologischen Blickperspektive in stammesgeschichtlich-natürlichen Wurzeln begründet sieht, einer aus evolutionären Prozessen gewonnenen „Ratio des Überlebens" zur „Abgrenzung und Bewahrung der Identität", weshalb es nach ihm gegen das Mensch-Sein insgesamt verstoße, unterschiedliche Kulturen und Ethnien in einem gemeinsamen Lebensraum zusammenbringen zu wollen (vgl. Eibl-Eibesfeldt 1990 (b), 190).

Der „differentialistische Rassismus" liefert auch hier im Dienste aversiver interkultureller Reaktionen gegenüber unterschiedlichen Menschengruppen, die terminologisch als „Xenophobie" bzw. „Ausländerfeindlichkeit" gefasst werden, scheinbar gut nachvollziehbare Erklärungen. Er offenbart sich dabei im Kleide einer relativ kohärenten Theorie und scheinbar plausibler Wahrheiten unter bewusster Vermeidung rassebiologischer Begründungszusammenhänge.

Da die „neorassistischen Theoretiker", so Balibar, keine „Mystiker des Erbgutes", sondern „ganz ,realistische' Techniker der Sozialpsychologie" seien, verzichten sie meist bewusst auf erbbiologische Begründungen[45], wie dies auch seitens human-ethologischer Positionen zu sehen ist. Als scheinbare „Träger des wahren Anti-Rassismus" wenden sie sich ausdrücklich gegen erbbiologische rassistische Positionen und rehabilitieren im Grunde somit die „kollektive Aggressivität" und „Xenophobie" als gewissermaßen natürliche Reaktion auf das Fremde (vgl. Balibar 1992, 31).

„Der differentialistische Rassismus ist also, logisch betrachtet, ein Meta-Rassismus, bzw. ein Rassismus, den wir als ,Rassismus zweiter Klasse' kennzeichnen können, d.h. ein Rassismus der vorgibt, aus dem Konflikt zwischen Rassismus und Antirassismus seine Lehren gezogen zu haben, und sich selbst als eine politisch eingriffsfähige Theorie der Ursachen von gesellschaftlicher Aggressivität darstellt." (ebd., 30)

Halten wir also fest: Der „Neo-Rassismus" verwirft im Sinne eines „Kulturellen Rassismus" bewusst den pseudo-wissenschaftlichen biologischen Rassismus und vermeidet den Begriff „Rasse", um andererseits im Zuge sozio-biologisch begründeter Postulate (radikale Inkommensurabilität unterschiedlicher Kulturen; Recht auf Differenz) das „natürliche Recht" auf Abgrenzung und Sicherung der eigenen kulturellen Identität zu begründen. Innerhalb dieses neo-rassistischen Diskurses sind „kulturelle Differenzen" essentialistisch als unveränderliche Größen

---

45 | Herausragende Ausnahme sind hier insbesondere die Autoren des „Heidelberger Manifestes".

kodiert, da sie, so Castles, nach diesem Verständnis „entweder auf der ‚menschlichen Natur' beruhen oder tief in der Geschichte verwurzelt sind" (Castles 1991, 140f). Darüber hinaus liefern „Neo-Rassismen" auf dem Hintergrund ihres Selbstverständnisses griffige Theorien für die Ursachen von scheinbar ethnisch-kulturell bedingten Konfliktkonstellationen, wie sie sich insbesondere gegenüber ethnischen Minderheiten im Zuge eines impliziten ethnischen Nationalismus bzw. „Kulturalismus" zeigen. Konfliktkonstellationen lassen sich aus dieser Perspektive nur verhindern, wenn territoriale Grenzen zwischen ethnischen Gruppen auf Dauer eingehalten und die Anderen des Eigenen nach Möglichkeit von der Teilnahme an gesellschaftlich relevanten Entscheidungsprozessen ausgeschlossen bleiben (vgl. Balibar1992, 30; Castles 1991, 141).

In einer historischen Replik bezüglich eines ursprünglichen „genetischen Rassismus" („Rassismen") zeigt Hall auf, wie es in England über die rassistisch konnotierte Verdinglichung von Menschen, denen man (u.a. zur Besänftigung der Kirche im Streit mit den Sklavenhaltern) schließlich das Mensch-Sein absprach, möglich wurde, schwarze Sklaven wie Sachen zu behandeln. In der nachkolonialen Periode wurde dieser „genetische Rassismus", so Hall, sukzessive durch einen „kulturellen Rassismus" ersetzt, der sich primär gegen die fremde Kultur von „Gastarbeitern" aus den ehemaligen Kolonien richtete, die nach dem Zusammenbruch des englischen Imperiums daran gingen, in ihr „Mutterland" zu übersiedeln.[46]

Es wird hier deutlich, wie der essentialisierte, gewissermaßen naturalisierte Kulturbegriff – ein Hauptkennzeichen des Kulturellen Rassismus neben der Naturalisierung des Sozialen oder der Geschichte – zum funktionalen Äquivalent des Rassebegriffs wird.[47] Aufgrund der heraufbeschworenen Angst vor der Vermischung von Kulturen, die sich im Grunde auf die fremdartige Rasse bezog, wuchs nach Hall für das englische Mutterland ein enormes Bedrohungspotenzial für die

---

46 | Diese Formen eines kulturellen Rassismus in England erinnern sehr stark an das zitierte „Heidelberger Manifest" in Deutschland aus dem Jahre 1981.

47 | Schon Theodor Adorno wies darauf hin, dass der Rasse-Begriff sukzessive durch den unverfänglich anmutenden Begriff „abendländische Kultur" ersetzt würde, wobei „das vornehme Wort Kultur" an die Stelle des „verpönten Ausdrucks Rasse" trete und dennoch „ein bloßes Deckbild für den brutalen Herrschaftsanspruch" bliebe (Adorno 1975, 277). Ganz in diesem Sinne erfährt der Begriff „Kultur" in dem auf breites Interesse gestoßene Buch „Kampf der Kulturen" (1997) von Samuel Huntington z.B. im Zusammenhang der Beschreibung des „Westens" eine herausragend-dominante, kulturell-zivilisatorische Bedeutung, die durch das „Verblassen des Westens" zunehmend schwinde (vgl. Huntington 1997, 117ff). Senghaas kritisiert hierbei insbesondere, dass Huntington „Kultur" zwar in den Mittelpunkt seiner Schilderungen stelle, es aber andererseits unterließe, näher auf den Begriff Kultur einzugehen. So nehme es kaum Wunder, wenn Huntington dem Islam per se eine generelle Kriegslust unterstelle, ohne dabei die islamische Kultur, geschweige denn Unterschiede zwischen Islam und Islamismus näher zu präzisieren (vgl. Senghaas 1998, 136f).

„englische Identität" heran, das die damalige Premierministerin Margret Thatcher mit folgenden Worten auf den Punkt brachte: „Die englische Lebensweise wird von einem Fremdkörper bedroht."[48]

Hall zeigt an diesen Beispielen konkreter Auswirkungen eines ethnischen Nationalismus auch auf, wie es aus Furcht vor „kultureller Umweltverschmutzung" und der geforderten „Rückkehr zu den viktorianischen Werten" zu einer Form eines „Rassismus ohne Rasse" kommt, wobei es dessen Kennzeichen ist, sich sozialer Ausschließungspraktiken bedienen zu können, ohne dabei auch hier auf eine Rassentheorie im engeren Sinne zurückgreifen zu müssen, da dort Rasse als Kultur – verschiedentlich als „Ethnizität – essentialistisch kodiert ist.

Insofern kann dort als das Andere der eigenen Kultur (Rasse) nicht nur der „Schwarze" gelten, sondern auch all diejenigen, die aus den unterschiedlichsten Gründen der „englischen Art" nicht entsprechen (können), wozu u.a. eben auch unterprivilegierte Schichten zählen können.

Sie alle sind mit dem „Kulturellen Rassismus" von „symbolischer Ausschließung" betroffen, so dass die Betroffenen im Zuge konkreter Ausschließungspraktiken nicht nur der Zugang zu materiellen und kulturellen Gütern verschlossen bleibt, sondern darüber hinaus auch symbolisch aus der Gemeinschaft ausgeschlossen bleiben (vgl. Hall 2000, 13f). Damit wird deutlich, dass ein solchermaßen produziertes Verständnis von Kultur bzw. Ethnie weiterhin mit der impliziten Intention von Abgrenzung bzw. Ausschließung gegenüber anderen Gruppen verbunden ist, wobei die mit Ausschließung verbundene Differenzkonstruktion auch hier nicht mehr mit biologistischen Zuweisungen, sondern mit einer negativ attribuierten „Mentalität" begründet wird.[49]

3.5.3 Konstruktion „Deutsche Leitkultur"

Sokolowsky erinnert in seinem Buch „Feindbild Moslem" (2009) an eine im Magazin „Der Spiegel" im September 1991 erschienenen Expertise des damaligen Leiters der Verfassungsabteilung des Innenministeriums, Eckart Schiffer, in der „von den Ausländern mithin verlangt (wird, N.C.), daß sie sich in unsere rechtliche, soziale und wirtschaftliche Ordnung einfügen, die hiesige kulturellen und politischen Wertvorstellungen respektieren und sich nicht gegen ihre deutsche Umwelt verschließen, in die sie freiwillig als Ausländer gekommen sind".[50] Noch deutlicher

---

48 | Thatcher zitiert nach Hall 2000, 12.

49 | Es sei in diesem Zusammenhang nochmals auf eine Bemerkung des ehemaligen Ministerpräsidenten von Nordrhein-Westfalen, Jürgen Rüttgers, anlässlich einer Kundgebung zur Kommunalwahl am 26.August 2009 hingewiesen, der den Weggang eines Handyherstellers aus seinem Bundesland nach Rumänien mit diffamierend-herabwürdigenden Kommentaren bezüglich einer von ihm attestierten schlechten Arbeitsmoral rumänischer Arbeitnehmer versah (vgl. *Frankfurter Allgemeine Sonntagszeitung*, 6.09.2009, Nr. 36, S. 40).

50 | Eckart Schiffer zit. nach Sokolowsky 2009, 32f.

erinnert dieses an MigrantInnen gerichtete kulturelle Postulat an die so genannte „Leitkultur-Debatte" im Jahre 2000, indem dort ein von Bassam Tibi in seiner im Jahre 1998 erschienen Publikation „Europa ohne Identität?" eingeführter Begriff einer europäischen „Leitkultur" in die politische Diskussion über Integration eingeführt und in diesem Zusammenhang eine notwendige Assimilationsbereitschaft von MigrantInnen an deutsche Kernwerte postuliert wurde (vgl. Tibi 2000, 180f). So forderte der damalige Fraktionsvorsitzende der CDU, Friedrich Merz, in der „Welt" vom Oktober 2000 Regeln für Einwanderung und Integration, die sich, wie er hervorhob, an der „freiheitlich-demokratischen deutschen Leitkultur" zu orientieren und vor jeglicher Form von Multikulturalismus zu distanzieren hätten (vgl. Die Welt, 25.10.2000).

Für Thomas Meyer sind solche „*fundamentalistische* oder *essentialistische* Formen kultureller Identität", wie sie sich beispielsweise als „Leitkultur" gegenüber dem Fremden in Position bringen, mit demokratisch-rechtsstaatlichen Prinzipien unvereinbar, da demgegenüber allein das „Faktum der zunehmenden *Transkulturalität* der entscheidende Ausgangspunkt für alle politischen Überlegungen zur Arbeit an der politischen Kultur der Demokratie" sei (Meyer 2002, 353, 354).

Die Vorstellung einer „Deutschen Leitkultur" ist inhaltlich assoziiert an einer so genannten „europäisch-kulturellen Identität", bei deren Bestimmung sich im Grunde zwei Grundpositionen unterscheiden lassen: ein historischer Substantialismus (1), mit dem die inhaltlichen Merkmale kultureller Besonderheit Europas in Bezug auf die Geschichte und die geisteshistorischen Wurzeln wie Aufklärung und modernes Wissenschaftsverständnis gesehen werden und eine Orientierung am Christentum (2), wonach religiöse Glaubenssysteme – im gegebenen Fall die Unvereinbarkeit zweier Religionen (Christentum und Islam) – generelles Kennzeichen der Grenzen von Kulturräumen darstellen sollen.[51]

Dem ist entgegenzuhalten, dass die historischen Bezüge, die zur inhaltlichen Bestimmung der europäischen Kultur angeführt werden, meist historisch konstruiert sind und keine plausiblen Begründungen hinsichtlich einer gemeinsamen Kultur liefern, da sich die Ausbreitung antiker Ideen ausdrücklich auch auf Teile der heutigen Türkei (Kleinasien) bezog und andere damalige Teile der heutigen EU davon ausgeschlossen waren. Dies bedeutet schließlich, dass eine substanzielle Bestimmung der Kultur Europas letztendlich nicht möglich ist, da, so Richter, „allen nationalen Sehnsüchten, Mythen und Visionen im west-europäischen Raum" Folgendes entgegengehalten werden muss:

---

51 | Demnach ist ganz im Sinne Huntingtons die Religion die zentrale Größe zur Abgrenzung verschiedener Kulturräume, weshalb es aus dieser Perspektive nachvollziehbar erscheint, dass die Türkei keinesfalls als Teil Europas und damit als Vollmitglied der EU anerkannt werden kann und lediglich in den „Genuss" einer „privilegierten Partnerschaft" kommen kann (vgl. Huntington 1997).

„Die Gesellschaften, die in den modernen Territorialstaaten in Europa zusammenleben, sind keine homogenen Gebilde. Die Völker waren immer schon vielgliedriger und disparater, als es die Idee der nationalen Einheit suggeriert. Die Bürgerinnen und Bürger der Staaten Europas bleiben im Hinblick auf ihren rechtlichen und sozialen Status, auf ihre politische und kulturelle Identität, auf ihre ethnische und religiöse Zugehörigkeit verschiedenartig." (Richter 2005, 3)

Das heißt, dass die konstatierte Nichtvereinbarkeit von zwei Weltreligionen lediglich eine normative Setzung ist, die sich weder wissenschaftlich belegen noch, was viel bedeutsamer ist, im Grunde nach EU-Verständnis und Rechtsauffassung nicht vertreten lässt, da sich die EU ausdrücklich als eine pluralistische Wertegemeinschaft begreift, die sich nicht durch eine bestimmte Ethnie, eine einheitliche Sprache oder durch eine gemeinsame Religion definiert. Obwohl alle Mitgliedsstaaten in einer christlichen Traditionslinie stehen, fehlt im Verfassungsentwurf der Verweis auf das Christentum oder auf Gott, sondern es wird ausdrücklich auf ein Verbot von Diskriminierungen auf Grund einer religiösen Zugehörigkeit und der Würdigung der Vielfalt von Religionen hingewiesen. Der fehlende Bezug zum Christentum wurde im Übrigen insbesondere seitens römisch-katholisch geprägter Länder wie Polen, Irland und Italien massiv kritisiert, was einer der Gründe war, dass es nicht zur Ratifizierung des Verfassungsvertrags kam.[52]

Der als „europäisch" assoziierte Kulturbegriff zeigt bei näherer Betrachtung nicht nur sehr starke essentialistische Züge, sondern erscheint aus kritischer kulturanthropologischer Perspektive primär als funktionales Unterscheidungsmerkmal zur hierarchischen Einordnung von Menschengruppen. Das heißt, hier wirkt eine Tendenz zum „Kulturalismus", mit dem eine Überbetonung des ethnischen Anteils eines Kulturbegriffs transportiert und im Grunde auch hier Rasse durch Kultur ersetzt wird. Was den essentialistischen Einheitsgedanken einer Kultur angeht, die man europäisch nennt, weist insbesondere Richter darauf hin, dass die Nationalstaaten Europas seit Mitte des 17. Jahrhunderts von eben jener Fiktion zehren, ihre Territorien und ihr Staatsgebilde fügten sich über die Zeiten hinweg harmonisch und homogen zusammen. Dieser Traum von der nationalen Einheit mit den „geschönten Selbstbilder von nationaler Homogenität" sei besonders in Deutschland – einer im Grunde „verspäteten Nation" – sehr stark ausgeprägt (Richter 2005, 3f).

Kultur kennzeichnet im Grunde das Bestreben einer Gruppe von Menschen, die im sozialen Miteinander intersubjektiv erworbenen Traditionen, Werte, Denk- und Handlungsmuster zu pflegen und an die nachkommende Generationen weiterzugeben, ohne dass hierbei das tradierte Kulturelle als ein essentialistisch-unveränderlicher Besitzstand verstanden werden darf. Um dies zu gewährleisten, bedarf es, so Richter weiter, einer „Öffnung zum Kulturdiskurs", in dem Kultur „der einem ständigen Wechsel unterliegende Umgang mit Traditionen, Bräuchen, Riten, Symbolen und Normen" bedeutet. Bezüglich einer so genannten „Leitkultur" fordert Richter

---

52 | Vgl. Artikel II-22 und Artikel II-21 des Verfassungsentwurfs.

insofern eine ‚Anleitung' zur kommunikativen und deliberativen Praxis, in der erst die Regeln der kulturellen Koexistenz und die Inklusions- wie Exklusionsmerkmale erarbeitet werden. Eine derartige Leitkultur wäre inhaltsoffen und nur dort beschränkt, wo die Normen des Rechtsstaats missachtet werden – die ja ihrerseits als das Ergebnis einer ideellen oder gar faktischen ‚Beratung' der betroffenen Bürgerinnen und Bürger betrachtet werden sollten" (Richter 2005, 6). Im anderen, entgegengesetzten Fall wird eine differentialistisch-essentialistische kulturelle Orientierung alle als fremd empfundenen Elemente jenseits eigener kultureller Normsetzungen tendenziell ausgrenzen, bzw. sich bestenfalls darauf beschränken, das Andere des Eigenen im Prozess der ethnozentrischen „Denk-Kolonisierung"[53] lediglich aus der Perspektive des eigenen Denk- oder Bewertungsschemas zu beurteilen und diese fremde Kultur ebenfalls als unveränderliche essentialistische Größe wahrzunehmen.

Die modernen Sozialstaaten Ende des 20. Jahrhunderts griffen demnach, wie Römhild anmerkt, auf einen „ethnisch begrenzten Kulturbegriff" zurück, um die Trennung vom Eigenen und Fremdem zu gewährleisten (vgl. Römhild 1999, 246f). So wurde auch in seiner positiven Konnotation der Kulturbegriff ethnisch begrenzt, so dass er ein spezifisches Verständnis von Kultur transportiert, um sich und andere in fundamentaler, herkunfts- oder abstammungsorientierter Differenz zu denken und wahrzunehmen. Die praktizierte Alltagskultur, die Fähigkeit des Menschen, „auf Veränderungen mit Veränderungen zu reagieren", wurde dabei wenig beachtet (ebd., 247 f). Ethnische Kultur ist jedoch statisch und retrospektiv. Sie beschreibt lediglich nur eine Seite des Menschen als Kulturwesen, nämlich seine Kulturgebundenheit. Unberücksichtigt bleibt seine Kulturfähigkeit, die für ein sinnvolles Gemeinschaftshandeln notwendig ist. All dies und die Wirkmächtigkeit der praktizierten Alltagskultur und das kreative Potenzial des Menschen mit Veränderungen umzugehen, bleibt bei einem ethnisch begrenztem Kulturverständnis bzw. Ethnisierung unberücksichtigt (vgl. ebd.).

Kulturalisierung und Ethnisierung sind demnach interdependente Phänomene, die nur durch Betonung einzelner konstituierender Aspekte differenziert betrachtet werden können. So wie Kulturalisierung immer auch einen ethnisch-begrenzten Kulturbegriff impliziert, so weist die im Zug der Ethnisierung vorgenommene Differenzkonstruktion auf Klassifikationen von Personengruppen hin, die ihrerseits unterschiedliche Elemente einer Kultur, wie Sprache, Gewohnheiten, Religion etc. aufgreift, um eine ethnische Gruppe zu konstruieren, wie wir dies im Folgenden aufzeigen werden.

---

53 | Vgl. Waldenfels 1999, 49.

4. Ethnisierung des Fremden

4.1 KONSTRUKTIONSGEBILDE ETHNIE

In der Bundesrepublik Deutschland werden seit den 1980er Jahren gesellschaftliche Konflikte zunehmend ethnisiert. So formierten sich „quasi soziale Bewegungen gegen Fremde", die unter dem Slogan „Deutschland den Deutschen" gegen eine scheinbar zur Bedrohung anwachsende kulturelle Entfremdung auftraten und seither insbesondere MigrantInnen muslimischen Glaubens in den Blick nehmen (vgl. Leggewie 1997, 233). Auslöser dieses fremdenfeindlichen „Ethnozentrismus" waren primär Aversionen gegen das kulturell-ethnische Andere des Eigenen. Dieses Ethnisch-Andere wurde dort gewissermaßen Kennzeichnung und Begrenzung des Eigenen gegenüber dem Fremden bei Betonung der Überlegenheit des Eigenen, was, wie gezeigt wurde, dem Mechanismus des „Kulturellen Rassismus" entspricht. Wie im Zusammenhang des „Kulturellen Rassismus" bereits dargestellt wurde, besteht die Besonderheit dieses Neo-Rassismus primär darin, anstelle einer im Zuge des wissenschaftlichen Rassismus postulierten Überlegenheit bestimmter Rassen von einem „Ethnopluralismus" auszugehen, der dort durch ein Postulat strikt voneinander abzugrenzender Ethnien innerhalb eines nationalstaatlichen Gefüges gekennzeichnet sein soll.[1]

Dies entspricht im Grunde den nationalstaatlichen Bestrebungen des neunzehnten Jahrhunderts, mit denen man zum Zwecke der Machterhaltung bestehender Dynastien bemüht war, mittels „Naturalisierung" des Eigenen im Sinne einer Propagierung bestimmter Elemente der eigenen Kultur und Ethnie eine imaginäre, nationale gesellschaftliche Identität zu konstruieren: ein Konstrukt zur Schaffung eines ethnischen Nationalismus („Ethno-Nationalismus"), bzw. einer imaginierten ethnischen Gemeinschaft als Nation (vgl. Trubeta 1999, 32ff; Anderson 1988, 91, 159). Eine Ethnie als gesellschaftspolitisches Konstrukt kennzeichnet demnach Loyalitäten nach innen und außen und diente so auch, wie Leggewie hervorhebt, als

---

1 | Zu bedenken ist hier allerdings gegenüber dem Rassismus-Konzept, dass Ethnizität auch von den Betroffenen selbst – also auch von denjenigen, die Gegenstand rassistischer Diskriminierungen sind – als Konstrukte von ethnischen Unterscheidungs- und Differenzierungsmerkmalen herangezogen werden, wie dies weiter unten noch näher darzustellen ist.

politisch verabsolutierte Gruppennormierung gegen Andere des Eigenen „in der Nationalstaatsbildung und Kolonialpolitik des 19. Jahrhunderts und im 20. Jahrhundert zur Rechtfertigung ‚ethnischer Säuberungen'" (ebd., 238).

„*Ethnie*" (griechisch *ethnos* [Volk; Volkszugehörigkeit]) bezeichnet hier zunächst im allgemeinen Sinne eine Gruppe von Menschen, die sprachlich, historisch, kulturell und sozial eine (empfundene) Einheit bilden. Nach Leggewie ist Ethnos eine „ambivalente, empirisch und theoretisch gehaltvolle Unterscheidungskategorie mit erheblichen politischen (konstruktiven wie destruktiven) Mobilisierungstendenzen" (Leggewie 1997, 245).

4.1.1 Ethnizität – Konstrukt eigener und fremder Lebenswirklichkeit

Im Weiteren soll „Ethnizität" im Sinne eines ethnischen Konstruktionsprozesses näher in den Blick genommen werden. Dabei wird Ethnizität als ethnische Konstruktion und Identifikation im Sinne eines aufeinander bezogenen Prozesses von Selbst- *und* Fremdzuschreibungen, eben als ein Konstrukt eigener bzw. fremder Wirklichkeit verstanden, die sich im Sinne einer Produktion und Reproduktion einer jeweiligen imaginären Gemeinschaft mit Hilfe bestimmter Strategien sozialer Verortungen konstituiert und auf diesem Hintergrund ein Identitäts- und Solidaritätsbewusstsein ausbildet. Elemente dieses Konstruktionsprozesses sind hierbei Mythenbildungen bezüglich einer gemeinsamen Geschichte (Ursprungs- bzw. Abstammungsmythos; Schicksalsgemeinschaft etc.) bzw. Mythen bezüglich ursprünglicher natürlicher primordialer Bindungen („Blutsverwandtschaften"); eine (scheinbar) ethnisch rekonstruierbare gemeinsame Ur-Sprache; Mythenbildungen über reale oder fiktive Ursprungs- bzw. Herkunftsorte (Ur-Heimat) und Abstammungsmythen im Sinne ethnisch-kultureller und biologistisch begründeter Ur-Gemeinschaften bezüglich Rasse und Volk (vgl. Schröder 1998, 2ff).[2] Dabei ist zu vermuten, dass es sich bei so genannten „Ethnien" wie beim Phänomen Fremdheit um eine (möglicherweise strategische) Konstruktion – hier: eine ethnische Konstruktion von Fremdheit – handeln könnte.

Diesen zum Teil kontingenten ein- bzw. ausschließenden Bildungsprozess „sich anziehenden oder abstoßender Gruppen" zur Konstituierung einer „ethnischen Wir-Identität"[3] sah schon Max Weber. Er sprach in diesem Zusammenhang im Gegensatz zur „Sippengemeinschaft" von „ethnischen Gruppen" mit einer „an sich nur (geglaubten) Gemeinsamkeit" und meinte damit „solche Menschengruppen, welche auf Grund von Ähnlichkeiten des äußeren Habitus oder der Sitten oder beider oder von Erinnerungen an Kolonisation und Wanderung einen subjektiven Glauben an eine Abstammungsgemeinschaft hegen" (Weber 2005, 307), wobei, wie er an anderer Stelle betont:

---

2 | Vgl. auch die gezeigten Mythenbildungen zu den Ausführungen zum Nationalsozialismus.

3 | Hier ist allerdings zu unterscheiden zwischen „ethnischer" und „nationaler Identität", wobei, so Hansen, „nationale Identitäten" hinsichtlich der Markierung von Zugehörigkeit eindeutiger sind (vgl. Hansen 2001, 21f).

„Fast jede Art von Gemeinsamkeit und Gegensätzlichkeit des Habitus und der Gepflogen-
heiten kann Anlaß zu dem subjektiven Glauben werden, daß zwischen den sich anziehenden oder abstoßenden Gruppen Stammesverwandtschaft oder Stammesfremdheit
bestehe." (ebd., 306)

Weber nimmt hier bereits eine Unterteilung von Gruppenbildungsprozessen vor,
die er einerseits in Gruppen von tatsächlich getragener Gemeinschaft als „Sippengemeinschaft", die man, wie beschrieben, als Ethnie im allgemeinen Sinne fassen
könnte, und andererseits in eine vom „subjektiven Glauben" getragene „ethnische
Gemeinschaft" unterscheidet.

Spätere Ansätze unterscheiden hier zwischen einem „anthropologisch-pri-
mordialistischen" und einem „konstruktivistischen" Ansatz von Ethnizität.

Der „*anthropologisch-primordialistische*" Ansatz geht dabei im Sinne einer
Apriorität primordialer ethnischer Gruppenbindungen von ursprünglichen unveränderlichen Gemeinsamkeiten aus, die, neben gemeinsamer Ursprungsorte und
Sprache, auf soziobiologische Bezüge wie auf einen gemeinsamen genetischen Ursprung bzw. Blutsverwandtschaften, aber auch auf Rassemerkmale, phänotypische
Eigenschaften und religiöse Orientierungen rekurrieren.[4] Wir haben es also auch
hier mit diesem primordialistischen Ansatz mit fast wortgleichen, identischen
Mythenbildungen und Konstruktionen soziobiologistisch und phänotypisch her-
geleiteter Begründungszusammenhänge menschlicher Gemeinschaften zu tun,
wie dies im Zuge konkreter Rassialisierungen im weiter oben beschriebenen
Rassismus-Diskurs bereits aufgezeigt wurde (vgl. Taşci 2006, 56ff).

Mit dem „*konstruktivistischen*" Ansatz von Ethnizität, der im Grunde auf Max
Weber zurückgeht, ist das konstruktivistische Moment von Ethnizität als „ethnische
Gemeinschaft" im Wesentlichen durch einen „subjektiven Glauben" an das ethnisch
Gemeinsame gekennzeichnet, womit im eigentlichen Sinne nicht die tatsächliche
(Sippen)Gemeinschaft, sondern lediglich eine („vorgestellte") „ethnische Gemein-
samkeit" als ein „die Vergemeinschaftung erleichterndes Moment" gemeint ist
(Weber 2005, 307).

Ethnisierungen haben so einerseits, bei relativ wertneutraler Betrachtung, in einer
zunehmend komplexen und unüberschaubaren Welt eine Orientierung sichernde,
komplexitätsreduzierende Funktion und schaffen andererseits über vermeintliche
gruppenspezifische Gemeinsamkeiten gegenüber dem Fremden des Eigenen ethnozentrisch begründete Wir-Gruppen. In diesem dialektischen Prozess zwischen
„wir" und „die-da" (wie weiter oben: „das Eigene" und das „Fremde") werden seitens der dominanten Gruppe der „ethnischen Minorität" Eigenschaften zugeordnet,
die gegebenenfalls dazu benutzt werden, diese an einer gleichberechtigten gesellschaftlichen Teilhabe zu hindern. Demnach entstehen „ethnische Minoritäten" da-

---

4 | Der primordialistische Ansatz von Ethnizität geht auf den US-amerikanischen So-
ziologen Edward Shils zurück, der seine Ausführungen hierzu erstmals im Jahre 1957
publizierte (vgl. Taşci 2006, 46).

durch, so Castles, „daß dominante Gruppen einer bestimmten Gruppierung (reale oder fiktive) Eigenschaften zuschreiben und diese benutzen, um den Ausschluß der Gruppierung von der gleichberechtigten Beteiligung an den gesetzlichen, politischen, wirtschaftlichen, sozialen und kulturellen Regelungen der Gesellschaft zu rechtfertigen" (Castles 1991, 139). Die erlebten (oder imaginierten) Diskriminierungen haben nun seitens der marginalisierten Gruppe Selbstethnisierungsprozesse zur Folge, womit eine „ethnisch ausgewiesene Soziogenese einer Minorität" gemeint ist, die die erlebte ethnische Fremdidentifikation mit eigenen ethnischen Selbst-Konstruktionen beantwortet (Bukow/Llaryora 1998, 95).

4.1.2 Zur Politik der Ethnisierung

Fortgeschrittene Industriegesellschaften schienen solchen ethnischen Differenzierungen zunächst relativ gleichgültig gegenüberzustehen. Dies lag unter anderem wohl daran, dass dort kaum noch eindeutige ethnische Zuordnungen existierten und sich die gemeinsamen kulturellen Schnittmengen insgesamt verringerten, da sich im Zuge zunehmender Individualisierungsprozesse im Grunde jeder gegenüber jedem erheblich unterschied. So stellten Ethnisierungsprozesse von so genannten ethnischen Minderheiten bislang im Verständnis moderner Gesellschaften nichts anderes dar, als ein möglicher dynamischer Prozess einer sozialen Gruppe, die sich, wie gezeigt, als „imaginäre Gemeinschaft", wie andere soziale Gemeinschaften nach bestimmten gemeinsamen Interessen zusammenschließen und dort Gemeinsamkeiten wie Sprache, Tradition, Religion und Herkunft pflegen. Seitens der Sozialwissenschaften war man lange davon überzeugt, dass sich im Zuge der Integrationsprozesse innerhalb moderner Gesellschaften ethnische Verortungsmerkmale von Minderheiten weitestgehend verflüchtigten, wie entsprechende Untersuchungen hierzu zu belegen schienen.[5]

„Dementsprechend waren ethnisch-kulturelle Konflikte z.B. in soziologischen Gegenwartsanalysen einfach nicht mehr "vorgesehen". Dabei wurde offensichtlich übersehen, daß sich *Strukturkrisen* mit einer vergleichsweise hohen Mal-rein-mal-raus-Arbeitslosigkeit entwickelten, die zu Verunsicherungen, zur Verfestigung oder Verschärfung sozialer Ungleichheiten und zum Gefühl der Entbehrlichkeit beigetragen haben." (Heitmeyer 2002, 16)

Entgegen der Vorstellung einer aus autonomen Individuen mit eigenverantwortlicher Lebensführung bestehenden Gesellschaft scheint es also gerade angesichts der Widersprüche der Moderne eine soziale Bereitschaft zur Ethnisierung des Fremden zu geben, wie auch im politischen wie sozialwissenschaftlichen Diskurs in jüngerer Zeit im Sinne einer „(Wieder-)Entdeckung der Ethnien" („ethnic revival") vermerkt wird. Insofern ist Ethnizität, so Leggewie, „keineswegs ein vormodernes

5 | Danach gingen fremdenfeindliche Einstellungen seit den 1980er Jahren bis Mitte der 1990er Jahre kontinuierlich zurück (vgl. Heitmeyer 2002, 16).

Traditionsdelikt, sondern (ebenso wie Rassismus) Produkt und Begleiterscheinung der Modernisierung", bzw. die „dunkle Seite der Moderne" (Leggewie 1996, 48; 46ff).[6] So konnte man angesichts des Zusammenbruchs des ehemaligen Völkerbundes der Sowjetunion und Jugoslawiens sehen, wie es im Zuge einer Wiederbelebung ethnischer Identitätskonstruktionen dort zu ethnisch aufgeladenen kriegerischen Konflikten kam. Andererseits drang im Zuge zunehmender Migrationsproblematik das „Fremd-Ethnische" als das deviante, bedrohliche Andere des eigenen ethnischen Nationalgefüges vermehrt ins Bewusstsein und wurde zum Gegenstand der Minderheitenforschung. Aus der Perspektiv der Migration wurden zunehmend diskriminierende Aspekte offenkundig, wie z.b. die im anglo-amerikanischen Raum längst erkannten Konstruktionen ethnischer Differenzen im Zusammenhang „institutioneller Diskriminierungen", wie sie auch im deutschem Raum zur Rechtfertigung von Ausgrenzungspraktiken gegenüber Minderheiten und Arbeitsmigranten und in jüngerer Zeit insbesondere mit Bezug auf die Herstellung ethnischer Differenz in der Institution Schule in den Blick gerieten.[7]

Zusammenfassend lässt sich somit festhalten, dass Ethnisierung mit ihren inklusiven und exklusiven Intentionen auf Formen kollektiver Identitätsbildungsprozesse abzielt, wie sie in fast identischer Weise unter den Begriffen Nation, aber auch Rasse subsumiert sind, wobei der Begriff Ethnie auch hier den kompromittierenden Begriff Rasse abgelöst hat, wie wir dies schon im Zusammenhang der Ausführungen zum „Neo-Rassismus" gesehen haben (vgl. Leggewie 1996, 50).[8] Insofern dient die Bezeichnung Ethnie als euphemistischer Ersatz für den Begriff Rasse und verweist damit – als eine gewissermaßen modifizierte Rassen-Konzeption – implizit auf die entsprechenden biologistisch-genetischen Mythenbildungen und phänotypischen Wesensbesonderheiten der so bezeichneten Menschengruppen.

---

6 | Vgl. hierzu auch Scherr 2000, 399f; Trubeta 1999, 30ff).

7 | Gemeint sind damit spezifische Organisationsstrukturen des Sozialstaates (wie Kindergarten, Schule, Arbeitsamt etc.) wie sie seitens MigrantInnen aufgrund ethnischer, nationaler und religiöser Zugehörigkeit zu erfahren sind. Bezüglich der Institution Schule wurde z.b. festgestellt, dass als wesentliche Ursachen für hohe Anteile von Migrantenkindern an Sonder- und Hauptschulen Interaktionseffekte zwischen frühen diskriminierenden Praktiken und späteren institutionellen Selektionsmechanismen verantwortlich sind (vgl. Gomolla/Radtke 2009, 293; Flam 2009, 239ff; Hansen 2001, 75ff). Weber zeigt im Zusammenhang ihrer empirischen Studie zum möglichen Einfluss von herkunfts- und geschlechtsbezogenen Zuschreibungen auf Bildungsbeteiligung und Schulerfolg allochthoner SchülerInnen deutlich auf, dass „der Blick von LehrerInnen auf SchülerInnen mit Migrationshintergrund grundlegend defizitorientiert ist." Es dominiere gegenüber diesen SchülerInnen insgesamt eine ablehnende Haltung, wobei sich diese Abwehrhaltung besonders stark gegenüber Jungen äußere (Weber 2003, 242, 246).

8 | Wie im Kapitel zum „Neo-Rassismus" bzw. „Kulturellen Rassismus" näher ausgeführt, wurde im Zuge der Diskreditierung des Rasse-Begriffs Rasse sukzessive durch die unverdächtig anmutenden Begriffe Kultur bzw. Ethnie ersetzt.

In diesem Zusammenhang ist es sicher interessant, dass Thilo Sarrazin anlässlich eines von Henryk Broder im Jahre 2010 durchgeführten Interviews freimütig bekannte, dass er den seitens des Verlages seines Buches „Deutschland schafft sich ab" „Textentschärfungsvorschlägen" brav „wie ein Lamm" gefolgt sei:

> „Irgendwann in einer Spätphase meinte der Verlag, ich sollte doch überall das Wort ‚Rasse' durch ‚Ethnie' ersetzen. Das war mir völlig egal. Ich habe mich nur bei den Zitaten von Charles Darwin geweigert. Das wäre wie Urkundenfälschung. Wenn er im englischen Original ‚race' sagt, da muss ich auch im Deutschen Rasse sagen. Aber alles andere war mir völlig egal." (Sarrazin, *Die Tageszeitung* [taz], 7.12.2010)

Wie wir im Zusammenhang der Ausführungen zum „Neo-Rassismus" gesehen haben, wird deutlich, dass hier, wenn von Ethnie gesprochen wird, dies gleichzeitig die Abgrenzung bzw. Ausschließung gegenüber anderen Gruppen – insbesondere gegenüber der eigenen – meint, wobei die damit verbundene Differenzkonstruktion meist mit der negativen ethnischen Mentalität der Anderen des Eigenen begründet wird.

Dies bedeutet, dass die „Ethnisierung des Fremden" im Sinne einer Ideologie der Ungleichwertigkeit zur Durchsetzung von Machtinteressen vorgenommen wird, die auch hier von einem zentralen ideologischen Moment getragen ist: der Unterstellung nämlich, „es gäbe eine natürliche Aufteilung der Menschen in Gruppen mit jeweils angeborenen Unterschieden, die daher notwendigerweise die jeweilige soziale Organisation bestimmten" (Miles 2000, 29). Im weiteren Fortgang der Arbeit wäre somit zunächst zu klären, ob mit der terminologischen Zuschreibung der betroffenen sozialen Gruppe durch den Begriff „Ethnie" bzw. „Ethnizität" als imaginärerer Fremd- bzw. Selbstentwurf die gruppenspezifischen identifikatorischen Aspekte hinreichend gekennzeichnet sind, bzw. inwieweit mit diesem Terminus auch hier bereits implizite Bewertungen transportiert werden.

Bezüglich impliziter konnotativer Inhalte zum Begriff Ethnie konstatiert Heinz, dass die Charakterisierung einer sozialen Gruppe als „Ethnie" ursprünglich nur auf außereuropäische, nicht staatenbildende Gemeinschaften bezogen war, um damit gewissermaßen eine Trennlinie zwischen den kolonisierenden „Nationen" und den kolonisierten „Völkern", denen man als „Ethnie" den Status der Geschichts- und Kulturlosigkeit zuwies, zu markieren (vgl. Heinz 1999, 159f). Für Trubeta wird hierbei ein impliziter Inhaltsbezug zu vormodernen Gesellschaften transportiert, mit dem Ethnisches generell mit „Fremd-rückständig-Sein" assoziiert ist, das einstmals in die europäische Welt eingedrungen ist und das es zu marginalisieren galt (vgl. Trubeta 1999, 30, 31ff). So werden damals wie heute soziale Gruppen, die als Ethnien bezeichnet werden – wie bereits im Zusammenhang mit einem „kulturellen Rassismus" hinreichend thematisiert – unabänderliche Eigenschaften (wie „Rassemerkmale") zugeordnet, um diese als alleinige Ursache von sozialer Ungleichheit diskutieren zu können. Dies kritisiert Scherr im Zuge der soziologischen Debatte um den Stellenwert von Ethnizität in modernen Gesellschaften:

„Die Konstruktion von Ethnien wird hier – wie die Konstruktion von Rassen – als eine Form der Naturalisierung sozial hergestellter Ungleichheiten und Herrschaftsverhältnisse diskutiert." (vgl. Scherr 2000, 402)

Mit diesem Verständnis werden, wie Scherr weiter betont, „kulturalistische Fehlinterpretationen der Probleme von Eingewanderten bzw. Konflikte zwischen Mehrheit und Minderheiten etabliert, die ursprünglich auf strukturelle Diskriminierung und manifeste Fremdenfeindlichkeit zurückzuführen sind" (ebd., 403). Für Bukow/Llarvora verlaufen rassistische Konstruktionen schon allein deshalb generell analog zu ethnisierenden Konstruktionen, weil dort beispielsweise anstelle der Hautfarbe ein ebenso unentrinnbares Etikett wie das „Herkunftsmerkmal" tritt, das genauso „strategisch für die Stilisierung einer Gruppe und deren Abwertung genutzt werden kann" (Bukow/Llarvora 1998, 8).

Die Diskriminierung von Minderheiten ist folglich nicht das Resultat einer bereits vorstaatlich bestehenden ethnischen Differenz. Sie entsteht im eigentlichen Sinne erst aus einem „Bedarf an Ungleichheit" moderner Gesellschaften, die aus der natürlichen Knappheit der Güter resultiert, zu denen Teilen der Bevölkerung der Zugang streitig gemacht werden muss (vgl. Hofmann 1999, 58). Um dies zu rechtfertigen, bedarf es gewisser, z.B. ethnisch-national aufgeladener Legitimationstechniken, mit denen sich die „privilegierte" Mehrheit bestimmte biologisch-historische Merkmale (Rasse-, Volks-, Staatszugehörigkeit) zuschreibt, die ihnen Rechtfertigungsgründe für ihre privilegierte Sonderstellung gegenüber der diskriminierten Minderheit liefern. Zudem kann so die Diskriminierung mit der fehlenden Assimilationsbereitschaft der Minderheit gerechtfertigt werden, obwohl gerade, so Hofmann, die Mehrheit tendenziell jede Assimilationsanstrengung von Minderheiten durch immer neue Ausgrenzungen unterläuft (vgl. Hofmann 1999, 58).

4.1.3 Selbstethnisierung – die Umwandlung von Diskriminierung in Unterscheidung

Die so etikettierte Minderheit beantwortet die mit der Fremd-Ethnisierung transportierten Marginalisierungen mittels eines *Selbst*-Ethnisierungsprozesses, mit dem der diskriminierenden *Fremd*-Ethnisierung eine positive Bewertung des Eigenen entgegengesetzt wird, um damit ein eigenes ethnisch aufgeladenes Kollektiv im Sinne eines „Mythos der eigenen Ursprünglichkeit" zu konstituieren, das darauf besteht, sich von der Mehrheit zu unterscheiden. Trubeta, der den Selbstethnisierungsprozess als eine Reaktion der Fremdethnisierung sieht, unterscheidet dabei einerseits zwischen einer „defensiven Strategie", mit der sich die ethnische Identifikation primär aus „Negationszügen" ableitet und sich im Grunde perspektivisch in Richtung „Integration in die Mehrheitsgesellschaft" orientiert, und einer eher „dynamischen" Strategie andererseits, die durch eine „eigene Perspektive" auf die eigene Umwelt gekennzeichnet ist (vgl. Trubeta 1999, 49, 55).

Mit diesem Umwandlungsprozess von Diskriminierung in Unterscheidung wird die sich selbst positiv ethnisierende soziale Gruppe gleichzeitig den impliziten Ansprüchen moderner Gesellschaften gerecht, Minderheiten aus systemimmanenten Gründen ausgrenzen zu müssen. Wie auch Hofmann betont, verlangt gerade die Leitidee moderner demokratischer Staaten nach Gleichheit aller Individuen nach Unterscheidung, um wenigstens ein Minimum von Chancengleichheit zwischen den Berechtigten zu schaffen. Denn die Idee der individuellen Gleichheit, so Hofmann, kann keinesfalls für alle Staatsbürger gelten, da Staaten partikulär organisiert seien und sich im Endeffekt selbst aufheben würden, wenn sie das Prinzip der Gleichheit unterschiedslos auf alle Bürger ausdehnen wollten. Ihre begrenzten Ressourcen verlangten geradezu nach Unterscheidung ihrer Mitglieder:

„Insofern ergibt sich aus dem Gebot staatlicher Gleichbehandlung das Paradoxon, dass es einerseits Diskriminierungen untersagt und andererseits Unterscheidungen unumgänglich macht." (Hofmann 1999, 53)

So gesehen ist Ethnizität im eigentlichen Sinne auch hier, wie im Zusammenhang mit Zygmunt Bauman bereits erwähnt wurde, zunächst nichts anderes als eine „imaginäre Gemeinschaft", die auf Mythen, Konstruktionen und erfundenen Traditionen beruht und damit versucht, sich aus dem Schatten der sich als überlegen präsentierenden Mehrheit herauszuziehen. Es gilt dabei, die Mitglieder der eigenen sozialen Gruppe auf klar abgrenzbare, historisch gewachsene nationale oder religiöse Traditionen einzuschwören. Das so konstruierte „Gemeinsame" ist hier das wesentliche Moment der gemeinsamen Identifikation, das nicht nur als das andere, sondern auch als das bessere Modell präsentiert und erlebt wird (vgl. Heinemann 2001, 112). Dies gilt eben auch für solche (Selbst-)Ethnisierungsprozesse, mit denen marginalisierte Minderheiten – wie MigrantInnen aus islamisch geprägten Ländern in Deutschland und in anderen westlichen Industrienationen – verstärkt auf (konventionelle) religiöse Identitätsangebote zurückgreifen. Erst am Ende dieses gegenseitigen ethnischen Zuschreibungsprozesses („ethnische Etikettierung") stehen sich dann „der Deutsche" und „der Türke" mit den konstruierten ethnischen Unterscheidungsmerkmalen gegenüber. Im Zuge dieses gegenseitigen Ethnisierungsprozesses werden die „Eingeborenen" ein spezifisches „Deutsch-Sein" mit entsprechender „Leitkultur" betonen und die etikettierte Gruppe wird im Zuge der Fremd-Ethnisierung zur ethnischen Minderheit, die ihrerseits im Sinne einer Selbstethnisierung ihre in der Diaspora entdeckten (z.B. „türkischen") Besonderheiten gegenüber der Majorität betont.

Somit kommt es über die positive Bewertung der eigenen Identität zur Umwandlung von Diskriminierung in Unterscheidung. Der bis dahin erlebten Verletzung des Selbstwertgefühls durch die Definitionsmacht der Mehrheit wird zur Kompensation der erlittenen Diskriminierungserfahrungen eine eigene Definition mit einer betont positiven Bewertung entgegengesetzt, die andererseits von der Mehrheit wiederum dazu genutzt werden kann, die Diskriminierungen gegenüber der „selbstbewussten" Minderheit zu rechtfertigen (vgl. Hofmann 1999, 54ff).

Sozialwissenschaftliche Untersuchungen zu Ethnisierungstheorien, bei denen mehr oder weniger zufällige Eigenschaften oder Merkmale, wie Herkunft oder äußere Erscheinung bestimmter Bevölkerungsgruppen, zu ethnischen Merkmalen im Sinne eines unabänderlichen Etiketts bzw. eines Gattungsapioris hochstilisiert werden, mit dem dann die ethnisch zugeschriebene Wesensart zur unabänderlichen, biologisch-genetisch bedingten anthropologischen Differenz wird, weisen in die falsche Richtung.

Offenbar gerät der von Migration betroffene Mensch längst nicht mehr durch so genannte Kulturdifferenzen und den damit verbundenen fremdethnischen Einstellungen mit der modernen Industriegesellschaft in Konflikt, wie dies in vielen einschlägigen Arbeiten im Zuge einer „Kulturdifferenzhypothese" behauptet wird. In diesen Arbeiten wird nach Bukow und Llaryora Folgendes übersehen:

> „Die Problematik einer Ethnizität, d.h. *die Erfindung einer Gruppe, deren Anreicherung mit ethnischen Verweisen, die politische Aufladung der so hergestellten Ethnizität speziell in modernen, fortgeschrittenen Industriegesellschaften*, all das bleibt unberücksichtigt." (Bukow/Llaryora 1998, 8f)

Für Bukow/Llaryora gibt es in modernen Industriegesellschaften demnach keine eindeutigen Merkmale mehr für bestimmte ethnische Einstellungen. Wenn überhaupt, seien ethnische Identifikationsmerkmale längst von religiösen oder anderen weltanschaulichen Wertmustern abgelöst worden, womit wir es im Grunde mit einer *Ethnisierung von Religion* zu tun hätten. Die Mitglieder der modernen Industriegesellschaft würden insgesamt nicht mehr kulturell, sondern formal-rational über die gesellschaftlichen Systeme organisiert. Das von Bukow/Llaryora favorisierte Konzept der Soziogenese ethnischer Minoritäten geht demnach davon aus, dass sich moderne Industriegesellschaften, wie bereits betont, primär systemisch, das heißt durch formale Systeme konstituieren (vgl. ebd., 9ff).

Aber gerade weil Fremdgruppierungen konstitutiv bedeutungslos geworden sind, bieten sie gewissermaßen eine Projektionsfläche für ethnisch aufgeladene Etikettierungen („Asylant", „Türke" „Muslim" etc.), um ihnen im ökonomischen Verteilungskampf – als der eigentlichen Konfliktebene ethnisch aufgeladener Projektionsmuster – einen untergeordneten Platz zuweisen zu können. Der ethnisierten Gruppe bleiben diese primären sozial-ökonomischen Verteilungskämpfe meist deshalb unzugänglich, weil sie diese ethnischen Zuschreibungen im Zuge einer selffulfilling-prophecy ihrerseits bestätigen. Für Bukow/Llaryora liegt es deshalb nahe, den Ethnisierungsprozess im Wesentlichen als systemisches Konstrukt analog zum Symbolischen Interaktionismus[9] bzw. zur Labeling-Theorie („labeling approach")

---

9 | Der hier zugrunde gelegte „Symbolische Interaktionismus" geht von drei Prämissen aus: (1)Menschen handeln ,Dingen' gegenüber auf der Grundlage der Bedeutungen, die diese Dinge für sie besitzen, wobei unter Dingen alles gefasst ist, was der Mensch in seiner Lebenswelt wahrnimmt. (2)Die Bedeutung der Dinge ist aus sozialen Interaktionen

zu konzipieren, wonach systemgenerierende Faktoren betroffene Menschen mit Etikettierungen ausstatten, die zur Stigmatisierung, Typisierung und Zuweisung eines sozialen Status führen. Demnach vollzieht sich der Prozess der Ethnisierung allmählich von der reinen Mitgliedschaft innerhalb der Gesellschaft über Zuweisungen bis hin zu dem Punkt, an dem sich jemand als Ausländer begreift und mit anderen eine eigene ethnische Minorität konstituiert.

Für Bukow/Llaryora ist dies ein wesentlicher Grund dafür, bei der Interpretation der Lage der eingewanderten Minorität nicht nach ethnischen Merkmalen vorzugehen, sondern vielmehr die systemgenerierenden Faktoren einer „Politik der Ethnisierung" zu analysieren. Das soll heißen, dass es sich bei der Soziogenese ethnischer Minderheiten primär um einen ethnisch aufgeladenen Labelingprozess handelt, in dessen Verlauf zunächst konstitutiv belanglose Momente wie religiöse, kulturelle, ethnische Einstellungen, die gemäß den Konstitutionsprinzipien moderner Gesellschaften zur individuellen Privatsphäre zählen, schrittweise in konstitutiv relevante Eigenschaften transformiert werden, um damit eine (ab-)gesonderte soziale Gruppe zu erzeugen. „Politik der Ethnisierung" bedeutet nach Bukow demnach, über die politische und ökonomische Diskriminierung, bzw. über die erwünschte

---

abgeleitet (3)Die Bedeutungen für ein handelndes Subjekt werden in einem interpretativen Prozess gewonnen (vgl. Blumer 1981, S. 81). Bedeutungen sind für den symbolischen Interaktionismus folglich soziale Produkte, die aus dem Interaktionsprozess zwischen verschiedenen Personen resultieren. Die Handlungen der Mitglieder einer Gesellschaft erfolgen primär in Reaktion innerhalb sozialer Interaktion aufeinander, d.h. dass im Sinne des symbolischen Interaktionismus die soziale Interaktion der eigentliche Prozess ist, der das menschliche Verhalten prägt.

Der Handlungsbegriff des symbolischen Interaktionismus steht damit in deutlichem Gegensatz zu einem behavioristischen Handlungsverständnis, nach dem Handeln nach dem Reiz-Reaktions-Schema reflexartig, gleichsam automatisch vorgestellt wird. Er geht vielmehr davon aus, dass die Gesellschaft als ein Geflecht interagierender Individuen mit Werten und Normen dem einzelnen Individuum vorausgeht, und „daß der Mensch in einer ‚symbolischen Welt' lebt, in der alle Gegenstände, Strukturen, Personen und Verhaltensweisen ihre Bedeutung durch soziale Beziehungen erhalten" (Brumlik 1973, S. 120).

Insofern sieht der symbolische Interaktionismus das Zusammenleben von sozialen Gruppen als einen Prozess an, in dem Menschen ihr Handeln unter Berücksichtigung der Handlungsabsichten der sozialen Interaktionspartner konstituieren. Handeln wird nach der Theorie des symbolischen Interaktionismus als ein Prozess wechselseitiger Abstimmung von unterschiedlichen Handlungslinien gedacht, die unter Antizipation und Interpretation der Erwartungen des jeweils anderen entwickelt werden. Die methodologischen Implikationen dieser Prämissen bedeuten, dass es z.B. zum Verständnis der zu untersuchenden sozialen Gruppe notwendig ist, deren Lebensbereich als einen dynamischen Prozess zu betrachten und nicht als ein Ergebnis determinierender Faktoren, wie dies beispielsweise bei monokausalen Interpretationen von Ethnisierungsprozessen („Ausländerforschung") der Fall zu sein scheint.

Bereitstellung des gesellschaftspolitisch angestrebten Verfügungspotenzials hinaus eine Klientelisierung von MigrantInnen als ein Instrument politischer Disziplinierung bereitzustellen (vgl. Bukow/Llaryora 1998, 20ff, 88ff, 141ff).

4.2 ETHNISIERUNG DES ISLAM

4.2.1 Vom Gast-Arbeiter zum Muslim

Diskutieren wir das Bisherige am Beispiel des „Gast-Arbeiters", der im Zuge der Gastarbeiterimmigration allmählich zum Fremden im Eigenen wurde. Mit den im Jahre 1955 nach den Bedingungen der deutschen Wirtschaft einsetzenden Abwerbeabkommen mit den entsprechenden Herkunfts- bzw. Entsendeländern[10] in West-Deutschland traf der Gast-Arbeiter in Deutschland ein, um dort als un- oder angelernter Arbeiter über einen vereinbarten Zeitraum nach einem Rotationsprinzip seine Arbeitskraft unter den „fünf Bedingungen der Gastarbeit"[11] anzubieten und nach Ablauf der zeitlich vereinbarten Fristen wieder „nach Hause" zurückzukehren. Dies war der Status des „Gast-Arbeiters", vergleichbar dem des Ferien- oder Saisonarbeiters, bzw. dem des „Touristen", der in die Fremde geht, sich dort vorübergehend provisorisch arrangiert und sich eben nicht in der Fremde auf Dauer „häuslich" einzurichten gedenkt, sondern dort – sowohl für sich selbst als auch für den „Gastgeber" – in der Gewissheit lebt, nach einer bestimmten, überschaubaren Zeit in sein eigentliches „Zu-Hause" zurückzukehren. Für Hüttermann ist die deutsche Einwanderungsgesellschaft in ihrer ersten Sequenz durch zwei soziale Figuren geprägt: der Figur des alteingesessenen, gastgebenden „Platzanweisers" und der Figur des „zugewanderten peripheren Fremden", der sich als Gast zu verstehen hatte und sich auch zunächst als ein solcher verstand (Hüttermann 2011, 56). Dies war die Orientierung und Sicherheit gewährende Vereinbarung, sowohl für den Fremden als auch für den Gastgebenden.

Die soziale Struktur im Umgang mit dem gastarbeitenden Fremden entsprach im Grunde dem von Zygmunt Bauman charakterisierten „Niemand", der aufgrund seiner sozialen Position der „Indifferenz" in die relative „Sphäre der Nichtaufmerksamkeit" verwiesen werden konnte und dort im Zuge der „Kunst der Vergegnung" nicht zwingend als Mit-Bürger wahrgenommen werden musste, was zusätzlich noch durch die typisch provisorischen, meist abseits auf Industriegelände gelegenen Gastarbeiterunterkünfte (Bett im Firmenwohnheim) verstärkt wurde. Die fremde kulturelle bzw. religiöse Orientierung des Gast-Arbeiters spielte bis dahin für das „Eigen-Kulturelle"

---

10 | Dies geschah bis zum „Anwerbestopp" (1973) erstmals im Jahre 1955 mit Italien, 1960 mit Spanien und Griechenland, 1961 mit der Türkei, 1963 mit Marokko, 1964 mit Portugal, 1965 mit Tunesien, 1968 mit Jugoslawien.

11 | Diese fünf Bedingungen waren: „zentrale Rekrutierung, Inländerprimat, Tarifgleichheit, Rotationsprinzip und permanente Kontrolle" (Pagenstecher 1996, 152).

der Residenzgesellschaft eine marginale Rolle, da zum einen der muslimische Gast-
arbeiter seinen Glauben, wenn überhaupt, abseits in seiner provisorischen Unterkunft
(und später in den typischen Hinterhofmoscheen) praktizierte. Auch seine später,
im Zuge des einsetzenden Familienzuzugs nach Deutschland nachgeholte, eventuell
Kopftuch[12] tragende Ehefrau irritierte nicht sonderlich die kulturellen Begebenheiten
der Residenzgesellschaft, da auch sie entsprechend dem Status eines „Niemand" nicht
weiter beachtet werden musste. Diese Gruppe von Menschen der ersten Generation
mit meist geringem Bildungshintergrund kam in der Regel als Arbeitsmigranten aus
strukturschwachen ländlichen Regionen der Türkei auf der Suche nach Arbeit nach
Deutschland. Sie lebten dort in der Hoffnung, sich nach einer zwar entbehrungsrei-
chen, aber überschaubaren Zeit mit dem inzwischen angesparten Geld in der Heimat
eine zukünftige Existenz aufbauen zu können. Durch diese Pioniere der Arbeitsmigration war die „Leitkultur" des Eigenen nicht weiter irritiert, geschweige denn bedroht, da man von der beiderseitigen Überzeugung einer begrenzten Verweildauer
des Fremden ausging und somit potenzielle Einflüsse der importierten fremden Lebenswelt unbedeutend bleiben konnten.

In diesem anfänglichen Migrationsprozess begaben sich die Gast-Arbeiter in
eine von der Einwanderungsgesellschaft – „in der sozialen Figur des platzanweisen-
den Gastgebers" – zugewiesene „normative soziale Ordnung" mit entsprechenden
formellen wie informellen Regeln, die neben „Arbeits-, Hygiene- und Straßenver-
kehrsnormen, aus lebensweltlich sedimentierten Selbstverständlichkeiten des guten
Benehmens, der Bekleidung oder des öffentlichen und privaten Auftretens" bestan-
den, denen sich die Neuankömmlinge zunächst unterwarfen (Hüttermann 2011, 40).
Alteingesessene „Platzanweiser" der Residenzgesellschaft und spezielle, bereits
zugewanderte, der Elite ihres Herkunftslandes entstammende ImmigrantInnen
fungierten hierbei als „Transmissionsakteure", die später, durch z.B. gesteigertes
gewerkschaftliches Engagement der Immigranten und einer daraus resultierenden
Verschiebung der Machtbalance auf dem Arbeitsmarkt sukzessive durch „Platzanweiser mit Herz" ergänzt wurden (vgl. Hüttermann 2011, 41).[13]

Die Beschäftigung von ausländischen Arbeitskräften, die in der Regel die unge-
liebten, meist schlecht bezahlten, mit wenig Sozialprestige versehenen harten Tätigkeiten übernahmen, glich das bestehende fehlende Arbeitskräftepotenzial in diesen

---

12 | Das „Kopftuch" wurde u.a. wohl erst dann zum gesellschaftspolitischen Problem, als
Kopftuch tragende Musliminnen mit höheren Bildungsabschlüssen begannen, in entsprechende Berufe zu drängen und dort nicht bereit waren, ihr Kopftuch abzunehmen. Bis dahin
blieb dieses Tuch so lange unbedeutend und unbeanstandet, wie sich dieses religiöse
Bekenntnis lediglich auf niedere Tätigkeiten von „Niemande" (wie solche als Putzhilfe etc.)
bezog.

13 | Mit der Figur des „Platzanweisers mit Herz" bezieht sich Hüttermann auf diejenige
Gruppe von „Alteingesessenen", die seit den 1970er Jahren zunehmend in unterschiedlichen Initiativen anwaltliche Funktionen für die in ihren Augen „hilflose Opfer" übernahmen,
die (noch) nicht selbst für ihre Interessen eintreten konnten (vgl. Hüttermann 2011, 43).

(Hilfs)-Arbeitsfeldern aus und führte zunächst zu einer Verbesserung der beruflichen Situation der deutschen Arbeiter, was sich positiv in Maßnahmen wie der Einführung der Vierzig-Stunden-Woche, Verlängerung des Jahresurlaubes und einen
potenziellen Wechsel in einkommensstärkere Arbeitsfelder auswirkte. Hinzu kam,
dass sich ihnen dadurch die Möglichkeit eines sozialen Aufstieges und die Aussicht
auf längerfristige Beschäftigungsverhältnisse eröffnete (vgl. Korte 1984, 262f).

   Mit der sukzessiv einsetzenden „Karriere" des Gast-Arbeiters, der aufgrund seiner Unverzichtbarkeit in bestimmten (z.T. unbeliebten) Produktionsbereichen allmählich vom Status des Aushilfspersonals zu dem des Stammpersonals aufstieg,
wuchsen, wie Korte zeigt, eben auch „die Ansprüche auf Teilhabe an formalen und
informellen Positionen". Dies hatte zur Folge, dass die „Unterschichtung des unteren Teils der sozialen Rangskala der deutschen Bevölkerung durch Ausländer" nicht
mehr durchgehend funktionierte und die Vorstellung, „daß die Ausländer immer die
unterste soziale Position einnehmen, was bis Mitte der siebziger Jahre ganz eindeutig war", nicht mehr griff (ebd., 264). Somit wurde der Gast-Arbeiter als der ehemalige marginalisierte Fremde in vielen Lebensbereichen immer mehr zum erlebbaren
Konkurrenten. Er war nun nicht mehr länger der Fremde, den man durch die Kunst
der Vergegnung als den absolut Fremden ignorieren konnte.

   Mit dem seit den 1970er Jahren verstärkt einsetzenden Familiennachzug und
einer daraus resultierenden Bleibeorientierung wurde nun auch der Islam zunehmend zum Gegenstand öffentlicher Anerkennungskonflikte. Damit kam es mit
dieser Bleibeorientierung – sowohl für die Residenzgesellschaft als auch für die
Einwanderer selbst – zu einem „Figurationswandel der deutschen Einwanderungsgesellschaft", der sich, so Hüttermann, als „Rangordnungskonflikt" äußerte, im
Zuge dessen sowohl die Alteingesessenen von ihrem selbstverständlich einge-
nommenen machtvollen „Gastgeberstatus" als auch die Zugewanderten von ihrer
„Gastrolle" sukzessive abrücken mussten (Hüttermann 2011, 57). Das heißt, durch
die Realität der praktizierten Niederlassung und Bleibeorientierung hatten die
eingewanderten „Gast-Arbeiter", objektiv betrachtet, den faktischen Status der
„Einwanderung" erlangt, was trotz entsprechender Hinweise seitens vieler dies-
bezüglicher Studien, im Grunde bis weit nach den 1980er Jahren von offizieller
Seite geleugnet wurde (vgl. Pagenstecher 1996, 150ff). So drehten sich die politischen Diskussionen in Deutschland in jener Zeit, wie beispielsweise die
„Ausländerpolitikdebatte" im deutschen Bundestag im Jahre 1982 zeigte, im
Wesentlichen um zwei Ausländer-Konzepte: die mögliche Förderung der „Rückkehrbereitschaft" bzw. die Förderung der „Integration" mit dem Ziel der „Einbür-
gerung", wobei diejenigen, die das „Konzept der Rückkehr" favorisierten, so Korte,
im Grunde am alten „Konzept des Saisonarbeiters" orientiert waren, dessen primäres Interesse es sein sollte, in seine Heimat zurückzukehren, was gegebenenfalls
rechtlich erzwungen werden sollte (vgl. Korte 1984, 267). Der im Jahre 1973 be-
schlossenen Anwerbestopp zeigte zudem deutlich, dass man in der damaligen Bundesrepublik bis Ende der 1980er Jahre im Grunde an einer restriktiven Regelung
des Zugangs zur formalen Staatsangehörigkeit festhielt.

Im Zuge des einsetzenden Wandels von der Arbeitsmigration hin zur Einwanderungssituation wurde aus dem saisonalen „Gast"-Arbeiter, und insbesondere aus dem in Deutschland geborenen und dort sozialisierten „Gast-Arbeiter-Kind", terminologisch ein „ausländischer Mitbürger" bzw. ein Mitbürger „mit Migrationshintergrund".[14]

Der zum „Mitbürger" (mit Migrationshintergrund) gewordene „Gast-Arbeiter" begann nun seit den 1990er Jahren unter zunehmendem Verzicht der „Hilfe" von Transmissionsakteuren und „Platzanweisern mit Herz" seine Interessen selbst zu vertreten und die ihm zustehenden Rechte einzufordern.

„Aus den Gästen der Gastgeber, den ‚Mandanten' der ‚Anwälte' und den Mündeln der Paternalisten wurden Arbeitnehmer und Arbeitnehmerinnen, Mitbürger und Mitbürgerinnen und schließlich Anspruchsbürger, die auf gleicher Augenhöhe in einer durch Einwanderung geprägten Gesellschaft agieren wollten: in einer Gesellschaft, die sich wesentlich über den öffentlichen Interessenstreit ihrer Akteure integriert. Diese Migrantinnen und Migranten der zweiten Generation nahmen mehr und mehr von ihrem Recht auf Teilhabe am öffentlichen Interessenstreit Kenntnis. Sie wollten nicht länger in der Dankbarkeit des Gastes oder der Sprachlosigkeit des Mandanten verharren." (Hüttermann 2011, 44f)

Somit wurde aus dem ehemaligen „Gast-Arbeiter", dessen Zukunftsperspektiven sich u.a. durch den Familiennachzug von Ehegatten und Kindern perspektivisch in Richtung unbegrenzter Aufenthaltsdauer veränderte, durch die vollzogene „Niederlassung" in der Residenzgesellschaft ein „Einwanderer", dessen dort geborene Nachkommen nun in der Fremde ihre bildungsbezogenen und sozio-kulturellen Prägungen erfuhren. Diese waren nun qua Geburt potenziell Menschen deutscher Staatsangehörigkeit geworden und begannen, selbstbewusst ihre daraus resultierenden Rechte einzufordern und sich an gesellschaftspolitisch relevanten Entscheidungsprozessen zu beteiligen.[15] Damit war der bis dahin erkenn- und definierbare Fremde (der ehemalige, nun sesshaft gewordene „Gast"-Arbeiter und insbesondere seine Nachkommen) faktisch deutscher Staatsbürger mit entsprechenden staatsbürgerlichen Rechten geworden. Aber eben nur faktisch, denn aufgrund seines zunehmenden emanzipatorischen Bewusstseins wurde er, da er nicht mehr länger bereit

---

14 | Dieses terminologische Unterscheidungsmerkmal erscheint insbesondere bei „Pass-Deutschen" mit vollen Staatsbürgerschaftsrechten wichtig.

15 | Pagenstecher weist in diesen Zusammenhang allerdings darauf hin, dass eine „Rückkehrorientierung" weiterhin bestehen blieb. Teilweise von der ersten Generation realisiert, erhielt diese im Sinne der Bewahrung des Selbstwertgefühls neben der Bleibeorientierung gewissermaßen zunehmend wesentliche soziale, kulturelle und psychische Funktionen. Als eine Reaktion auf wachsende Diskriminierungserfahrungen bedeute die „Bekundung der Rückkehrabsicht", so Pagenstecher, keine konkrete Absicht, sondern symbolisiere vielmehr mehr die Zugehörigkeit zur Migrantengruppe und stabilisiere damit ethnische Identität (vgl. Pagenstecher 1996, 162ff).

war, den ihm von Platzanweisern zugewiesenen Gast-Arbeiter-Status zu übernehmen, den entmachteten Platzanweisern zunehmend suspekt bis „gefährlich fremd"
(Hüttermann 2011, 49).[16] So wurde aus Simmels Fremdem „der heute kommt und
morgen bleibt", derjenige der „vorgestern kam und gestern blieb und heute die ihm
zugedachte Außenseiterrollen sowie die den Platzanweisern lieb und teuer gewordenen Rangordnungsgrenzen in Frage stellt" (ebd., 45).

Mit Bauman könnte man nun sagen: der Fremde, den man in der Gewissheit
der Rückkehrorientierung mit der Kunst der Vergegnung ignorieren bzw. in die
geistige Ferne der räumlichen Nähe verbannen konnte, wurde im Zuge seiner zunehmend nachlassenden Rückkehrbereitschaft, die sich sukzessive in Richtung
Bleibegewissheit veränderte, zum Fremden in Eigenen. Er wurde somit innerhalb
eines bis dahin imaginierten homogenen nationalstaatlichen Gebildes zum „Träger
von Ambivalenzstrukturen". Insofern verstieß dieser Fremde im Eigenen als Teil
der Familie der „Unentscheidbaren" bzw. als mit Ambivalenz behafteter „Dritter"
gegen die im Ordnungssystem der Moderne implizierte Plausibilität der Freund-
Feind-Dichotomie (vgl. Bauman, 1991, 24ff; 2005, 95). Einer solchen „Figur des
Dritten" entspricht demnach auch diejenige „ethnische Gruppe", die aus der Perspektive des eigenen homogenen nationalstaatlichen Gebildes als ein fremdes heterogenes Element erlebt wird, als ein uneindeutiges Drittes nämlich, das schon allein
durch seine Anwesenheit das eigene ethnisch-nationalistische Gebilde potenziell
infrage zu stellen scheint. Andererseits zeigt Bauman in diesem Zusammenhang
auch sehr deutlich auf, dass der (oder das) uneindeutige Fremde im Zuge des Konstituierungsprozesses moderner Nationalstaaten gewissermaßen als dialektisches
Gegenüber zur eigenen Identitätserfassung existenziell notwendig war und ist. Insofern ist der Fremde einerseits einem unaufhörlichen Assimilations- bzw. Ausgrenzungsdruck ausgesetzt und andererseits bildet er als Gegenüber zum Eigenen
die unersetzliche Kontrastfolie für die Konstituierung der eigenen modernen Identitätsauffassung. So könnte man im Sinne Baumans weiter konstatieren, dass die
einsetzende „Akkulturation" den mittlerweile sesshaft gewordenen, insbesondere
den zum „Passdeutschen" mutierten Fremden nicht der Gesellschaft der Deutschen,
sondern einer davon abgesonderten, ambivalenten und inkongruenten Nicht-Kategorie, bestenfalls der Kategorie des „Muslim" zuordnete, womit dieser im Grunde
im Status des „Fremden" verblieb (vgl. Bauman 2005, 195).

Demnach besteht aus der gezeigten Perspektive der Dynamik des „Eigenen und
des Fremden" eines der „Hauptvergehen" der ImmigrantInnen darin, dass sie nicht
nur nicht aus Deutschland wegzugehen gedenken, sondern zunehmend für sich beanspruchen, Deutsche *und* (teilweise) gleichermaßen bekennende MuslimInnen mit
Macht- und Anerkennungsansprüchen zu sein. Insofern betrifft dieses Problem

---

16 | Nach Hüttermann ist dieses Ereignis und der daraus resultierende „Sicherheits-
diskurs" dafür verantwortlich, dass „Zugewanderte aus islamisch geprägten Herkunftsländern zunehmend befremdlich erscheinen, und dass man dies auch endlich sagen darf"
(Hüttermann 2011, 49).

primär MigrantInnen aus islamisch geprägten Herkunftsländern. AusländerInnen aus christlich geprägten Herkunftsländern sind, obwohl in der frühen Phase der Einwanderungsbewegung alle Gastarbeiterpopulationen gleichermaßen von Ausgrenzung betroffen waren, demgegenüber nicht in den „Fokus des *culturalistic turn*" geraten, was Hüttermann veranlasst zu vermuten, dass neben anderen Faktoren die „unproblematischen Minderheiten" aufgrund der ähnlichen kulturellreligiösen (christlichen) Prägungen ihrer Herkunftsländer „als befreundet" gelten (Hüttermann 2011, 57).[17]

Diese beschriebenen Ausgrenzungsmechanismen gegenüber dem Fremden im Eigenen haben sich offenbar in vielfältiger Weise in unterschiedlichen Gesellschaftssystemen gegenüber Minderheiten etabliert. So scheint die Lebenssituation von religiösen Minderheiten in ihren Herkunftsregionen nach ähnlichem Muster Ausgrenzungsmechanismen ausgesetzt zu sein, wie sich dies am Beispiel der Aleviten und der Ahmadiyya-Muslime[18] verdeutlichen lässt. Sowohl bei den Aleviten in der Türkei als auch bei den Ahmadiyya in Pakistan handelt es sich um autochthone Gruppen, die die Interpretation des Islams gegenüber der muslimischen Mehrheit dadurch in Frage zu stellen scheinen, dass sie ihren Glauben teilweise inhaltlich anders interpretieren und anders praktizieren, sich aber sich dennoch als Muslime[19] verstehen, womit sie mit der „Position des Dritten" auch die des „Fremden im Eigenen" repräsentieren. Offenbar ist hier nicht die differenzierungssichernde Markierung des Fremden das Problem, sondern deren Position als „Fremde im Eigenen", die sich mit den etablierten Glaubensvorstellungen in Konkurrenz befinden und dadurch deren identifikatorische Selbstgewissheit potenziell in Frage stellen. Gegenüber diesen autochthonen Minderheiten, bei denen es sich aus nationalstaatlicher Sicht nicht um Fremde, sondern um Einheimische handelt, können nun – obwohl diese sich ihrem Selbstverständnis nach

---

17 | Als weiterer Faktor sieht Hüttermann, dass sich Italiener, Spanier, Griechen und Portugiesen nicht in dem Maße wie Türken in den 1960er Jahren an bestimmten Produktions- und Siedlungsstätten konzentrieren konnten (vgl. Hüttermann 2011, 58f).

18 | Die Ahamadiyya-Bewegung nahm ihren Anfang zu Beginn des 20. Jahrhundert (1889) in Indien. Sie begreift sich als dem sunnitischen Islam angehörig, zu dem sich ca. 85% der Muslime weltweit zählen. Die überwiegende Mehrheit der Muslime, sowohl schiitisch als auch sunnitisch, erkennt die Ahmadiyya-Bewegung nicht an, weshalb sie bis heute in ihren Kernländern Verfolgungen ausgesetzt sind (vgl. Ahmadiyya Muslim Jaamat in Deutschland [18.07.2012]).

19 | Die Mehrzahl der Aleviten versteht sich dem Islam zugehörig. In der Türkei machen sie ca. 20% der Gesamtbevölkerung aus. Aber auch das Alevitentum bildet keine geschlossene Einheit und ihre Angehörigen keine homogene Gruppe, da es sich historisch entwickelt hat und sich aus sozialen, kulturellen, religiösen, philosophischen und politischen Merkmalen zusammensetzt (vgl. Taşci 2006, 154). Neo-rassistische Auswüchse gegen Aleviten in der Türkei zeigten sich im Jahre 1993 in der Stadt Sivas. Während einer Gedenkveranstaltung der Aleviten fanden durch Angriffe fundamentalistischer Extremisten 37 Menschen den Tod (vgl. Taşci 2006, S. 11, Anmerkung 2, S.106).

zum größten Teil als Muslime begreifen – bei Bedarf Exklusionsmechanismen mobilisiert werden, wie dies beispielsweise in der Türkei gegenüber der alevitischen Minderheit zu beobachten ist. Da sie aus Sicht der sunnitischen Mehrheit nicht als vollwertige Muslime gelten und nicht bereit erscheinen, den Forderungen nach religiöser Anpassung nachzukommen, werden sie aus der Perspektive des Eigenen zu „Unentscheidbaren", die die imaginierten Grenzen zwischen „Eigenem" und „Fremdem" zu verwischen drohen. Als Träger der ihnen anhaftenden Ambivalenzstrukturen bleiben die sich zum Alevitentum bekennenden Glaubensgemeinschaften wie die sich als religiös verstehenden Muslime in der Diaspora im Sinne Baumans zunächst weder Freund noch Feind. Auch sie werden zu „Fremden im Innern" bzw. zum „Dritten" im eigenen Land.

So bleibt auch der im Zuge der Akkulturation mehr oder weniger assimilierte Zugewanderte, der aus islamisch geprägten Ländern nach Deutschland kam, sowohl im Verhältnis zur Mehrheit als auch zu weniger assimilierten Immigranten tendenziell der Fremde im Status „des Dritten", dem man latent misstraut. Es ist genau das ihm anhaftende Unentscheidbare, bzw. ein „Weder-Noch", das die bezeichneten hermeneutischen Probleme schafft, und das aus der Perspektive des Eigenen tendenziell – je nach gesellschaftspolitischer bzw. sozialökonomischer Lage – aus dem unentscheidbaren „Dritten" einen Freund oder Feind zu machen imstande ist.

Dies war über Jahrhunderte hinweg die Situation des jüdischen Bevölkerungsanteils in Europa, von der Zymunt Bauman spricht. Assoziiert mit der ambivalenzbehaftenden Person des „Dritten" konnte der „Stimmungs-Pegel" des Eigenen mal in Richtung Freundschaft, mal in Richtung Feindschaft ausschlagen. Der sich bekennende Jude konnte sich ebenso wenig, wie der assimiliert Jude, diesem zugeschriebenen Status des „Dritten" entziehen. Was immer er tat, oder wie auch immer er sich gab, er blieb Jude: mal als Freund, mal als Feind; immer jedoch dem Status „des Dritten" verhaftet. Somit blieb der Jude der „Fremde im Innern" und als solcher ging von ihm eine latente Gefahr für die Identität der „Gastgruppe" aus (Bauman 1994, 50). Dies veranlasst Bauman, den nationalsozialistischen Holocaust im Grunde als ein Projekt der Moderne zu bezeichnen und hier keinen universellen totalitären (nationalsozialistischen) Reflex gegen das Fremde als primäre Ursache zu sehen.

Insofern ist mit Bauman gegenüber einem (z.B. bei Honneth u.a.) formulierten Anerkennungsparadigma einzuwenden, dass die dort thematisierte Anerkennung des Anderen nur dann eine Chance erhält, wenn es innerhalb einer Gesellschaft jenseits eines Diktats „instrumenteller Rationalität" gelingen kann, einer „Neutralisierung und Marginalisierung des Moralischen" zugunsten einer „moralische(n) Verantwortung für den Anderen" entgegenzutreten, was wohl kaum allein mittels eines moralischen Appells im Sinne eines „wechselseitigen Anerkennungspostulats" innerhalb eines homogen, insbesondere national imaginierten Gesellschaftsgefüges realisierbar erscheint (Bauman 1994, 130, 138, 203; vgl. Dungs 2006, 106ff).

Fassen wir also zusammen: So lange beispielsweise *„der Türke"* als Türke muslimischen Glaubens erkennbar war, konnte er in seinem erkennbaren Anders-Sein als der Andere des Eigenen typisiert, als Grenze zum Eigenen markiert und gegebenenfalls im sozialen Miteinander als „Niemand" ignoriert werden. Er war im Grunde aus nationalstaatlich-identitätssichernder Perspektive nicht nur „bedeutungs"-los, sondern diente im dialektischen Sinne gewissermaßen auch als Konstituierungsmerkmal des Eigenen in Abgrenzung zum Fremden. Indem „der Türke" sich zunehmend als Deutscher mit gleichen Rechten und Pflichten eines Bürgers deutscher Staatszugehörigkeit begriff, schien er nicht nur die Multi-Kulti-Skeptiker zu provozieren, die dadurch die eigenen ethnisch-kulturellen Werte bedroht sahen, sondern irritierte im Zuge des einsetzenden „Figurationswandels" zusätzlich die bis dahin etablierten Interaktionsrollen der autochthonen „Platzanweiser" und der allochthonen „Transmissionsakteure", die sich als loyale, „moderne" Neu-Deutsche offensiv vom „rückständig-religiösen" Milieu ihres Herkunftslandes zu distanzieren suchten.[20] Aus dieser Doppel-Perspektive bleibt ein Mensch mit Migrationshintergrund und islamischer Religionszugehörigkeit – ganz gleich wie er sich selbst begreift und verhält – tendenziell ein uneindeutiger, nicht unterscheidbarer „Dritter", der latent dazu beiträgt, die Grenzen zwischen Eigenem und Fremdem zu verwischen und damit die nationalstaatliche Eindeutigkeit und deren „Leitkultur" in Frage zu stellen. Diese Uneindeutigkeit seiner undefinierbaren Positionierung zwischen dem Fremden und dem Eigenen scheint seine eigentliche potenzielle Gefährlichkeit aus der Perspektive des Eigenen auszumachen.

Das heißt konkret: Indem sich immer mehr Menschen mit einer islamischen Identität als deutsche „Anspruchsbürger" identifizieren und damit für sie deren migrationsgeschichtlich zugewiesene national-ethnische Identität gleichzeitig immer mehr an Bedeutung verliert, verschwimmen die bis dahin Orientierungssicherheit gewährenden Grenzen zwischen Innen und Außen, bzw. Eigenem und Fremdem. Der Mensch, der sich ehemals aus eigener und aus der Sicht der Mehrheitsgesellschaft als der indifferente Fremde („Niemand") erlebte, entzieht sich damit der Eindeutigkeit, was ihn verdächtig macht. Damit erweckt er nicht nur Misstrauen, weil er Muslim ist, sondern auch deshalb, weil er im Zuge der Erlangung höherer Bildungsabschlüsse zunehmend in die Lage versetzt wird, von den ehemals typischen „Gast-Arbeiter-Hilfs-Tätigkeiten" in höhere akademische Berufe aufzusteigen, was ihn zu einem ernstzunehmende Konkurrenten auf dem Arbeitsmarkt macht und ihn darüber hinaus befähigt, sich als selbstbewusster Mitbürger (mit Migrationshintergrund) in gesellschaftspolitische Fragen und Problemlagen einzubringen. Dies führt zu der paradoxen Situation, dass aus der bewährten Fremdheitsperspektive besonders diejenigen MuslimInnen als besonders suspekt gelten, die sich als Deutsche muslimischen Glaubens begreifen und als selbstbewusste demokratische MitbürgerInnen ihre im Grundgesetz verankerten Rechte auf freie Religionsausübung einfordern, womit sie in der Selbst-Wahrnehmung des Eigenen die konstruierte deutsche Leitkultur-Idee gefährlich zu bedrohen scheinen.

---

20 | Dieser Aspekt wird später im Zusammenhang der Ausführungen über die „so genannten Islamkritiker-Innen" noch näher zu präzisieren und zu diskutieren sein.

Daraus lässt sich im Umkehrschluss folgern, dass offenbar nur derjenige Immigrant muslimischen Glaubens erwünscht ist und relativ unverdächtig bleibt, der seinem Glauben nach Möglichkeit abschwört, oder als bekennender „türkischer" Muslim seinen Glauben weiterhin lediglich in den Hinterhof-Moscheen ausübt, um somit als erkenn und definierbarer Nicht-Deutscher das Andere des Eigenen zu gewährleisten. Primäres Bemühen zur Bewahrung einer christlich-abendländischen Leitkultur wären damit vielmehr assimilatorische Bestrebungen bei Preisgabe eigener Wertvorstellungen, damit der Andere als Fremder erkennbar bleibt. Insofern widerspräche hier die allseits bekundete Integration im Sinne eines dialogischen Einbringens der kulturellen und religiösen Werte von Minderheiten in die Residenzgesellschaft den nationalstaatlich-kulturellen Identitätsbemühungen, die gerade dann hochgehalten werden müssen, wenn das Eigene einem größeren Bedrohungspotenzial ausgesetzt zu sein scheint, wie die aufflammende Debatte der Leitkultur-Idee zeigte.[21]

Wie Hüttermann in diesem Zusammenhang aufzeigt, findet hier eine „Kulturalisierung bzw. Ethnisierung sozialer Konflikte der deutschen Einwanderungsgesellschaft" statt, mit der der Fremde aus dem islamisch geprägten Auswanderungsland als der „Türke" oder – im Zuge der hier aufgezeigten Ethnisierung von Religion – als der „Moslem" substantiviert wird, der „dem Islam" – wobei dieser gleichzeitig als statisch-unveränderliches „Kollektivsubjekt" imaginiert wird – gewissermaßen hilflos ausgeliefert ist (vgl. Hüttermann 2011, 50ff).[22]

4.2.2 Der Islam als Neo-Ethnizität

Die Etikettierung des Fremden und die damit verbundenen Differenzkonstruktionen innerhalb der Gemeinschaft des Eigenen findet somit offenbar nicht mehr nur entlang der Nationalität bzw. eines ethnisch begrenzten Kulturverständnisses, sondern zunehmend entlang einer ethnisch-verstandenen Religionszugehörigkeit statt, um somit das Eigene und das Fremde in fundamentaler herkunfts- oder abstammungsorientierter Differenz denken und wahrnehmen zu können. Diesen spezifischen Konstruktions- und Zuschreibungsprozess gegenüber einer Fremdgruppe beschreibt Oliver Roy als „Neo-Ethnizität".

„Wenn ich von Neo-Ethnizität spreche, bedeutet ‚neo', dass die Ursprungskultur nicht mehr wirklich relevant ist, und ‚Ethnizität', dass die Religion nicht als Glaube, sondern als eine Reihe von überkommenen kulturellen Mustern betrachtet wird, die nicht mehr mit dem spirituellen Leben einer Person verbunden sind." (Roy 2006, 129)

---

21 | Die „Leitkultur-Debatte" wird weiter unten noch eingehender zu diskutieren sein.
22 | Hüttermann bezieht sich hier als Beispiel explizit auf die türkei- und islamkritische Positionen des Historikers Hans-Ullrich Wehler, die dieser anlässlich einer Rede unter dem Titel „Amerikanischer Nationalismus, Europa, der Islam und der 11. September 2001" im Jahre 2002 an der Universität Bielfeld hielt (vgl. Hüttermann 2011, 50ff).

Roy nimmt dort die impliziten Bewertungen gegenüber so ethnisierter Gruppen in den Blick und betont zugleich, dass es sich hier um keinen einseitigen Prozess handelt, der von einer Mehrheit der Minderheiten zugeschrieben wird, sondern um ein dialektisches Phänomen, wie wir dies bereits am Beispiel der Ethnisierung und Selbstethnisierung gezeigt haben, wenn auch in diesem Konstruktionsprozess die Definitionsmacht der Mehrheit entscheidend ist. Damit ist ein von außen herangetragener Ethnisierungsprozess gemeint, im Zuge dessen einem „Fremden" von einer Mehrheit per Definitionsmacht ein Minoritätsstatus zugewiesen wird. Mit solchen „neuen" Unterscheidungskriterien werden nach Roy rassische phänotypische Kategorien von „einer vielschichtigeren und offeneren Auffassung über den Hintergrund ethnischer Gruppen abgelöst, in der die Ethnizität die Rasse ersetzt hat" (Roy 2006, 129f):

„Neo-Ethnizität bedeutet den Aufbau einer ethnischen Gruppe, die es in dieser Form vorher nicht gab, mit Hilfe einer begrenzten Zahl von Unterscheidungsmustern, die aus einem komplexen kulturellen Hintergrund isoliert wurden. Dieser Aufbau erfolgt durch den Rückgriff auf Kategorien der herrschenden westlichen Repräsentationssysteme, die jene relevanten Unterschiede festlegen, die zur Grundlage von Gruppenkategorien werden." (Roy 2006, 129)

Die auf eine Menschengruppe bezogene Differenzkonstruktion führt demnach nicht zwangsläufig zur negativen Diskriminierung im Sinne eines Neo-Rassismus, sondern erst die Bedeutungskonstitutionen, die zur Hierarchisierung von Menschengruppen innerhalb des Gesellschaftsgefüges und zur Absicherung von Privilegien und Machtinteressen der herrschenden Gruppe herangezogen werden.

Bis hierhin sollte die besondere Problematik ethnischer Differenzkonstruktionen verdeutlicht werden, die, wie zu zeigen sein wird, die Basis von Fremden- bzw. Islamfeindlichkeit (Islamophobie) bzw. von antiislamischem Rassismus bilden können, die wir unter dem Begriff des Ethnizismus subsumieren möchten.

5. Ethnizismus im Kontext von Islamfeindlichkeit

5.1 DEFINITION: ISLAMBEZOGENER UND ANTIISLAMISCHER ETHNIZISMUS

Vom Ethnizismus sprechen wir, wenn im Sinne Oliver Roy's Neo-Ethnizität die Differenzkonstruktion vollzogen wird und eine *Semantik der Ungleichheit* mit impliziten Vorurteilen bzw. Ressentiments vorzufinden ist, die (noch) nicht ideologisch im Sinne einer rassistischen Ideologie fixiert sein müssen. Ethnizismus kann sich demnach auch in scheinbarer Anerkennung jeweiliger kultureller Unterschiede und als Toleranz gegenüber dem Fremden zeigen, da auch hier die Unvereinbarkeit der Lebensweisen unterschiedlicher Kulturen und Ethnien die Ausgangsbasis bilden. Demgegenüber impliziert Neo-Rassismus eine *„Ideologie der Ungleichwertigkeit"* zum Zwecke der Hierarchisierung und Durchsetzung von Macht, dem der Ethnizismus gewissermaßen vorgeschaltet bzw. inhärent ist.

Bevor der Begriff des *Ethnizismus* am Beispiel des Islam näher entwickelt wird, soll zunächst auf die terminologische Problematik der Begriffe *Rassismus* und Islamophobie im Kontext des Islamfeindlichkeitsdiskurses aufmerksam gemacht werden. Terminologisch stellt sich hier die Frage, ob der Begriff Rassismus aufgrund zunehmender inhaltlicher Überfrachtung noch angemessen ist, das auf ihn bezogene Problem adäquat zu fassen. Nach Taguieff führt die zunehmend missbräuchliche Verallgemeinerung des Wortes Rassismus, das mittlerweile bei fast allen Formen der Diskriminierung gegenüber Menschen(-Gruppen) angewendet wird, zur allmählichen Aushöhlung seines Wertes als Konzept (vgl. Taguieff 2000, 58). Auch Miles beklagt „die Überdehnung" der damit verbundenen Begriffe, was ihn schließlich veranlasste, wie gezeigt, Rassismus enger als Ideologie zu fassen und diesen als solchen zu dekonstruieren (vgl. Miles 1992, 57ff; 2000, 32).

Der Terminus Rassismus ist im öffentlichen Sprachgebrauch meist assoziativ mit dem biologischen „wissenschaftlichen Rassismus" und den darauf begründeten Naturalisierungsdiskursen („Rassialismus") verbunden, weshalb schon Memmi mit Hinweis auf die Komplexität der damit verbundenen Problematik und des darüber hinausgehenden inflationären Gebrauchs zur Kennzeichnung von vielfältigen diskriminierenden Einstellungen und Verhaltensweisen anderer Menschen gegenüber vorschlug, Rassismus „ausschließlich für den Rassismus im biologischen Wortsinne" zu gebrauchen und im Falle „aggressiver Ablehnung" gegen das Fremde allgemein von „Heterophobie" und im Speziellen von „Judenphobie", „Negrophobie" bzw. „Ethnophobie" etc. zu sprechen (Memmi 1992, 121, 123f)[1].

Dagegen ist jedoch einzuwenden, dass sich, wie im Zusammenhang mit der so genannten „natürlichen Fremdenangst" gezeigt, diese mit „Phobie" assoziierten Begriffe wie Ethno-, Hetero-, Xeno- oder Islamophobie konnotativ auf eine naturalistisch-biologistische Begründungsebene beziehen, womit ein jeglicher Rassismus tendenziell als natürlichen Reaktion auf das Fremde gesehen werden darf, wie dies Eibl-Eibesfeldt mit seinen humanethologischen Erklärungen vornimmt, der die Fremdenfeindlichkeit zur natürlichen stammesgeschichtlich bzw. genetisch bedingten xenophoben Reaktion gegenüber dem Fremden erklärt. Demnach ist aus dieser Perspektive die islamophobe Reaktion eine spezifische Sonderform der „xenophoben Reaktion", die aus der den „Universalien" zugehörigen „normerhaltenden Aggression" resultiert (Eibl-Eibesfeldt 1990,77). Würde man den Empfehlungen Memmis folgen und den Rassismus-Begriff durch einen mit dem Suffix „-phobie" assoziierten Terminus ersetzen, dann könnte auch hier, wie am Beispiel des „Kulturellen Rassismus" gezeigt wurde, Rassismus tendenziell als enthistorisierende, essentialistische Größe missverstanden werden.

Der Terminus „Phobie", daran sei erinnert, bezieht sich im psycho-pathologischen Sinne als phobisches Syndrom auf Krankheitsphänomene wie Klaustro-, Agoraphobie oder soziale Phobie, für die niemand, und wohl auch der von „wahnhafter Angst" vor dem Islam Betroffene, verantwortlich zu machen wäre, und die als Krankheit ausschließlich Gegenstand einer psychotherapeutischen bzw. pharmakologischen Therapie wäre. All dies kann mit dem Suffix „-phobie" versehenen Begriff „Islamophobie" wohl nicht gemeint sein. Islamophobie beinhaltet negativablehnende Einstellungen gegenüber MuslimInnen und als solche sind diese Einstellungen keinesfalls psycho-pathologisch entschuldbar. Eine islamophobe Einstellung bezieht sich auf Feindbilder gegenüber dem Islam und kann zur „Legitimation für eine restriktive Einwanderungspolitik als auch für eine Definition des Einwanderers selbst als der prinzipiell Fremde" herangezogen werden, womit dieser Begriff, wie bei Frank-Rieser u.a. betont, eben „als vermeintliches Massenphänomen" seine besondere politische Relevanz erhält (Frank-Rieser u.a. 2010, 110).

„Als phobische und damit vermeidende Reaktion auf den Islam wird eine Einheitlichkeit suggeriert, als wäre mit ‚Islam' ein einheitlich erkennbares kulturelles und/oder religiöses Gut gemeint, dem die Qualität von Gegnerschaft und Gefahr zugeordnet wird – eine Einheitlichkeit, die ohne jede Beschreibung bleibt." (Frank-Rieser u.a. 2010, 110)

---

[1] | Die besondere Problematik des Phobiebegriffs wird im Zusammenhang einer so genannten „Negrophobie" deutlich.

Der Begriff „Islamphobie" zur Kennzeichnung „antiislamischer Einstellungen und Verhaltensweisen wie pauschale Ängste, Vorurteile und Haß gegenüber Muslime" wurde erstmals im Jahre 1997 als „Islamophobia" in Anlehnung an den Begriff „Xenophobie" („xenophobia") durch einen Bericht des Runnymede Trusts in Großbritannien zur Kennzeichnung von Einstellungen und Handlungen, die gegen den Islam gerichtet sind, in die wissenschaftliche Debatte eingeführt (Mühe 2010, 27). Nach der im Rahmen der Bielefelder Studie (GMF-Studie) zugrunde gelegten Definition bezeichnet dieser Begriff eine „‚Sonderform‘ der Fremdenfeindlichkeit", wobei es sich dabei nicht um die „Kritik an islamischen Aktivitäten", sondern wesentlich um eine „generelle ablehnende Einstellungen gegenüber muslimischen Personen und allen Glaubensrichtungen, Symbolen und religiösen Praktiken des Islams" handeln soll (Leibold/Kühnel 2003, 114, 101). Heitmeyer spricht hier zusätzlich den emotionalen Aspekt an, indem er mit „Islamphobie" „die Bedrohungsgefühle und die ablehnenden Einstellungen gegenüber der Gruppe der Muslime, ihren Ritualen und öffentlich-politischen wie religiösen Aktivitäten" meint (Heitmeyer 2003, 15).

Für Heiner Bielefeldt zeigt sich Islamophobie in „negativ-stereotypen Haltungen gegenüber dem Islam und seinen tatsächlichen oder mutmaßlichen Angehörigen" (Bielefeldt 2009, 182). In Anlehnung an Bielefeldt definiert Sabine Schiffer Islamopobie, die sie synonym zu Islamfeindlichkeit und antimuslimischem Rassismus verwendet, als eine „verallgemeinernde Zuweisung (negativ-)stereotyper Fakten und Fiktionen auf den Islam‘ und/oder ‚die Muslime‘ bzw. die, die man spontan dieser Gruppe zuordnet" (Schiffer 2011, 22).

„Islamophobie stellt eine Unterform allgemein rassistischer Haltungen und Praktiken dar, die teilweise spezifische Argumentationsmuster aufweisen, die auf tatsächlich oder vermeintlich Islamisches rekurrieren." (Schiffer 2011, 22)

Der Terminus „Islamophobie", der nicht einheitlich definiert und oft synonym zu „Islamfeindlichkeit" oder „antimuslimischem Rassismus" gebraucht wird, bleibt, obgleich er sich gegenwärtig im wissenschaftlichen Diskurs etabliert zu haben scheint, zur Kennzeichnung des Phänomens der Ausgrenzung und Diskriminierung einer Menschengruppe in mehrfacher Hinsicht fragwürdig. So bleibt fraglich, ob damit hinreichend die diskriminierenden und ausgrenzenden Aspekte gegenüber Menschen muslimischen Glaubens wiedergegeben werden können, da ihm nach wie vor mit dem Suffix Phobie eine psychopathologische und damit entlastende enthistorisierende Konnotation anhaftet. Wie weit sich diese konnotativen Mechanismen aus dem Bereich der Psychopathologie bereits schon in den wissenschaftlichen Sprachduktus eingeschlichen haben, zeigen sich z.B. in der GMF-Studie. Dort wird im Zusammenhang ihrer empirischen Untersuchungen anfänglich von „Islamphobie" und in späteren Untersuchungen von „Islamophobie" und von einem „Syndrom Gruppenbezogene(r) Menschenfeindlichkeit" gesprochen (vgl. Heitmeyer 2002, 15ff; 2003, 15; 2008, 19; Leibold/Kühnel 2003, 105).

Auch der hier gebrauchte „Syndrom"-Begriff ist, wie der Terminus „Phobie", der Medizin bzw. der Psychologie entlehnt und wird zur Bezeichnung des gleichzeitigen Auftretens verschiedener Symptome („Krankheitszeichen") gebraucht, die im Sinne eines Symptomkatalogs („Syndrom") das Gesamt einer zu bezeichnenden Krankheit (Krankheitseinheit) ergeben. Bezogen auf die im Zusammenhang mit „Menschenfeindlichkeit" bzw. „Islamophobie" benutzten psychopathologisch-medizinischen Termini könnte man demnach assoziativ von einer Erkrankung ausgehen, für die ein davon befallener Protagonist mit typischer Hass-Symptomatik tendenziell genauso wenig verantwortlich gemacht werden könnte, wie für eine andere Erkrankung, die er sich durch irgendeinen äußeren Umstand (der eventuellen Unachtsamkeit) zuzog. Insofern erscheinen diese terminologische Zuschreibungen zur Kennzeichnung von feindlich gesinnten Positionen gegenüber Menschen-(Gruppen) ungeeignet, da es sich hier im ätiologischen Sinne wohl kaum um ansteckende oder genetisch verursachte Hass-Symptome mit Krankheitswert handelt, sondern wohl eher um sozial produzierte Haltungen gegenüber dem unerwünschten Anderen des Eigenen.

Der Begriff Islamophobie wird auch von prominenten IslamkritikerInnen insbesondere deshalb zurückgewiesen, weil sie ihre Kritik am Islam durch diese Wortwahl disqualifiziert sehen. So weisen sie darauf hin, dass aufgrund der semantischen Unschärfe dieses Begriffes jegliche Form von berechtigter Islamkritik mit dieser terminologischen Zuschreibung diffamiert und von der Gegenseite im Sinne eines Islamophobievorwurfs politisch instrumentalisiert würde (vgl. Bielefeldt 2009, 184ff).

Aus den genannten Gründen wird im weiteren Fortgang der Arbeit nach Möglichkeit der Begriff „Islamophobie" vermieden und diesem der Begriff *„Antiislamischer Ethnizismus"* vorgezogen, der sowohl Islamfeindlichkeit als auch antiislamischen Rassismus umfassen soll.

Ein solcher „Antiislamischer Ethnizismus" ist allerdings zu unterscheiden von einem auf den Islam bezogenen Ethnizismus, obschon dieser gewissermaßen die Basis einer jeglichen Islamfeindlichkeit bildet. Dies soll heißen, dass auf Kulturen bzw. Ethnien bezogene Differenzkonstruktionen – ob auf offenen bzw. implizit negativen Diskriminierungen oder positiven, vom Gedanken der Toleranz und Anerkennung getragenen Intentionen beruhend – per se essentialistische Vorstellungen und simplifizierende Typisierungen von heterogenen sozialen Strukturen transportieren. Insofern bilden diese die Grundvoraussetzung für neo-rassistische Positionen. Dennoch ist diese Form von Differenzkonstruktion nicht gleich Rassismus, da sich hier lediglich eine *Semantik der Ungleichheit* mit simplifizierenden Vorurteilen und Typisierungen paart, die nicht per se von unkorrigierbaren Vorurteilen und einem geschlossenen Feindbild durchdrungen sind, die es rechtfertigen, von einem differenzialistischen Rassismus bzw. einem „Antiislamischen Ethnizismus" zu sprechen. Differenzkonstruktionen in der beschriebenen Art und Weise können jedoch als quasi ideologische Vorform die Basis eines Feindbildes im Sinne des Neo-Rassismus bilden. All dies gibt uns dazu Anlass, eine wesentliche inhaltliche wie terminologische Unterscheidung zwischen der *Ethnisierung* einer Religion bzw. einem religionsbezogenen Ethnizismus – hier gegenüber dem Islam – und einen darauf bezogenen *Rassismus* vorzunehmen. Der „islambezogene Ethnizismus" thematisiert somit Vorurteile, Klischees und Einstellungen, die sowohl absichtlich als auch unbeabsichtigt übernommen werden, während mit „Antiislamischem Ethnizismus" das gesamte Spektrum negativer Einstellungen angesprochen ist, das von diskriminierenden Vorurteilen bis hin zu offenen rassistischen Haltungen und Handlungen reicht, die von einer *Ideologie der Ungleichwertigkeit* mit impliziten unkorrigierbaren Vorurteilen und geschlossenen Feindbildern gekennzeichnet sind. Ein solcher „Antiislamischer Ethnizismus" meint demnach kein interindividuelles Feindschaftsverhältnis, sondern er bezieht sich, wie die „Gruppenbezogene Menschenfeindlichkeit" im Sinne Heitmeyers, auf das feindliche Verhältnis zu einer spezifischen Gruppe von Menschen (vgl. Heitmeyer 2003, 13ff).

5.2 AUF DEN ISLAM BEZOGENER ETHNIZISMUS

Mit einem auf den Islam bezogenen Ethnizismus sind folgende charakteristische Merkmale angesprochen: (1.) die Konstruktion einer ethnisch verstandenen Religionsgemeinschaft (der Muslime), die einerseits universalistisch gesehen und andererseits essentialistisch gedeutet wird und das Andere des Eigenen symbolisiert; (2.) ein damit verbundener Glaube, der aus seinem komplexen religionsgeschichtlichen Hintergrund herausgelöst und als eine Reihe überkommener kultureller Muster gesehen wird, die als solche nicht mehr mit dem spirituellen Leben einer Person verbunden ist[2]; in der (3.) die Heterogenität der islamischen Religion und die Vielfalt des muslimischen Lebens unberücksichtigt bleibt und die Zugehörigkeit zur islamischen Religion bzw. zur „islamischen Kultur" als das zentrale Identitätsmerkmal gesehen wird. Daraus folgt, dass die Handlungen, Eigenschaften, Unterschiede und Gemeinsamkeiten nicht aus den unterschiedlichen sozial- und gesellschaftlichen Bezugspunkten des Individuums, sondern im Wesentlichen als durch die islamische Religion determiniert betrachtet werden. Der jeweilige Mensch wird so primär als Angehöriger der islamischen Religion gesehen, unabhängig davon, ob er tatsächlich dieser Religion angehört und wie er es mit seiner Religion hält. Hierin zeigt sich ein wesentliches Charakteristikum von Rassismen: die Tendenz zur „Entindividualisierung" und „Entpersonalisierung" (vgl. Bielefeldt 2010, 5). So können von einem auf den Islam bezogenen Ethnizismus auch Menschen betroffen sein, die aufgrund ihrer Herkunft, ihrer Sprache, ihres Namens oder bestimmter Lebensgewohnheiten und Kleidungsstil dem Islam zugeordnet werden, ohne dem islamischen Glauben tatsächlich anzugehören. Obgleich die beschriebenen Mechanismen gewissermaßen die Ausgangsbasis eines Neo-Rassismus bilden können, sind sie, wie betont, allein für sich betrachtet nicht zwangs-

---

2 | Vgl. hierzu Roy 2006, 129.

läufig offen-bewusst rassistisch konnotiert, sondern können durchaus – im Sinne einer „positiven Diskriminierung"[3] (lat.: discriminare = trennen, absondern, abgrenzen, unterscheiden) – von der Intention geleitet sein, dem Anderen die Teilhabe und Anerkennung im Eigenen zu ermöglichen, wie dies beispielsweise mit den Konzepten von Multikulturalität und Interkulturalität intendiert war, um sozioökonomische und rechtliche Benachteiligung aufzuheben (vgl. Joas 2007, 285).

Während in der ersten Phase der Arbeitsmigration ein „Islam der Ausländer" bzw. „ein transplantierter Islam" der Gast-Arbeiter mit Rückkehrorientierung noch von relativ geringer migrations- und integrationspolitischer Bedeutung war, wuchs diese mit den Anerkennungsforderungen nach rechtlicher und insbesondere religiöser Gleichstellung im Zuge eines „transformierten Islam" der neuen StaatsbürgerInnen (mit Migrationshintergrund) zunehmend (vgl. Koenig 2003, 155). Das Zuwanderungsland Deutschland wurde so vor neue Herausforderungen gestellt. Es hatte zudem vor dem Hintergrund der Globalisierung und Transnationalisierung zu berücksichtigen, dass die Frage der Religionsfreiheit und der Minderheitenrechte im Lichte universalistischer Prinzipien eines globalen transnationalen Menschenrechtsdiskurses und dem „weltgesellschaftlich institutionalisierten Modell ‚multikultureller' Staatsbürgerschaft" zu beurteilen ist (vgl. ebd., 217).[4] Staaten der Europäischen Union haben sich aus rechtsstaatlicher Sicht nicht nur an den EU-Antidiskriminierungsrichtlinien sowie den Menschenrechten zu orientieren, sondern sind nach der postnationalsozialistischen Ära umso mehr aufgefordert, die Minderheitenrechte zu schützen und das Recht auf kulturelle Identität und den Schutz vor religiöser Diskriminierung zu garantieren. All dies erforderte seitens des Islam bestimmte Organisationsformen, die diese als legitime Vertreter der Einwanderergruppe als Verhandlungspartner in rechtlichen Auseinandersetzungen wie andere Religionsvertretungen ausweisen konnten. Hierzu bedurfte es rechtlich anerkannter Gemeinschaftsformen, wie sie im Rahmen der deutschen staatlichen Religionspolitik im Sinne einer Kooperation von Staat und Kirche erforderlich sind, die jedoch im Islam in dieser Form nicht existieren, da die Muslime je nach Herkunftsregion und Migrationsgeschichte sprachlich und ethnisch in mehrere Gruppen zerfallen und diese keine einheitliche kirchliche Organisation im herkömmlichen Sinne darstellen. Zudem existieren im Islam Strömungen mit je un-

---

3 | Mit „positiver Diskriminierung" sind hier z.B. bürokratisch notwendige Differenzierungsmerkmale von Menschengruppen gemeint, die in deskriptiver und eben nicht bewertender Absicht vorgenommen wurden, wie diese beispielsweise im Zuge religionspolitischer Maßnahmen erforderlich und von einer „positiven" Intention der Anerkennung des Fremden getragen sind.

4 | So haben sich die Organe des Europarates seit den 1990er Jahren neben den bis dahin dominierenden Feldern der Migrationspolitik zunehmend mit religiösen Fragen beschäftigt, was sich u.a. darin äußert, dass im Hinblick auf den Menschenrechtsdiskurs das Verhältnis von nationaler Staatsbürgerschaft und Religion angesichts muslimischer Anerkennungsforderungen neu bestimmt wurde (vgl. Koenig 2003, 213).

terschiedlichen religiösen Praktiken und zum Teil sich widersprechenden Glaubensorientierungen, so dass es schwierig ist, die muslimische Gesamtgruppe organisatorisch zu fassen, wie dies die deutsche Religionspolitik vorsieht, die auf dem Rechtsprinzip der Neutralität, Toleranz und Parität basiert und die rechtlichen Beziehungen zwischen dem Staat und Religion mit entsprechenden religiösen Interessensvertretungen wie vereinsrechtlich organisierten „Religionsgemeinschaften" und „Religionsgesellschaften" als Körperschaften des öffentlichen Rechts regelt. Hierbei wird nur Religionsgesellschaften das Recht eingeräumt, Kirchensteuern zu beziehen und einen konfessionellen Religionsunterricht an öffentlichen Schulen durchzuführen (vgl. Koenig 2003, 103f).[5]

Das Erfordernis, einen im Rahmen der Religionspolitik legitimierten muslimischen Ansprechpartner zu haben und ein daraus resultierender Organisierungszwang verstärkte neben anderen Aspekten den Mechanismus der „Neo-Ethnizität". Indem der Nationalstaat gewissermaßen ein personales Äquivalent zum eigenen nationalstaatlichen Verständnis benötigte, das sich nicht mehr nur auf nationale Zugehörigkeit (Türkei, Marokko etc.) beziehen konnte, konstruierte er unter Absehung von wesentlichen heterogenen kulturellen Dimensionen im Zuge einer neo-ethnischen Konstruktion eine transnationale ethnische Gruppe (der Muslime), die in ihrer imaginierten Homogenität als adäquater Verhandlungspartner erkenn- und definierbar sein sollte. Dieser auf Religion bezogene Ethnizismus schöpft offensichtlich aus der zunehmenden Erkenntnis, dass die Zugewanderten mittlerweile ihren Lebensmittelpunkt auf Dauer nach Deutschland verlegt haben. Darüber hinaus scheint sich die Segregation nach der Religionszugehörigkeit z.B. unter der Perspektive einer Inklusions-Exklusions-Dialektik sensu Niklas Luhmann (1987) ökonomisch als äußerst sinnvoll zu erweisen, da dadurch Menschen aus unterschiedlichen Herkunftskontexten, Staatsangehörigkeit, Bildung, Sprache etc. zu einer einheitlichen Gemeinschaft zusammenfasst werden können.[6]

Dennoch können in der Logik des Nationalstaates Gesellschaftsmitglieder nach dem Abstammungsprinzip als Angehörige oder Nicht-Angehörige markiert werden,

---

5 | Das Problem der Anerkennung der islamischen Verbände als Körperschaften des öffentlichen Rechts wurde insbesondere im Zusammenhang einer Implementierung des islamischen Religionsunterrichts zur wichtigsten Anerkennungsforderung von muslimischer Seite (vgl. Koenig 2003, 207).

6 | In den empirischen Untersuchungen von Spielhaus wird sehr deutlich aufgezeigt, wie im Zuge der Markierung von Deutschen mit Migrationshintergrund als primäres persönliches Kennzeichen zunehmend auf die muslimische Religionszugehörigkeit verwiesen wird. So wurde im Zuge der Ernennung von Aygül Özkan zur Ministerin in Niedersachsen in den Medien die Besonderheit einer ersten „Muslimin" als Ministerin betont. Andere in der Öffentlichkeit stehende deutsche Persönlichkeiten (mit Migrationshintergrund) stellen überrascht fest, dass sie zunehmend ausschließlich als MuslimInnen wahrgenommen und als solche vermehrt aufgefordert werden, gegenüber Terror-Anschlägen mit islamistischem Hintergrund öffentlich Stellung zu beziehen (vgl. Spielhaus 2011, 133ff).

wobei hier, dem postnationalen Postulat folgend, nicht mehr die nationale Zugehörigkeit (türkisch – deutsch), sondern neo-ethnische Konstruktionen (abendländisch/westlich – muslimisch) als Grenzmarkierungen dienen.

Auf diesem Wege kam es zunehmend zur ethnischen Codierung religiöser Identität oder, wie dies Roy aus einer anderen Perspektive bezeichnet, zu einer Dekulturalisierung des Islam. Die neo-ethnische Konstruktion einer globalen muslimischen Identität erforderte demnach die Entkoppelung des Islam von seiner jeweiligen Herkunftskultur und seine Fixierung auf transnationale und universelle Merkmale (vgl. Roy 2006, 124).

„Der ‚dekulturalisierte‘ Islam ist eine Möglichkeit, eine religiöse Identität zu konstruieren, die nicht mit einer bestimmten Kultur verknüpft ist und deshalb zu jeder Kultur passen oder, präziser gesagt, die unabhängig vom Kulturbegriff selbst definiert werden kann." (ebd., 41)

Mit dieser auf dem Hintergrund eines im globalen Zusammenhang stehenden politischen Drucks vollzogenen „Entkoppelung von Religion und Kultur" wurde gleichfalls eine Auflösung eines Zusammenhangs „zwischen einer Religion, einer genuinen Kultur, einer bestimmten Gesellschaft und einem Territorium" mit vollzogen (Roy 2006, 41). Was den von Roy angeführten Aspekt einer „Entterritorialisierung" des Islam angeht, zeigen schon allein die globalen Migrations- und Bevölkerungsbewegungen, dass – obschon der Islam von Beginn seiner frühen Verbreitung nicht an einem Territorium gebunden war – immer mehr MuslimInnen in einem Minderheitenstatus in nichtmuslimischen Ländern leben.[7] Demnach hat die Globalisierung der Migrationsbewegung zu einer neuen Qualität der Entterritorialisierung des Islam geführt. Neben Ländern und Regionen wie China, Afrika und Indien, in denen sich der Islam durch Eroberungen und Konversionen verbreitete, etablierte er sich in der postkolonialen Ära und insbesondere im Rahmen der Arbeitsmigration seit den 1950er Jahren gewissermaßen freiwillig als „transformierter Islam" (vgl. Roy 2006, 34). In westeuropäischen Ländern ist dies ein relativ junges Phänomen. Dort sind die Nachkommen der ehemaligen Gastarbeiter muslimischen Glaubens in diesen Ländern geboren und sozialisiert, die, wie gezeigt, für sich nicht nur eine Gleichbehandlung als Staatsbürger, sondern auch die freie Religionsausübung als ein wesentliches Element ihrer Identität beanspruchen. Hierbei geht es dieser Generation in weiten Teilen längst nicht mehr um eine bloße Konservierung des vom jeweiligen Herkunftsland nach Deutschland transferierten elterlichen Religionsverständnisses, vielmehr sind sie im Sinne einer relativen Entkoppelung des Islam von der Herkunftskultur darum bemüht, im Rückgriff auf die Primärquellen des Islam ein ent-

---

7 | Nach Roy lässt sich diese Form einer „Entterritorialisierung" auch auf das Leben im jeweiligen Heimatland selbst beziehen, indem das dortige traditionell muslimische Leben z.B. durch einen zunehmenden Prozess der „Verwestlichung" irritiert würde, was wiederum belege, dass „die Grenze zwischen dem Islam und dem Westen nicht mehr geographischer und immer weniger kultureller Natur" ist (Roy 2006, 35).

traditionalisiertes, gewissermaßen „reines" Islamverständnis zu entwickeln und zu rekonstruieren.

Insofern findet mit diesem Bemühen um ein neues Religionsverständnis nicht nur eine neue Entterritorialisierung des Islam statt, sondern auch eine Form der Enttraditionalisierung, mit der es u.a. darum geht, den Islam in die „europäische Kultur" zu implementieren. Gegenüber einem traditionellen Umgang mit islamischen Regeln zeichnet sich ein solches Verständnis durch eine Intellektualisierung und Kodifizierung islamischer Lebensführung aus, die für jeden nachvollziehbar, gültig und verbindlich sein soll.

Ein wesentliches Beispiel hierfür ist das Bemühen der „Neo-Muslima", in Kombination von Religiosität und moderner Lebensauffassung einen eigenen authentischen islamischen Weg jenseits traditioneller familiärer Orientierungen und elterlicher Kontrollansprüche zu suchen, der es ihr ermöglichen soll, der marginalisierenden Fremdzuordnung, die sie beständig als Opfer einer zurückgebliebenen patriarchalischen Ordnung identifiziert, zu entgehen (vgl. Nökel 2000, 266).

In der Biographie dieser Frauen nimmt eine qualifizierte Berufsausbildung, ihre Familie und das Befolgen der islamischen Gebote eine zentrale Rolle ein. Mit der damit verbundenen Konstruktion eines modernen islamischen Selbst konturieren sich zudem neue innerfamiläre Konfliktmuster, indem beispielsweise die schriftkundigen Töchter den unreflektiert-mechanistischen islamischen Habitus der Eltern als unislamisch ablehnen. Mit dem Verweis auf den authentischen Islam weisen diese die elterlichen Kontrollansprüche ab und sind darum bemüht, das Verhältnis der Geschlechter und die Rolle der Frau in der Konfrontation mit modernen Vorstellungen von Weiblichkeit neu zu ordnen. Es kommt hier somit zur Verschiebung der Machtbalance, mit der sich die Neo-Muslima durch ihre offensiv dokumentierte islamische Kompetenz den elterlichen und männlichen Autoritätsansprüchen entzieht, was sich u.a. auch darin äußert, dass die traditionelle Praxis einer Ehevermittlung dadurch umgangen und die Partnerwahl selbst in die Hand genommen wird (vgl. Nökel 2000, 269). Am Beispiel der Neo-Muslima ist zu sehen, dass die Konstruktion einer neuen islamischen Identität nicht zwangsläufig in Unterdrückung und Desintegration enden muss, wobei andererseits diese Suche nach dem „authentischen" Islam auch Raum für Neo-Fundamentalismen bietet, mit denen die Geistes- und Kulturgeschichte des Islam nicht mehr in die islamische Theologie einbettet, sondern eher einer fundamentalistisch-wortgetreuen Auslegung des Koran und der Sunna gefolgt wird, wie dies am Beispiel von Neo-Salafisten in Deutschland zu sehen ist.

Zusammenfassend kann somit festgehalten werden, dass der „islambezogene Ethnizismus" einerseits eine Folge des genannten religionspolitischen Bemühens des Staates ist, sich auf entkulturalisierendem Wege einen adäquaten Kooperationspartner – personifiziert als die Muslima, der Moslem und der Islam – zu konstruieren, um die Inkorporation von muslimischen MigrantInnen nach staatsbürgerlich-rechtlichen Regeln in das bestehende deutsche religionspolitische Staatsgefüge in die Wege leiten zu können. Das heißt, diese religionspolitischen Bemühungen haben primär die Anwendung und Umsetzung von staatsbürgerlich-rechtlichen Regeln zum Ziel und scheinen frei von jeglichen impliziten (neo-)rassistischen Intentionen. Auch folgt dieser Konstruktionsprozess der Logik einer transnationalen Globalisierungsstrategie und der damit verbundenen Logik funktional ausdifferenzierter Gesellschaften, mit der die Idee des Nationalstaates nicht nur vor neue Herausforderungen gestellt wird, sondern die nationalstaatliche Umrahmung von Zugehörigkeiten wohl insgesamt in Frage steht, was sicherlich einer der Gründe dafür ist, dass die Differenzmarkierung von Menschengruppen entlang der Religionszugehörigkeit an Bedeutung gewinnt.

Andererseits bilden, wie bereits gezeigt, diese Differenzkonstruktionen bzw. ethnische Klassifikationen die Grundlage von Ein- und Ausschließungsprozessen, die wiederum zu den Grundprämissen des Neo-Rassismus gehören. In scheinbarer Anerkennung der jeweiligen kulturellen Unterschiede und Toleranz gegenüber dem Fremden beruft sich dieser Ethnizismus auf die absolute Unvereinbarkeit der Lebensweisen unterschiedlicher Kulturen und Ethnien und fordert kulturelle bzw. ethnische Abgrenzungen innerhalb eines nationalstaatlichen Gefüges. Als Differenzmarkierung zum Eigenen spielt hierbei der islambezogene Ethnizismus eine bedeutende Rolle, was nun im Weiteren mittels konkreter Beispiele gezeigt werden soll. Exemplarisch werden hierzu Teildebatten des islambezogenen Ethnizismus am Beispiel von Gender-Islam-Debatten, deren mediale Aufbereitung und ein wissenschaftlich begründeter, auf den Islam bezogener Ethnizismus am Beispiel der KFN-Studie dargestellt. Es soll jedoch vorab darauf hingewiesen werden, dass die Grenze zwischen einem islambezogenen und einem Antiislamischen Ethnizismus bisweilen minimal verläuft, da hier zunächst die gleichen Konstruktionsmechanismen wirksam sind, die sich jeweils – je nach dem Charakter der Intention gegenüber dem Anderen des Eigenen – zu einer positiven bzw. negativen Haltung gegenüber dem Anderen des Eigenen entwickeln können.

5.2.1 Der ganz alltägliche Ethnizismus

In den alltagstheoretischen Schilderungen der Probleme von ImmigrantInnen rücken zumeist muslimische Mädchen und Frauen in den Mittelpunkt der Betrachtungen, da sich deren Lebens- und Verhaltensweisen als Symbol für das „Anders-Sein" und für die vermutete fehlende Integrationsfähigkeit der Zuwandererfamilien besonders zu eignen scheinen. Hierbei richtet sich das Interesse zur Bestätigung des erlebten „Anders-Seins" in erster Linie auf folgende Bereiche: die Verweigerung des koedukativen Sportunterrichts, die Ablehnung von Sexualunterricht in der Schule seitens der Eltern; die teilweise praktizierte spezifische Form der Eheschließung (Praxis des Ehearrangements) und in erster Linie das Tragen des Kopftuchs oder Schleiers, das tendenziell als wesentliches Symbol der Rückständigkeit bzw. der Unterdrückung oder gegebenenfalls als Zeichen eines latenten islamischen Fundamentalismus gesehen wird. Eine wesentliche Rolle kommt in diesem Prozess der alltagstheoretischen Typisierung bestimmten „Kronzeuginnen der Anklage" zu, wie dies beispielsweise Necla Kelek mit ihren biographisch gefärbten Erfahrungs-

berichten vornimmt, auf die später noch näher eingegangen wird. Solche Typisierungen bezüglich der muslimischen Frau tauchen vermehrt selbst in Teilen der wissenschaftlichen Literatur auf, in denen, trotz längst bestehender differenzierter
Untersuchungen mit gegenteiligen Resultaten, diese trivialen Alltagsdeutungen und
Zuschreibungen unkritisch übernommen werden, wie dies beispielsweise im Rahmen der Studie von Toprak/EL-Mafaalani deutlich zu sehen ist.[8] So heißt es dort:

> „Die Hauptziele der Erziehung in die Geschlechterrollen sind folgendermaßen zusammen-
> zufassen: Die Jungen werden zum späteren Familienoberhaupt und Ernährer der Familie
> und das Mädchen zur späteren Hausfrau und Mutter erzogen. Im Gegensatz zum deut-
> schen Erziehungsideal, in dem Mädchen dazu ertüchtigt werden sollen, sich selbst versor-
> gen zu können und im Notfall sich auch selbst schützen zu können, deuten türkische Er-
> ziehungsziele sehr viel markanter auf eine geschlechtsspezifische ‚Arbeitsteilung'. Das hat
> dann auch Folgen für die Problemstellungen in Beratungssituationen von jungen Frauen."
> (Toprak/El-Mafaalani 2011)

Demgegenüber weist insbesondere die Sinus-Milieu-Studie (2006–2008) explizit
darauf hin, dass Menschen mit Migrationshintergrund in Deutschland keine so-
ziokulturell homogene Gruppe darstellen, sondern dass deren Lebensweisen und
Lebensstile in einer vielfältigen und differenzierten Milieulandschaft angesiedelt
seien, und diese von daher keinesfalls als homogen strukturiert angesehen werden
können (vgl. Sinus-Sociovision 2008, 2).

> „Faktoren wie ethnische Zugehörigkeit, Religion und Zuwanderungsgeschichte beein-
> flussen zwar die Alltagskultur, sind aber nicht milieuprägend und auf Dauer nicht identi-
> tätsstiftend. Der Einfluss religiöser Traditionen wird oft überschätzt." (ebd.)

Neben den genannten „Platzanweisern" werden die stereotypen Bilder, die die türkischen Mädchen zu Außenseitern machen, teilweise auch durch deren Ausbilde-
rInnen oder LehrerInnen transportiert, indem von dieser Seite im Zuge alltagsthe-
oretischer Schilderungen suggeriert wird, dass muslimische Mädchen in besonderer
Weise durch ihre Eltern benachteiligt seien, da diese an der Bildung ihrer Töchter
wenig interessiert seien, was jedoch an der Tatsache vorbeigeht, dass Mädchen türkischer Herkunft im Hinblick auf Schulbesuch und Schulabschlüsse meist erfolgreicher sind als türkische Jungen. So sind diese Mädchen beispielsweise an Realschu-
len und Gymnasien mehr vertreten als Jungen, was sich nicht nur am Beispiel der
türkischstämmigen Mädchen, sondern auch an den marokkanischstämmigen Mädchen festmachen lässt (vgl. Gesemann 2006, 12). Nach Boos-Nünning weisen neuere
wie ältere Studien eindeutig darauf hin, dass besonders Eltern mit Migrationshin-

---

8 | Typisierungen werden auch von folgenden Autorinnen vorgenommen: Gonzáles 1990
in Beck-Gernsheim 2007, 51; Klinkhammer 2000; Boos-Nünning/ Karakasoglu-Aydin 2004;
Nökel 2000; Göle 1995; Huth-Hildebrant 2002; Boos-Nünning 2011.

tergrund häufiger an der Bildung und am beruflichen Aufstieg ihrer Kinder interessiert sind als einheimische deutsche Eltern, was sich besonders seitens der türkischen Eltern zu bestätigen scheint, die hierbei keinen Unterschied zwischen ihren Töchtern und ihren Söhnen machen (vgl. Boos-Nünning 2011, 23f).

All dies widerspricht den genannten Typisierungen, mit denen offenbar ein diskriminierender Mechanismus am Werk ist, wie er an anderer Stelle als „institutioneller Rassismus" diskutiert und entwickelt wurde. Demnach erschweren weit weniger Restriktionen seitens der Eltern betroffener Mädchen die schulische und berufliche Ausbildung, sondern vielmehr die zu überwindenden Hürden der Vorurteilsbereitschaft gegenüber diesen Mädchen seitens der Institution Schule selbst, wie Boos-Nünning bereits 1999 bemerkte (vgl. Boos-Nünning 1999, 25). So wurden z.B. als primäre Ursachen für den hohen Anteil von Migrantenkindern an Sonder- und Hauptschulen Interaktionseffekte zwischen frühen diskriminierenden Praktiken und späteren institutionellen Selektionsmechanismen verantwortlich gemacht (vgl. Gomolla/Radtke 2009, 293; Flam 2009, 239ff; Hansen 2001, 75ff).

Auch Weber zeigt im Zusammenhang ihrer empirischen Studie zum möglichen Einfluss von herkunfts- und geschlechtsbezogenen Zuschreibungen hinsichtlich Bildungsbeteiligung und Schulerfolg allochthoner SchülerInnen deutlich auf, dass „der Blick von LehrerInnen auf SchülerInnen mit Migrationshintergrund grundlegend defizitorientiert" sei und gegenüber diesen SchülerInnen insgesamt eine ablehnende Haltung dominiere, wobei sich diese Abwehrhaltung besonders stark gegen Jungen richte (Weber 2003, 242, 246).[9]

Die Untersuchungen des OSI (Open Society Institute) mit 100 MuslimInnen in Berlin bestätigen diese Einschätzung (vgl. Open Society Institute 2010). Demnach lassen die Berichte von Nichtregierungsorganisationen und Interviews mit Experten erkennen, dass Diskriminierung innerhalb des Deutschen Schulsystems „generell ein nicht unerhebliches Problem darstellt." (Mühe 2010, 81). So berichteten fast alle TeilnehmerInnen beim Gruppeninterview mit MuslimInnen von einer Kultur der niedrigen Erwartungen bis hin zu Entmutigungen von Seiten der LehrerInnen gegenüber Kindern, die auf den ethnischen Hintergrund und/oder deren Religionszugehörigkeit zurückgeführt werden. In einigen Fällen wurden direkte Bezüge zu der Herkunft der SchülerInnen hergestellt, wie im Fall einer jungen Frau, die sich beim Lehrer ihrer Nichte erkundigen wollte, wie sie die Note befriedigend in Deutsch verbessern könne und von ihm die Antwort erhalten habe, dass dies doch eine gute Note für ein türkisches Mädchen sei (vgl. Mühe 2010, 82).

Mit diesem vorurteilsbeladenen Blick dieses Lehrers offenbart sich eine bestimmte Erwartungshaltung gegenüber türkisch-muslimischen Schülerinnen, mit der selbstverständlich davon ausgegangen wird, muslimische Mädchen seien auf-

---

9 | Scherr weist in diesem Zusammenhang auf die „Diskriminierung in guter Absicht" hin, die dann eintritt, wenn beispielsweise sozial benachteiligten Heranwachsenden im institutionellen Beratungszusammenhang vom Erwerb höherer Bildungsabschlüsse abgeraten wird (vgl. Scherr 2011, 273).

grund ihrer traditionellen und religiösen Bindung an höheren Bildungsabschlüssen nicht interessiert, weshalb es in deren Eigeninteresse sei, den Wunsch nach höheren Bildungsabschlüsse nicht weiter zu unterstützen. Dies bedeutet letztlich, dass Diskriminierung, wie Scherr betont, vielfach „aus den ‚ganz normalen' Arbeitsweisen von Organisationen und den dort eingespielten Deutungsmustern und Entscheidungsroutinen" resultiert, was in etwa dann der Fall ist, so Scherr weiter, „wenn im Bildungssystem Schüler oder Studierende mit ungleichen Ausgangsvoraussetzungen als gleich behandelt werden oder das Wissen über Unterstützungsleistungen durch familiale und verwandtschaftliche Netzwerke entscheidungsrelevant sind" (Scherr 2011, 273).

Dieses Bild der „muslimischen" Familie wird nach Boos-Nünning über Alltagsdeutungen transportiert, in denen beispielsweise für Ausbildungsabbrüche (erzwungene bzw. arrangierte) Eheschließung, die Einflussnahme des Vaters, des Ehemannes oder des Schwiegervaters verantwortlich gemacht werden und auf dem Hintergrund dieser Alltagsdeutungen auf die besonderen psychischen Belastungsfaktoren der türkischen Mädchen hingewiesen wird (vgl. Boos-Nünning 1999, 26).

5.2.2 Ethnisierung von Sexismus

Jäger spricht in diesem Zusammenhang von „Ethnisierung von Sexismus", die sich als spezifische „Diskursverschränkung" im Einwanderungsdiskurs festmache. Mit dem Terminus „Sexismus" ist im allgemeinen Sinne – wie bereits im Zusammenhang der Thematik von „Rassismus und Sexismus" dargelegt wurde – diejenige spezifische Differenzkonstruktion kritisch in den Blick genommen, mit der biologische Geschlechtsmerkmale als absolute Unterscheidungsmerkmale gesetzt sind, aus denen spezifische charakterliche Merkmale abgeleitet und zwei absolut unterschiedliche Menschentypen (Mann und Frau) konstruiert werden. Gemeint sind damit nicht nur die auf Frauen und Mädchen bezogenen stereotype Mythenbildungen, sondern wesentlich auch die gegen muslimische Männer gerichteten Verdachtsmomente, mit denen „dem Moslem" tendenziell pauschal unterstellt wird, seine Frau und seine Töchter zu unterdrücken und seine Söhne zu „Paschas" zu erziehen (vgl. Jäger 2000, 1; Kerner 2009). Für Weber weist der Grundtenor dieses Einwanderungsdiskurses auf eine neue Variante von Kulturalismus hin, mit dem die Lebensorientierungen und Lebenspraxen von Zuwanderern tendenziell nach dem Grad des ihnen zugeschriebenen Sexismus bewertet würden. Damit würde gleichzeitig unterstellt, dass die männlichen Vertreter per se Frauen unterdrückten und somit in eklatanter Weise gegen die Wertvorstellungen der modernen liberalen Residenzgesellschaft verstießen (vgl. Weber 1999, 64f). Jäger weist in diesem Zusammenhang darauf hin, dass diese Ethnisierung von Sexismus im Alltagsdiskurs eine „Diskursverschränkung" anzeige, die ganz spezifische Wirkungen entfalte. So zeigt sie in ihrer Analyse spezifischer Alltagsdiskurse auf, dass durch die Ethnisierung sexistischer Verhaltensweisen im Einwanderungsdiskurs vor allem rassistische und ethnozentrische Elemente gestärkt werden (vgl. Jäger 2000, 3). Der den muslimischen Männern unterstellte Sexismus diene gewissermaßen als Bestätigung der negativen Bewertungen betroffener Personen (vgl. ebd., 6). Insofern sei die Ethnisierung von Sexismus, so Jäger, nicht nur als eine rassistische und/oder ethnozentrische Konstruktion zu sehen, sondern es sei darüber hinaus deutlich erkennbar, dass der humanitäre Gehalt, der ja im eigentlichen Sinne eine Kritik von Sexismus beinhalten sollte, im Alltagsdiskurs nicht die Kraft entfalten könne, die rassistischen und/oder ethnozentrischen Konstruktionen des Einwanderungsdiskurses in Frage zu stellen, geschweige denn, diese zu überwinden (vgl. Jäger 2000, 3). Zu beachten sei hierbei, merkt Jäger weiter an, dass der Vorwurf von Sexismus gegenüber muslimischen Männern im Unterschied zu anderen Vorurteilen mit einer positiv besetzten Norm arbeite, die die Gleichbehandlung der Geschlechter einklage. Dieses Vorurteil erweise sich deshalb so besonders wirkungsvoll und problematisch, weil hier im unreflektierten Alltagsverständnis – im Gegensatz zu anderen Vorurteilen zur Begründung der Ablehnung von Einwanderern – kein Eigennutz, Neid oder andere rassistische Ambitionen erkennbar seien (vgl. Jäger 2000, 1). Solche vorurteilsbeladenen Argumente dienten den „Einheimischen" vielmehr dazu, die Schwierigkeit bzw. die Unmöglichkeit zu unterstreichen, mit Menschen muslimischen Glaubens zusammenleben zu können. Somit hatte man mit dem Vorwurf der Unterdrückung der Frau im Islam jetzt „das zentrale Thema" gefunden. Als Träger „höherer aufgeklärter Werte" konnte man für sich die Legitimation beanspruchen, seinen vorurteilsbeladenen Selbstgewissheiten vollen Lauf lassen zu können, ohne sich dem Vorwurf der Islamfeindlichkeit oder Fremdenfeindlichkeit auszusetzen (vgl. ebd.).

Offensichtlich hat diese Konstruktion – insbesondere die der „unterdrückten muslimischen Frau" – eine quasi psychohygienische Funktion, die den Konstrukteuren mehr oder weniger bewusst dazu dient, ihr ethnozentrisches Überlegenheitsgefühl zu stabilisieren und defizitäre Entwicklungen im eigenen soziokulturellen Gefüge nicht mehr wahrnehmen zu müssen (vgl. Weber 1999, 64). Das heißt, mit der postulierten Rückständigkeit einer patriarchalisch-rückständigen islamischen Kultur – festgemacht an der unterdrückten muslimischen Frau – kann die gesellschaftliche Entwertungspraxis der Frau innerhalb des eigenen Kulturkreises, die sich beispielsweise nach wie vor auf deren berufliche Benachteiligung bezieht, ausgeblendet bleiben. Zusätzlich ermöglicht die mit dem Zuschreibungsmechanismus verbundene Projektion der sexuellen Gewalt auf die Immigranten männlichen Geschlechts, Gewalttaten von Männern aus dem eigenen Kulturkreis zu ignorieren, womit das hierarchische Geschlechterverhältnis im eigenen Land insgesamt nicht mehr infrage gestellt werden muss.

All diese geschlechtsbezogenen Vorurteile gegenüber muslimischen MigrantInnen sind im Einwanderungsdiskurs terminologisch als „Ethnisierung von Sexismus" zu fassen. „Sexismus" wird demnach auch hier primär als „Naturalisierung von Geschlechterdifferenzen" gefasst (vgl. Kerner 2009, 174). Die Nähe zu einer ideologischen „Rassen"-Differenz ergibt sich insofern daraus, dass in beiden Perspektiven die Differenzkonstruktionen jeweiligen menschlichen Seins als biologisch-genetisch gesetzt und so als „natürliche" Charaktereigenschaften verstanden werden.

Dieser naturalisierenden Geschlechterdifferenzierung und den damit verbundenen ideologischen Konnotationen soll nun noch deutlicher auf den Migrationsdiskurs bezogen und bezüglich potentieller Formen systematischer Ausgrenzungen – insbesondere am Beispiel der Muslimin – problematisiert werden. Formte der öffentliche Blick in früheren Zeiten das Bild der „exotischen Orientalin", so scheint diese romantisierende Projektionsleistung in der heutigen öffentlichen Bewertungsperspektive zunehmend von dem Bild der „gefahrvollen Fundamentalistin" abgelöst zu werden. So wird das imaginierte Bild der Muslimin in Deutschland im Wesentlichen durch folgende Positionen geprägt: von der ursprünglichen Vorstellung der „exotischen Haremschönheit" hin zum „Opfer" ihrer männlichen Verwandten, das unterdrückt und entmündigt wird, bis hin zur „obskuren Fundamentalistin" (vgl. Pinn 2004, 137). Mit der Konfrontation der orientalischen Lebenswelt im Eigenen, mit der die Muslima für sich in Anspruch nahm, Subjekt von Verantwortung zu werden und somit beispielsweise auch öffentliche Ämter für sich beanspruchte, verlor sich das verführerisch-romantizistische Faszinosum, das im 18. Jahrhundert über die Orientalin transportiert wurde, und wuchs zunehmend sensu Bauman zum Bedrohlich-Fremden an, wodurch sich praktizierende muslimische Frauen in jüngerer Zeit vermehrt einem Islamismus-Verdacht ausgesetzt sehen (vgl. Çakir 2009, 183). Andere Motive einer zunehmenden islamischen (Re-)Orientierungen von Frauen in der Diaspora scheinen aufgrund der Projektionsleistungen ethnozentrischer Blickreduzierungen nicht plausibel. Aus dieser eingeschränkten Perspektive ist die allenthalben feststellbare Re-Islamisierung lediglich auf die „Verarmung und Perspektivlosigkeit breiter Bevölkerungsschichten" bzw. – im schlimmsten Fall – auf „hinterhältige Manipulationsstrategien machtgieriger Mullahs" zurückzuführen (Pinn 2004, 138). Die Vorstellung, dass dies in dem zunehmend emanzipatorischen Interesse der muslimischen Frau selbst begründet sein könnte, findet in diesem Diskurs geringe Beachtung. Praktizierende muslimische Frauen erfahren hierdurch eine doppelte Rollenzuschreibung: einerseits werden sie mit dem latenten islamistischen Fundamentalismusverdacht kriminalisiert und andererseits mit der zugeschriebenen Opferrolle viktimisiert, was insbesondere für Frauen gelten soll, die ein Kopftuch tragen, wie dies beispielsweise sehr deutlich dem folgenden Zitat des hessischen Verfassungsberichtes des Jahres 2004 unter dem Titel „Das Kopftuch: Die ‚Fahne' für Islamisten" zu entnehmen ist:

„Für alle Islamisten ist das Kopftuch (sofern sie nicht sogar noch weitergehende Verhüllungen der Frau vorschreiben) ein demonstrativer und zentraler Ausdruck ihrer politischen Überzeugung. In welchem Ausmaß das Kopftuch ein Symbol für den Islamismus ist, zeigte die Islamistin Merve Kavakci, eine ehemalige türkische Parlamentsabgeordnete, als sie das Kopftuch als ‚ihre Fahne' im Kampf bezeichnete. Das Kopftuch ist so für Islamisten ein offensiv eingesetztes Agitationsinstrument zur Verbreitung ihrer Ideologie. [...] Vor allem aber ist das Kopftuch eine Manifestation der von Islamisten angestrebten verfassungsfeindlichen und patriarchalischen Ordnung. Das Kopftuch darf nicht isoliert gesehen werden. Es ist nur ein – allerdings wichtiges und zudem augenfälliges – Teilelement einer islamistischen Parallelgesellschaft, in der wesentliche, verfassungsrechtlich verankerte Menschenrechte Frauen vorenthalten bzw. für diese eingeschränkt werden. Der Islamismus, der Frauen rechtlich und faktisch massiv unterprivilegiert oder unterdrückt, steht im diametralen Gegensatz zu den westlichen Verfassungsordnungen mit Gleichberechtigung und freier Persönlichkeitsentfaltung von Frauen und Männern." (*Hessisches Ministerium des Innern und für Sport* 2004, 25)

Beide Positionen werden weder der Heterogenität noch der Lebensrealität muslimischer Frauen gerecht. Vielmehr zeigen sie, dass auch in den so genannten offenen Gesellschaften der öffentliche Raum nicht nur nach patriarchalem Grundmuster besetzt wird, sondern auch nach dem Grad der Anerkennung einer ethnischen oder religiösen Minderheit (vgl. Çakir 2009, 183f) So ist das Bild der rückständigen, ungebildeten und abhängigen Migrantin eng mit der Migrationsgeschichte verbunden. Analysiert man beispielsweise die Migrationsgeschichte an Hand der Frauenmigration aus Italien, kann man feststellen, dass im damaligen Aufnahmeland Deutschland zwei Bilder von „der Italienerin" vermittelt wurden: die Italienerin als „Weib und Mutter", wie wir folgendem Zitat entnehmen können:

„In Familie und Gesellschaft tritt die Frau wirklich als Frau – man könnte sagen als Weib – auf; die Frau wird wirklich hauptsächlich wegen ihrer typischen weiblichen Eigenschaften geschätzt und geachtet. Schon in der Ehe sucht der Mann nicht so sehr die intelligente, gebildete und möglichst weltgewandte Kameradin, die Lebensgefährtin [...] man sucht zuerst die Frau mit ausgeprägten weiblichen Eigenschaften, die vielleicht auf Kosten anderer allgemein menschlicher Vorzüge gehen." (Maturi 1961, in: Huth-Hildebrandt 2002, 76)

In diesem „ganz anderen Wesen" ihrer Weiblichkeit und der damit verbundenen spezifischen Position im familiären Gefüge sah man offenbar das Hauptproblem, diese Frauen als verwertbare Arbeitskräfte einsetzen zu können.

„Die Frau hat dort noch lange nicht die Freiheit und die Unabhängigkeit wie hier im Norden; sie wird zu sehr als Frau und Weib angesehen, um in allem eine Arbeitskollegin zu sein." (ebd., 77)

Mittels dieser Konstruktion des Bildes einer dem Manne untergeordneten Frau wurde das mangelnde Interesse von Italienerinnen am deutschen Arbeitsmarkt begründet und im Gegensatz dazu die gleichberechtigte Position der deutschen Frau hervorgehoben, was sie in jener Zeit absolut nicht war. Im öffentlichen Diskurs der 1970/1980er Jahren bis hin zu den 1990er Jahren wurde offenbar „die Italienerin" durch „die Türkin" als Typus mit einer vom Manne unterdrückten Frau abgelöst, wie anhand der Migrationsgeschichte gesehen werden kann. Demnach führte das im Jahre 1961 mit der Türkei unterzeichnete Anwerbeabkommen zu einer verstärkten Anwerbung türkischer Frauen, wobei im Vergleich zu den griechischen oder italienischen Frauen emigrierte Frauen aus der Türkei am häufigsten aus Erwerbszwecken nach Deutschland kamen und dies meistens unabhängig von ihren Männern, was in der Literatur kaum Beachtung findet und somit nicht als ein Hinweis für deren Emanzipation gedeutet werden konnte. Demgegenüber wurde die türkische Frau in den 1970er Jahren primär als unterdrücktes, defizitäre Wesen wahrgenommen, das dem Bild der emanzipierten deutschen Frau diametral gegenüberstand (vgl. Bednarz-Braun/Heß-Meining 2004, 73). Die Fokussierung auf den patriarchalen Hintergrund und die zugewiesene Rückständigkeit der türkischen Migrantin begann nach Huth-Hildebrandt zunächst in den Wohlfahrtsverbänden, den kirchlichen Institutionen und in den vorschulischen Einrichtungen. (vgl. Huth-Hildebrandt 2002, 23; Gutierrez Rodriguez 1996, in: Bednarz-Braun/ Heß-Meining 2004, 73).

„Die von staatlichen Geldern geförderte projektgebundene Forschung der 70er Jahre war eng verbunden mit der Perspektive auf Migrantinnen als ‚fremde Frauen', die aus traditionellen, patriarchal-autoritären Lebensumständen in die moderne und zivilisierte bundesrepublikanische Gesellschaft kamen." (Apitzsch 1994, in: Bednarz-Braun/ Heß-Meining 2004, 73)

Mit Hilfe dieses zugewiesenen hilfsbedürftigen Objektstatus reklamierten die Wohlfahrtsverbände in der Folgezeit die Betreuung dieser Gruppe für sich und bauten diesbezüglich ihre „staatlicherseits anerkannte Monopolstellung aus." (vgl. Huth-Hildebrandt 2002, 131). So wurde für die Gruppe der MigrantInnen – selektiert nach Religionszugehörigkeit – ein eigener Sonderbereich geschaffen, in dem es keine alters- und geschlechtsspezifische Ausdifferenzierung gab.

„Durch die Installierung dieses Sonderbereiches wurde der immigrierte Bevölkerungsanteil als eine betreuungsbedürftige Gruppe definiert und als solcher homogenisiert und ausgegrenzt." (Huth-Hildebrandt 2002, 131)

Dieses in den 1970er Jahren konstruierte Bild der betreuungsbedürftigen, unselbständigen türkischen bzw. muslimischen Frau entstand im Zusammenspiel mit denjenigen Migrantinnen, die als angestellte Beraterinnen, als so genannte „Ausländersozialberater", mit „Platzanweiserstatus" tätig waren und hierbei nicht nur die Rolle der Klientelbeschafferinnen, sondern auch die Rolle der Dolmetscherinnen übernommen hatten (vgl. ebd., 141f). Dies bedeutet, dass das defizitäre Bild der Migrantin im Wesentlichen von SozialberaterInnen geprägt worden war, die eben nicht nur als Klientelbeschaffer fungierten, sondern auch durch ihre beratende Tätigkeiten ihre Existenz und Anerkennung in der Aufnahmegesellschaft zu sichern suchten, da diese wesentlich von der Legitimation und Notwendigkeit ihrer Arbeit als „AusländerberaterInnen" und der von der öffentlichen Hand finanzierten Projekte abhing.[10] Hierbei wurden migrationsspezifische Problemlagen von Migrantinnen in Deutschland so in erster Linie auf die besondere Kultur oder auf die Religion bezogen, wo-

---

10 | Die Ausländersozialberater waren selbst Migranten.

durch das Bild der türkischen Migrantin aus muslimischen Herkunftsregionen bis heute auf die üblichen Stereotypien fixiert bleibt und mit der Kopftuchdebatte ihren Höhepunkt fand.

5.2.3 Das Kopftuch – ein ethnisch aufgeladenes Differenzierungsmerkmal

Kaum ein anderes Bekleidungsstück hat in der eurozentrischen Bewertungsperspektive die Gemüter dermaßen bewegt, wie das Kopftuch bzw. der „Schleier" der muslimischen Frau, was sich schon allein in der umfangreichen Literatur zur Thematik „Kopftuchstreit" zeigt (vgl. Spuler-Stegemann 1998, 196). Um dieses Kopftuch, „dem visuellen Symbol der Islamisierung", das zu tragen Musliminnen nicht uneingeschränkt rechtlich erlaubt ist, werden nach wie vor hitzige Debatten geführt (vgl. Königseder 2009, 23f).[11] Untersuchungen in den 1990er Jahren zeigten sehr deutlich, dass die Ablehnung des Kopftuches auf den allgemeinen gesellschaftlichen Konsens der deutschen Residenzgesellschaft traf (vgl. Auernheimer u.a. 2001, 42 f; Boos-Nünning 1999, 17f). Die allgemeinen, heftigen Aversionen gegen dieses Bekleidungsstück werden u.a. darin gesehen, dass dieses Tuch, so Auernheimer, als bewusst gewähltes Abgrenzungsmerkmal des Andersseins in der Residenzgesellschaft gedeutet und deshalb als besonders provokativ empfunden werde (vgl. Auernheimer 2001, 43). In der ethnozentrischen Blick- und Bewertungsperspektive scheint das Kopftuch zudem als Zeichen der Zugehörigkeit zu einer islamisch-fundamentalistischen Gruppe zu gelten, während umgekehrt eine nach „westlich-aufgeklärten" Maßstäben gewählte Garderobe von Migrantinnen als Beweis für einen lockeren Umgang mit der islamischen Religion oder gar als dokumentierte säkularisierte Grundhaltung erscheine (vgl. Boos-Nünning 1999, 17f).

All dies scheint darauf hinzuweisen, dass – völlig abgesehen davon, ob und in welcher Weise die jeweilige kopftuchtragende Frau (mit Migrationshintergrund) für sich selbst dieses Tuch als religiösen Bedeutungsträger ansieht – dieses Tuch in der Residenzgesellschaft zu einem wesentlichen „ethnischen Differenzierungsmerkmal" aufgeladen wurde. Im Jahre 2003 wurde in acht der sechzehn Bundesländern ein Kopftuchverbot für bestimmte Berufsfelder erlassen,[12] was enorme Auswirkungen

---

11 | Die bekannte Emma-Herausgeberin Alice Schwarzer ging anlässlich eines Interviews in einer Tageszeitung sogar so weit, dieses Tuch mit dem Stigma des Judensterns während der Zeit des Nationalsozialismus zu vergleichen (vgl. Schwarzer, Frankfurter Allgemeine Zeitung, 04.07.2006).

12 | Dies waren die Bundesländer Baden Württemberg, Hessen, Berlin (in Hessen und Berlin gilt das Verbot für alle Beamtinnen), Bayern, Bremen, Niedersachsen, Nordrhein-Westfalen und das Saarland Das Kopftuch wird in den Gesetzestexten nicht explizit erwähnt; der Begriff taucht jedoch in den Begründungen der Gesetzentwürfe und in den Landtagsdebatten auf (vgl. Human Rights Watch 2009, 1, 27; Interkultureller Rat in Deutschland 2010, 15).

auf die Arbeits- und Lebensverhältnisse der betroffenen Frauen hatte. Dem Verbot in den genannten Bundesländern ging ein Urteil des Bundesverfassungsgerichts im Fall „Ludin" im September 2003 voraus.[13] Fereshta Ludin klagte, weil sie in Baden Württemberg aufgrund des Kopftuchs nicht in den Schuldienst übernommen wurde. In seinem Urteil stellte das Bundesverfassungsgericht zwar fest, dass das geltende Recht in Baden Württemberg keine hinreichende gesetzliche Grundlage für ein Verbot biete, urteilte aber gleichzeitig, dass die einzelnen Bundesländer das Recht hätten, Gesetze zu erlassen, die das Tragen von religiösen Symbolen einschränken. Während das Gericht in seinem Urteil ausdrücklich darauf hinwies, dass bei solchen Restriktionen alle Religionen gleich behandelt werden müssten (vgl. Interkultureller Rat in Deutschland 2010, 15), trifft das Verbot in den meisten Bundesländern (Baden-Württemberg, Bayern, Hessen, Nordrhein-Westfalen und das Saarland) faktisch nur muslimische Frauen, weil in diesen Ländern Ausnahmeklauseln für „christlich-abendländische" Traditionen geltend gemacht werden (vgl. Human Rights Watch 2009, 2).

Darüber hinaus gelten in Baden-Württemberg und Berlin ähnliche Gesetze auch für Erzieherinnen in den Kindergärten (vgl. ebd.). Obgleich es bisher keine repräsentativen Untersuchungen zu Auswirkungen des Kopftuchverbots gibt, weisen einzelne Erfahrungsberichte darauf hin, dass kopftuchtragende Frauen insbesondere auf dem Arbeitsmarkt diskriminiert werden.[14] Bereits kurz nach Inkrafttreten des Gesetzes zur Wahrung der staatlichen Neutralität wurden einzelne Disziplinarverfahren gegen Lehrerinnen angedroht und in einigen Bundesländern entsprechende Sanktionen verhängt. So wurden in Nordrhein-Westfalen zwei Lehrerinnen (ohne Beamtenstatus) entlassen, die bis dahin über einen längeren Zeitraum ohne jegliche fachliche Beanstandung mit Kopftuch unterrichteten (vgl. Human Rights Watch 2009). Das Kopftuchverbot hatte auch für Arbeitgeber in der Privatwirtschaft eine Signalwirkung, wie beispielsweise die Antidiskriminierungsstelle in Berlin und das bundesweite Clearingprojekt im Interkulturellem Rat über solche Fälle zu berichten weiß (vgl. Senatsverwaltung für Integration, Arbeit und Soziales. Landesstelle für Gleichbehandlung gegen Diskriminierung 2008, 10). So wurde langjährigen, bewährten Mitarbeiterinnen in Beratungsstellen, Kindertagesstätten, sowie Krankenschwestern und Arzthelferinnen gekündigt, weil sie sich nicht bereit erklärten, das Kopftuch abzulegen. Auch haben seither kopftuchtragende muslimische Studentinnen der Erziehungswissenschaft und Sozialpädagogik Schwierigkeiten, trotz guter Leistungen eine Praktikumsstelle zu finden. Ebenso sind Fälle bekannt, in denen zunächst zugesagte Stellen rückgängig gemacht wurden, als bekannt wurde, dass die Bewerberinnen ein Kopftuch tragen (vgl. Interkultureller Rat 2010, 12f).

Das Kopftuchverbot für Lehrerinnen und in einigen Bundesländern für Beamtinnen zeigt, dass mit diesem ethnisch aufgeladenen Differenzierungssymbol Hierarchien innerhalb der Gesellschaft etabliert werden. Das heißt: Das Kopftuchverbot

---

13 | Gerichtsurteil: Az. 2 BvR 1436 / 02 vom 24. September 2003.

14 | Insgesamt existieren nur sehr wenige empirische Studien über kopftuchtragende Frauen (vgl. Sorayan 2007, S.3).

dient somit im Grunde als „Exklusions-Instrumentarium" der „Unterschichtung" in den untersten Teil der sozialen Rangskala, der traditionell den bis dahin wenig beachteten Gruppe von kopftuchtragenden Migrantinnen zugewiesen wurde, die sich nun, mittlerweile mit höheren Bildungsabschlüssen ausgestattet, zunehmend in entsprechenden höher qualifizierten Berufsfeldern bewarben. Dieses Kopftuch von Migrantinnen, daran sei erinnert, hatte so lange eine marginale Bedeutung, so lange diese Frauen im Status der „Gast-Arbeiterin" untergeordneten Beschäftigungen mit wenig Sozialprestige nachgingen. Zum ethnisch aufgeladenen Differenzierungssymbol und damit zum Ausschlusskriterium im Zuge der Besetzung von privilegierten Arbeitsplätzen wurde es erst, so ist zu vermuten, als qualifizierte, kopftuchtragende Frauen zu ernstzunehmenden Konkurrentinnen auf dem Arbeitsmarkt wurden. Im Zuge dieses ethnifizierenden Charakters des Kopftuchverbots, mit dem seine Trägerin, wie es dem Hessischen Verfassungsbericht 2004 zu entnehmen ist, per se als Islamistin stigmatisiert wird, wird ihr im Zuge dieses Ausschließungsprozesses der berufliche und somit auch der soziale Aufstieg verwehrt.

Mit dieser „Platzanweisung" korrespondiert andererseits im umgekehrten Sinne die Bedeutung des Kopftuchs der Neo-Muslima, das dort als sichtbares äußeres Zeichen im Sinne einer „Ästhetisierung" bzw. „Aristokratisierung des Selbst" fungiert. Mit dem bewusst gewählten Kleidungsmodus, der hier u.a. die Funktion der Abgrenzung vom Gastarbeiter-Milieu des „Aldi-Türken" hat, zeigt sich ein spezifisches, zum Teil am Oberschicht-Habitus orientiertes neo-islamisches Verhalten, das Nökel im Kontext von Klassenaffirmation sieht:

„Zentral ist eine reflektierte Selbstdisziplinierung als Mittel zur Konstruktion eines Respekt einfordernden, Autonomie beanspruchenden Selbst, das sich ins Spiel der Definitionen und Rangzuordnungen einklinkt." (Nökel 2000, S. 266)

Die strittigen Auseinandersetzungen um das Kopftuch in Deutschland werden nicht nur zwischen einer autochthonen Mehrheit und einer muslimischen Minderheit geführt, sondern sind in allen gesellschaftlichen Milieus zu finden. Dies mag sicherlich auch daran liegen, dass, exemplarisch an der muslimischen Religion, insgesamt die Präsenz der gelebten Religiosität in der Öffentlichkeit neu verhandelt und eine Positionsbestimmung des säkularen Rechtsstaats gegenüber den Religionen in einer multi-ethnischen bzw. multi-religiösen Gesellschaft gesucht wird.

Innerhalb der Gruppe der MigrantInnen, die ihre Wurzeln in muslimisch geprägten Ländern haben, wird diese Diskussion, die sich am deutlichsten in der Kopftuch-Frage und der Einführung des islamischen Religionsunterrichts entzündet, insbesondere seitens der sich laizistisch-säkular verstehenden AkteurInnen geführt, die für sich beanspruchen, die „schweigende Mehrheit" der nicht organisierten Muslime zu vertreten[15] (ISL-Hesen 2005, 1f; Die Tageszeitung [taz], 05.03.2010; Reimann, die

---

15 | Der Homepage (Stand 2005), die zum Veröffentlichungszeitpunkt dieses Buches, nicht mehr abrufbar war, konnte entnommen werden, dass die 21 Gründungsmitglieder

Tageszeitung [taz], 26.04.2007)[16] Nach Seyran Ateş, einer ihrer prominentesten Vertreterinnen, die ebenfalls als Sprecherin für die schweigende Mehrheit öffentlich auftritt, sind „säkulare Muslime", wie sie in ihrem Redebeitrag anlässlich des vierten Plenums der Deutschen Islamkonferenz betonte, nicht organisiert, weil es „dem Selbstverständnis der säkularen, fortschrittlichen, modernen zeitgemäßen – wie auch immer sie sich bezeichnen oder bezeichnet werden – Muslime und Musliminnen widerspricht." Den eigenen Glauben zu organisieren und zu institutionalisieren würde aus dieser säkularen Perspektive bedeuten, so Ateş weiter, „ihre Religion zu politisieren", womit hier die Tendenz zum Islamismus[17] gemeint ist (Ateş in Tezcan 2011, 83).

Noch deutlicher wurde diese Kritik in Richtung muslimischer Verbände durch die „Initiative von säkularen und laizistischen Bürgerinnen und Bürgern aus islamisch geprägten Herkunftsländern in Hessen (ISL-Hessen)" formuliert (vgl. Frankfurter Allgemeine Zeitung 20.07.2005). Bereits in der Pressekonferenz anlässlich ihrer Gründung wiesen sie darauf hin, dass einige muslimische Verbände und Vereine islamistische Ziele verfolgten. Insofern bestehe das primäre Ziel der Initiative darin, so ihr formuliertes Selbstverständnis, der „schweigenden Mehrheit", die sich von den muslimischen Verbänden nicht vertreten fühlten, eine Stimme zu geben (vgl. ebd.; vgl. auch Remlein in Pressespiegel des evangelischen Regionalverbandes Frankfurt am Main 21.07.2005).

Die Verschiebung der Diskussion von der Integration „der Türken" (Nationalität) hin zu „den MuslimInnen" (Religion) erforderte offenbar eine Neupositionierung einiger sich zunächst als laizistisch bzw. säkular positionierten „Migrations-Experten" mit Migrationshintergrund. Somit wurden aus ehemaligen säkularen bzw. laizistischen Menschen *„säkulare und laizistische Bürger aus*

---

der Initiative in der Mehrzahl über einen akademischen Hintergrund verfügen und im Grunde die migrantische Elite mit besten beruflich-sozialen Positionen innerhalb der Residenzgesellschaft bildeten. Dort waren neben PolitikerInnen, LeiterInnen von Integrationsbüros und eine Ärztin vertreten, die bereits integrationspolitische Themen besetzt hatten (vgl. Remlein in Pressespiegel des evangelischen Regionalverbandes Frankfurt am Main, 21.07.2005; vgl. auch Frankfurter Allgemeine Rhein-Main, 20.07.2005).

16 | Vgl. auch Wefing, Frankfurter Allgemeine Zeitung, 01.02.2006.

17 | Mit *„Islamismus"* – meist synonym zu *„politischem Islam"* und *„islamischem Fundamentalismus"* – wird von einem extremistischen Islam mit impliziter „extremistischer Ideologie" ausgegangen. Es gibt allerdings mehrere auf den islamischen Radikalismus bezogen Begriffe, die an dieser Stelle nicht umfassend definiert werden können. Das Bundesamt für Verfassungsschutz definiert Islamismus wie folgt: „Islamismus ist eine – in sich heterogene – politische, zumeist sozialrevolutionäre Bewegung, die von einer Minderheit der Muslime getragen wird. Ihre Anhänger, die Islamisten, fordern unter Berufung auf den Urislam des 7. Jahrhunderts die ‚Wiederherstellung' einer ‚islamischen Ordnung' als der nach ihrem Verständnis einzig legitimen Staats- und Gesellschaftsform, die alle anders geprägten Ordnungssysteme ersetzen soll." (Bundesamt für Verfassungsschutz, Islamismus und islamistischer Terrorismus [o.J.]).

islamisch geprägten Herkunftsländern", die seither, ohne nachweisliche Legitimation, für sich beanspruchen, die *„schweigende Mehrheit"* der *„nicht organisierten Muslime"* zu vertreten. Mit dem daraus resultierenden Konstrukt eines
„säkularen/laizistischen Muslims" erfolgte eine neuerliche Aufstellung im Diskurs. Dieses Konstrukt scheint es dieser Gruppe zu erlauben, sich im Sinne
„nicht-praktizierender bzw. nicht orthodoxer Muslime" als quasi kritisch-aufge-
klärte Islamexperten erkennen zu geben, um damit zu dokumentieren, dass sie
irgendwie mit dem Islam in Verbindung stehen, ohne davon gleichsam „infiziert"
zu sein. So ist es ihnen weiterhin möglich, als kompetente Gesprächspartner im
Migrationsdiskurs zu bleiben und von nun an auch islambezogene Themenfelder
zu besetzen.

Auf dem Hintergrund dieser Selbstpositionierung werden sie andererseits von
anderen Migrantengruppen kritisiert, die sich als authentische Vertreter des Islam
verstehen.

Nach Eren Güvercin handelt es sich mit diesem selbst gesetzten Anspruch dieser
Gruppe um ein, wie er es nennt, „schwaches Konstrukt":

"Sie erklären sich selbst zum Sprecher für eine angeblich ‚schweigende Mehrheit von Muslimen'. Doch handelt es sich dabei um ein schwaches Konstrukt, das wohl hauptsächlich
dazu dienen soll, sich selbst als Repräsentant eines vorgeblich zeitgemäßen Islam im um-
kämpften Markt der Berufsmuslime zu legitimieren. Denn genaue Zahlen über die ‚schweigende Mehrheit' existieren nicht." (Güvercin 25.06.2011).

Festzuhalten bleibt hier, dass weder die muslimischen Verbände und ihre Mitglieder noch die so genannte „schweigende Mehrheit" oder die Gruppe der sich als sä-
kular-laizistisch verstehenden Menschen jeweils homogene Gruppen mit gleichen
Zielsetzungen sind.[18]

Hier scheint sich ein Konflikt zwischen Migrantengruppen abzuzeichnen, bei
dem es wohl weniger um eine theologisch fundierte Auseinandersetzung geht, sondern vielmehr um ein Kampf um Anerkennung, Einfluss und Positionierung im
Kontext des Figurationswandels des seit mehr als 50 Jahre andauernden Migrations-
prozesses aus der Türkei. Dieser Konflikt erinnert sehr stark an den Machtkampf,
wie er sich ähnlich in der Türkei zwischen unterschiedlichen Gruppen mit „traditionell-religiöser" und „europäisch-moderner" Orientierung artikuliert, der offen-

---

18 | Während sich beispielsweise die ISL-Hessen gegen den bekenntnisorientieren Islami-
schen Religionsunterricht positionierte (vgl. ISL Hessen Presseinformation, 17.02.2009 in
DGB 2009), setzte sich die „Türkische Gemeinde Hessen" (TG-H), die sich ihrem Selbstverständnis nach ebenfalls den „säkularen Prinzipien verpflichtet" fühlt, als säkulare Organisation für die Einführung des Islamischen Religionsunterricht ein, was sich konkret in
ihrer personellen Beteiligung am „Runden Tisch zur Einführung des islamischen Religionsunterrichts in Hessen" und an der Mitwirkung an dessen curricularer Ausgestaltung zeigt
(vgl. Landesverbände TGD 2012; Echo-Online, 01.07.2010).

bar von dort nach Deutschland importiert wurde und sich dort als Konflikt zwischen den mittlerweile privilegierten zugewanderten „Platzanweisern", und den
bildungsbeflissenen Nachkommen der bäuerlich-traditionell geprägten ersten Generation äußert.[19]

Diese nach Deutschland exportierte Auseinandersetzung verschafft insbesondere der sich aufgeklärt-modern gebenden Migrantengruppierung eine hohe Aufmerksamkeit, die sehr gerne von politischen „Platzanweisern" als „authentische
Zeugen" für eine völlige Unvereinbarkeit des Islam mit der Moderne bzw. mit der
deutsch-christlichen Leitkultur und als Beleg einer importierten islamistischen
Gefahr populistisch genutzt wird. Wie Hüttermann zeigt, übernahmen mit der einsetzenden Einwanderung zunächst eingesessene „Platzanweiser" neben den zugewanderten „Transmissionsakteuren" die Funktion, den ankommenden „Gast-
Arbeiter" in die ihm zugewiesenen Räume einzuweisen und an die „soziale
Hausordnung" und sonstige formale Gegebenheiten der Residenzgesellschaft an-
zupassen (Hüttermann 2011, 41).

„Im Gegensatz zu den Arbeitsmigranten handelte es sich hier häufig um Intellektuelle. Zwar
wurden die Betreffenden selten offiziell als Dolmetscher beschäftigt, da aber Verwaltungen,
Parteien, Schulen, Wohnungsbaugesellschaften und Wohlfahrtsorganisationen sich zunehmend mit einer neuen zugewanderten Klientel und entsprechenden Verständigungsproble-
men konfrontiert sahen, rutschten diese sprach- und sozialkompetenten Migranten mit der
Zeit in die Dolmetscher- und Transmissionsrolle hinein." (Hüttermann 2011, 41f)

Dies bedeutet, dass bereits sehr früh ein „harter Kern" der immigrierten laizistisch
orientierten türkischen Bildungselite in der Funktion als „Transmissionsakteure"
platzanweiserische Aufgaben übernahm, die meist mit dem Privileg verbunden waren, sich auch innerhalb der Residenzgesellschaft in erfolgreiche Positionen bringen
zu können. Diese „Transmissionsakteure" konnten sich so sukzessive in entsprechenden kommunalen und überregionalen politischen Institutionen beruflich ein-
richten und sich gegenüber den meist bildungsschwächeren, „unmodernen" türkischen Einwanderern als erfolgreich assimilierte „moderne Deutsche" positionieren.
Durch diesen privilegierten Status wurden sie bezüglich der Deutungshoheit migra-
tionsspezifischer Problemlagen zu kompetenten Ansprechpartnern. Diesen Status

---

19 | In der Türkei waren dies bis in die Gegenwart andauernde gesellschaftliche Konflik-
te, die im Zuge des Zivilisationsprojektes des „Kemalismus" einsetzten, wobei hier insbesondere, so Göle, die Frauenfrage bis heute gewissermaßen der Kristallisationspunkt
der Auseinandersetzung zwischen so genannten „fortschrittlichen Laizisten" und der islamischen Bewegungen ist. Im Zuge dieses gesellschaftlichen Wertewandels galt die am
europäischen Ideal orientierte Lebensweise der vorwiegend in den Großstädten lebenden Frauen als modern, fortschrittlich und zivilisiert, während das traditionelle Leben der
Frauen aus meist ländlichen, religiös geprägten Regionen („Leben ‚alaturka') als primitiv,
rückständig, reaktionär und unzivilisiert beurteilt wurde (vgl. Göle 1995, 82f).

macht ihnen nun die aus unterprivilegierten bildungsfernen türkischen Schichten entstammende dritte Generation zunehmend streitig, die, immer häufiger mit hohen Bildungsabschlüssen und entsprechendem intellektuellem Niveau ausgestattet, in ihrem Geburtsland (Deutschland) einen eigenen Weg zwischen Moderne und Tradition sucht.

Insofern erscheint es plausibel, dass es in diesem Konflikt zwischen den genannten Migrantengruppierungen nur vordergründig um die authentische religiöse Orientierung geht, sondern wohl eher um den Erhalt von Privilegien und Einfluss, wie er sich ähnlich in der Türkei zwischen unterschiedlichen Gruppen mit „traditionell-religiöser" bzw. „europäisch-moderner" Orientierung artikuliert. So drängt sich der Eindruck auf, dass diese Auseinandersetzung im Einwanderungsland Deutschland ihre Fortsetzung findet und sich dort als Konflikt zwischen den mittlerweile privilegierten zugewanderten „Platzanweisern" und den bildungsbeflissenen Nachkommen der „bäuerlich-traditionell" geprägten ersten Generation äußert.

5.2.4 Die Rolle der Medien

Ein weiterer Mechanismus, der einen nicht unerheblichen Beitrag zu einem auf den Islam bezogenen Ethnizismus leistet, sind die von Kliche präzisierten semiotischen Strukturen („semiotischer Befeindungsmuster"), wie sie sich in deutschen Massenmedien niederschlagen, wobei sich die Ergebnisse Kliches nicht nur auf die „Schmuddelecke" der Boulevardpresse beziehen, sondern im Wesentlichen auf bundesdeutsche Leitmedien.[20] Kliches Untersuchungen offenbaren hier spezifische Typisierungen, mit denen die untersuchten Medien den „Islam/Islamismus" mit bestimmten impliziten stereotypen Konnotationen bzw. semiotischen Homogenisierungen versehen werden. So wird z.B. zur Betonung des islamischen Bedrohungspotenzials auf konnotative Metaphern wie „Flut", „Nährboden", „Welle" etc. zurückgegriffen, und äußere Merkmale wie Schleier, Kopftuch und andere Kleidungsstücke werden als subtiler Beleg der wesenhaften Andersartigkeit herangezogen, um in semantischen Formeln den Islam als umfassende, geschlossene, letzthin fundamentalistische Ideologie kennzeichnen zu können. Weitere mediale Konstruktionen sieht Kliche in bestimmten „Brückenvokabeln" („Heiliger Krieg"), die im unkritischen eurozentrischen Verständnis die islamische Welt tendenziell als aggressiv, fanatisch und mit grausam okkultistischen Zügen erscheinen lassen. Aus dieser vorurteilsbeladenen Wahrnehmungsperspektive wird dem Islam vorab die Unfähigkeit zur rational-zivilisatorischen bzw. demokratischen Problemlösung bescheinigt (vgl. Kliche 2000, 138).

Ein anderer Feindbildaspekt, den Kliche in seinen Untersuchungen beschreibt, ist die so genannte „Metonymisierung", womit ganz allgemein der übertragene,

---

20 | Obschon sich Kliche in seinen Untersuchungen der sozialen Repräsentation des Islam primär auf die aktuelle Konfliktsituation in Algerien der 1990er Jahre bezieht, lassen sich hier viele allgemeine Typologien gesellschaftlich produzierter „Befeindung" ausmachen.

assoziative Gebrauch eines Wortes für einen verwandten Begriff (der Islam = das unergründlich Gefährliche) gemeint ist, der im Zuge der Feindbildproduktion beispielsweise unter Benennung von bestimmten „großen Männern" (z.b. Hitler, Khomeni, Milosevic, Bin Laden etc. als personifizierte Attribute des Bösen) schablonenhaft assoziative Rückschlüsse auf einen komplexen Sachverhalt (z.b. gegenüber dem Islam) zulässt:

„Metonymisierung bildet somit eine Umschlagachse individueller Devianz in kulturelle Exempel und damit den Gegenpol zum selbstverständlichen, oft impliziten und anonymen Wir-Gruppen-Pol." (Kliche 2000, 134)

Auch Sabine Schiffer zeigt in ihren wissenschaftlichen Untersuchungen über die „Darstellung des Islams in der Presse" sehr deutlich auf, „wie durch übliche Wahrnehmungsvorgänge und Reparaturmechanismen einerseits und Konstruktionsprinzipien (presse-)medialer Darstellungen andererseits leicht ein kohärentes System entstehen kann, das sich immer wieder zu bestätigen scheint" (Schiffer 2004, 238). So verdeutlicht sie anhand konkreter Beispiele, wie im Zuge von medialer Vervielfältigung und Wiederholungen von stereotypen Mutmaßungen diese zu scheinbaren Wahrheiten eines „feindlichen homogenen Blocks" werden und auf diesem Hintergrund ein kritischer Hinweis auf die Heterogenität des Islam, bzw. der Versuch, sich konstruktiv mit seinen Facetten auseinanderzusetzen, tendenziell als naive und letzthin gefährliche Verharmlosung abgetan wird (vgl. Schiffer 2004, 239). Angelika Königseder, Historikerin am Zentrum für Antisemitismusforschung der Technischen Universität Berlin, zeigt ebenfalls auf, wie insbesondere die Medien zur weiteren Verschärfung der latenten Islamfeindlichkeit beitragen. Als Beispiele hierfür führt sie u.a. die Titelseite des Magazins „Focus" vom 22. November 2004 an, der mit der Schlagzeile „Unheimliche Gäste. Die Gegenwelt der Muslime in Deutschland. Ist Multi-Kulti gescheitert?" und dem entsprechend unterlegten Bild eines in den Himmel ragenden Minaretts im Hintergrund, assoziativ vor der Gefährlichkeit des Islam warnt, oder diverse Artikel der Frankfurter Allgemeine Zeitung (FAZ), die in gleicher Weise vor der drohenden islamistischen Gefahr warnen (vgl. Königseder 2009, 31ff). Auch Sokolowsky weist in „Feindbild Moslem" auf die zunehmende mediale Präsenz dieses Feindbildes und seine Wirkungsmacht hin (vgl. Sokolowsky 2009).

5.2.5 Wissenschaftlich begründeter Ethnizismus am Beispiel der KFN-Studie

Während in den letzten Jahrzehnten die Kategorie „der Klassen" im soziologischen Diskurs an Popularität eingebüßt hat, scheint diese zunehmend durch die Kategorie Ethnie ersetzt zu werden, die in ihrer Funktion als Forschungsgegenstand der Minderheitenforschung im Zusammenhang gesellschaftlicher Konflikte zu homogenen Gruppen und einheitlichen Akteuren werden, wie dies am Beispiel der Studie des Kriminologischen Forschungsinstituts Niedersachsen (KfN) sehr deutlich wird (vgl. Trubeta 1999, 30ff; Schröter 2001, 49). Gemeint sind hiermit verdinglichte bzw. essentialistische Positionen, mit denen davon ausgegangen wird, bestimmte soziale Gemeinschaften, als Ethnie gefasst, seien durch eine klar umrissene, unveränderliche kollektive Identität und daraus ableitbaren Handlungs- ‚Denk- und Glaubensmustern erkenn- und definierbar. Bereits im Zusammenhang der Ausführungen zum „Neo-Rassismus" wurde darauf hingewiesen, wie ein essentialisierter, gewissermaßen naturalisierter Kulturbegriff als funktionales Äquivalent zum Rassebegriff diente und in der Praxis marginalisierend gegen eine als fremd empfundene Gruppe von „Schwarzen" gerichtet werden konnte. Deshalb ist besonders dann Aufmerksamkeit geboten, wenn selbst im Rahmen wissenschaftlicher Studien bei differenzierten Problemlagen bzw. Sachverhalten in typisierend-ontologisierender Weise von *den* „Türken" bzw. *den* „Muslimen" gesprochen wird. Durch diese Formen der Verdinglichung von Gruppen, die auf diese Weise „als wirkliche Dinge-in-der-Welt behandelt werden", können, so Brubaker, „ethnopolitische Unternehmen" scheinbar nachvollziehbare politische Begründungen der Inklusion bzw. Exklusion der jeweiligen Gruppe liefern (Brubaker 2007, 20). Brubaker bezieht sich mit dem Begriff der „Verdinglichung" hier auf Berger/Luckmann, nach denen Verdinglichung bedeutet, menschliche Phänomene so aufzufassen, als ob sie Dinge wären.[21] So heißt es hierzu bei Berger/Luckmann:

> „Verdinglichung ist die Auffassung von menschlichen Produkten, *als wären* sie etwas anderes als menschliche Produkte: Naturgegebenheiten, Folgen kosmischer Gesetze oder Offenbarungen eines göttlichen Willens. Verdinglichung impliziert, daß der Mensch fähig ist, seine eigene Urheberschaft der humanen Welt zu vergessen, und weiter, daß die Dialektik zwischen dem menschlichen Produzenten und seinen Produkten für das Bewusstsein verloren ist." (Berger/Luckmann 1980, 95)

Um der Gefahr einer solchen Essentialisierung zu entgehen, schlägt Brubaker vor, dass sozial- und geisteswissenschaftliche Analysen anstelle von Ethnie und Ethnizität vielmehr die Bedingungen und Voraussetzungen analysieren sollten, die die Menschen in ethnischen Kategorien denken lassen und so entlang dieser Kategorien Differenzlinien zwischen „ihnen" und „uns" aufbauen (vgl. Brubaker 2007, 17). Die Selbstverortung der Betroffenen in solchen Kategorien rechtfertigt keinesfalls den ethnisierenden Umgang im wissenschaftlichen Diskurs, werden doch somit die Ursachen von negativen und positiven Zuschreibungen zwangsläufig

---

21 | Berger/Luckmann führen hier noch weitere Phänomene der Verdinglichung an, wie die „Verdinglichung von Institutionen", wie die Ehe, die quasi „mit der Natur" verschmilzt oder „Rollen", die den jeweiligen Protagonisten aufgrund eines damit angenommenen verknüpften Schicksals der Verantwortung seiner Handlungen entheben (vgl. Berger/Luckmann 1980, 97f).

den Betroffenen selbst, bzw. ihrer Religion, Kultur bzw. Ethnie (mit) zugeordnet. Mit seiner Kritik geht es Brubaker keinesfalls darum, die Existenz von Ethnizität, ihre Macht und Bedeutung für das Gemeinschafts- und Gruppengefühl zu leugnen, ebenso wie es bei einer Kritik zum Rasse-Begriff nicht um die Leugnung der Rassenkonstruktion bzw. den Prozess der Rassialisierung geht, wie wir es an anderer Stelle dargestellt haben.[22] Um eine solches Vergessen der eigenen Konstruktionen zu vermeiden, schlägt Brubaker vor, die Aufmerksamkeit nicht auf die „Gruppe" selbst, sondern auf das *„Zusammengehörigkeitsgefühl als Ereignis"* (groupness) im Sinne eines zufällig-variablen und prozesshaft-wandelbaren Geschehens zu legen (ebd., 22).

Stewart Hall spricht in diesem Zusammenhang von „Ethnizität", womit darauf hingewiesen wird, dass die jeweilige „Konstruktion von Subjektivität und Identität" – eben als konstruiertes Moment – die Bedeutung und den „Stellenwert von Geschichte, Sprache und Kultur" anerkennt (vgl. Hall 1994, 21f). Insofern ist aus einer solchen Perspektive jeder Mensch aufgrund seiner jeweiligen Geschichte und kulturellen Orientierung ethnisch verortet und verfügt über eine ethnische Identität im Sinne einer kollektiven sozialen Identität, die allerdings nicht als konstant-unveränderliche bzw. verdinglichte Größe gedacht wird, die dann, so Hall, oftmals als Grund für eine ein- bzw. ausschließende Praxis von Menschengruppen argumentativ herangezogen wird.[23]

Essentialistische Positionen, die soziale Gemeinschaften als Ethnie im Sinne einer unveränderlichen kollektiven Identität mit entsprechenden impliziten Handlungs-, Denk- und Glaubensmustern fassen, sind besonders problematisch, wenn sich diese präjudizierende Selbstgewissheit, wie am Beispiel der KFN-Studie zu zeigen sein wird, gewissermaßen paradigmatisch in wissenschaftlichen Untersuchungen niederschlägt.

Studie des Kriminologischen Forschungsinstituts Niedersachsen

Die im Jahre 2010 veröffentlichten Resultate eines vom Bundesministeriums des Innern (BMI) in Auftrag gegebenen Forschungsprojektes (Forschungsbericht Nr. 109) des Kriminologischen Forschungsinstituts Niedersachsen e.V. (KFN) mit dem Titel *„Kinder und Jugendliche in Deutschland: Gewalterfahrungen, Integration, Medienkonsum"* unter der Leitung des Kriminologen Christian Pfeiffer bezog sich auf Befragungen unter Jugendlichen der neunten und Kindern der vierten Jahr-

---

22 | Wie bereits im Kapitel Rassismus ohne Rassen gezeigt, setzt Rassismus und rassistisches Gedanken gut insbesondere in seiner Erscheinungsform als kultureller Rassismus nicht zwangsläufig das Festhalten an der Existenz von biologischen Rassen voraus.

23 | Hall unterscheidet hier am Beispiel Englands „zwischen einer kulturell konstruierten Bedeutung von Englischsein" und der „besonders geschlossenen, ausschließenden und regressiven Form von englischer nationaler Identität", wobei Letzteres für ihn wesentlicher Bestandteil „des heutigen britischen Rassismus" ist (Hall 1994, 21).

gangsstufe aus den Jahren 2007/2008. Der hierzu erstellte Fragebogen zählte 38 Seiten mit unterschiedlichen Themenfeldern, die ihrerseits durch verschiedene Items abgefragt wurden, wobei es primäres Ziel der Studie war, Erkenntnisse über Gewalterfahrungen, Integration und Medienkonsum und einen möglichen kausalen Zusammenhang zwischen diesen und delinquentem Verhalten bzw. Gewalttätigkeit und Gewaltaffinität zu untersuchen.

Im ersten Teil der Studie (Zusammenfassung), der sich im Rückblick auf die dort gewonnenen Erkenntnisse zu Gewalterfahrungen aus der Täterperspektive bezog, wurde bereits eingangs resümiert, dass *„eine hohe islamische Religiosität"* delinquentes Verhalten „indirekt" erhöhe:

„Eine hohe Religiosität kann vor delinquentem Verhalten schützen. Zu beachten sind aber differenzielle Befunde hinsichtlich des Gewaltverhaltens: Eine hohe christliche Religiosität senkt die Gewaltbereitschaft, eine hohe islamische Religiosität erhöht sie indirekt, in dem sie Faktoren verstärkt, die die Gewaltbereitschaft fördern. Zudem zeigt sich, dass eine hohe Religiosität die Integration von jugendlichen Migranten nicht behindert; dies gilt allerdings erneut nicht für muslimische Migranten." (Baier u.a. 2010, 9)

Im Hinblick auf die Integration gelte, dass sie bei jungen Muslimen umso niedriger ausfalle, je stärker sie im Islam verankert seien, wobei die Nicht-Religiösen unter ihnen zu 43,8% deutsche Freunde hätten, sehr religiöse Muslime dagegen nur zu 21,6%. Nichtreligiös gebundene islamische Migranten betrachteten sich zu 49,0% als deutsch, sehr religiöse islamische Migranten hingegen nur zu 15,5%, und dies, obwohl sie zu 84,8% in Deutschland geboren seien. Bei christlichen Jugendlichen seien die Zusammenhänge zwischen der Religiosität und der Integration sehr viel schwächer ausgeprägt und würden zudem teilweise positiv ausfallen (vgl. ebd.). Die Autoren der Studie erklären den Rückgang der Integrationswerte bei hoher Religiosität mit der starken Verankerung in sozialen Netzwerken innerhalb der eigenen Ethnie:

„Offenbar bewirkt bereits die schlichte Zugehörigkeit in einer Religion, dass man dadurch stärker in sozialen Netzwerken der eignen Ethnie verkehrt und sich insgesamt betrachtet weniger für die deutsche Umwelt öffnet. Konfessionslose junge Migranten scheinen sich demgegenüber in Ermangelung einer religiös motivierten Gruppenzugehörigkeit, im oben beschriebenen Sinne leichter in die deutsche Gesellschaft zu integrieren." (ebd., 123)

Ähnliche Zusammenhänge zwischen der zu differenzierenden Religionszugehörigkeit (christlich/islamisch) und der daraus resultierenden unterschiedlichen (positiven/ negativen) Konsequenzen wurden hinsichtlich Alkoholkonsum, Ladendiebstähle und insbesondere „Gewaltverhalten" gesehen:

„So haben 14,2% der westdeutschen Jugendlichen ohne Religionszugehörigkeit mindestens eine Gewalttat in den letzten zwölf Monaten begangen, sehr religiöse katholische Jugendliche zu 6,6%, sehr religiöse evangelische Jugendliche zu 6,4%. [...] Bei islamischen Jugendlichen wiederum geht eine höhere Religiosität nicht mit niedrigeren Gewalttaten einher: So haben etwas religiös gebundene islamische Jugendliche zu 7,7% fünf und mehr Gewalttaten begangen, sehr religiös gebundenen islamische Jugendliche zu 10,2%." (Baier u.a. 2010, 9f)

Letzteres wurde bei besonders „hoch religiösen" muslimischen Jugendlichen – im Gegensatz zu „anderen Religionsgruppen" – damit in Verbindung gebracht, dass diese „häufiger Männlichkeitsnormen akzeptieren und Gewaltmedien konsumieren", was letztlich auch zur Gewaltbereitschaft beitrage. Gründe für patriarchale Orientierungen sah man in der großen Bedeutung der Imame für den Integrationsprozess der jungen Muslime, die darin begründet seien, „dass für die große Mehrheit der Imame die Dominanz der Männer in Familie und Gesellschaft zum selbstverständlichen Lehrinhalt der islamischen Religionserziehung und der Predigten gehört", was zudem noch dadurch verstärkt würde, „dass junge Muslime allein schon durch den Moscheebesuch jedes Mal aufs Neue die Vormachtstellung der Männer im Islam vor Augen geführt bekommen" (ebd., 130).[24] Weiterhin wurde konstatiert, dass das Ausmaß jugendlicher Gewalttaten mit dem unterschiedlichen Ausmaß der Integration (bei „niedrig integrierten" türkischen Jugendliche zu 11,0% und bei „hoher Integration" der gleichen Gruppe nur zu 1,5%) korreliere. Die Untersuchungen in Richtung eines möglichen Zusammenhangs der Gewaltproblematik mit einer Einbindung in eine „delinquente Freundesgruppe", bzw. in „Cliquen", die „sporadisch Verbotenes tun", oder in eine „hochdelinquente Gruppe (,Gang')", offenbarte sich „geschlechtsübergreifend", sodass dies als „stärkster Einflussfaktor für die eigene Gewaltbereitschaft" anzusehen sei. So verdiene die Tatsache Beachtung, „dass männliche muslimische Jugendliche im Vergleich zu männlichen christlichen Migranten doppelt so oft mit mehr als fünf delinquenten Jugendlichen befreundet sind (35,5% zu 16,9%)" (Baier u.a. 2010, 10f, 131).[25]

Zur Ermittlung von „Feindseligkeiten gegenüber Deutschen" wurde z.B. nach dem Wunsch der bevorzugten Nachbarschaft gefragt. Hierbei zeigte sich, dass Deutsche sowohl bei deutschen wie nichtdeutschen Schülern die beliebteste Nachbarschaft war, Türken am liebsten andere Türken bevorzugten, „Personen türkischer Herkunft" bei Deutschen als Nachbarn nicht erwünscht und Juden bei „Jugendlichen einer türkischen und arabischen/nordafrikanischen Herkunft" besonders unbeliebt waren (ebd., 66). Fragen nach „negativen Einstellungen gegenüber Deutschen in aggressiven Übergriffen" seitens Nichtdeutscher offenbarten, so die Studie, dass ein Viertel der befragten nichtdeutschen (westdeutschen) Jugendlichen

---

24 | Die Autoren der KFN-Studie bezogen sich bei diesen Begründungen auf Untersuchungsresultate des Religionswissenschaftlers Rauf Ceylan (vgl. Ceylan 2010).

25 | Bei 3,5% der Zugehörigkeit zu einer „Gang" kam es demnach zu 42,4% aller Gewalttaten (vgl. Baier u.a. 2010, 11).

(23,7%) schon einmal einen Deutschen beschimpften, 4,7% einen Deutschen „absichtlich" geschlagen und 2,1% ein von Deutschen bewohntes Haus beschädigt hätten, wobei es insgesamt aufzufallen schien, dass hierbei die türkischen wie die ehemaligen jugoslawischen Migranten in allen Übergriffsformen am stärksten vertreten waren. Diese Erhebungsresultate veranlassten schließlich die Autoren der Studie hier in Anlehnung an den Begriff der „Ausländerfeindlichkeit" von „Deutschfeindlichkeit" zu sprechen (vgl. ebd., 67).[26]

Bei Kindern der vierten Jahrgangsstufe zeigte sich, dass 14,3% der befragten Kinder in den letzten zwölf Monaten einem anderen Kind „weh getan" hatten, wobei bei Jungen der Anteil mit 20,2% und bei Mädchen mit 8,4% lag. Bei „deutschen Kindern" lag der Anteil nur bei 13,5% und bei „nichtdeutschen Kindern" bei 16,3% (vgl. ebd., 67, 12). Bezüglich einer „Bestimmung des Stands der Integration" – deren Indikatoren das Sprechen der deutschen Sprache in verschiedenen Kontexten, das Anstreben höherer Bildungsabschlüsse, der Kontakt mit deutschen Freunden und die Selbstwahrnehmung als deutsch waren – zeigte sich, dass insbesondere bei türkischen Jugendlichen (als der größten Migrantengruppe) die „problematischsten Befunde" festgestellt wurden:

„Sie befürworteten bspw. häufiger die Segregation, d.h. die Auffassung, dass eine Abgrenzung von Deutschen notwendig ist; sie verständigten sich am seltensten mit der deutschen Sprache; sie strebten am seltensten ein Abitur an und haben den geringsten Anteil deutscher Freunde im Netzwerk. Als ‚deutsch' bzw. ‚deutsch und türkisch' bezeichnen sich nur 26,2% der türkischen Jugendlichen [...]." (Baier u.a. 2010, 13)

Neben möglichen positiven Einflussfaktoren seitens Elternhaus und sozialem Umfeld erschwere hier besonders eine „starke religiöse Bindung" die Integration. Die „schlechter integrierten Migrantengruppen" berichteten über häufige Diskriminierungserfahrungen, wobei sich türkische Jugendlichen gegenüber nord-/westeuropäischen Jugendlichen am häufigsten durch Lehrer benachteiligt sehen, was, so wird zumindest eingeräumt, wohl auch die verstärkte Hinwendung zur Eigengruppe befördere und „bei einigen Migranten" auf dem Hintergrund „ihrer alltäglichen Erfahrung" somit der Eindruck entstehe, „in Deutschland nicht erwünscht zu sein" (ebd., 14).

---

26 | Bundesfamilienministerin Kristina Schröder bezog sich ganz offensichtlich auf diese Erkenntnisse der im Juni 2010 erschienenen KFN-Studie, als sie im Rahmen eines Interviews der Frankfurter Allgemeinen Sonntagszeitung (FAS) vom 9.10.2010 vor einer „Deutschenfeindlichkeit im eigenen Land" warnte. Es gebe, so die Ministerin, keine Fremdenfeindlichkeit erster und zweiter Klasse. Ausländerfeindlichkeit, Antisemitismus und Islamfeindlichkeit müssten mit aller Härte bekämpft werden: „Aber auch Deutschfeindlichkeit ist Fremdenfeindlichkeit, ja Rassismus. Denn hier wird jemand diskriminiert, weil er einer bestimmten Ethnie angehört" (Frankfurter Allgemeinen Sonntagszeitung (FAS), 9.10.2010).

5.2.5.1 Diskussion der Ergebnisse der KFN-Studie

Nach den Resultaten der Studie sind muslimische Jugendliche und Kinder umso gewaltbereiter, je religiöser sie sind, was sich auch beeinträchtigend auf deren Integration auswirke (vgl. ebd., 9; 123).[27] Angesichts dieser stark vorgetragenen Kausalität kam es schon sehr bald nach Erscheinen der Studie sowohl von muslimisch-religiösen Vereinen, von Migrantenvertretungen und seitens der Politik und Wissenschaft zu massiven kritischen Einwänden, die u.a. dem Leiter der Studie deutliche handwerkliche Fehler und Populismus vorwarfen. So wurde beispielsweise seitens der *criminologia*[28] mit Erstaunen festgestellt, dass gegenüber einschlägigen soziologischen Forschungserkenntnissen, die jugendlichen Subkulturen den größten Einfluss bezüglich der Sozialisation Jugendlicher einräumen, es einer kleinen Sensation gleich käme, wenn im Zuge der KFN-Studie konstatiert würde, eine zunehmende religiöse Bindung ginge mit einem Anstieg der Gewalt einher (vgl. Wickert, Criminologia 16.06.2010).

Die Autoren der Studie räumten allerdings ein, dass, entgegen ihrer Vorannahmen, diese hypothetische Kausalität im Grunde keinen Bestand hatte. Man wählte deshalb die Formulierung eines „indirekten Zusammenhangs" von Religionszugehörigkeit und Gewaltbereitschaft:

„Mit stärkerer religiöser Bindung steigt die Gewaltbereitschaft an. Da dieser Zusammenhang aber als nicht signifikant ausgewiesen wird, ist bei islamischen Jugendlichen von keinem unmittelbaren Zusammenhang (und damit auch nicht von einem Gewalt reduzierenden Zusammenhang) zwischen der Religiosität und der Gewaltdelinquenz auszugehen." (Baier u.a. 2010, 118)

Demnach kommt die Studie eindeutig zu dem Schluss, *keinen* empirisch signifikanten Zusammenhang zwischen religiöser Orientierung und einer daraus resultierenden Gewaltbereitschaft feststellen zu können. Als eigentliches verursachendes Moment wird vielmehr die jugendliche Clique als „stärkster Einflussfaktor für die eigene Gewaltbereitschaft" verantwortlich gemacht, wenn bezüglich eines möglichen Zusammenhangs der Gewaltproblematik mit der Einbindung in eine „delinquente Freundesgruppe" letztlich festgestellt wird, dass männliche muslimische Jugendliche im Vergleich zu männlichen christlichen Migranten doppelt so oft (35,5% zu 16,9%) mit mehr als fünf delinquenten Jugendlichen befreundet seien (ebd., 10f, 131).

---

27 | Im Gegensatz zu protestantischen Jugendlichen gingen auch bei Katholiken die Integrationswerte geringfügig zurück je religiöser sie waren, während die höchsten Integrationswerte bei konfessionslosen Jugendlichen mit 68,7 „Integrationspunkten" gemessen wurden (vgl. Baier u.a. 2010 9; 123).

28 | „*Criminologia*" ist ein Blog zu kriminologischen und kriminalpolitischen Themen, der von Lehrenden und Studierenden des Instituts für kriminologische Sozialforschung (IKS) der Universität Hamburg betrieben wird (vgl. www.criminologia.de).

Obwohl in der Konfessionsgruppe „islamisch" kein direkter signifikanter Zusammenhang zwischen Religiosität und gewalttätigem Verhalten nachgewiesen werden konnte, wurden dennoch weitere univariate Zusammenhänge untersucht. Das heißt: Trotz fehlender empirischer Belege der (nicht explizit formulierten) Eingangsthese[29], wurde nach anderen möglichen kausalen Zusammenhängen hierzu gesucht und – scheinbar fündig geworden – konstatiert, bei „islamischen Jugendlichen" sei im Zusammenhang mit ihrer religiösen Orientierung von keinem direkten, sondern von einem "indirekten, Gewalt erhöhenden Einfluss" auszugehen (ebd., 118). Erstaunlich dabei ist, dass dieser scheinbare Erkenntnisgewinn bereits zu Beginn in der Zusammenfassung erscheint und andere, evidentere Schlussfolgerungen dort in den Hintergrund gerieten.

Das Fatale daran war, dass, entgegen der Feststellung einer nicht nachweisbaren Kausalität zwischen der religiösen Orientierung und einer darauf zurückzuführenden Gewaltbereitschaft seitens muslimischer Jugendlichen, sich die relativierende Einschränkung eines so genannten „indirekten Einflusses" als evidenter Beleg einer solchen Kausalität im Bewusstsein der Öffentlichkeit festzumachen schien. Nicht zuletzt deshalb wurde kurz nach Erscheinen der Studie in einer veröffentlichten Stellungnahme des Forschungszentrums für Religion und Gesellschaft (forege) insbesondere auf den in der deutschen Öffentlichkeit auf große Resonanz gestoßenen, scheinbaren signifikanten Zusammenhang von Religiosität und Gewaltbereitschaft kritisch eingegangen.[30] So wurde es als besonders problematisch gesehen, dass, obwohl in der Studie eigentlich kein signifikanter Zusammenhang zwischen Religiosität und Gewaltbereitschaft bei jungen Muslimen festgestellt wurde, letztlich über diesen vermuteten Zusammenhang in vielen Medien darüber in der Weise berichtet wurde, als ob dieser als „nicht signifikant" erkannter Zusammenhang als empirisch signifikant gesichert sei (Paffrath 2010, 1). Verschiedene Medien reagierten auch unmittelbar nach Erscheinen der Studie entsprechend. So berichtete kurz nach Er-

---

29 | Im Bericht zur KFN-Studie fehlt insgesamt eine klare Hypothesenformulierung vor der Durchführung der Befragung, weshalb es unklar bleibt, welche Zusammenhänge und Hypothesen eigentlich untersucht werden sollten. Die Hypothesenformulierung erfolgte im Grunde retrospektiv im Zuge der Datenerhebung und bedarf damit eigentlich weiterer empirischer Überprüfungen.

30 | Von gleicher Seite wurde zudem mit Hinblick auf eine im Jahre 2002 durchgeführte Studie von Tilmann Köllisch hingewiesen, in der die Problematik der Selbsteinschätzung des delinquenten Verhaltens insbesondere bei Jugendlichen mit Migrationshintergrund Gegenstand der Untersuchung war. Dort wurde gezeigt, dass 15,1% der Jugendlichen mit Migrationshintergrund mehr („falsch positive") Polizeikontakte angaben, als tatsächlich aktenkundig waren. So sei zu vermuten, dass besonders Jugendliche mit Migrationshintergrund, die sich vermehrt in einer delinquenten Subkultur aufhalten, sich gerne als „Übertreiber" gefährlicher darstellen als sie es in Wirklichkeit sind (vgl. Paffrath, 2010, 8; Köllisch 2002,12f).

scheinen der KFN-Studie ein bekanntes deutsches Magazin unter der Titelzeile *„Jung, muslimisch, brutal"* hierzu Folgendes:

„Eine neue Studie hat eine besorgniserregende Entwicklung unter jungen Muslimen fest-gestellt: Demnach wächst ihre Gewalttätigkeit mit zunehmender Bindung an den Islam. Zudem nehme mit der Religiosität auch die Akzeptanz von Machokulturen und die Nutzung gewalthaltiger Medien zu. [...] Verantwortlich für die beschriebenen Phänomene sei nicht der Islam selbst, meinte Pfeiffer: ‚Das ist kein Problem des Islam, sondern der Vermitt-lung des Islam.' Die muslimische Religiosität fördere eine ‚Akzeptanz der Machokultur'. [...] Das Ergebnis: Während junge Christen mit steigender Religiosität weniger Gewalttaten begehen, ist bei jungen, männlichen Muslimen das Gegenteil der Fall. Die Gruppe junger Migranten ohne Konfession sei am besten in die deutsche Gesellschaft integriert." (Spiegel Online, 05.06.2010)[31]

Bereits in der kurzen Zusammenfassung der Studie wird dieser in der Öffentlich-keit als signifikant publizierten Zusammenhang mit den missverständlichen Worten relativiert, „eine hohe islamische Religiosität", erhöhe delinqentes Verhalten „indi-rekt, in dem sie Faktoren verstärkt, die die Gewaltbereitschaft fördern", wobei im Rahmen der Studie unklar bleibt, welche Faktoren hierfür eigentlich verantwortlich sein sollen, und was unter diesem „indirekten Einfluss" eines „nicht signifikanten" Zusammenhangs konkret zu verstehen ist (Baier u.a. 2010, 9). Insofern erscheint es bezüglich der dort konstatierten „indirekten" Interdependenz von religiöser Orien-tierung und Gewaltbereitschaft dringend geboten, näher zu untersuchen, welche Indikatoren auf eine „starke" bzw. „geringfügige" Religiosität schließen lassen, und welche Faktoren die Gewaltbereitschaft und delinquentes Verhalten „indirekt" beförderten.

Hier ergeben sich schon allein auf die Frage, wie man zu den Resultaten der diesbezüglichen religiösen Bindungen von Schülern und Jugendlichen kam, einige Bedenken. So heißt es dort, dass man hinsichtlich der Religionszugehörigkeit zu-nächst auf die Selbstauskunft zurückgriff und im anderen Falle, „wenn keine An-gaben erfolgte, haben wir ergänzend die Angaben des Schülers zur Religionszu-gehörigkeit der Eltern herangezogen, wobei, vergleichbar mit der Bestimmung des Migrationshintergrundes, zuerst die Zugehörigkeit der Mutter, dann die des Vaters Berücksichtigung fand" (ebd., 83). Es erscheint allerdings mehr als fragwürdig, wenn von der religiösen Orientierung der Eltern gewissermaßen reflexartig auf die Religionszugehörigkeit bzw. auf die religiöse Orientierung ihrer heranwachsenden Kinder geschlossen wird. Die fehlende Selbstauskunft der sich in einer entwick-

---

31 | Vgl. auch http://www.fr-online.de/politik/zweifelhafte-rolle-der-imame/-/1472596/ 4471348/-/index.html, [Zugriff am 28.04.2010]; http://www.tagesspiegel.de/politik/glaeubige-muslimische-jugendliche-deutlich-gewaltbereiter/1852310.html, [Zugriff am 5.6.2010]; http://www.tagesspiegel.de/berlin/familie/-einwanderer-kritisieren-studie-zu-jugendge-walt/ 1883832.html).

lungsbezogenen Orientierungsphase befindlichen pubertierenden Jugendlichen lässt
wohl mehr den Schluss auf eine rudimentär vorhandene bzw. nicht weiter ins Gewicht fallende religiöse Orientierung zu. Ohne dies weiter eingehender zu prob-
lematisieren und zu diskutieren und ohne jegliche Berücksichtigung einer differenzierteren Analyse hierzu, einigte man sich offenbar darauf, im Rahmen der Studie
die zu untersuchende Gruppe durchgehend mit dem ethnisierenden, komplexitätsreduzierenden Begriff „islamische Jugendliche" zu versehen.

Unklar bleibt zunächst auch, welche der nicht näher präzisierten religiösen „Faktoren" für einen „indirekten, Gewalt erhöhenden Einfluss" verantwortlich zu machen
wären, da doch, wie eingeräumt wurde, bei „islamischen Jugendlichen" von keinem
unmittelbaren signifikanten Zusammenhang „zwischen Religiosität und der Gewaltdelinquenz" auszugehen sei und hier lediglich ein Zusammenhang mit einer Vorliebe
für „Gewaltspiele" gesehen wurde (Baier u.a. 2010, 118). Zum Beleg ihrer Thesen eines so genannten „indirekten Einflusses" beziehen sich die Autoren der Studie auf die
Positionen von Rauf Ceylan, der sich in seiner Publikation „Die Prediger des Islam"
(2010)[32] mit der Rolle der Imame in der deutsch-muslimischen Community beschäftigt und dort, so die Autoren der KFN-Studie, einen Zusammenhang zwischen der
von Imamen („als Schlüsselfiguren der Integration") durchgeführten „islamische Religionserziehung" und der Gewaltbereitschaft von muslimischen Jugendlichen sehe,
was man seinen Ausführungen nicht ohne Weiteres entnehmen kann (ebd., 130f).

„Angesichts dieser überwiegend anzutreffenden Rahmenbedingungen islamischer Religionserziehung und Religionsausübung muss davon ausgegangen werden, dass der
männliche Dominanzanspruch und die Kultur der Ehre, in der Art wie sie die Gewalt legi-
timierenden Männlichkeitsnormen ansprechen, auch durch ein konservatives Verständnis
und die religiösen Traditionen des Islams gefördert werden." (ebd., 131)

Es bleibt hierbei allerdings auch unklar, ob diese vermuteten impliziten Gewalt-
strukturen einer, wie es dort heißt, „dysfunktionalen Machokultur" primär den
konservativ eingestellten Imamen („als ‚Fremde' in unserer Kultur"), „die nur sehr
begrenzt Deutsch sprechen und die Lebenswelt der jungen Muslime in Deutschland
kaum kennen", oder der Religion selbst bzw. lediglich „einem traditionell konserva-
tivem Verständnis des Islam" zugeschrieben werden muss (Baier u.a. 2010, 130f).
Offenbar sollen hierfür beide Seiten verantwortlich sein: sowohl ein „konservatives
Verständnis" einzelner Gläubiger einerseits und andererseits der Islam selbst mit
seinen „religiösen Traditionen". Immerhin schien sich hier ein Hauch von Unsicherheit einzuschleichen, wenn seitens der KFN-Autoren eingeräumt wird: „Uns ist allerdings wohl bewusst, dass zur Erklärung dieser Diskrepanz auch historische, ökonomische und kulturelle Faktoren herangezogen werden müssen" (ebd., 131).

---

32 | Nach Ceylan bilden die Imame der „Kategorie ‚traditionell-konservativ'" mit ausge-
prägter Autoritätsgläubigkeit, Gehorsam, Gottesfurcht und Patriotismus bei etwa 75% die
größte Gruppe unter allen Imamen in Deutschland (vgl. Ceylan 2010, 51, 79ff, 110ff, 142ff).

Genau eine solche differenzierte grundlegende Analyse hätte im Rahmen der KFN-Studie geleistet werden müssen, um einem religiösen Ethnizismus, wie er sich bei näherer Betrachtung offenbart, zu entgehen, mit dem im Zusammenhang einer Konstruktion des Islam als homogener Ethnizität und Kultur gesellschaftliche Konflikte als ethnisch-kulturell bedingt interpretiert werden. Mit dieser Konstruktion werden in der KFN-Studie patriarchal-konservative Verhaltensmuster mit Religion gleichgesetzt und diese für die Gewaltbereitschaft von „muslimischen Jugendlichen" verantwortlich gemacht. Hierbei wird darüber hinaus ein essentialistischer Einheitsgedanke der eigenen „guten" christlich geprägten Kultur transportiert, der eine fremde „böse", feindlich gesinnte islamische Kultur diametral gegenüberzustehen scheint, woraus geschlossen werden darf, eine „hohe christliche Religiosität" des Eigenen senke die Gewaltbereitschaft, während eine „hohe islamische Religiosität" des Fremden diese (eben indirekt) erhöhe, was sich zudem darin äußere, dass „islamische Jugendliche" in erhöhtem Maße eine „Deutschfeindlichkeit" im Eigenen entwickelten. Es bleibt schließlich bezüglich eines Zusammenhangs zwischen einer zunehmenden Religiosität und gewalttätigem Verhalten bei „muslimischen" Jugendlichen festzuhalten, dass hier seitens der KFN-Studie lediglich deskriptiv ein mittelbarer Zusammenhang konstruiert wurde, der als unmittelbarer statistisch nicht signifikant ist.

Interessant in diesem Zusammenhang sind hierzu die Erkenntnisse einer vom Bundesministerium des Innern 2004 in Auftrag gegebenen und im Jahre 2007 publizierten Studie „Muslime in Deutschland" (2007), die mittels einer standardisierten Telefonbefragung der muslimischen Wohnbevölkerung und einer standardisierten schriftlichen Befragung von Schülern und Studierenden vorgenommen wurde.[33]

---

33 | „An den Schülerbefragungen, die in schriftlicher Form durch geschulte Mitarbeiter in Schulklassen durchgeführt wurden, nahmen 2.683 Jugendliche teil, von denen 500 eine islamische Religionszugehörigkeit angaben. Dieser Studienteil bezog sich auf drei der vier Städte der telefonischen Bevölkerungsbefragung (nicht einbezogen wurde aufgrund von Problemen des Feldzugangs hier die Stadt Berlin). 70% der Befragten waren türkischer Herkunft und über die Hälfte Sunniten. Daneben wurden 630 Jugendliche mit Migrationshintergrund erreicht, die nicht Muslime waren. Von diesen jungen Nichtmuslimen mit Migrationshintergrund befand sich etwa die Hälfte bereits seit ihrer Geburt in Deutschland; bei den Muslimen waren das demgegenüber mit ca. drei Viertel deutlich mehr. Weitere 1.553 jugendliche Teilnehmer waren einheimische, nichtmuslimische Jugendliche ohne Migrationshintergrund. In der Teilstudie, in der Studierende untersucht wurden, wurden 195 Studierende mit einer islamischen Religionszugehörigkeit aus unterschiedlichen Ländern und mit unterschiedlichen Formen eines islamischen Bekenntnisses erreicht. In dieser Stichprobe fand sich eine etwas breitere Streuung der nationalen Herkunft. So waren 56% Muslime türkischer Herkunft und fast ein Drittel stammte aus arabischsprachigen Ländern oder dem Iran, Irak, Afghanistan oder Pakistan. Weitere 1.032 Befragte waren Studierende mit Migrationshintergrund, die sich nicht dem Islam zurechneten. Von den muslimischen Studierenden wurden mehr als 40% in Deutschland geboren. Bei den nichtmuslimischen

Die Befragung der Schüler, die die zweite Generation zum Gegenstand hatte, also auch diejenigen, die in Deutschland geboren sind, ergab folgendes interessante Resultat bezüglich einer integrationshemmenden „demokratiedistanten" Haltung:

„Die höchste Rate stark demokratiedistanter Personen findet sich unter den Befragten, die bereits in Deutschland geboren wurden, also unter Muslimen, die Migranten der zweiten Generation sind. Hier ist zugleich aber auch die Quote der Personen, die keine Demokratiedistanz aufweisen, im Vergleich mit den übrigen Gruppen, relativ hoch. Bei den Muslimen der zweiten Generation und jenen, die im Kleinkindalter zuwanderten, scheint sich insofern eine etwas stärkere Polarisierung der Haltung zu Demokratie und Rechtsstaat entfaltet zu haben, als das bei den übrigen Probanden der Fall ist, die nicht in Deutschland geboren wurden, sondern erst ab dem Grundschul- oder Jugendalter zuwanderten." (Brettfeld/Wetzels 2007,146)

Weiterhin konnte der Gesamtstudie entnommen werden, dass demokratiedistante Einstellungen zunehmen, je mehr die Familien der Untersuchten mit dem zur Verfügung stehenden Haushaltseinkommen nicht zurechtkamen, während die Quote der Nichtdemokratiedistanten linear mit der Zufriedenheit über das Haushaltseinkommen stieg. Bei lediglich 5,3% der Abiturienten und Personen mit Fachabitur zeigten sich demokratiedistante Einstellungen, während es bei denjenigen, die nur die Grundschule besucht hatten, bzw. über keinen qualifizierten Schulabschluss verfügten, es 15,8% und bei Befragten mit einem Haupt und Realschulabschluss es lediglich 10.8% waren (vgl. Brettfeld/Wetzels 2007, 147f). Die Studie offenbart demnach nicht nur den Zusammenhang zwischen Bildungsniveau und Zustimmung zur Demokratie, sondern auch den der sozio-ökomischen Lebensbedingungen und die daraus resultierenden Teilhabechancen im öffentlichen Leben. Dass wirtschaftlich prekäre Lebensbedingungen und ein geringes Bildungsniveau mit autoritativen Einstellungen korrelieren, ist, wie u.a. die Bielefelder Studie eindrucksvoll belegt, nichts Neues. Bemerkenswert ist hingegen, dass gerade bei denjenigen, die in Deutschland geboren sind, die überwiegende Zahl der demokratiedistanten Einstellungen zu finden ist. So beläuft sich die Zahl demokratiedistanter Einstellungen bei der zweiten Generation, also der Generation, die in Deutschland geboren ist, auf 13,1%, während sie unter denen, die im erwachsenen Alter nach Deutschland kamen, 11,3 Prozent beträgt, obgleich die meisten von ihnen auch ein niedriges Bildungsniveau aufweisen und ähnliche Lebensbedingungen teilen. Hier zeigt sich, dass nicht allein die Religion oder die Herkunftskultur für eine demokratiekritische Haltung und mangelnde Integrationsbemühungen verantwortlich gemacht werden kann. Vielmehr müssen hierbei strukturelle und sozio-ökonomische Benachteiligungen, sowie Diskriminierungs- und Marginalisierungserfahrungen, wie sie be-

Studierenden waren dies demgegenüber nur etwa 10%. Ein Fünftel der studierenden Muslime hielt sich nur zum Zwecke des Studiums in Deutschland auf, bei den Nichtmuslimen war dieser Anteil mit knapp 30% etwas höher" (Brettfeld/Wetzels 2007 [b],5).

sonders seitens der jüngeren Generation beklagt werden, näher in den Blick genommen werden, um nicht zuletzt die den Populismus befeuernde vorurteilsbeladene Blickfixierung zu überwinden, mit der die Religion des Islam ethnisiert und Probleme in den Migrantenmilieus entweder der islamischen Religion selbst oder der ethnischen Kultur zugeschrieben werden (vgl. Brettfeld/Wetzels 2007, 148).

Ein anderer wichtiger zu diskutierender Aspekt ist die im Rahmen der KFN-Studie vorgenommene Unterscheidung von *„deutsch"* und *„nichtdeutsch"*. Die Bezeichnung „nichtdeutsch" wurde innerhalb der Studie als Äquivalent zu „Migrant" benutzt, was bedeutete, dass bezüglich der Erfassung der Zugehörigkeit eines Jugendlichen nicht die Staatsangehörigkeit bedeutsam war, sondern die „Angaben zum Geburtsland sowie zur Staatsangehörigkeit und Geburtsland der leiblichen Eltern" (Baier u.a. 2010, 10 [Anm.3]). So wurden in der Studie Jugendliche mit Migrationshintergrund bzw. jugendliche Migranten, selbst wenn sie in Deutschland geboren oder deutsche Staatsbürger waren, generell als „Nichtdeutsche" bezeichnet. In diesem Zusammenhang wurde zudem ausdrücklich betont, dass in den westdeutschen Bundesländern mittlerweile „mehr als jeder vierte Jugendliche eine nichtdeutsche Herkunft (29,4%)" habe (Baier u.a. 2010, 12).

Hier offenbart sich ein weiteres bedenkliches Problem der Studie, das darin besteht, dass das Staatsangehörigkeitsrecht, das mit Wirkung vom ersten Januar 2000 in „Staatsangehörigkeitsgesetz" mit dort integrierten rechtlichen Zuwanderungsregeln umbenannt wurde, hier lediglich auf das Abstammungsrecht („ius sanguinis" [Recht des Blutes]) bezogen wird, womit wohl implizit verdeutlicht werden soll, dass lediglich die blutsbezogene Abstammung eine Differenzierung von „deutsch" und „nichtdeutsch" zulässt, was aus der Perspektive der Studie demnach insbesondere bei bloßen „Pass-Deutschen" und bei „blutsgemischter" Elternschaft bei der Bestimmung der Staatsangehörigkeit berücksichtigt werden soll.

Dass die Markierung der Nachkommen der ehemaligen „Gast-Arbeiter" mit ursprünglicher „nichtdeutscher Abstammung" ganz offenbar definitorische Probleme bereitet, zeigen schon allein die vielfältigen Begriffskonstruktionen im wissenschaftlichen Diskurs, wenn es darum gehen soll, die Nachkommen der einstigen „Gast-Arbeiter" terminologisch zu fassen, was sich dann in Begrifflichkeiten äußert wie: „Jugendliche mit Migrationshintergrund", „jugendliche Migranten", „Jugendliche mit Migrationsgeschichte" oder „migrantische Jugendliche". So zeigt sich auch in der KFN-Studie ein Ringen um Begriffe, wenn einerseits, unter offensichtlicher Vermeidung diskriminierender Attitüden, deutlich gemacht werden soll, dass es sich hierbei keineswegs um autochthone Jugendliche handelt und terminologisch eine assoziative Nähe von Deutsch-Sein in Richtung Muslimisch-Sein vermieden werden soll. Jugendliche „mit Migrationshintergrund" bleiben so selbst als „Pass-deutsche" Fremde.

Das heißt, hier besteht nicht nur das Problem in einer Gleichsetzung von Nationalität mit Ethnizität, sondern noch wesentlich problematischer ist, wie Scherr kritisch hervorhebt, „dass eine Differenzkonstruktion vorgenommen wird, die annimmt, dass für das Verständnis der Kriminalität national gefasster Gruppen je spezifische Theorien erforderlich seien – und damit implizit eine Unterschiedlich-keit unterstellt wird, die kaum von der Logik eines differentialistischen Rassismus zu unterscheiden ist" (Scherr 2008, 220).

Aus dieser blutsbezogenen Abstammungsperspektive kann es muslimische Jugendliche mit „reiner" blutsbezogener deutscher Abstammung im eigentlichen Sinne nicht geben. Man spricht in einem solchen Falle lediglich von einem „Konvertiten", der zwar seine Glaubensperspektive wechselte, aber dies als Deutscher tat. Ein Muslim mit nicht-deutscher Abstammung, bleibt demgegenüber – trotz möglicher formeller Pass-Zugehörigkeit und deutschem Geburtsort – ähnlich einem dunkelhäutigen Menschen, der durch eine andere Staats- oder Religionszugehörigkeit seine Hautfarbe nicht zu verändern vermag, ethnisch-kulturell ein Fremder und somit ein („gefühlter") Nicht-Deutscher (Türke/Muslim). Dieser Ausgrenzungsmechanismus folgt der Logik einer „Ethnisierung von Religion", mit der der als der Andere erkannte ein Fremder im Eigenen ist, der als solcher im Status des *„Dritten"* verbleibt.

Terminologische Differenzierungen sind bisweilen notwendig, wenn die lebensweltliche bzw. die sozio-ökonomische Situation von Betroffenen untersucht und beschrieben werden soll. Schwierig und hochproblematisch werden diese Markierungen allerdings dann, wenn die Ursache von Gewaltbereitschaft oder „Integrationsverweigerung" primär in der Staatsangehörigkeit bzw. im ethnischen oder religiösen Hintergrund einer Menschengruppe vermutet wird, wie dies die KFN-Studie vorab unterstellt. Solche vorab konstruierte Verknüpfungen von im Grunde hochkomplexen Problemlagen werden dann, wie im Falle der KFN-Studie, im monokausalen Zugang simplifiziert und ethnisch-kulturalistisch typisiert.

Wie Scherr mit Hinweis auf den zweiten Periodischen Sicherheitsbericht der Bundesregierung zeigt, wird dort darauf hingewiesen, dass aufgrund einer höheren Anzeigequote bei Nichtdeutschen *„eine erhöhte registrierte Kriminalität zu erwarten sei"* (Scherr 2008, 217).

„Bekanntlich war und ist es anhaltend umstritten, ob solche Befunde Indiz einer tatsächlich höheren Kriminalitätsbelastung, oder aber ein Effekt eines Anzeige- und polizeilichen Kontrollverhaltens mit dem Effekt verstärkter Kriminalisierung sind." (ebd.)

Da es demnach für ihn keine empirisch belegbaren Gründe gibt, weder Migrationserfahrungen noch Staatsangehörigkeit als primäre Kriminalitätsursachen im Sinne einer so genannten „Ausländerkriminalität" zu sehen und es infolge dessen nicht nachvollziehbar bleibt, „was Wissenschaftler dazu verleitet, trotz aller unbestrittenen Forschungsdefizite nicht auf vereindeutigende Feststellungen zu verzichten", liegt für ihn die Vermutung nahe, dass man hier „politischen und medialen Nachfragen nach einem verlässlichen Wissen, das Entscheidungen und Bewertungen zu Grunde gelegt werden kann", gerecht werden möchte (Scherr 2008, 218).

Solche problematischen wissenschaftlichen Begründungen wurden seither sehr gerne als „wissenschaftlicher Beleg" im Zuge populistisch-stereotyper Verschwörungstheorien im Sinne scheinbar objektiv nachgewiesener islamophober Letzt-

Begründungen herangezogen und über entsprechende Medien verbreitet. Das heißt, solche ethnisierend-kulturalistische Verknüpfungen suggerieren nicht nur, dass die Ursachen heterogener Problemkomplexe primär in der zugeschriebenen kollektiven Identität einer als problematisch erkannten Menschengruppe zu suchen seien, sondern sie legitimieren dies (schein-)wissenschaftlich und befördern darüber hinaus eingängige populistische Erklärungsmuster für komplexe Sachverhalte, mittels derer weiterhin feindliche Einstellungen gegenüber der markierten Gruppe geschürt werden können.

So kann bezüglich der KFN-Studie abschließend resümiert werden, dass das seitens der Autoren gezogene Fazit, je religiöser muslimische Jugendliche seien, um so gewalttätiger seien diese, zum einen die Vorstellung eines „Antiislamischen Ethnizismus" gegenüber einer als homogen imaginierten Gruppe so genannter „muslimischer Jugendlicher" transportiert, was zur weiteren Dichotomisierung der Gesellschaft beiträgt, und zum anderen an einer im Rahmen der Untersuchung nicht verifizierten These festhält. Insofern lässt sich konstatieren, dass eine *„islamische Religiosität"* für sich alleine betrachtet keine Aussagekraft bezüglich eines wie auch immer festgestellten delinquenten Verhaltens von so genannten „muslimischen Jugendlichen" hat. Auf einen anderen, differenzierteren Zugang und auf eine alternative Interpretation der Ergebnisse der KFN-Studie weist Paffrath in seiner kritischen Stellungnahme zu den Ergebnissen der Studie hin, mit dem im Sinne des „Desintegrationsansatzes" anstelle der unterstellten religiösen und ethnischen Homogenität der Untersuchungsgruppe stärker deren Erfahrungen von Anerkennungsdefiziten in den Fokus des Interesses gerät (vgl. Paffrath 2010).

5.2.5.2 Gewalt als Folge von Anerkennungsdefiziten

Das „Institut für interdisziplinäre Konflikt- und Gewaltforschung" der Universität Bielefeld unter der Leitung von Wilhelm Heitmeyer bezog sich im Jahre 2001 mit den Daten des IKG-Jugendpanels, die bei türkischen, deutschen und Aussiedler Jugendlichen ermittelt wurden, auf spezifische desintegrationstheoretische Überlegungen, wie sie u.a. auch in den Untersuchungen der GMF-Studie als mögliche Erklärungsfolie zur *Gruppenbezogenen Menschenfeindlichkeit* zur Anwendung kamen (vgl. Babka von Gostomski 2003; Endrikat u.a. 2002). Mit der „Desintegrationstheorie" wird davon ausgegangen, dass Menschen in modernen („Risiko"-)Gesellschaften (Beck 1986) einerseits ein breites Spektrum der individuellen Selbstentfaltung („Individualismus") ermöglicht wird, das andererseits gleichzeitig durch gesellschaftlich-strukturelle krisenhafte Verläufe bedroht wird. Hierbei werden neben den Anerkennungsmöglichkeiten im Wesentlichen auch die Folgen bei Anerkennungsbedrohungen und Anerkennungsverlusten gesehen (vgl. Endrikat u.a. 2002, 37f; 39; 41).

„Wesentlicher Kern der Argumentation (des Integrationsansatzes, N.C.) ist die Annahme nachlassender beziehungsweise prekärer Integrationsleistungen, damit zusammenhängender Anerkennungsbedrohungen oder -verlusten, so dass Gewalt in spezifischen Konstellationen *eine* wichtige Option ist, um die Anerkennungsbilanz, zumindest in bezugsgruppen-relevanten Kontexten, zu verbessern." (Babka von Gostomski 2003, 255)

Mit dem IKG-Jugendpanel im Jahre 2001 wurde insofern der Fokus auf die Erklärung von Gewaltphänomenen von 4.213 Jugendlichen gelegt und insbesondere den Gründen der höheren Täterraten bei männlichen türkischen Jugendlichen nachgegangen. Es zeigte sich hierbei, dass türkische Jugendliche[34] „ein höheres Maß an Benachteiligungserfahrungen im alltäglichen Leben und in Bezug auf ihre Schulkarriere" aufweisen als deutsche Jugendliche, womit gleichzeitig zu vermuten sei, „dass mit Anerkennungsverlusten auf verschiedenen Ebenen der Integration in die bundesrepublikanische Gesellschaft, insbesondere bei der Kumulation von Desintegrationsbelastungen, die Wahrscheinlichkeit für das Agieren mit Gewalt steigt" (ebd., 253). Es zeigte sich schließlich im Rahmen der Untersuchung, dass das Risiko, zu den Gewalttätern zu gehören, bei Jugendlichen mit türkischem Herkunftshintergrund gegenüber deutschen Jugendlichen um 76% höher lag (vgl. ebd. 264).

Verantwortlich dafür wurde auf der „sozial-strukturellen Dimension" auch die Tatsache gemacht, dass ein überproportional hoher Teil der türkischen Jugendlichen die Hauptschule besuchte, womit gleichzeitig neben dem institutionell bedingten prekären Bildungserwerb das Risiko einer an Gewalt bzw. vergeltungsorientierten Konfliktlösungsstrategie verbunden ist (vgl. ebd. 267). Unter Bezugnahme auf die Desintegrationstheorie wird hier innerhalb der „sozial-strukturellen Systemdimension" ein beeinträchtigter Zugang zu einem gesellschaftlich relevanten Teilsystem (Schule) deutlich, der nicht nur Desintegrationsbeeinträchtigungen, sondern auch Anerkennungsverluste zur Folge haben kann, wodurch davon Betroffene tendenziell dazu verleitet werden können, die Anerkennung ihrer Mitmenschen und das Gebot ihrer Unversehrtheit zu missachten (vgl. Endrikat u.a. 2002, 38, 40). Bezüglich einer „kumulativen Wirkung von Anerkennungsdefiziten" war im Rahmen der Untersuchung schließlich zu sehen, dass proportional mit dem Anstieg von Anerkennungsdefiziten ein Anstieg von Täterraten, und zwar in allen drei der untersuchten Herkunftsgruppen (türkische, deutsche und Aussiedler-Jugendliche) zu verzeichnen war, womit deutlich wurde, dass bei Differenzierung der Herkunfts-

---

34 | Terminologische Differenzierungsschwierigkeiten, wie sie in der KFN-Studie zu sehen waren, ergaben sich allerdings auch hier, wenn von „türkischen Jugendlichen" gesprochen wurde. So einigte man sich darauf, bei „Jugendlichen mit *türkischem Herkunftshintergrund*" von „Türken" oder „türkischen Jugendlichen" zu sprechen, wenn diese über die türkische Staatsangehörigkeit verfügten, in der Türkei geboren waren oder dies jeweils für einen Elternteil zutraf. Wenn in deren Familie die türkische Sprache gesprochen wurde und der Jugendliche über die deutsche Staatsbürgerschaft verfügte, einigte man sich darauf, auch hier den Jugendlichen zu denjenigen mit türkischem Herkunftshintergrund zu zählen (vgl. Babka von Gostomski 2003, 260 [Anm.3]).

hintergründe das überproportional häufig vorkommende Gewaltpotenzial bei türkischen Jugendlichen primär auf deren Desintegrationsbelastungen und nicht auf einen türkischen bzw. religiösen Orientierungs- und Lebenshintergrund zurückzuführen ist (vgl. Babka von Gostomski 2003, 272).

Wie bereits im zweiten Kapitel im Zuge der Rezeption des Anerkennungs-Paradigmas sensu Honneth und Taylor zu sehen ist, bedarf der Mensch im Sinne eines anthropologischen Strebens nach Selbstachtung und der Herausbildung seiner individuellen Subjektivität der „reziproken Anerkennung", mit der, so Honneth, „der Einzelne in einem von Sorge, Zuneigung und emotionaler Bindung geprägten Umfeld sich selbst als Individuum erfahren lernt" (Honneth 2011, 38). Im anderen Falle – im Falle der Missachtung im Sinne einer „kulturellen Herabwürdigung der Lebensform", mit der Betroffene für ihre lebensgeschichtlich erworbenen Werte keine soziale Wertschätzung erfahren – werden innerhalb eines gesellschaftlichen Gefüges die Wurzeln für soziale Konflikte gelegt (vgl. Honneth 1990, 1048). Insofern stellt sich nach wie vor drängender denn je, wie Endrikat u.a. bezüglich der „riskanten Folgen negativer Anerkennungsbilanzen" bilanzieren, „die ungelöste Kardinalfrage einer neuen Kultur der Anerkennung" (Endrikat u.a. 2002, 54) und weitaus weniger, so ließe sich ergänzen, die Frage nach ethnisch-kultureller Herkunft bzw. Religionszugehörigkeit im Zusammenhang konstatierter gesellschaftlicher Problemlagen, die, in den Fokus gerückt, dazu beitragen, bestehende Feindbildkonstruktionen weiter zu befördern, wie sie sich gegenüber dem Islam im Sinne eines „Antiislamischen Ethnizismus" zunehmend äußern.

5.3 ANTIISLAMISCHER ETHNIZISMUS

Bis hierhin sollte verdeutlicht werden, dass mit der Erkenntnis eines als Neo-Ethnizität konstruierten Islam die darauf bezogenen Vorurteile und Feindbilder im Sinne einer Ideologie der Ungleichwertigkeit in seiner Grundstruktur als differenzialistischer Rassismus zu betrachten ist. Die ethnizistische Reduzierung des Islam, die mit der Entkoppelung von seiner spirituell-religiösen Dimension verbunden ist, zeigt, wie bereits beschrieben, den Unterschied zwischen legitimer Kritik an der islamischen Religion und „Antiislamischem Ethnizismus". Antiislamischer Ethnizismus ist keine Religionskritik, da es sich hier um keine sachlich-fundierte Auseinandersetzung mit den islamischen Quellen, bzw. mit der islamischen Geistesgeschichte und dem kulturellen Erbe handelt. So ist beim Antiislamischen Ethnizismus nicht die persönliche Religiosität bzw. religiöse Praxis entscheidend, sondern die im Zuge des Konstituierungsgebildes Ethnie vorgenommene Zugehörigkeit zu einer Menschengruppe und deren Herkunft, womit die darauf bezogenen Vorurteile, Ressentiments und Diskriminierungen einen ethnifizierenden Charakter analog zur „Rassialisierung" erhalten.

Deshalb sind aus dieser Perspektive ethnifizierende Simplifizierungen, Stereotypen und selbst Vorurteile im Sinne eines Feindbildes Islam einem Neo-Rassismus zuzuordnen. Hierbei war zudem aufzuzeigen, dass nicht jegliche Ethnifizierung unmittelbar der Ideologie des Rassismus zuzuordnen ist, aber als dessen primäres, vorausgesetztes Konstituierungsmerkmal gesehen werden muss. Von einem *„Antiislamischen Ethnizismus"* sprechen wir erst dann, wenn im Zuge eines islambezogenen Ethnizismus spezifische Feindbildkonstruktionen hinzukommen, die wir in Anlehnung an Kliche wie folgt beschreiben: eine (1.) kompromisslose Unterscheidung, Gegensetzung und völlige Unvereinbarkeit von Eigen- und Fremdgruppe, die sich in gegensätzlichen religiösen und weltanschaulichen Gesichtspunkten und einer diskriminierend-abwertenden Charakterisierung der als homogen imaginierten „Fremd-Gruppe" äußert, die der eigenen positiven Einschätzung diametral gegenübersteht; diese Fremdgruppe auf (2.) wenige Merkmale reduziert wird; ihr (3.) Angriffsabsichten unterstellt und (4.) negative Denkweisen, Gefühle und Motive zugeschrieben werden, weshalb es (5.) aus der eigenen Bedrohungsperspektive plausibel erscheinen muss, dies zu erwidern oder dem zuvorzukommen und sich (6.) der Akteur des Eigenen aus den genannten Gründen nachvollziehbar als defensiv und positiv wahrnimmt (vgl. Kliche 2000, 116). Mit dem so konstruierten Feindbild verbinden sich in der Regel bestimmte verschwörungstheoretische Muster, die den potenziellen Feind als sehr mächtig und bedrohlich imaginieren, um damit die zu treffenden Abwehrmaßnahmen begründen zu können. Dieser Konstruktionsprozess eines gefährlichen Feindbildes des Fremden zeigt sich insbesondere im Zuge eines *„Antiislamischen Ethnizismus"*.

Anhand konkreter Beispiele soll nun ein solcher *„Antiislamischer Ethnizismus"* durch Positionen so genannter „IslamkritikerInnen", sowie durch Darstellungen einschlägiger islamfeindlicher Internetforen wie „Politically Incorrect" (PI) und anhand einer spezifischen Form zivilgesellschaftlichen Engagements verdeutlicht werden.

5.3.1 Die Positionen „aufgeklärter" IslamkritikerInnen

Einen wesentlichen Beitrag zur Verfestigung eines solchen Feindbildes Islam scheint eine bestimmte Gruppe von IslamkritikerInnen zu leisten, die Schneiders als „so genannte" Islamkritiker bezeichnet, um, wie er betont, „das Mittel der konstruktiven Religionskritik nicht im Allgemeinen zu diskreditieren" (Schneiders 2009, 405).

„Ich bezeichne also solche Personen als ‚so genannte Islamkritiker', die nicht um eine objektive und konstruktive Kritik bemüht sind und denen aufgrund unsachlicher Argumentationsstrategien unterstellt werden muss, dass sie politische oder persönliche Ziele verfolgen." (ebd.)

Als prominentes Beispiel führt Schneiders in diesem Zusammenhang den Publizisten Ralph Giordano an, der anlässlich seiner Eröffnungsrede der „Kritischen Islamkonferenz" an der Universität Köln im Mai 2008 – einem vom „Zentralrat der Ex-Muslime"[35] und anderen Gruppen initiierten Gegenstück zur Islamkonferenz der Bundesregierung – vor schleichender Islamisierung warnte und mit den Worten „der Islam ist das Problem" erklärte, die Integration der Muslime sei gescheitert. Dass Giordano später seine dort gehaltene Rede dem islamfeindlichen Web-Blog „Politically Incorrect" (PI) zur Verfügung stellte, verhalf diesem Blog zu einer nicht zu unterschätzenden moralischen Legitimation.[36] Schneiders zeigt in seiner kritischen Analyse „Schattenseite der Islamkritik", wie die „erste Garde der so genannten Islamkritiker" – zu denen er neben Ralph Giordano Henryk Broder[37], Necla Kelek, Alice Schwarzer und Leon de Winter zählt – einen gut vernetzten Zirkel bildet, der sich in Interviews, Diskussionsbeiträgen, Publikationen und entsprechenden Internetseiten gegenseitig argumentativ zur Seite stehe (vgl. Schneiders 2009, 407).[38] Seine Kritik richtet sich im Wesentlichen gegen die dort gewählten Strategien und Techniken der Argumentationen, den dort transportierten Vorurteilen und propagierten Bedrohungsszenarien und den unverhohlen vorgetragenen Eurozentrismus bzw. Kulturalismus mit Bezug auf das Erbe des (jüdisch)-christlichen Abendlandes.[39]

---

35 | Der „Zentralrat der Ex-Muslime" (ZdE) ist ein am 21.Juni 2007 in Köln gegründeter Verein ehemaliger Muslime bzw. von Menschen, die aus einem muslimisch geprägten Land entstammen.

36 | Ralph Giordano, der seine Kritiker gerne mit Worten wie „xenophiler Einäugiger" oder „Multikulti-Illusionisten" mit Spott überzieht, ist nach der Einschätzung von Micha Brumlik von der einstmaligen moralischen Autorität in Deutschland „zu einem von dumpfen Ressentiments getriebenen Kleinbürger" geworden, „der – von undurchschauten Vorurteilen getrieben – seine liebe Not und Mühe hat, sich des überreichen Beifalls von der falschen, der rechten Seite zu erwehren" (Brumlik 2009, 470).

37 | Broder ist Mitbegründer eines Internet-Blogs mit dem Namen „Achse des Guten", der u.a. eine islamfeindliche Tendenz erkennen lässt und nach eigenen Angaben im Jahre 2010 über 670.000 Besucher zu verzeichnen hatte. Sein Buch mit dem Titel „Hurra, wir kapitulieren" (2006) ist im Klappentext mit einer Widmung von Leon de Winter versehen, der dort Broders Scharfsinn und seine „grenzenlose Liebe zu Europa" lobt. Broder vergleicht in seinem Buch die Appeasement-Politik gegenüber Hitler mit einer Politik der Beschwichtigung der Europäer gegenüber dem Islam, was nach ihm die Gefahr einer Transformation Europas zu einem islamischen Kontinent befördere (vgl. Broder 2006).

38 | Zu nennen ist in diesem Zusammenhang sicher auch die türkischstämmige Anwältin Seyran Ateş, die sich in ihren anwaltlichen Aktivitäten gegen patriarchale Missstände wendet, sich aber in ihren publizierten Argumentationsmustern allzu sehr von persönlichen Lebenserfahrungen, Aversionen und Vorurteilen leiten lässt, die sich dann in persönlichen stereotypen Einschätzungen mit universellem Geltungsanspruch niederschlagen, wie etwa ihre pauschale Annahme, das Tragen des Kopftuches sei erzwungen (vgl. Ateş 2007, 42).

39 | Nach Einschätzung von Micha Brumlik, die er im Oktober 2007 in einem Zeitungsartikel äußerte, formiert sich mit diesem rechtspopulistischen Aufbegehren „ein bisher noch vornehm zurückhaltender bildungsbürgerlicher Aufstand, dessen Protagonisten von

5.3.1.1 Kronzeuginnen der Anklage

Mittlerweile hat sich hier eine bestimmte autobiographische Literaturgattung bzw. „Desintegrationspublizistik" etabliert, die schon vom Buchtitel her auf das Martyrium und die Opferrolle muslimischer Frauen verweist. Das individuelle Leid der Autorinnen wird dort, ohne dies relativieren und beschönigen zu wollen, tendenziell dem Islam als alleiniger Ursache zugeschrieben, wobei die Gläubigen und deren Religion als monolithischer Block dargestellt werden, was zur Folge hat, dass Problembereiche wie Zwangsheirat und Ehrenmord durch diese monokausale Zuordnung z.b. nicht mehr vor dem Hintergrund tradierter patriarchaler Strukturen analysiert und diskutiert werden müssen. In diesen Publikationen dominiert „mit wiederkehrenden Motiven und einer überschaubaren Dramaturgie" – wie in einem kritischen Zeitungsartikel im Jahre 2006 hierzu resümiert wurde – eine Dramaturgie individuellen Leids im „Pathos einer Emanzipation" (Süddeutsche Zeitung 24.2.2006 in Beck-Gernsheim 2007, 76, Anm. 151). Bei vielen Protagonistinnen werden – so etwa bei Necla Kelek, Serap Çileli oder der aus Somalia stammenden niederländischen Politikerin Ayaan Hirsi Ali[40] – aus persönlich-biographischen Erlebnissen mit dem Islam allgemeine vorurteilsbeladene Schlüsse gezogen und mit „anekdotischer Evidenz" als repräsentative Resultate dargestellt.[41] Theologische und historische Schlüsse werden vielfach ohne jegliche theologische Kenntnisse gezogen, wodurch es immer wieder zu mangelnder Differenzierung zwischen Begrifflichkeiten, wie zwischen Islam und Islamismus, bzw. zur undifferenzierten Vermischung von Theologie und kulturellen Traditionen kommt. Dies zeigt sich insbesondere bei den publizierten Positionen der Soziologin Necla Kelek, die von wissenschaftlicher Seite zunehmend kritisiert wird, da ihr Anspruch einer wissenschaftlichen Fundierung ihrer Positionen eben nicht

---

Henryk Broder zu Necla Kelek, von Seyran Ates zu Ralph Giordano, von der ‚Theo-van-Gogh-Gesellschaft' zu den Webseiten ‚Politically incorrect' und den Kreuzrittern ‚Deus vult' reichen, ein Potenzial, das, wenn es sich irgendwann politisch organisiert, der Union im parlamentarischen Raum erfolgreich Konkurrenz machen könnte" (Brumlik, *Die Tageszeitung* (taz), 8.10.2007, 11).

40 | Ayaan Hirsi Ali wurde „aufgrund ihres besonders couragierten Engagements als Islamkritikerin" am 10.5.2012 mit dem Axel-Springer-Ehrenpreis ausgezeichnet. Die Laudatio hielt Leon de Winter. In ihrem Dankesvortrag über die „Anwälte des Schweigens", die sich zu den stillen Verbündeten der ungebremsten Ausbreitung des freiheitsbedrohenden Islam in Europa machten, bezog sie sich ausdrücklich auf das politische Manifest des norwegischen Massenmörders Anders Breivik. Dieser habe, so Ayaan Hirsi, keine andere Wahl gehabt, als zur Gewalt zu greifen, da alle Möglichkeiten, seine Ansichten kundzutun, zensiert worden seien (vgl. Buchen, in Cicero 18.05.2012).

41 | Shooman spricht in diesem Zusammenhang mit Verweis auf den Migrationsforscher Klaus Bade von einer „anekdotische(n) Evidenz", mit der die genannten Islamkritikerinnen mit Kronzeuginnen-Status ihre Argumentationsstärke beziehen (Shooman 2011, 348).

durch solide und nachprüfbare Daten belegt werden.[42] So attestiert Kelek, die zwischen Zwangsehe und arrangierter Ehe absolut keinen Unterschied sieht, türkischen MigrantInnen „das Festhalten am türkisch-muslimischen Common Sense", was zu der Situation führe, dass „vermutlich" in Deutschland mindestens die „Hälfte der hier lebenden Türken" niemals „in der Moderne" angekommen seien, wobei bei ihr völlig offen bleibt, was mit dieser scheinbar verfehlten Zielsetzung (in der „Moderne" ankommen) gemeint sein könnte (Kelek 2006, 27). Kritischen Einwänden gegenüber, sie wende sich völlig undifferenziert gegen „den Islam" im Sinne eines quasi monolithischen Glaubensgebildes, weist sie mit dem Hinweis zurück, dass es ihr als Soziologin nicht um eine theologische Diskussion gehe, sondern um das, was im Namen des Islam gelebt würde. Insofern deute sie die Religion lediglich als „kulturelle Dimension" (Kelek 2006, 29). Bezüglich islamischer Organisationen in Deutschland äußert sie sich folgendermaßen:

„Die organisierten Muslime haben, wenn sie in der demokratischen Gesellschaft als gleichberechtigte Partner akzeptiert werden wollen eine Bringschuld: auch in Deutschland. Sie müssen nicht nur die Verfassung akzeptieren, sondern sich in Wort und Tat von den Prinzipien der Scharia lossagen. Der politische Islam versteht sich blendend darauf, Grundrechte wie das der Religionsfreiheit unsrer Gesellschaft zu benutzen, um ihre kollektivistischen Ideen unter dem Schleier der Persönlichkeitsrechte durchzusetzen. Die Debatte um das Kopftuch ist dafür ein Beispiel." (ebd., 30)

Wenn Kelek hier von der „Bringschuld" der „organisierten Muslime" spricht, im Zuge der Anerkennung als gleichberechtigte Partner nicht nur die Verfassung akzeptieren zu müssen und sich von der Scharia loszusagen, suggeriert sie hiermit gegenüber sämtlichen muslimischen Organisationen einen vorsätzlichen Verfassungsbruch. Das Misstrauen gegenüber diesen Organisationen wird weiter genährt, indem sie im gleichen Atemzug von einem typischen Täuschungsmanöver des „politischen Islam" spricht, dessen fundamentalistisch-verfassungsfeindliche Positionen sie hier tendenziell allen muslimischen Organisationen unterstellt, wie dies ja, so Kelek, die Kopftuchdebatte belege, an der die islamischen Organisationen beteiligt gewesen wären, was für sie im Grunde ein Beleg für Demokratiefeindlichkeit und islamistische Zielsetzungen ist (ebd., 28f, 30).[43] Als Autorin des SPIEGEL-Bestsellers „Die fremde Braut"[44] erlangte sie in kürzester Zeit durch steigende Me-

---

42 | Vgl. hierzu Shooman 2011; Schneiders 2009, 418f; Beck-Gernsheim 2006, 36; 2007, 74ff.

43 | Dies kann auch unbestritten dem politischen Islam (Islamismus) zugeordnet werden. Diskriminierend sind diese Aussagen insofern, als hiermit jegliche muslimische Organisation dem Täuschungsvorwurf ausgesetzt ist, trotz Bekundung der Verfassungstreue dennoch (gewissermaßen im Verborgenen) fundamentalistisch-verfassungsfeindliche Ziele verfolgen zu wollen.

44 | Das Buch wurde explizit vom damaligen Innenminister, Otto Schily, im Rahmen einer Buchbesprechung im Magazin Der Spiegel persönlich gewürdigt (vgl. Der Spiegel 4/2005,59).

dienpräsenz, Einladungen zu vielen Fernseh-Talkshows und als Referentin bei Kongressen einen hohen Bekanntheitsgrad und ist seither als Expertin in der ihr zugewiesenen Rolle einer authentischen „Kronzeugin der Anklage" für Fragen zum Islam und zu Migrationsproblemen, insbesondere zum Thema Zwangsheirat, sehr gefragt (Beck-Gernsheim 2007, 79). Necla Kelek, die Hüttermann als „eine der prominentesten Kronzeuginnen der kulturalisierten Zuwanderungsgesellschaft unserer Tage" bezeichnet, hält Ayaan Hirsi Ali, Theo van Gogh und Leon de Winter für „Deichgrafen der Aufklärung" und sprach im Zusammenhang der Thesen Sarrazins von einem „Befreiungsschlag" (Hüttermann 2011, 53; Kelek, Frankfurter Allgemeine Zeitung, 30.08.2010). Aufgrund ihres Eintretens für die „Verbindung von westlichen Werten und islamischer Frömmigkeit/Religiosität" wurde ihr neben anderen hohen Auszeichnungen im November 2010 der Freiheitspreis der Friedrich-Naumann-Stiftung verliehen. Kelek war zudem bis zum 16.5.2007 Mitglied des Wissenschaftlichen Beirats der Giordano-Bruno-Stiftung, der neben anderen Aktivitäten auch für die Gründung der Organisation „Zentralrat der Ex-Muslime" verantwortlich war. Bezüglich ihrer Religionszugehörigkeit bekennt sie sich einerseits – besonders im Zusammenhang mit ihrer Rolle als gefragte Islamexpertin – als Muslima, um dies andererseits, darauf explizit angesprochen, mit der Begründung zurückzuweisen, sich keinesfalls „zu dieser Religion" bekennen zu wollen (vgl. Bahners 2011, 169).[45] Sie versteht sich nach eigenem Bekunden als „säkulare, aufgeklärte" Muslima, die allerdings im Unterschied zu denjenigen, die eine Moschee besuchen, ihren Glauben nicht praktiziere (vgl. Shooman 2010, 253).

Kritiker ihrer Thesen, mit denen sie beispielsweise ohne jeglichen Bezug zu gegenteiligen aktuellen Forschungsresultaten eine mehrheitliche Integrationsverweigerung „der in Deutschland lebenden Türken" konstatiert, tut Kelek als „Kulturrelativisten" ab, „die nichts mehr von arrangierten Ehen, von Ehrenmorden (...) und anderen Menschenrechtsverletzungen" hören wollen (Kelek 2006[b], 17, 277; 2007, 116). Nach Kelek liegt das Problem primär darin, dass alles, was anders sei, „bei vielen gutmeinenden Deutschen unter Naturschutz" stehe und „besonderer Obhut und Pflege" bedürfe, da „hierzulande jedwede Kritik an Ausländern sehr schnell als Diskriminierung, womöglich gar als Rassismus unter Verdacht steht" (Kelek 2006[b], 20). So hätten „die Deutschen" eine „panische Angst" davor, „Islamisten wegen ihrer Religion oder Herkunft zu diskriminieren". Lieber nehme man „deren Verletzung von Grundrechten billigend in Kauf" (Kelek 2006[b], 270).

Verantwortlich hierfür sei ein aus dem nationalsozialistischen Holocaust resultierendes „Schuldbewusstsein", das für die Deutschen offensichtlich wichtiger sei „als die Verteidigung der Verfassung", weshalb heute „jeder Ausländer" in Deutsch-

---

45 | Kelek äußerte dies anlässlich eines Fernsehgesprächs des Südwestrundfunks im Oktober 2010. Auf die Frage des früheren Intendanten, Peter Voß, ob sie sich als Muslimin bezeichne, lehnte sie dies mit der Bemerkung ab, dann müsse sie sich ja zu dieser Religion bekennen und diese praktizieren, was sie nicht tue. Wenn überhaupt, so Kelek weiter, gehöre sie lediglich zum islamischen Kulturkreis (vgl. Bahners 2011, 169).

land „seine Kultur, seine Religion" leben könne, wie er wolle (ebd., 270f).[46] Kelek befürchtet insofern in erster Linie eine zunehmende, von türkischen Migranten importierte Islamisierung in Deutschland und ein damit verbundener Niedergang der Moderne. So heißt es in ihrem Buch „Die fremde Braut":

„Seitdem eine verstärkte Islamisierung der türkischen Gesellschaft auch unter den Migranten in Deutschland zu beobachten ist, kommen die alten Traditionen und Bräuche, von denen man glaubte, sie seien durch Atatürks Reformen und durch die Moderne überwunden, wieder zur Anwendung. Die Tradition frisst die Moderne." (ebd., 57)

In ihrem Buch „Himmelreise – mein Streit mit den Wächtern des Islam" wendet sie sich massiv „nicht nur gegen die Islamisten, die mich schon mal in ihren anonymen Internetblogs verfluchen, sondern auch gegen diejenigen, die mir vorschreiben möchten, die Traditionen und Gebräuche der Religion, mit der ich aufgewachsen bin, nicht kritisch hinterfragen zu dürfen" (Kelek 2011, 14).

In dieser autobiographischen Literaturgattung der „Islamkritikerinnen"[47] resultieren die aus autobiographischen Erfahrungen[48] „gefühlten Fakten"[49], die repräsentativen Ansprüchen genügen sollen, größtenteils aus persönlichen Tagebuchaufzeichnungen. Nach Shooman zeigt sich hier ein typisches Grundmuster der dort biographisch gewonnenen Erkenntnisse mit universellem Wahrheitsanspruch:

„Das Verweben der autobiographischen Erfahrungen mit anderen Opfergeschichten ist ein Grundmuster des schriftstellerischen Werks der muslimischen ‚Islamkritikerinnen'" (Shooman 2011, 343)

---

46 | Auch für Serap Çileli resultiert die „Ängstlichkeit" der Deutschen aus deren empfundener „Erbschuld" aus der Zeit des Nationalsozialismus, die bis heute „Politik und Gesellschaft" lähme. Selbst für die Juristin Ateş ist in Deutschland „der Umgang mit Minderheiten" – insbesondere im Zusammenhang mit richterlicher Entscheidungen – „aufgrund der unbewältigten Vergangenheit" gestört, da dadurch „die Einstellung zum Zusammenleben von verschiedenen Religionen, Kulturen und Ethnien sehr unreflektiert ist" (Çileli 2010, 20; Ateş 2007, 201).

47 | Shooman weist hier darauf hin, dass der Begriff „IslamkritikerIn" in den aktuellen Islam-Debatten einerseits auf einen „emanzipativ konnotierten Begriff der Religionskritik" verweist und auch als „Abwehr des Rassismus-Vorwurfs" dienen soll (Shooman 2011, Anm.1, 331).

48 | Beck-Gernsheim spricht hier bezüglich Kelek von einer "bunt erzählte(n) Familiengeschichte" und persönlichen Beobachtungen, die prototypisch auf „die" türkischen Familien bezogen würden, was sie als „wissenschaftlich fragwürdig und damit fahrlässig" einschätzt (Beck-Gernsheim 2006, 37).

49 | So bekundet Çileli bezüglich einer „Benachteiligung türkischer Kinder im deutschen Bildungswesen", dass dies „meiner Meinung" nach „kaum mit ihrem Migrationshintergrund" zu tun habe, sondern „eher an der Bildungsfeindlichkeit der Eltern" liege (Çileli 2010, 125).

Wie ernst man das aus biographischer Erfahrungen gewonnene islamische „Fakten-wissen" mit überindividuell-repräsentativem Bedeutungsanspruch gegenüber „dem Islam" dennoch nimmt, zeigt sich immer wieder darin, dass deren rudimentär vor-handenes theologische „Fachwissen" in der Rolle so genannter „Erfahrungsexper-tinnen" nach wie vor in vielen TV-Talkshows bzw. Talkrunden neben anderen ex-plizit religionswissenschaftlich ausgewiesenen GesprächsteilnehmerInnen zum Thema Islam sehr gefragt ist.[50] So ist es auch nicht verwunderlich, dass sich selbst Ralph Giordano im Zusammenhang seiner massiven Argumentationen gegen re-präsentative Moscheebauten in Deutschland wesentlich auf Positionen seiner „Kronzeugin" Necla Kelek bezog, die generell von einem „nicht-integrierbaren Is-lam" ausgeht (vgl. Shooman 2011, 346). Für Hüttermann verweisen schon allein die „so einfach und glättend" formulierten Zeit- und Menschendiagnosen auf die Un-haltbarkeit ihrer Thesen hin, die in vielen Teilen, wie er betont, längst durch Er-kenntnisse von IslamforscherInnen widerlegt seien (vgl. Hüttermann 2011, 54).

Ein besonderes Paradoxon besteht hierbei darin, dass diejenigen, die vehement die Distanzierung zur fundamentalistischen Lesart des Korans einfordern, gleich-zeitig selbst nur eine solche Lesart des Koran als die eigentliche Botschaft gelten lassen, um damit belegen zu können, dass die Wurzel des Übels ausschließlich im Koran selbst zu suchen sei. Schriftkundige MuslimInnen, die belegen, dass die Einhaltung und Achtung der Menschenrechte nicht im Widerspruch zum Koran stehen, werden von dieser Seite als Taktiker denunziert.

Welche Bedeutsamkeit diese so genannten „islamkritischen" – im Grunde ethni-zistisch-kulturrassistischen – Positionen mittlerweile erfuhren, zeigte sich insbe-sondere auch darin, dass man selbst im Zuge der Zusammensetzung der ersten „Deutschen Islamkonferenz", die erstmals am 27. September 2006 tagte, nicht auf die Kenntnisse von „Islamkritikerinnen" wie Kelek verzichten wollte. Kelek trat dort neben den anderen Teilnehmern der Islamkonferenz als Sprachrohr bzw. „Ver-treterin" der, wie bereits erwähnt, „nicht-organisierten ‚säkularen' Muslime"[51] auf, die sich nach ihrem eigenen Verständnis gegenüber den Vertretern „orthodoxer" islamischer Verbände als aufgeklärte und integrationsbereite (Ex-)Muslime posi-tionieren (vgl. Shooman 2010, 252).[52]

---

50 | Vgl. Shooman 2011, 344f; Anm.40, 41, 345.

51 | Mit der Bezeichnung „nicht-organisierte säkulare Muslime", deren Interessen vertreten werden sollen, handelt sich um eine nicht näher präzisierte Bezeichnung, die ähnlich frag-würdig erscheint, als würde man die Vertretung der anonymen nicht-organisierten Gruppe der „Nicht-WählerInnen" beanspruchen, deren (Nicht-)Interessen ähnlich heterogen und unbekannt sind, wie die der nicht-organisierten säkularen (Nicht- oder Doch-)Muslime. Letzthin ist mit dem Attribut „säkular" in diesem Zusammenhang offenbar eine Vorstellung von „modern-westlich" orientierter Muslime assoziiert, die lediglich qua Geburt mit der muslimischen Kultur verbunden ist, ohne den Glauben zu praktizieren.

52 | Shooman zeigt in ihren Recherchen zu einschlägigen Pressemitteilungen zur Islam-konferenz, wie dort diesen Verbänden als so genannten „Scharia-Verbänden" verschie-

In dieser Rolle mit „Kronzeuginnen-Status" zeigten sie sich als besonders authentische islamkritische Stimmen der Minderheit und bedienten damit gleichzeitig einen latent wünschenswerten essentialistisch konnotierten Kulturvergleich, mit dem einer dämonisierten islamischen Kultur eine idealisierte westlich-christliche Kultur gegenübergestellt würde (vgl. Shooman 2010, 251). Nicht zuletzt deshalb avancierte Necla Kelek, wie Beck-Gernsheim betont, „zur viel gefragten Person für Interviews, Lesungen, Diskussionsforen, für Talk-Shows und Tagungen, zur authentischen Gewährsfrau rund um das Rahmenthema ‚Die Unterdrückung der türkischen Frau'" (Beck-Gernsheim 2006, 36).[53] Ihre öffentliche Präsenz und die vielen erhaltenen Ehrungen wirken angesichts menschenverachtender Äußerungen, wie dies am Sodomie-Vorwurf gegenüber muslimischen Männern zu sehen ist, mehr als befremdlich:

„Der muslimische Mann muss ständig der Sexualität nachgehen. Er muss sich entleeren, heißt es, und wenn er keine Frau findet, dann eben ein Tier... Das hat sich im Volk durchgesetzt, das ist Konsens." (Kelek in Forum am Freitag, 16.07.2010; vgl. auch Kelek in Stoldt, die Welt 14.01.2011)

Worin besteht dennoch die offensichtlich herausragende Bedeutung des Kronzeuginnenstatus betroffener Frauen? Shooman sieht hier folgenden Mechanismus am Werk:

„All diesen Frauen ist eine Sozialisation in muslimisch geprägten Milieus gemeinsam. Darüber hinaus teilen sie negative Erlebnisse und Erfahrungen, zumeist in ihrem eigenen familiären Umfeld, die sie in ihren öffentlichen Statements und Publikationen auf die ‚islamische Kultur' ihrer Herkunftsgesellschaften zurückführen, aus der sie sich befreit hätten. Mit ihrem Schicksal ‚bezeugen' sie eine in der Mehrheitsgesellschaft in Deutschland verbreitete Wahrnehmung, die in dem Topos der unterworfenen muslimischen Frau zum Ausdruck kommt, deren Pendant die emanzipierte Europäerin bildet. Dieses Narrativ reiht sich in einen gegenwärtigen Islam-Diskurs ein, der Europas freiheitlich-demokratischer Kultur und Tradition der Aufklärung einen nicht-integrierbaren, rückständigen, irrationalen und gewaltbereiten Islam gegenüberstellt." (Shooman 2011, 331f)

Diese demonstrativ gezeigte Haltung, wie wir sie bei den „Kronzeuginnen der Anklage" antreffen, für die Kelek exemplarisch steht, traf in Deutschland offensicht-

---

dentlich pauschal Demokratiefeindlichkeit und religiöser Fundamentalismus unterstellt wird. Demgegenüber positionieren sich einige der genannten Islamkritikerinnen, je nach erwünschter Argumentationsstrategie, als Teil der deutschen Mehrheitsgesellschaft, der bekennende MuslimInnen nicht angehören, oder als aufgeklärte, integrierte türkische Minderheit (vgl. Shooman 2010, 252).

53 | Beck-Gernsheim vergisst aber nicht, an dieser Stelle darauf hinzuweisen, dass mit der von ihr geübten Kritik an Kelek die Praxis der Zwangsheirat ein absolutes Unrecht bleibt, das unbedingt rechtlich zu verfolgen sei (vgl. Beck-Gernsheim 2006, 36).

lich auf einen fruchtbaren Boden, wie die heftigst geführten Diskussionen um das Kopftuch, Zwangsverheiratungen und Ehrenmorde, die im Zuge der Konstruktion eines Feindbildes Islam eine zentrale Rolle spielten, zeigten. Angesichts solcher Diskursverschränkungen konnten so im Zuge zunehmender „Kulturalisierung und Ethnisierung sozialer Konflikte" die eigentlichen Probleme im Integrationsdiskurs erfolgreich umgangen werden.

5.3.2 Offene Formen der Islamfeindlichkeit im Internet

Mittlerweile ist eine kaum zu überblickende Vielzahl von offen geäußerten islamfeindlichen Positionen im Internet zu finden. Sie finden sich u.a. in bekannten islamfeindlichen Internetforen wie *„Politically Incorrect"* (PI)[54] und Akte-Islam *(akte-islam.de)*, in denen eine Umkehrung der Täter-Opfer-Perspektive vollzogen und zu einem, wie es Gerhold nennt, *„Islam-bashing* für jedermann" eingeladen wird (Gerhold 2009, 231).[55] PI wurde im Jahre 2004 von einem Grundschullehrer, für den der Islam eine „Gewaltideologie" ist, mit dem Ziel gegründet, gegen „politische Korrektheit" zu demonstrieren, die sich seiner Meinung nach insbesondere in einer Schonung von Muslimen vor Gericht und in den Medien zeige. Mit der dezidierten Forderung nach weniger Political Correctness ist beabsichtigt, sich weniger an Presseratrichtlinien halten zu wollen, sondern verstärkt Nationalität bzw. Migrations- und Religionszugehörigkeit in den Mitteilungen zu markieren (vgl. Schiffer 2009[a], 343, 349). Nach Recherchen einer Tageszeitung vom September 2011 existieren mittlerweile in 50 deutschen Städten, aber auch in Österreich, der Schweiz und Tschechien PI-Gruppen, die sich regelmäßig konspirativ treffen, um Strategien zur Beeinflussung der Öffentlichkeiten zu entwickeln, etwa die Störung von Diskussionsrunden über den Islam, gezielte Verunglimpfung von „Gutmenschen" oder die Versendung von „Hassmails" an vermeintlich linke Meinungsmacher. Was den Blog selbst betrifft, ist eine der mildesten Äußerungsvariante, eingebürgerte bzw. in Deutschland geborene Menschen muslimischen Glaubens lediglich als „Passdeutsche" zu bezeichnen, mit der Begründung: „Eine Kuh, die im Pferdestall geboren wurde, bleibt eine Kuh". (vgl. Schindler, Frankfurter Rundschau, 17.06.2011, 21). Darüber hinaus lässt es der Führungszirkel von PI zu, dass dort Muslime nicht nur als „Gesindel, Abschaum und Türkendreck" beschimpft werden dürfen, sondern selbst zum „bewaffneten Kampf gegen den Islam" aufgerufen werden darf, was insbesondere angesichts des islamfeindlich motivierten Massenmordes in Norwegen 2011 mehr als nachdenklich machen muss.[56] Der Begründer von PI pflegt

---

54 | Die PI-Website ist einsehbar unter http://www.pi-news.net.

55 | Eine umfassende Liste weiterer islamfeindlicher Weblogs liefert Schiffer (2009[a], 341ff).

56 | Die in einem Dresdener Gericht erstochene schwangere Ägypterin Marwa el-Sherbini wurde auf PI als „Kopftuchschlampe" verhöhnt, mit deren Ermordung zusätzlich ein Moslem („im Bauch") weniger wurde (vgl. Schindler, Frankfurter Rundschau, 17.06.2011, 21).

offenbar nicht nur engste Kontakte zu deutschen wie europäischen und außereuropäischen rechtspopulistischen Kreisen, sondern auch, wie einem weiteren Zeitungsartikel zu entnehmen ist, zu einigen deutschen demokratischen Parteien und einigen ihrer Spitzenpolitikern, die sich offenbar die „Strahlkraft" des Blogs nicht entgehen lassen wollen, so der Kommentar der Tageszeitung (vgl. Geyer/Schindler, Frankfurter Rundschau, 14.09.2011, 19).

PI zählt mittlerweile – u.a. als Plattform und Prototyp der „Neuen Rechten", die sich bewusst vom Neo-Nazismus abgrenzt – zum größten deutschsprachigen islamfeindlichen Blog, der nach eigenen Angaben täglich von 20.000 – an Spitzentagen bis zu 60.000 Besuchern frequentiert wird, wie der Statistik der Website zu entnehmen ist.[57] PI kultiviert einen extremen anti-muslimischen Rassismus, der mit seinen biologistischen Konnotationen sehr stark an die rassistisch-nationalsozialistischen Typisierungen der Juden erinnert.[58] Durch eine dezidiert israelfreundliche Position versucht man sich vorab vom Vorwurf rassistischer Gesinnung freizusprechen und lediglich die Verteidigung westlicher Werte im Auge zu haben. Indem dort Begriffe wie „Islamofaschismus" gebraucht werden, soll nicht nur im assoziativen Vergleich mit nationalsozialistischen Opfern eine Umkehr der Täter-Opfer-Verhältnisses vollzogen, sondern der Islam als Ganzes als totalitäre Ideologie in die Nähe des Nationalsozialismus gerückt werden. Hinzu kommen verschwörungstheoretische Visionen eines so genannten islamistischen „Geburtenjihads", um vor einer „schleichenden Islamisierung" durch eine erhöhte Geburtenrate zu warnen.[59] In entsprechenden Gesprächsforen werden Argumente und Handlungsanleitung zur Diskriminierung ausgetauscht und Tipps gegeben, wie man sich der Muslime entledigen kann.[60] In solchen oder ähnlichen Foren bekräftigt man sich darin, dass gegen die schleichende Islamisierung und der da-

---

57 | Vgl. hierzu auch Shooman 2009, 72.

58 | So heißt es dort: „Absolut kein Taktgefühl, all die Muselköpfe. (...) Wenn man merkt, (...) wie unbeliebt und ungern gesehen man hier als Musel ist, sollte man sich eigentlich freiwillig zum Teufel scheren. Aber Ignoranz gehört nun einmal auch zu den vielen *angeborenen*, unangenehmen Eigenschaften, die diese Musels an sich haben" (zitiert in Shooman 2009, 79).

59 | Der bereits weiter oben zitierte ehemalige Berliner Finanzsenator und Bundesbankpräsident, Thilo Sarrazin, äußerte sich im Oktober 2009 anlässlich eines Interviews mit der Kulturzeitschrift „Lettre International" ganz in diesem Sinne mit folgenden Worten: „Die Türken erobern Deutschland genauso, wie die Kosovaren den Kosovo erobert haben: durch eine höhere Geburtenrate" (vgl. Sarrazin, in Lettre International, September 2009, 199).

60 | Beispiele hierfür sind Textbeiträge wie: „Ich habe eine Bar erlebt, wie ein Wirt das ganz einfach geregelt hat. Der bediente die einfach nicht. Punkt. Die konnten rufen so viel zu wollten, es wurde einfach nicht bedient. Nach einer knappen Stunde sind sie losgetrippelt und kamen nie wieder" (zitiert nach Shooman 2009, 83).

mit verbundenen Vernichtung der europäischen Kultur unbedingt etwas unternommen werden muss.[61]

Einen vorläufigen Höhepunkt bilden die im November 2011 auf PI eingestellten Äußerungen eines ehemaligen Sprechers der Münchner CSU, der dort ein „Thesenpapier gegen die Islamisierung" veröffentlichte, in dem er empfahl, den Koran, den er mit Hitlers „Mein Kampf" verglich, per Volksentscheid zu verbieten und alle Muslime vor die Alternative zu stellen: „Abschwören oder Abreisen". Inzwischen hat er die Abschiebung sämtlicher Muslime gefordert, weswegen gegen ihn ein Ermittlungsverfahren wegen Volksverhetzung eingeleitet wurde (vgl. Schindler, Berliner Zeitung 01.11.2011) Zu nennen ist in diesem Zusammenhang auch der mit PI in Verbindung stehende Online Pranger *Nürnberg 2.0*, in dem „Anklageschriften" gegen so genannte „Linksfaschisten" und „Islam-Freunde" zu finden sind, die, versehen mit Foto, Steckbrief und teils mit Privatadresse, ins Netz gestellt werden, um diese u.a. „wegen Hochverrat am Deutschen Volk" nach dem Vorbild der Nürnberger Kriegsverbrecherprozesse zu gegebener Zeit aburteilen zu können.[62] In solchen Weblogs werden Deutsche und Europäer als Opfer der muslimischen Minderheiten gesehen, wie dies u.a. auch „Die grüne Pest" *(die-gruene-pest.com)* als „Diskussionsforum gegen die Islamisierung Europas" bzw. als „Islamkritisches Forum gegen den politisch korrekten Mainstream" propagiert. Zum Beleg dieser Zuschreibungen wird die virtuelle Welt nach Fehlverhalten von Muslimen durchforstet und akribisch dokumentiert.

Für den Historiker und ehemaligen Direktor des Berliner Zentrums für Antisemitismusforschung, Wolfgang Benz, ist der Internetblog PI „eine rassistische Organisation mit hoher Mobilisierungsfähigkeit", deren publizierte Hetztiraden für ihn den Tatbestand der Volksverhetzung erfüllten, was nach seiner Ansicht in den Aufgabenbereich des deutschen Verfassungsschutzes fällt, der es allerdings bisher abgelehnte, hier tätig zu werden.[63] Inzwischen rückt PI unter dem Eindruck, dass sich der Internetblog im Zuge der Ermittlungen zum rechten Terror immer offener zur NPD bekennt und Berliner PI-Mitglieder mittlerweile vom bewaffneten Kampf

---

61 | So lautet ein Textbeitrag: „Die letzte Rettung wäre, Europa islamfrei und moslemfrei zu kriegen. Das ist die einzige Chance für unser Leben. Ansonsten ist bald alles verloren, alles, was wir aufgebaut haben, fressen dann die Moslems. Ein kluger Anfang wäre, keine Sozialleistungen mehr an sie [zu zahlen] und die Religionsfreiheit für den Islam so zu beschneiden, das es ihnen vergeht hier zu bleiben" (zitiert nach Shooman 2009, 83).

62 | So wurden nach diesem Muster bereits „24 Angeklagte" zum Tode verurteilt, wie dort nachzulesen war. Selbst BKA-Chef Zierke erhielt nach seiner massiven Kritik an PI eine *Nürnberg 2* Akte (vgl. Geyer, Frankfurter Rundschau, 4.1.2012, 2f).

63 | Nachdem sich die Verfassungsschutzbehörden durch die vielen Presseberichte im September 2011, die PI als Teil eines islamfeindlichen Netzwerkes mit intensivem Kontakt zu organisierten Rechtsextremen entlarvten, veranlasst sahen, PI näher unter Beobachtung zu nehmen, drohte dieser mittels eines offenen Briefes unverhohlen mit Konsequenzen: „Sollte der Staatsschutz nun aber auch bei uns anklopfen, wird eine rote Linie überschritten." (Geyer/ Schindler, Frankfurter Rundschau, 29.9.2011,1).

sprechen und auch den Holocaust relativieren, verstärkt ins „Visier der Behörden", wie Presseberichten zu Beginn des Jahres 2012 zu entnehmen ist (vgl. Geyer, Frankfurter Rundschau, 04.01.2012). All dies zeigt, dass solche Websites längst nicht mehr als zu vernachlässigende Erscheinungen des extremen rechten politischen Spektrums verharmlost werden können.

5.3.3 Islamfeindlichkeit und zivilgesellschaftliches Engagement

Längst hat sich vor allem in rechtskonservativen Kreisen die Angst vor einer „schleichenden Islamisierung" breit gemacht, die zunehmend mit dem Hinweis auf unterschiedliche Geburtenraten von Muslimen und Nicht-Muslimen geschürt wird (vgl. Bielefeldt 2009, 169).[64] Dies wird deutlich, wenn man sich die rechtspopulistischen Pro- und Bürgerinitiativen näher anschaut, die sich in deutschen Städten in den letzten Jahren gegründet haben. So präsentierte sich die „Bürgerbewegung pro NRW" – eine aus der extremen Rechten heraus gegründete rechtspopulistische Partei – als Partei des kleinen Mannes, die „Politik für Normalbürger, nicht für Randgruppen" machen möchte. Ein weiteres typisches Beispiel von *pro*-Gründungen ist der 1996 gegründete Verein „Bürgerbewegung pro Köln", der ein lokaler Ableger der später aufgelösten extrem rechten Partei „Deutsche Liga für Volk und Heimat" ist, die in Köln als **DLVH** mit aggressiv rassistischer Hetze gegen eine „multikriminelle Gesellschaft" auf sich aufmerksam machte und u.a. im Jahre 1993 mit der Auslobung einer Belohnung in Höhe von 1.000 DM für Hinweise zur Ergreifung einer versteckt lebenden Asylbewerberin bundesweit in die Schlagzeilen geriet. Nach dem Scheitern bei den Kommunalwahlen 1999 und auf der Suche nach neuen Wegen orientierten sich die lokalen Führungskräfte der DLVH zunehmend auf „pro Köln". Seither präsentiert sich „pro Köln" als eine Organisation, die sich, so die Selbstauskunft, „undogmatisch, überparteilich und ohne Tabus" für kommunale und gesamtgesellschaftliche Belange engagiere.[65] Trotz unverhohlener politischer Selbstverortung im extremen rechten

---

64 | Bielefeldt weist in diesem Zusammenhang auch darauf hin, dass sich hinter manchen ablehnenden Äußerungen über den Islam „eine eher ,links' intonierte Kritik" verberge, die generell jeder Religion mit äußerster Skepsis begegne (vgl. Bielefeldt 2009, 169).

65 | Im Jahre 2005 gründeten Mitglieder von „Pro-Köln" die „Bürgerbewegung Pro-Deutschland", um, wie es dort hieß, „,demokratischen Patrioten überall in Deutschland' die Möglichkeit zu geben, in ihren Regionen aktiv zu werden" und diese „in einem Wahlgebiet dauerhaft an pro Deutschland zu binden" (Baumgärtner 2011, 23). Weitere Pro-Gründungen mit ähnlicher Zielrichtung sind Bürgerinitiativen wie „Pro-München" und „Pro-Frankfurt", an deren Versammlungen immer wieder auch Spitzenpolitiker von etablierten Parteien als Hauptredner mit entsprechenden populistischen Inhalten teilnehmen (vgl. Maier, Süddeutsche Zeitung, 25.1.2008, 15). Eine andere, ebenfalls rechtspopulistische Bürgerinitiative mit der Bezeichnung „Bürgerbewegung Pax-Europa" (BPE), die sich insbesondere gegen Moschee-Neubauten engagiert, entstand im Jahre 2008. Anfang September 2010 wurde die rechtspopulistische Partei „Die Freiheit"- Partei für mehr Freiheit und

Spektrum gelang „pro Köln" bei den nordrhein-westfälischen Kommunalwahlen 2004 ein Wahlerfolg von 4,7%, der ihnen vier Mandate im Kölner Stadtrat einbrachte (vgl. Peters 2008, 25ff). Die Schwerpunktthemen von „pro Köln" sind seither Agitationen gegen „Moscheebauprojekte" und gegen eine „schleichende Islamisierung", da offenbar die Parteistrategen dieser „Anti-Islam-Partei" hier die größten Möglichkeiten sehen, ein größeres Wählerpotenzial anzusprechen, wie der Vorsitzender von „pro Köln", Markus Beisicht, in einem Interview in der NPD-Zeitung „Deutsche Stimme" dies mit folgenden Worten bekräftigte:

„Uns geht es in erster Linie um die Großmoschee als Symbol der Überfremdung, der Parallelgesellschaft und der türkischen Masseneinwanderung. ...Solche politischen Steilvorlagen nicht zu nutzen ..., ist Verrat an der einheimischen Bevölkerung." (zitiert in: Peters 2008, 26)

Wie die Beispiele der „Pro-Initiativen" zeigen, gelangen offenbar durch diese Art des zivilgesellschaftlichen Engagements rechtspopulistische Gruppierungen vermehrt in die Mitte der Gesellschaft, so dass das zivilgesellschaftliche Engagement durch diese „dunkle Seite der Zivilgesellschaft", so Gebhardt, seine positive Konnotation verliert (Gebhardt 2008,77). Mit der offensiv gewählten Selbstbezeichnung „rechtspopulistisch" (in bewusster Abgrenzung zu „rechtsextremistisch") positionieren sich diese Gruppierungen gemäß ihres Selbstverständnisses als „nonkonforme, politisch unkorrekte" moderne rechte Kraft innerhalb des bestehenden Parteiengefüges, um sich so als demokratisch geläuterte bzw. moderatere Variante des Rechtsextremismus darzustellen. Häusler sieht hier „Kulturalismus als Modernisierungsticket der extremen Rechten", wobei der Slogan einer „schleichenden Islamisierung" mit attestierter zunehmender „Deutschfeindlichkeit"[66] den Weg von

---

Demokratie" von ehemaligen CDU-Mitgliedern mit dem Ziel gegründet, mit den Themen „Zuwanderung und Integration" anlässlich der Berliner Abgeordnetenwahlen im Jahre 2011 in Berlin anzutreten, die für sie allerdings erfolglos verlief (vgl. Baumgärtner 2011[b], 32ff). Inhaltlich eingebettet sind die rechtspopulistischen Gruppierungen in Deutschland im europäischen Kontext mit anderen Parteien und Initiativen, mit denen gegen Einwanderung von Muslimen und Moscheebauten agitiert wird wie seitens der LEGA NORD Italiens, der FPÖ bzw. BZÖ in Österreich, der rechtspopulistischen „Dänischen Volkspartei", mit dem antiislamischen Rechtspopulismus in Holland und der „Schweizer Volkspartei" (SVP), die in der Schweiz eine Volksinitiative zur Aufnahme eines Minarettverbots in die helvetische Verfassung startete (vgl. Häusler 2008[b], 158f).

66 | Der Begriff einer so genannten „Deutschfeindlichkeit" unter MuslimInnen wurde, u.a. angeregt durch die genannte KFN-Studie, zunehmend durch Medienberichte in öffentlichen Debatten beklagt und später, im Oktober 2010, wie bereits erwähnt, von der Familienministerin, Kristina Schröder (CDU), aufgegriffen, die dies als Problem in der Öffentlichkeit und an Schulen ansah, die mehrheitlich von Kindern mit Migrationshintergrund besucht werden. Sie beklagte dies als systematisches Mobbing gegen Deutsche, was als geäußerter offener Rassismus so nicht hinnehmbar sei (vgl. Shoohan 2011[b], 45).

„Rechtsaußen in die politische Mitte" zu weisen scheint (vgl. Sager/Peters 2008[b], 115; Butterwegge 2011, 8; Häusler 2011, 17; Shooman 2011[b]).[67] Dies zeigt auch, dass zivilgesellschaftliches Engagement nicht immer der Ort ist, an dem um Rechtsstaatlichkeit und Demokratie gerungen wird. Gebhardt schlägt deshalb vor, das gängige Bild der Zivilgesellschaft als quasi-idyllischem Ort demokratischen Engagements zu dekonstruieren und dem ein Verständnis von Zivilgesellschaft als prekärem Konfliktfeld entgegenzustellen. Dies ermögliche es, so Gebhardt weiter, den Blick auf die dunkle Seite der Zivilgesellschaft zu richten, um dort den Rechtsextremismus erfolgreich bekämpfen zu können (vgl. Gebhardt 2008, 76ff). Nach Priester besteht eines der Grundprobleme dieser rechtspopulistischen Entwicklungen darin, dass der Rechtskonservatismus in Deutschland keinen eigenen Ort mehr in der politischen Parteienlandschaft – insbesondere innerhalb der großen Volksparteien – findet und sich auch nicht im rechtsextremen politischen Spektrum aufgehoben fühlt, weshalb sich ein Teil des konservativen Bürgerblocks alternativ dem ideologisch weniger gefestigten und weniger offen nationalsozialistisch orientierten Rechtspopulismus zuwende (vgl. Priester 2008, 15ff). Ziel solcher Bewegungen ist es offenbar, das Image verfassungsfeindlicher Parteien abzustreifen und sich lokalpatriotisch zu geben, wobei die Themen je nach Aktualität variieren können. Letzthin befördert ein solcher Rechtspopulismus mit demagogischer „Agitationstechnik" eine „Ethnisierung des Sozialen", die Butterwegge wie folgt beschreibt:

„Je mehr die ökonomische Konkurrenz im Rahmen der ‚Standortsicherung' verschärft wird, umso leichter lässt sich die kulturelle Differenz zwischen Menschen unterschiedlichster Herkunft aufladen und als Ab- bzw. Ausgrenzungskriterium gegenüber Mitbewerber(innen) um soziale Transferleistungen instrumentalisieren. Ein ‚nationaler Wettbewerbsstaat' (Joachim Hirsch), der kein herkömmlicher Wohlfahrtsaat mehr sein möchte, bereitet Ethnisierungsprozessen den Boden. Diese haben zwei Seiten: Neben einer Stigmatisierung ‚der Anderen' bewirken sie eine stärkere Konturierung ‚des Eigenen' bzw. die Konstituierung einer nationalen bzw. ‚Volksgemeinschaft', mit der viel weiter reichende Ziele verfolgt werden." (Butterwegge 2011, 10)

Die beschriebenen Ressentiments gegenüber dem Islam begannen bereits seit der iranischen Revolution im Jahre 1979 anzuwachsen, während dessen die Mullahs die Macht übernahmen und 1989 gegen den Schriftsteller Salman Rushdie eine Todes-

---

67 | Butterwegge sieht im „Rechtspopulismus", dem die klassische parteiförmige Rechte das Feld wohl nicht kampflos überlassen möchte, eine „Agitationstechnik", mit der er inhaltlich vier Grundvarianten unterscheidet, wovon die dritte – die für uns wesentlichste Variante – als „Ethnisierung des Sozialen" bezeichnet (vgl. Butterwegge 2011, 10; vgl. Sager/Peters 2008[b], 115). Was den Rechtspopulismus als neue politische Kraft angeht, ist dieser offensichtlich – in Distanzierung zu nationalsozialistischen Positionen – bestrebt, sich zwischen der extremen und konservativen Rechten zu positionieren und sich dort durch kulturrassistische Positionen gegenüber dem Islam zu profilieren (vgl. Häusler 2011, 17ff).

Fatwā verhängten (vgl. Seidel 2003, 261). Bereits da glaubte man im Islam eine weltumspannende Gefahr einer islamistisch-fundamentalistischen Bedrohung der westlichen Hemisphäre zu erkennen. Damit wurde der Krieg gegen diese heraufziehende Bedrohung gewissermaßen zur Schicksalsfrage des säkularen Westens erhoben. Neben der impliziten Rolle dieses Feindbildes als konstitutives Element christlich-europäischer Identität kam es mit einer gegen die „Achse des Guten" gerichteten „Achse des Bösen" im Grunde zur Neuauflage eines manichäischen Weltbildes, wie es in Zeiten des „Kalten Krieges" zwischen den unversöhnlichen Machtblöcken von Kapitalismus und Kommunismus ideologisch-politisch bestand. Die Terroranschläge mit islamistischem Hintergrund verstärkten diese Feindbilder und führten dazu, dass im öffentlichen Bewusstsein kaum zwischen radikal-islamistischen Gruppierungen und dem Islam als Religion unterschieden wurde.

Leibold und Kühnel gehen im Rückblick auf ihre Untersuchungsresultate jedoch davon aus, „daß weniger Terroranschläge das Klima besonders verschärfen werden, sondern ungelöste und unthematisierte (Alltags-)Konflikte im sozialen Nahraum" (Leibold/Kühnel 2003, 114). Gemeint sind hier wohl Bereiche wie das Tragen des Kopftuches, womit man, wie gezeigt, die mühsam erarbeiteten emanzipatorischen Errungenschaften bedroht sieht: das Recht auf Schächten von Tieren; Konflikte im Rahmen schulischer Institutionen, wie die bereits genannte Befreiung von Mädchen vom koedukativen Sexualkunde- und Sportunterricht; die Forderung nach islamischem Religionsunterricht; aber auch der Streit um potenzielle und realisierte Moscheebauten[68] und die daraus erwachsene „Umgestaltung des öffentlichen Raumes auch mit muslimischen Symbolen" (vgl. Bielefeldt 2009, 168ff; Leibold/Kühnel 2003, 114).

Wesentliche Gründe für die genannten Konflikte im sozialen Nahraum ist die Tatsache, dass der Islam inzwischen in Deutschland nicht mehr wegzudenken ist und der mit der in den 1950er Jahren durchgeführten Anwerbung von Arbeitsmigranten mit „Gastarbeiter-Status" verbundene Wunsch, diese würden nach „getaner Arbeit" wieder in ihr Ursprungsland zurückkehren und ihren Glauben dorthin mitnehmen, sich nicht erfüllt hat. Ein großer Teil der Einwanderer und ihrer Nachkommen wurde inzwischen – u.a. qua Geburt – „deutsche MuslimInnen". Wir finden hier also bestätigt, worauf an anderer Stelle bereits hingewiesen wurde: die Tendenz zur Kulturalisierung bzw. Ethnisierung ausgegrenzter Gruppen. Damit wird das als bedrohlich erlebte Fremde im Zuge der Vereinheitlichung und Simplifizierung als „Fremdkultur" mit eigenen Normen und Regeln bestimmt, die, versehen mit entsprechenden stereotypen Mustern, der Mehrheitsgesellschaft „eigentümlich" bis gefährlich gegenüberstehen soll.

---

68 | Das wohl bekannteste Beispiel hierzu sind die öffentlichen Reaktionen auf den geplanten Moscheebau in Köln im Jahre 2008 und die Reaktionen des „Zentralrats der Ex-Muslime", bzw. die des Publizisten Ralph Giordano, der nicht die Migration an sich, sondern den Islam als Ganzes als das eigentliche Problem bezeichnete (vgl. Königseder 2009, 28).

6. Schlussbemerkungen

Der Nachfolger des ehemaligen Bundespräsidenten Christian Wulf, Joachim Gauck, distanzierte sich von der Position seines Amtsvorgängers, mit der dieser anlässlich seiner Antrittsrede hervorhob, der Islam gehöre inzwischen, wie das Christentum und das Judentum, auch zu Deutschland. Für den ehemaligen Pfarrer Joachim Gauck, der diesen Satz nach eigenem Bekunden so nicht übernommen hätte, gehört nicht der Islam zu Deutschland, sondern lediglich die Muslime, die hier leben (vgl. Zeit-Online, 31.05.2012). So habe er absolutes Verständnis für diejenigen, die fragten: „Wo hat denn der Islam dieses Europa geprägt, hat er die Aufklärung erlebt, gar eine Reformation?" (vgl. Schmale, Frankfurter Rundschau, 1.6.2012, 6).[1]

Als Eingewanderte wird MuslimInnen demnach mittlerweile zwar ihre Zugehörigkeit zu Deutschland zugestanden, aber ihr Glauben als eine gleichberechtigte, selbstverständlich gelebte Religion neben anderen wird im wörtlichen Sinne von „Toleranz" (*„tolerare"*) im Grunde lediglich ertragen, erduldet und ausgehalten.[2] Insofern ist der Islam die in die Diaspora importierte fremde Religion geblieben, die in Person des einstmals eingeladenen Gast-Arbeiters das Eigene betrat, um sich schließlich wider Erwarten als „der Fremde, der kam und blieb" auf Dauer dort einzurichten. Als Religion in der Fremde war diese so lange kein großes Problem, so lange sie in ihrem Anders-Sein erkenn- und typisierbar blieb und im dialektischen Sinne als Grenzmarkierung und Konstituierungsmerkmal zwischen Fremdem und Eigenem dienlich war. Indem sich der zunächst wenig beachtete Islam aber im Zuge der Globalisierung und Migrationsbewegungen sukzessive aus seinen Kernstaaten zu lösen begann, um sich mit der einsetzenden Bleibegewissheit in der Diaspora häuslich einzurichten wurde die orientalistisch faszinierte fremde Lebensweise der Ferne zum „Fremden im Innern", das die imaginierte „Leitkultur-Idee" zu bedrohen begann.

---

1 | Vgl. auch Hebel, Frankfurter Rundschau, 04.06.2012.

2 | Für die US-amerikanische Philosophin Martha Nussbaum steckt hinter dem Begriff der Toleranz eine „herablassende Weltsicht", die sich dahingehend äußere, „als ob die eine Gruppe von Menschen eine andere gnädigerweise in ihrer Art zu leben gewähren lässt, sie aber auch jederzeit daran hindern könne". Sie fordert stattdessen „Respekt unter Gleichen". (Interview in Frankfurter Rundschau, 13.7.2012, 30f).

Als Teil der Familie der „Unentscheidbaren", bzw. als dem Ambivalenz anhaftenden „Dritten" verstößt dieser Fremde im Eigenen, verkörpert durch die zweite Generation der MigrantInnen, gegen die im Ordnungssystem der Moderne implizierte Plausibilität der Freund-Feind-Dichotomie, wie mit Zygmunt Bauman gezeigt werden konnte. Das Hauptvergehen des Fremden besteht demnach darin, dass er ungebeten in die vertraute Lebenswelt eingetreten ist, sich gewissermaßen „weigert" wegzugehen und darüber hinaus das Recht für sich beansprucht, Objekt von Verantwortung zu sein, was nur „dem Eigenen" vorbehalten ist (vgl. Cakir 2008, 66). Die zunehmend als feindlich erlebte Gegenwart des Fremden, beförderte – eben, weil er blieb und nicht vereinbarungsgemäß das Eigene verließ – sukzessive die Bereitstellung exkludierender Maßnahmen. Und dies umso mehr angesichts der Tatsache, dass sich die Unterschiede zwischen dem Fremden und dem Eigenen zunehmend nivellieren, wie sich dies am Beispiel der zweiten Migrantengeneration im Zuge der Angleichung von beruflichen Qualifikationen und entsprechend veränderter habitueller Eigenarten abzeichnet.

Als präventive Maßnahme gegen einen solchen Annäherungsprozess scheinen stets neue grenzmarkierende Elemente (Kopftuch, Praxis des Schächtens, rituelle Beschneidungspraxis etc.) aufgespürt zu werden, um weiterhin ethnisch-kulturelle Unvereinbarkeiten mit der eigenen Leitkultur hervorzuheben und entsprechende, darauf bezogene Ausgrenzungsmechanismen moralisch und rechtlich zu rechtfertigen. Dieses grenzsichernde Bemühen setzt stets dann mit besonderer Vehemenz ein, wenn das Eigene einem größeren Bedrohungspotenzial ausgesetzt zu sein scheint, wie die aufflammende Leitkultur-Debatte zeigt.[3]

Andererseits sind moderne Nationalstaaten vor die Aufgabe gestellt, darauf achten zu müssen, dass die exkludierenden Mechanismen nicht im Widerspruch zu demokratischen und global eingeforderten humanitären Menschenrechtsansprüchen stehen. Dies stellt demokratische Nationalstaaten vor die schwierige Aufgabe, einerseits die orientierungs- bzw. identitätssichernde Ordnung herstellen zu wollen und andererseits im Zuge dieser Bestrebungen nicht gegen universalistische Prinzipien des globalen transnationalen Menschenrechtsdiskurses zu verstoßen. Eine offen postulierte Forderung nach vollständiger Assimilierung um der Bewahrung und Stabilisierung der eigenen (christlich-abendländischen) Leitkultur willen widerspräche nicht nur dem Grundsatz der universalen Menschenrechte, sondern auch der allenthalben geforderten „Integration", mit der, sofern redlich gemeint, das Einbringen kultureller und religiöser Werte von Minderheiten in das Eigene angesprochen ist. Ein in diesem Wortsinne erfolgreicher Integrationsprozess würde jedoch die Uneindeutigkeiten zwischen Eigenem und Fremden befördern und sukzessive zur Auflösung identitätssichernder Grenzen zwischen „uns und denen da" führen,

---

3 | In diesem Zusammenhang sind möglicherweise auch die im Rahmen der Fußball-Euro-meisterschaft 2012 diskutierten Bestrebungen zu sehen, die Mitglieder der Fußballnationalmannschaft – eine im Grunde multiethnisch zusammengesetzte Gruppe junger Männer – zum Mitsingen der deutschen Nationalhymne zu verpflichten.

zu deren Aufrechterhaltung der Fremde als funktionales Äquivalent zum Eigenen benötig wird.. Insofern kann man sich des Eindrucks nicht erwehren, dass sich hinter dem formulierten Wunsch nach Integration im Grunde ein latentes Assimilierungsbedürfnis verbirgt.

Aus der Perspektive des Fremden bedeutet dies, dass sich dieser in einem kaum auflösbaren Dilemma befindet. So sieht er sich einerseits einem permanenten „Assimilationsdruck" ausgesetzt, ohne diesem andererseits – sowohl aus eigenem Interesse bei potenziellem Verlust identifikatorischer Lebensgewissheiten als auch auf dem Hintergrund latent erwünschter grenzsichernden Markierungsfunktionen – letzthin nachgeben zu dürfen.

Bezüglich der Situation von MuslimInnen bedeutet dies, dass offenbar nur derjenige Immigrant muslimischen Glaubens erwünscht ist und relativ unverdächtig bleibt, der seinen Glauben als bekennender „türkischer" Muslim abseits des öffentlichen Blicks in den Hinterhof-Moscheen ausübt, um somit weiterhin als erkenn- und definierbarer Nicht-Deutscher im Bilde des zu „vergegnenden Niemand" das Andere des Eigenen zu gewährleisten.

Indem „der Türke" sich jedoch zunehmend als deutscher Staatsbürger mit damit verbundenen Rechten und Pflichten begreift und sich dabei lediglich in seiner Religionszugehörigkeit von der Mehrheitsgesellschaft unterscheidet, scheint er nicht nur die „Multi-Kulti-Skeptiker" zu provozieren, die dadurch die eigenen ethnisch-kulturellen Werte und ihre Dominanzansprüche bedroht sehen, sondern auch einen Konflikt zwischen den privilegierten zugewanderten „Platzanweisern" und den bildungsbeflissenen Nachkommen der bäuerlich-traditionell geprägten ersten Generation zu befördern.

Angesichts all dieser kontrovers geführten Auseinandersetzungen drängt sich der Eindruck auf, dass es hier nur vordergründig um Religion zu gehen scheint, die im Rahmen der Konstitutionsprinzipien moderner Gesellschaften lediglich der individuellen Privatsphäre zuzuordnen ist. Es scheint vielmehr, dass hier das im Grunde nicht ausschlaggebende religiöse Moment angesichts sich verschiebender Macht- bzw. Anerkennungskämpfe und einer verschärften sozial-ökonomischen Situation populistisch instrumentalisiert wird, um scheinbare ethnisch-kulturelle Unvereinbarkeiten zwischen Menschen unterschiedlichster Herkunft und Welterfassung zu suggerieren. Diese Konstruktion ist offenbar dabei hilfreich, die eigentlichen dahinterliegenden Probleme und Ursachen nicht näher in den Blick nehmen zu müssen.

Insofern war es ein zentrales Anliegen der vorliegenden Untersuchung, den möglichen Entstehungshintergründen von Feindbildern, Rassismen und islamfeindlichen Haltungen in ihren unterschiedlichen Ausprägungen in Deutschland aus differenztheoretischer Sicht auf den Grund zu gehen.

So konnte im Zuge einer näheren Analyse und Dekonstruktion des Rasse-Diskurses gezeigt werden, dass neben den konstruierten Momenten phänotypischer Unterscheidungsmerkmale und Typisierungen eines biologisch-wissenschaftlichen Rassismus erst die damit verbundenen Bedeutungskonstitutionen als wesentliches (ideologisches) Moment des Rassismus anzusehen sind. Im Sinne einer Ideologie der Ungleichwertigkeit werden diese dann zur Begründung für Aus- und Einschließungspraktiken von Menschengruppen und zur Durchsetzung von Machtinteressen herangezogen. Dieser ideologische Mechanismus zeigt sich ebenso deutlich im Kleide des differenzialistischen „Neo-Rassismus", der mit dem Verweis auf kategoriale kulturelle wie ethnische Unterschiede von Menschengruppen die Unvereinbarkeit der Lebensweisen unterschiedlicher Kulturen und Ethnien propagiert. Die Besonderheit dieses „verkleideten Rassismus" besteht einerseits darin, in scheinhumanitärer Absicht – d.h. in scheinbarer Distanzierung zu biologistischen Positionen des wissenschaftlichen Rassismus – die „Anerkennung der Unterschiedlichkeit" und die „Gleichwertigkeit der Kulturen" zu betonen. Andererseits wird mit dieser Argumentation „mixophobisch" vor jeglicher Kulturvermischung bzw. einer potenziellen Auflösung kultureller Distanzen gewarnt.

Im Prinzip ist, wie zu zeigen war, die Ethnisierung der islamischen Religion u.a. auch in dieser Denktradition begründet. War es in den 1970er und 1980er Jahren primär „der Türke", der seine Töchter unterdrückte und die Söhne zu Paschas erzog, sind es heute „die Muslime", was zeigt, dass die Etikettierung des Fremden offenbar nicht mehr nur entlang der Nationalität stattfindet, sondern zunehmend entlang der Religionszugehörigkeit, wobei diese religionsbezogene Etikettierung offensichtlich mehr aus der zunehmenden Erkenntnis schöpft, dass die Zugewanderten mittlerweile ihren Lebensmittelpunkt auf Dauer nach Deutschland verlegt haben und dort zunehmend zu „Pass-Deutschen" geworden sind. Darüber hinaus war darauf hinzuweisen, dass sich die Segregation nach der Religionszugehörigkeit unter der Perspektive einer Inklusions-Exklusions-Dialektik als ökonomisch äußerst sinnvoll erweist, weil so im Zuge der Ausgrenzung von Minderheiten die größte Gruppe der Einwanderer deutlich gekennzeichnet und dokumentiert werden kann.

Aus kritischer Perspektive zeigte sich hier jedoch deutlich die Tendenz zur Kulturalisierung bzw. Ethnisierung fremder Gruppen. Im Zuge der Vereinheitlichung und Simplifizierung kann so das bedrohlich erlebte Fremde als „Fremdkultur" mit eigenen Normen und Regeln bestimmt werden, die, versehen mit entsprechenden stereotypen Mustern, der Mehrheitsgesellschaft „eigentümlich" bis gefährlich gegenüberstehen soll. Dementsprechend dienen die Verfolgungsphantasien mit Verschwörungscharakter u.a. auch dazu, Komplexität eines heterogenen Sachverhaltes – hier: das komplex-heterogene Feld der islamischen Religion – durch die dortigen Simplifizierungen und Homogenisierungen zu reduzieren, wobei sich diese Entlastungs- bzw. Reduktionsfunktion meist zum erheblichen Nachteil der als gefährlich etikettierten Gruppe auswirkt (vgl. Groh 1992, 273). Auf der Seite der stigmatisierten Gruppe wird zur Kompensation der erlittenen Diskriminierungserfahrungen allenthalben ein Selbst-Ethnisierungsprozesses in Gang gesetzt, mit dem die etikettierte Minderheit bestrebt ist, der Definitionsmacht der Mehrheit eine positive Bewertung des Eigenen entgegenzusetzen, was seitens der Mehrheit wiederum als Beleg des Feindbildes herangezogen werden kann.

Im Zuge einer Analyse der „Ethnisierung des Islam" wurde deutlich, dass sich zur Kennzeichnung dieser Menschengruppe (mit Migrationshintergrund) aus islamisch geprägten Herkunftsländern nicht auf deren soziale und gesellschaftliche Bezugspunkte, sondern in erster Linie auf die Religion bezogen wird. Dieser Prozess der Fremd- und Selbstverortung wurde in Anlehnung an Oliver Roy (2002) als „Neo-Ethnizität" gefasst und im Zuge weiterführender Analysen der Begriff des „Ethnizismus" in die Debatte eingeführt. Von einem solchen Ethnizismus wäre demnach zu sprechen, wenn im Sinne der Neo-Ethnizität Differenzkonstruktionen vollzogen werden und eine *Semantik der Ungleichheit* mit impliziten Vorurteilen bzw. Ressentiments vorzufinden ist, die (noch) nicht ideologisch im Sinne einer rassistischen Ideologie fixiert sein müssen, wohl aber sein können. Hierbei war zudem aufzuzeigen, dass nicht jegliche Ethnifizierung unmittelbar der Ideologie des Rassismus zuzuordnen ist, aber als deren primäres, vorausgesetztes Konstituierungsmerkmal gesehen werden muss. Insofern ist auf dem Hintergrund dieser Überlegungen terminologisch und inhaltlich zwischen einem „Islambezogenen Ethnizismus" und einem „Antiislamischen Ethnizismus" zu unterscheiden. Der „Islambezogene Ethnizismus" konstruiert lediglich eine Semantik der Ungleichheit, die sich mit simplifizierenden Vorurteilen und Typisierungen paart, die nicht per se von unkorrigierbaren Vorurteilen und einem geschlossenem Feindbild durchdrungen sind. Hingegen ist mit „Antiislamischem Ethnizismus" das gesamte Spektrum negativer Einstellungen angesprochen, das von diskriminierenden Vorurteilen bis hin zu offenen rassistischen Haltungen und Handlungen reicht, die von einer Ideologie der Ungleichwertigkeit mit impliziten unkorrigierbaren Vorurteilen und geschlossenen Feindbildern gekennzeichnet sind.

Was beide Phänomene miteinander verbindet, ist die Tatsache, dass die im Zuge des Ethnizismus postulierten spezifischen Handlungen, Eigenschaften, Unterschiede und Gemeinsamkeiten nicht aus den unterschiedlichen sozialen und gesellschaftlichen Bezügen des jeweiligen Individuums, sondern im Wesentlichen als durch die islamische Religion determiniert betrachtet werden. Der jeweilige Mensch wird so primär als Angehöriger der islamischen Religion gesehen, unabhängig davon, ob er tatsächlich dieser Religion angehört und wie er es mit seiner Religion hält. Deshalb können von einem auf den Islam bezogenen Ethnizismus, sowie von einem „Antiislamischen Ethnizismus" auch Menschen betroffen sein, die aufgrund der ethnisch aufgeladenen Differenzmarkierungen wie Herkunft, Sprache, Eigennamen oder Lebensgewohnheiten und Kleidungsstil dem Islam zugeordnet werden, ganz gleich wie sich die so Gekennzeichneten selbst gegenüber dem Islam positionieren. Mit diesem ethnifizierenden Mechanismus zeigt sich – analog zur „Rassialisierung – ein wesentliches Charakteristikum von Rassismen: die Tendenz zur „Entindividualisierung" und „Entpersonalisierung" (vgl. Bielefeldt 2010, 5).

Somit bleibt festzuhalten, dass nicht jegliche Ethnifizierung – besonders diejenige, die nicht auf einer „Ideologie der Unvereinbarkeit und der Ungleichwertigkeit" gründet unmittelbarer ideologischer Ausdruck des Rassismus ist, aber als dessen primäres, vorausgesetztes Konstituierungsmerkmal anzusehen ist, während ein *„Antiislamischer Ethnizismus"* als differenzialistischer Rassismus zu betrachten ist.

Damit wäre die Eingangsfrage, ob Islamfeindlichkeit als eine „Erscheinungsform des Rassismus" zu sehen ist, im Falle des „Antiislamischen Ethnizismus" mit „ja" zu beantworten.

Literaturverzeichnis

Adorno, Th.:
  Schuld und Abwehr.
  In: Adorno, Th./ Tiedemann, R. (Hrsg.): Gesammelte Schriften, Bd. 9/2 Frankfurt/Main 1975
Adorno, Th.:
  Negative Dialektik. Frankfurt/Main 1997 (9. Auflage)
AG gegen Rassismus in den Lebenswissenschaften (Hrsg.):
  Gemachte Differenz. Kontinuitäten biologischer „Rasse"-Konzepte. Münster 2009
Akasoy, A.:
  Glaube und Vernunft im Islam.
  In: *Aus Politik und Zeitgeschehen* (APuZ), 26–27/2007, S. 10–17
Anderson, B.:
  Die Erfindung der Nation. Zur Karriere eines erfolgreichen Konzepts. Frankfurt/M 1988
Arendt, H.:
  Elemente totaler Herrschaft. Frankfurt/Main 1958
Arndt, S./ Ofuatey-Alazard, N. (Hrsg.): Wie Rassismus aus Wörtern spricht.
  (K)Erben des Kolonialismus im Wissensarchiv deutsche Sprache. Münster 2011
Asbrock, F./ Wagner, U./ Christ, O.:
  Diskriminierung. Folgen der Feindseligkeit.
  In: Heitmeyer, W.: Deutsche Zustände. Folge 4. Frankfurt/Main 2006
Ateş, S.:
  Der Multikulti-Irrtum. Wie wir in Deutschland besser zusammenleben können. Berlin 2007
Attia, I.:
  Die »westliche Kultur« und ihr Anderes. Zur Destruktion von Orientalismus und antimuslimischem Rassismus. Bielefeld 2009
Attia, I.:
  Diskurse des Orientalismus und antimuslimischen Rassismus in Deutschland.
  In: Melter, C./ Mecheril, P. (Hrsg.): Rassismuskritik. Bd.1: Rassismustheorie und -forschung. Schwalbach/Ts. 2009 (b), S. 146–162

Auernheimer, G.:

Der sogenannte Kulturkonflikt. Orientierungsprobleme ausländischer Jugendlicher. Frankfurt/Main 1988

Auernheimer, G./ van Dick, R./Petzel, Th./ Wagner, U.:

Wie Lehrerinnen und Lehrer auf das Kopftuch reagieren. Zu zwei Verarbeitungsmodi interkultureller Differenz.

In: Auernheimer, G./ van Dick, R./ Petzel, Th./ Wagner, U. (Hrsg.): Interkulturalität im Arbeitsfeld Schule. Empirische Untersuchung über Lehrer und Schüler. Opladen 2001, S. 41–62

Babka von Gostomski, Ch.:

Gewalt als Reaktion auf Anerkennungsdefizite? Eine Analyse bei männlichen deutschen, türkischen und Aussiedler-Jugendlichen mit dem IKG-Jugendpanel 2001.

In: *Kölner Zeitschrift für Soziologie und Sozialpsychologie*, 55, 2/ 2003, S. 253–277

Badawia, T./ Hamburger, F./ Hummrich, M. (Hrsg.):

Wider die Ethnisierung einer Generation. Beiträge zur qualitativen Migrationsforschung. Frankfurt/Main, London 2003

Bahners, P.:

Die Panikmacher. Die deutsche Angst vor dem Islam. Eine Streitschrift. München 2011

Baier, D./ Pfeiffer, Ch./ Rabold, S./ Simonson, J./ Kappes, C.:

Kinder und Jugendliche in Deutschland: Gewalterfahrungen, Integration, Medienkonsum: Zweiter Bericht zum gemeinsamen Forschungsprojekt des Bundesministeriums des Innern (BMI) und des Kriminologischen Instituts Niedersachsen e.V.(KFN), KFN-Forschungsbericht Nr.:109 Hannover 2010

Baier, D./ Pfeiffer, Ch.:

Jugendliche als Opfer und Täter von Gewalt in Berlin.

KFN Forschungsbericht Nr. 114. Kriminologisches Forschungsinstitut Niedersachsen e.V. (KFN). Hannover 2011

Balibar, E.:

Der Rassismus – auch noch ein Universalismus.

In: Bielefeld, U. (Hrsg.): Das Eigene und das Fremde. Neuer Rassismus in der alten Welt? Hamburg 1991

Balibar, E./ Wallerstein, I. (1988):

Rasse, Klasse, Nation. Ambivalente Identitäten. Hamburg/Berlin 1992 (2.Auflage)

Barth, F.:

„Introduction".

In: Barth, F. (Hrsg.): Ethnic Groups and Boundaries. The Social Organization of Culture Difference. Bergen/Oslo/London 1969, S. 9–37

Bauer, O.:

Die Nationalitätenfrage und die Sozialdemokratie. Wien 1924

Bauman, Z.:
Dialektik der Ordnung. Die Moderne und der Holocaust. Hamburg 19942

Bauman, Z.:
Ansichten der Postmoderne. Hamburg 1995

Bauman, Z.:
Postmoderne Ethik. Hamburg 1995(b)

Bauman, Z.:
Unbehagen in der Postmoderne. Hamburg 1999

Bauman, Z.:
Flaneure, Spieler und Touristen. Essays zu postmodernen Lebensformen. Hamburg 1997

Bauman, Z.:
Vom Nutzen der Soziologie. Frankfurt/Main 2000

Bauman, Z.:
Die Krise der Politik. Fluch und Chance einer neuen Öffentlichkeit. Hamburg 2000(b)

Bauman, Z.:
Vereint in Verschiedenheit.
In: Berghold, J./ Menasse, E./ Ottomeyer, K. (Hrsg.):
Trennlinien. Imagination des Fremden und Konstruktion des Eigenen. Klagenfurt 2000(c), S. 35–46

Bauman, Z.:
Moderne und Ambivalenz. Das Ende der Eindeutigkeit. Hamburg 2005 (3.Auflage)

Bauman, Z.:
Verworfenes Leben. Die Ausgegrenzten der Moderne. Hamburg 2005 (b)

Bauman, Z.:
Moderne und Ambivalenz. In: Bielefeld, U. (Hrsg.): Das Eigene und das Fremde. Neuer Rassismus in der Alten Welt? Hamburg 1991

Baumgärtner, M.:
»Pro Deutschland« – Eine selbsternannte »Bürgerbewegung« auf dem Weg in die Hauptstadt.
In: Bündnis »Rechtspopulismus stoppen« (Hrsg.): Rechtspopulismus in Berlin. Rassismus als Bindeglied zwischen der »Mitte« der Gesellschaft und Neonazismus? Berlin 2011, S. 32–35.

Baumgärtner, M.:
»Die Freiheit« – eine neue Rechtsaußen-Partei nach europäischem Vorbild?
In: Bündnis »Rechtspopulismus stoppen« (Hrsg.): Rechtspopulismus in Berlin. Rassismus als Bindeglied zwischen der »Mitte« der Gesellschaft und Neonazismus? Berlin 2011, S. 22–25.

Beck, U.:
Risikogesellschaft. Auf dem Weg in eine andere Moderne. Frankfurt/Main 1986

Beck-Gernsheim, E.:
Türkische Bräute und die Migrationsdebatte in Deutschland.
In: *Aus Politik und Zeitgeschichte* (APuZ). 1–2/2006, S. 32–37.

Beck-Gernsheim, E.:
Wir und die Anderen. Kopftuch, Zwangsheirat und andere Missverständnisse.
Frankfurt/Main 2007

Becker, J./Wagner, U./Christ, O.:
Nationalismus und Patriotismus als Ursache von Fremdenfeindlichkeit.
In: Heitmeyer, W.: Deutsche Zustände. Folge 5. Frankfurt/Main 2007, S. 131–149

Becker, J./Wagner, U./Christ, O.:
Ursachenzuschreibungen in Krisenzeiten: Auswirkungen auf Antisemitismus und Fremdenfeindlichkeit.
In: Heitmeyer, W.: Deutsche Zustände. Folge 8. Frankfurt/Main 2010, S. 128–143

Bednarz-Braun, I./ Heß-Meining, U.:
Migration, Ethnie und Geschlecht. Theorieansätze – Forschungsstand – Forschungsperspektiven. Wiesbaden 2004

Bedorf, Th.:
Verkennende Anerkennung. Frankfurt/Main 2010

Benz, W.:
Die Protokolle der Weisen von Zion. Die Legende von der jüdischen Weltverschwörung. München 2007

Benz, W. (Hrsg.):
Islamfeindschaft und ihr Kontext. Dokumentation der Konferenz „Feindschaft Muslim – Feindschaft Jude". Berlin 2009

Benz, W.:
Einführung zur Konferenz »Feindbild Muslim – Feindbild Jude«.
In: Benz, W. (Hrsg.): Islamfeindschaft und ihr Kontext. Dokumentation der Konferenz „Feindschaft Muslim – Feindschaft Jude". Berlin 2009, S. 5–20

Berding, H. (Hrsg.):
Nationales Bewußtsein und kollektive Identität. Studien zur Entwicklung des kollektiven Bewußtseins in der Neuzeit 2. Frankfurt/Main 1996 (2. Auflage)

Berger, P. L./ Luckmann, Th.(1969):
Die gesellschaftliche Konstruktion der Wirklichkeit. Eine Theorie der Wissenssoziologie. Frankfurt/Main 1980 (5. Auflage)

Berghold, J./ Menasse, E./ Ottomeyer, K. (Hrsg.):
Trennlinien. Imagination des Fremden und Konstruktion des Eigenen. Klagenfurt 2000

Bertelsmann Stiftung (Hrsg.):
Religionsmonitor 2008 – Muslimische Religiosität in Deutschland: Überblick zu religiösen Einstellungen und Praktiken. *Gütersloh 2008; online unter: http:// www.bertelsmann-stiftung.de/bst/de/media/xcms_bst_dms_25864_25865_2. pdf* [10.11.2011]

Bertelsmann Stiftung (Hrsg.):

Zuwanderer in Deutschland. Ergebnisse einer repräsentativen Befragung von Menschen mit Migrationshintergrund.

Durchgeführt durch das Institut für Demoskopie Allensbach im Auftrag der Bertelsmann Stiftung. Gütersloh 2009; *online unter: http://www.ifd-allensbach. de/uploads/tx_studies/7405_Zuwanderer.pdf* [25.7.2010]

Bielefeld, U. (Hrsg.):

Das Eigene und das Fremde. Neuer Rassismus in der alten Welt? Hamburg 1991

Bielefeld, U.:

Ethnizität und Existenz.

In: Rademacher, C./ Wiechens, P. (Hrsg.): Geschlecht – Ethnizität – Klasse. Zur sozialen Konstruktion von Hierarchie und Differenz. Opladen 2001, S. 129–144

Bielefeldt, H.:

Das Islambild in Deutschland. Zum öffentlichen Umgang mit der Angst vor dem Islam.

In: Schneiders, Th. G. (Hrsg.): Islamfeindlichkeit. Wiesbaden 2009

Bielefeldt, H.:

Facetten von Muslimfeindlichkeit. Differenzierung als Fairnessgebot. Überarbeitete Fassung eines Vortrags vom 6. September 2010; online unter: *http:// www.deutsche-islam-konferenz.de/SharedDocs/Anlagen/DE/DIK/Downloads/ Sonstiges/vortrag-bielefeldt,templateId=raw,property=publicationFile.pdf/ vortrag-bielefeldt.pdf* [05.07.2012]

Biskamp, F.:

Das Reden über das Reden über den Islam. Kritische Forschung im Double-Bind von ‚Islamophobiekritik' und ‚Islamkritik'.

In: Opferberatung des RAA Sachsen e.V. (Hrsg.): Tödliche Realitäten. Der rassistische Mord an Marwa El-Sherbini. Hoyerswerda 2011, S. 136–148.

Bloch, E.:

Naturrecht und menschliche Würde.

In: Gesamtausgabe Bd.6. Frankfurt/Main 1961

Blumer, H.:

Der methodologische Standort des Symbolischen Interaktionismus.

In: Arbeitsgruppe Bielefelder Soziologen (Hrsg.): Alltagswissen, Interaktion und gesellschaftliche Wirklichkeit. Opladen 1981, S. 80–101

Böhme, G.:

Anthropologie in pragmatischer Hinsicht. Frankfurt/Main 1985

Böhme, H./ Böhme, G. B.:

Das Andere der Vernunft. Zur Entwicklung von Rationalitätsstrukturen am Beispiel Kants. Frankfurt/Main 1983

Boesch, E.E.:

Psychologische Überlegungen zum Rassenvorurteil.

In: Hartmann, K.D. (Hrsg.): Vorurteile, Ängste, Aggressionen. Frankfurt/Main 1975

Bonacker, Th.:

Moderne und postmoderne Gemeinschaften. Baumans Beitrag zu einer Theorie symbolischer Integration.
In: Junge, M./ Kron, Th. (Hrsg.): Zygmunt Bauman. Budrich, Opladen 2002, S. 183–223

Boos-Nünning, U.:

Mädchen türkischer Herkunft: Chancen in der multikulturellen Gesellschaft?
In: Gieseke, H./Kuhs, K. (Hrsg.): Frauen und Mädchen in der Migration. Frankfurt/Main 1991, S. 17–43

Boos-Nünning, U.:

Migrationsfamilien als Partner von Erziehung und Bildung.
Expertise im Auftrag der Abteilung Wirtschafts- und Sozialpolitik der Friedrich-Ebert-Stiftung (Hrsg.).
In: Expertise und Dokumentationen zur Wirtschafts- und Sozialpolitik (WISO).
Bonn 2011

Boos-Nünning, U./ Karakasoglu, Y.:

Viele Welten leben. Lebenslagen von Mädchen und jungen Frauen mit griechischem, italienischem, jugoslawischem und türkischem Aussiedlerhintergrund.
Bundesministerium für Familie, Senioren, Frauen
und Jugend (Hrsg.): Berlin 2004; online unter:
http://www.bmfsfj.de/RedaktionBMFSFJ/Abteilung4/Pdf-Anlagen/vieleweltenlang, property=pdf,bereich=bmfsfj,sprache=de,rwb=true.pdf [2.8.2009]

Breckner, R.:

Migrationserfahrung – Fremdheit – Biografie. Zum Umgang mit polarisierten Welten in Ost-West-Europa. Wiesbaden 2009 (2. Auflage)

Brettfeld, K./ Wetzels, P.:

Muslime in Deutschland. Integration, Integrationsbarrieren, Religion und Einstellungen zu Demokratie, Rechtsstaat und politisch-religiös motivierter Gewalt. Bundesministerium des Innern (Hrsg.). Berlin 2007

Brettfeld, K./ Wetzels, P.:

Kurzdarstellung der Ergebnisse des Forschungsvorhabens:
Muslime in Deutschland. Integration, Integrationsbarrieren, Religion und Einstellungen zu Demokratie, Rechtsstaat und politisch-religiös motivierter Gewalt. Bundesministerium des Innern (Hrsg.). Hamburg 2007[b]; online unter:
http://www.bmi.bund.de/cae/servlet/contentblob/139730/publicationFile/14972Muslime%20in%20Deutschland%20Kurzdarstellung.pdf [29.05.2010]

Broder, H.M.:

Hurra, wir kapitulieren! Von der Lust am Einknicken. Berlin 2006

Brubaker, R.:

Ethnizität ohne Gruppen. Hamburg 2007

Brückmann, Th.; Maetzky, F.; Plümecke, T.:
  Rassifizierte Gene: Zur Aktualität biologischer „Rasse"-Konzepte in den neuen Lebenswissenschaften.
  In: AG gegen Rassismus in den Lebenswissenschaften (Hrsg.):Gemachte Differenz. Kontinuitäten biologischer „Rasse"-Konzepte. Münster 2009, S. 20–64
Brumlik, M.:
  Der symbolische Interaktionismus und seine pädagogische Bedeutung.
  Frankfurt 1973
Brumlik, M.:
  Das halbierte Humanum. Wie Ralph Giordano zum Ausländerfeind wurde.
  In: Schneiders, Th. G. (Hrsg.): Islamfeindlichkeit. Wiesbaden 2009, S. 483–489
Brumlik, M./Brunkhorst, H. (Hrsg.):
  Gemeinschaft und Gerechtigkeit. Frankfurt/Main 1993
Buber, M.:
  Begegnung. Heidelberg 1986 (4. Auflage)
Bühl, A.:
  Islamfeindlichkeit in Deutschland. Ursprünge-Akteure-Stereotype.
  Hamburg 2010
Bündnis »Rechtspopulismus stoppen« (Hrsg.):
  Rechtspopulismus in Berlin. Rassismus als Bindeglied zwischen der »Mitte« der Gesellschaft und Neonazismus? Berlin 2011
Bukow, W.-D./ Llaryora, R.:
  Mitbürger aus der Fremde: Soziogenese ethnischer Minoritäten. Opladen 1998
Bukow, W.-D./ Jünschke, K./ Spindler, S./ Tekin, U.:
  Ausgegrenzt, eingesperrt und abgeschoben. Migration und Jugendkriminalität.
  Opladen 2003
Bukow, W.-D./ Nikodem, C./ Schulze, E./ Yildiz, E.:
  Was heißt hier Parallelgesellschaft? Zum Umgang mit Differenzen.
  Wiesbaden 2007
Bukow, W.-D.:
  Die Rede von Parallelgesellschaften. Zusammenleben im Zeitalter einer metropolitanen Differenzgesellschaft.
  In: Bukow, W.-D./ Nikodem, C./ Schulze, E./ Yildiz, E.: Was heißt hier Parallelgesellschaft? Zum Umgang mit Differenzen. Wiesbaden 2007, S. 29–51
Bundesarbeitsgemeinschaft der Freien Wohlfahrtspflege (Hrsg.):
  Umgang mit der Optionspflicht. Berlin 2009
Bundesministerium des Innern (Hrsg.):
  Islamismus. Berlin 2006 (5. Auflage)
Bundesministerium des Innern (Hrsg.):
  Migrationsbericht des Bundesamtes für Migration und Flüchtlinge im Auftrag der Bundesregierung. Migrationsbericht 2008. Berlin 2010

Bundesministerium des Innern (Hrsg.):

Zusammenfassung „Muslimisches Leben in Deutschland", 2009; online unter: *http://www.deutsche-islam-konferenz.de/cln_117/SharedDocs/Anlagen/DE/ DIK/Downloads/WissenschaftPublikationen/MLD-Zusammenfassung,templateId =raw,property=publicationFile.pdf/MLD-Zusammenfassung.pdf* [08.02.2010]

Bundesamt für Verfassungsschutz:

Islamismus und islamistischer Terrorismus [o.J.]); online unter: *http://www. verfassungsschutz.de/de/arbeitsfelder/af_islamismus/* [27.12.08]

Bunzl, J./Senfft, A. (Hrsg.):

Zwischen Antisemitismus und Islamophobie. Vorurteile und Projektionen in Europa und Nahost. Hamburg 2008

Burgmer, Ch. (Hrsg.) :

Rassismus in der Diskussion. Berlin 1999

Burgkart, C.:

Das „Heidelberger Manifest" – Grundlage staatlicher Ausländerpolitik? In: Meinhard, R. (Hrsg.): Türken raus? oder Verteidigt den sozialen Frieden. Beiträge gegen Ausländerfeindlichkeit. Reinbek bei Hamburg 1984

Buruma, I./ Margalit, A. :

Okzidentalismus. Der Westen in den Augen seiner Feinde. München 2005

Butterwegge, Ch.:

Was ist »Rechtspopulismus«? In: Bündnis »Rechtspopulismus stoppen« (Hrsg.): Rechtspopulismus in Berlin. Rassismus als Bindeglied zwischen der »Mitte« der Gesellschaft und Neonazismus? Berlin 2011

Çakir, N.:

Die Position des Anderen. In: Caner, B. (Hg.): Doppelte Heimat. Türkische Migranten berichten. Frankfurt/ Main 2008, S. 65–83

Çakir, N.:

Muslimische Frauen in Deutschland: zwischen Viktimisierung, Kriminalisierung, Rechtfertigung und Selbstbehauptung. In: Esser, A. (Hg.): ESWTR Journal 17 Feministische Zugänge zum interreligiösen Dialog. Peeters, Leuven (B) 2009

Castles, S.:

Weltweite Arbeitsmigration, Neorassismus und der Niedergang des Nationalstaats. In: Bielefeld, U. (Hrsg.): Das Eigene und das Fremde. Neuer Rassismus in der alten Welt? Hamburg 1991, S. 129–156

Ceylan, R. :

Die Prediger des Islam. Imame – wer sie sind und was sie wirklich wollen. Freiburg/Basel/Wien 2010

Chamberlain, H. S. (1899):
Die Grundlagen des neunzehnten Jahrhunderts. München 1936 Bd.I

Çileli, S.:
Eure Ehre – unser Leid. Ich kämpfe gegen Zwangsheirat und Ehrenmord. München 2010

Clauß, L.F.:
Die nordische Seele. Eine Einführung in die Rassenseelenkunde. München 1933

Clauß, L.F.:
Rasse und Seele. München 1936 (6. Auflage)

Conrad, S./ Randeria, S. (Hrsg.):
Jenseits des Eurozentrismus. Postkoloniale Perspektiven in den Geschichts- und Kulturwissenschaften. Frankfurt/Main 2002

Coronil, F.:
Jenseits des Okzidentalismus. Unterwegs zu nichtimperialen geohistorischen Kategorien.
In: Conrad, S./ Randeria, S. (Hrsg.): Jenseits des Eurozentrismus. Postkoloniale Perspektiven in den Geschichts- und Kulturwissenschaften. Frankfurt/Main 2002, S. 177–218

Daniel, N.:
Islam and the West. The Making of an Image. Oxford 2009

Davis, E.E.:
Einige Grunderkenntnisse der Vorurteilsforschung.
In: Hartmann, K.D. (Hrsg.): Vorurteile, Ängste, Aggressionen. Frankfurt/Main 1975, S. 41–61

Derrida, J.:
Die Schrift und die Differenz. Frankfurt/Main 1976

Derrida, J.:
Die différance. Stuttgart 2008

Diefenbach, H.:
Kinder und Jugendliche aus Migrantenfamilien im deutschen Bildungssystem. Erklärungen und empirische Befunde. Wiesbaden 2008 (3. Auflage)

Dietze, G./ Brunner, C./ Wenzel, E. (Hrsg.):
Kritik des Okzidentalismus – Transdisziplinäre Beiträge zu (Neo-)Orientalismus und Geschlecht. Bielefeld 2009

Dietze, G.:
Okzidentalismuskritik. Möglichkeiten und Grenzen einer Forschungsperspektivierung.
In: Dietze, G./ Brunner, C./ Wenzel, E. (Hrsg.):
Kritik des Okzidentalismus – Transdisziplinäre Beiträge zu (Neo-)Orientalismus und Geschlecht. Bielefeld 2009, S. 23–54

Dreesbach, A.:
Gezähmte Wilde. Die Zurschaustellung „exotischer" Menschen in Deutschland 1870–1940. Frankfurt/Main 2005

Dungs, S.:
Anerkennen des Anderen im Zeitalter der Mediatisierung. Sozialphilosophische und sozialarbeitswissenschaftliche Studien im Ausgang von Hegel, Lévinas, Butler, Žižek. Münster 2006

Ebner, T.:
Staatsform – Biomacht – „Rasse" Lebenswissenschaftliche Kontinuierungen vom deutschen Kolonialismus bis zum nationalsozialistischen Volkskörper. In: AG gegen Rassismus in den Lebenswissenschaften (Hrsg.): Gemachte Differenz. Kontinuitäten biologischer „Rasse"-Konzepte. Münster 2009, S. 166–201

Eibl-Eibesfeldt, I.:
Gewaltbereitschaft aus ethnologischer Sicht. In: Rolinski, K./ Eibl-Eibesfeldt, I. (Hrsg.): Gewalt in unserer Gesellschaft. Gutachten für das Bayerische Staatsministerium des Innern. Berlin 1990, S. 59–85

Eibl-Eibesfeldt, I.:
Der Mensch – das riskierte Wesen. Zur Naturgeschichte menschlicher Unvernunft. Kempten 1990 (b) (3. Auflage)

Eichberg, H.:
Völker hört die Signale... Ethnopluralismus – eine antikoloniale Begriffsgeschichte. *Volkslust* 2007; online unter: http://static.sdu.dk/mediafiles//Files/ Om_SDU/Centre/C_isc/Q_files/qtte2009Nr.6.pdf

Eickhof, I.:
Antimuslimischer Rassismus in Deutschland. Theoretische Überlegungen. Berlin 2010

Elias, N.:
Über der Prozeß der Zivilisation. Soziogenetische und psychogenetische Untersuchungen. Bd.I. Frankfurt/Main 1977 (3. Auflage)

Elias, N.:
Notizen zum Lebenslauf. In: Gleichmann, P./ Goudsblom, J./ Korte, H. (Hrsg.): Macht und Zivilisation. Norbert Elias' Zivilisationstheorie 2. Frankfurt/Main 1984, S. 9–82

Endrikat, K./ Schaefer, D./ Mansel, J./ Heitmeyer, W.:
Soziale Desintegration. Die riskanten Folgen negativer Anerkennungsbilanzen. In: Heitmeyer, W. (Hrsg.): Deutsche Zustände. Folge 1. Frankfurt/Main 2002, S. 37–58

Engelmann, K./ Günther, F./ Heise, N. /Hohmann, F./ Irrgang, U./ Schmidt, S.:
Muslimische Weblogs. Der Islam im deutschsprachigen Internet. Berlin 2010

Erdheim, M.:
Die Psychoanalyse und das Unbewußte in der Kultur. Frankfurt/Main 1988

Erdheim, M.:
Das Eigene und das Fremde. Zur Problematik der ethnischen Identität. In: Jansen, M. M/ Prokop, U. (Hrsg.): Fremdenangst und Fremdenfeindlichkeit. Frankfurt/Main 1993, S. 163–182

Esser, H.:
Integration und ethnische Schichtung. Mannheimer Zentrum für Europäische Sozialforschung (MZES). Arbeitsbericht Nr. 40. Mannheim 2001

Eßlinger, E./ Schlechtriemen, T./ Schweitzer, D./ Zons, A. (Hrsg.):
Die Figur des Dritten. Ein kulturwissenschaftliches Paradigma. Frankfurt/Main 2010

Eysenck, H.J.:
Die Experimentiergesellschaft. Soziale Innovation durch angewandte Psychologie. Reinbek 1973

Fanon, F.:
Die Verdammten dieser Erde. Frankfurt/Main 1981

Fanon, F.(1952):
Schwarze Haut, weiße Masken. Frankfurt/Main 1985

Fischer, E.:
Die Rassenunterschiede des Menschen.
In: Baur, E./ Fischer, E./ Lenz, F.: Menschliche Erblichkeitslehre. Bd.I München 1927, S. 83–168

Fischer, J.:
Der lachende Dritte. Schlüsselfigur der Soziologie Simmels.
In: Eßlinger, E./ Schlechtriemen, T./ Schweitzer, D./ Zons, A. (Hrsg.):
Die Figur des Dritten. Ein kulturwissenschaftliches Paradigma. Frankfurt/Main 2010, S. 193–207

Fiske, S. T.:
Fremdenfeindlichkeit und Rechtsextremismus aus sozialpsychologischer Sicht.
In: Büchel, F./ Glück J./ Hoffrage, U./ Stanat, P./Wirth, J. (Hrsg.): Fremdenfeindlichkeit und Rechtsextremismus. Opladen 2002, S. 63–92

Flam, H.:
Diskriminierung in der Schule.
In: Melter, C./ Mecheril, P. (Hrsg.): Rassismuskritik. Bd.1: Rassismustheorie und -forschung. Schwalbach/ Ts. 2009, S. 239–257

Foroutan, N. (Hrsg.):
Sarrazins Thesen auf dem Prüfstand. Ein empirischer Gegenentwurf zu Thilo Sarrazins Thesen zu Muslimen in Deutschland. (Online-Publikation) Universitätsbibliothek der Humboldt-Universität Berlin 2010

Foucault, M.:
Wahnsinn und Gesellschaft. Frankfurt/Main 1978 (3. Auflage)

Foucault, M.:
Überwachen und Strafen. Die Geburt des Gefängnisses. Frankfurt/Main 1981 (4. Auflage)

Foucault, M. :
In Verteidigung der Gesellschaft. Frankfurt/Main 2001

Frank-Rieser, E./ Mückstein, E./ Spielhofer, H.:
Islamophobie – Reale und irreale Angstkonstruktionen als private bzw. nationale
Mythenbildungen. Erklärungsansätze aus psychodynamischer Sicht.
In: Hafez, F. (Hrsg.): Jahrbuch für Islamophobieforschung 2010. Deutschland –
Österreich – Schweiz. Innsbruck 2010

Fraser, N./ Honneth, A.:
Umverteilung oder Anerkennung? Eine politisch-philosophische Kontroverse.
Frankfurt/Main 2003

Fraser, N.:
Soziale Gerechtigkeit im Zeitalter der Identitätspolitik. Umverteilung, Anerkennung, und Beteiligung.
In: Fraser, N./ Honneth, A.: Umverteilung oder Anerkennung? Eine politisch-
philosophische Kontroverse. Frankfurt/Main 2003(b), S. 13–128

Fuchs, B.:
Eigener Glaube – fremder Glaube. Reflexionen zu einer Theologie der
Begegnung in einer pluralistischen Gesellschaft. Münster 2001

Fuchs, F.:
Osmanische Expansion und europäischer Humanismus. Wiesbaden 2005

Gast, W.:
Anhaltende Beklemmung. 12 Monate nach dem 11.September.
In: Heitmeyer, W. (Hrsg.): Deutsche Zustände. Folge 1. Frankfurt/Main 2002,
S. 230–236

Gebhardt, R.:
Was nicht tun gegen rechts? Überlegungen zu einigen Fallstricken zivilgesell-
schaftlichen Engagements.
In: Häusler, A./ Killguss, H.-P. (Hrsg.): Feindbild Islam. Rechtspopulistische
Kulturalisierung des Politischen. (Dokumentation zur Fachtagung vom 13.Sep-
tenber 2008) Köln 2008, S. 76–79

Geiss, I.:
Geschichte des Rassismus. Frankfurt/Main 1988

Gerhold, M.:
Islam-bashing für jedermann.
In: Schneiders, Th. G. (Hrsg.): Islamfeindlichkeit. Wenn die Grenzen der Kritik
verschwimmen. Wiesbaden 2009, S. 331–338

Gesemann, F.:
Die Integration junger Muslime in Deutschland. Bildung und Ausbildung als
Schlüsselbereiche sozialer Integration. Berlin 2006
(Hrsg.: Politische Akademie der Friedrich Ebert Stiftung)

von Glaserfeld, E.:
Einführung in den radikalen Konstruktivismus. In: Watzlawick, P. (Hrsg.): Die
erfundene Wirklichkeit. München 1991

von Glaserfeld, E.:

Konstruktion der Wirklichkeit und des Begriffs der Objektivität. In: von Foerster, H./ u.a. (Hrsg.): Einführung in den Konstruktivismus. München 1992, S. 9–39

Gobineau, G. A.:

Die Ungleichheit der Menschenrassen. Berlin 1935

Göle, N.:

Republik und Schleier. Die muslimische Frau in der modernen Türkei. Berlin 1995

Gollasch, D.:

Versteckspiel !? – Rechtspopulismus in Gestalt von Bürgerbewegungen. In: Bündnis »Rechtspopulismus stoppen« (Hrsg.): Rechtspopulismus in Berlin. Rassismus als Bindeglied zwischen der »Mitte« der Gesellschaft und Neonazismus? Berlin 2011, S. 26–27.

Gomolla, M./ Radtke, F.-O.:

Institutionelle Diskriminierung. Die Herstellung ethnischer Differenz in der Schule. Wiesbaden 2009 (3. Auflage)

von Gostomski, Ch.B.:

Fortschritte der Integration. Zur Situation der fünf größten in Deutschland lebenden Ausländergruppen. Forschungsbericht 8. Bundesamt für Migration und Flüchtlinge (Hrsg. i.A. des Bundesministeriums des Innern). Nürnberg 2010

Graf, J.:

Vererbungslehre, Rassenkunde und Erbgesundheitspflege. München 1934

Grimm, H.:

Volk ohne Raum. München 1926

Groh, D:

Anthropologische Dimensionen der Geschichte. Frankfurt/Main 1992

Grüttner, M.:

Biographisches Lexikon zur nationalsozialistischen Wissenschaftspolitik. Heidelberg 2004

Günther, H.F.K.:

Kleine Rassenkunde des deutschen Volkes. München 1933 (b)

Günther, H.F.K.:

Rassenkunde des deutschen Volkes. München 1933 (16. Auflage)

Günther, H.F.K.:

Herkunft und Rassengeschichte der Germanen. München 1935

Guillaumin, C.:

RASSE. Das Wort und die Vorstellung. In: Bielefeld, U. (Hrsg.): Das Eigene und das Fremde. Neuer Rassismus in der Alten Welt? Hamburg 1991, S. 159–173

Guillaumin, C.:

Zur Bedeutung des Begriffs „Rasse". In: Räthzel, N. (Hrsg.): Theorien über Rassismus. Hamburg 2000, S. 34–42

Ha, K.N.:

Ethnizität und Migration. Münster 1999

Ha, K.N.:

"Bastarde" als Problem der deutschen Eugenik und "Rassenhygiene" im 20.
Jahrhundert.
In: AG gegen Rassismus in den Lebenswissenschaften (Hrsg.): Gemachte Diffe-
renz. Kontinuitäten biologischer „Rasse"-Konzepte. Münster 2009, S. 202–238

Häusler, A./ Killguss, H.-P. (Hrsg.):

Feindbild Islam. Rechtspopulistische Kulturalisierung des Politischen. (Dokumentation zur Fachtagung vom 13.September 2008). Köln 2008

Häusler, A. (Hrsg.):

Rechtspopulismus als „Bürgerbewegung". Kampagnen gegen Islam und Moscheebau und kommunale Gegenstrategien. Wiesbaden 2008

Häusler, A.:

Antiislamischer Populismus als rechtes Wahlkampf-Ticket.
In: Häusler, A. (Hrsg.): Rechtspopulismus als „Bürgerbewegung". Kampagnen
gegen Islam und Moscheebau und kommunale Gegenstrategien. Wiesbaden
2008, S. 155–169

Häusler, A.:

Die »Pro Bewegung« – antimuslimischer Kulturrassismus von Rechtsaußen.
In Bündnis »Rechtspopulismus stoppen« (Hrsg.): Rechtspopulismus in Berlin.
Rassismus als Bindeglied zwischen der »Mitte« der Gesellschaft und Neonazis-
mus? Berlin 2011

Hafenegger, B./ Henkenborg, P./ Scherr, A. (Hrsg.):

Pädagogik der Anerkennung. Grundlagen, Konzepte, Praxisfelder. Schwalbach/
Ts. 2007 (2. Auflage)

Hafez, F. (Hrsg.):

Jahrbuch für Islamophobieforschung 2010. Deutschland – Österreich – Schweiz.
Innsbruck 2010

Hall, S.:

Ideologie, Kultur, Rassismus. Ausgewählte Schriften 1. Hamburg 2004 (4.Auf-
lage)

Hall, S.:

Rassismus und kulturelle Identität. Ausgewählte Schriften 2. Hamburg 2008
(4. Auflage)

Hall, S.:

Ideologie, Identität, Repräsentation. Ausgewählte Schriften 4. Hamburg 2004

Hall, S.:

Rassismus als ideologischer Diskurs.
In: Räthzel, N. (Hrsg.): Theorien über Rassismus. Hamburg 2000, S. 7–16

Halm, D.:

Der Islam als Diskursfeld. Bilder des Islams in Deutschland. Wiesbaden 2008

Halm, D./ Sauer, M.:
Parallelgesellschaft und ethnische Schichtung. In: *Aus Politik und Zeitgeschichte* (ApuZ.) 1–2/2006, S. 18–24.

Hamburger, F.:
Der Kampf um Bildung und Erfolg. Eine einleitende Feldbeschreibung.
In: Hamburger, F./ Badawia, T./ Hummrich, M. (Hrsg.): Migration und Bildung. Über das Verhältnis von Anerkennung und Zumutung in der Einwanderungsgesellschaft. Wiesbaden 2005, S. 7–24

Han, P.:
Soziologie der Migration. Stuttgart 2005

Hanke, Ch.:
Wissenschaftliche Konstruktion von „Rasse" und „Geschlecht" in der Anthropologie um 1900.
In: AG gegen Rassismus in den Lebenswissenschaften (Hrsg.): Gemachte Differenz. Kontinuitäten biologischer „Rasse"-Konzepte. Münster 2009, S. 140–164

Hansen, G.:
Die Deutschmachung. Ethnizität und Ethnisierung im Prozess von Ein- und Ausgrenzung. Münster 2001

Hansen, G./ Spetsmann-Kunkel, M.:
Integration und Segregation. Ein Spannungsverhältnis. Münster 2008

Hartmann, M.:
Klassenkampf von oben. Die gezielte soziale Desintegration.
In: Heitmeyer, W.: Deutsche Zustände. Folge 9. Frankfurt/Main 2010, S. 267–277

Haug, S./ Müssig, S./ Stichs, A.:
Muslimisches Leben in Deutschland. Im Auftrag der Deutschen Islam Konferenz. (Hrsg.): Bundesamt für Migration und Flüchtlinge. Nürnberg 2009

Heckmann, F.:
Ethnische Minderheiten, Volk und Nation. Soziologie inter-ethnischer Beziehungen. Stuttgart 1992

Hegel, G.W.F.:
Phänomenologie des Geistes. Frankfurt/Main 1991 (3. Auflage)

Heidegger, M.:
Identität und Differenz. Stuttgart 2002 (12. Auflage)

Heinemann, L.:
Ethnizität und Geltung. Möglichkeiten und Grenzen konstruktivistischer Theorien bei der Erklärung ethnischer Vergemeinschaftung.
In: Rademacher, C./ Wiechens, P. (Hrsg.): Geschlecht – Ethnizität – Klasse. Zur sozialen Konstrukt von Hierarchie und Differenz. Opladen 2001, S. 111–128

Heinz, M.:
Der fundamentale Irrtum im „ethnischen Diskurs" – Wilhelm Heitmeyers un-
kritischer Umgang mit einem undefinierten Begriff.
In: Bukow, W.-D./ Ottersbach,M. (Hrsg.): Der Fundamentalismusverdacht.
Plädoyer für eine Neuorientierung der Forschung im Umgang mit allochthonen
Jugendlichen. Opladen 1999, S. 159–177
Heitmeyer, W./ Müller, J./ Schröder, H.:
Verlockender Fundamentalismus. Türkische Jugendliche in Deutschland. Frank-
furt/Main 1997
Heitmeyer, W. (Hrsg.):
Deutsche Zustände. Folge 1 – 9. Frankfurt/Main 2002 – 2010
Heitmeyer, W.:
Heitmeyer, W.: Gruppenbezogene Menschenfeindlichkeit. Die theoretische Kon-
zeption und erste empirische Ergebnisse.
In: Heitmeyer, W. (Hrsg.): Deutsche Zustände. Folge 1. Frankfurt/Main 2002,
S. 15–34
Heitmeyer, W.:
Gruppenbezogene Menschenfeindlichkeit. Die theoretische Konzeption und
empirische Ergebnisse aus 2002 und 2003.
In: Heitmeyer, W. (Hrsg.): Deutsche Zustände. Folge 2. Frankfurt/Main 2003,
S. 13–32
Heitmeyer, W./ Mansel, J.:
Entleerung der Demokratie. Die unübersichtlichen Folgen sind weitreichend.
In: Heitmeyer, W.: Deutsche Zustände. Folge 2. Frankfurt/Main 2003, S. 35–60
Heitmeyer, W.:
Gruppenbezogene Menschenfeindlichkeit. Die theoretische Konzeption und
empirische Ergebnisse aus 2002, 2003 und 2004.
In: Heitmeyer, W. (Hrsg.): Deutsche Zustände. Folge 3. Frankfurt/Main 2005.
S. 13–36
Heitmeyer, W.:
Gruppenbezogene Menschenfeindlichkeit. Gesellschaftliche Zustände und Re-
aktionen in der Bevölkerung aus 2002 bis 2005.
In: Heitmeyer, W.: Deutsche Zustände. Folge 4. Frankfurt/Main 2006, S. 15–36
Heitmeyer, W.:
Gruppenbezogene Menschenfeindlichkeit. Ein normaler Dauerzustand?
In: Heitmeyer, W.: Deutsche Zustände. Folge 5. Frankfurt/Main 2007, S. 15–36
Heitmeyer, W.:
Die Ideologie der Ungleichwertigkeit. Der Kern der *Gruppenbezogenen Men-
schenfeindlichkeit*
In: Heitmeyer, W.: Deutsche Zustände. Folge 6. Frankfurt/Main 2008, S. 36–44

Heitmeyer, W./Mansel, J.:
Gesellschaftliche Entwicklung und *Gruppenbezogene Menschenfeindlichkeit*: Unübersichtliche Perspektiven.
In: Heitmeyer, W.: Deutsche Zustände. Folge 6. Frankfurt/Main 2008, 13–35
Heitmeyer, W./ Endrikat, K.:
Die Ökonomisierung des Sozialen. Folgen für »Überflüssige« und »Nutzlose«.
In: Heitmeyer, W.: Deutsche Zustände. Folge 6. Frankfurt/Main 2008, S. 55–72
Heitmeyer, W.:
Leben wir immer noch in zwei Gesellschaften? 20 Jahre Vereinigungsprozeß und die Situation *Gruppenbezogener Menschenfeindlichkeit*.
In: Heitmeyer, W.: Deutsche Zustände. Folge 7. Frankfurt/Main 2009, S. 13–49
Heitmeyer, W.:
Krisen- Gesellschaftliche Auswirkungen, individuelle Verarbeitung und Folgen für die *Gruppenbezogene Menschenfeindlichkeit*.
In: Heitmeyer, W.: Deutsche Zustände. Folge 8. Frankfurt/Main 2010, S. 13–46
Heitmeyer, W.:
Disparate Entwicklungen in Krisenzeiten, Entsolidarisierung und *Gruppenbezogene Menschenfeindlichkeit*.
In: Heitmeyer, W.: Deutsche Zustände. Folge 9. Frankfurt/Main 2010, S. 13–33
Herra, A.H.:
Rassismus und Selbstbetrug.
In: Wolf, A. (Hrsg.): Neue Grenzen. Rassismus am Ende des 20. Jahrhunderts. Wien 1997, S. 14–22
Heyder, A.:
Bessere Bildung, bessere Menschen? Genaueres Hinsehen hilft weiter.
In: Heitmeyer, W. (Hrsg.): Deutsche Zustände. Folge 2: Frankfurt/Main 2003, S. 78–99
Hillebrandt, F.:
Exklusionsindividualität. Moderne Gesellschaftsstruktur und die soziale Konstruktion des Menschen. Opladen 1999
Höfert, A.:
Den Feind beschreiben. „Türkengefahr" und europäisches Wissen über das osmanische Reich (1450 – 1600). Frankfurt/Main 2003
Höfert, A.:
Die „Türkengefahr" in der Frühen Neuzeit: Apokalyptischer Feind und Objekt des ethnographischen Blicks
In: Schneiders, Th. G. (Hrsg.): Islamfeindlichkeit. Wiesbaden 2009. S. 61–70
Holz, K.:
Die Gegenwart des Antisemitismus. Islamistische, demokratische und antizionistische Judenfeindschaft. 2005 Hamburg
Holz, K.:
Nationaler Antisemitismus. Wissenssoziologie einer Weltanschauung. Hamburg 2010

Holz, K.:
   Der Jude. Dritter der Nationen.
   In: Eßlinger, E./ Schlechtriemen, T./ Schweitzer, D./ Zons, A. (Hrsg.):
   Die Figur des Dritten. Ein kulturwissenschaftliches Paradigma.
   Frankfurt/Main 2010, S. 292–303
Honneth, A.:
   Integrität und Mißachtung. Grundmotive einer Moral der Anerkennung. Merkur
   1990/501, S. 1043–1054
Honneth, A.:
   Foucault und Adorno. Zwei Formen einer Kritik der Moderne.
   In: Honneth, A.: Die Zerrissene Welt des Sozialen. Frankfurt/Main 1990, S. 73–92
Honneth, A. (Hrsg.):
   Kommunitarismus. Eine Debatte über die moralischen Grundlagen moderner
   Gesellschaften. Frankfurt/Main 1993
Honneth, A.:
   Kampf um Anerkennung. Zur moralischen Grammatik sozialer Konflikte.
   Frankfurt/Main 1994
Honneth, A.:
   Das Andere der Gerechtigkeit. Frankfurt/Main 2000
Honneth, A.:
   Umverteilung als Anerkennung. Eine Erwiderung auf Nancy Fraser.
   In: Fraser, N./ Honneth, A.: Umverteilung oder Anerkennung? Eine politisch-
   philosophische Kontroverse. Frankfurt/Main 2003, S. 129–224
Honneth, A.:
   Anerkennung als Ideologie. WestEnd. Neue Zeitschrift für Sozialforschung.
   1,1/ 2004, S. 51–70
Honneth, A.:
   Verdinglichung. Eine anerkennungstheoretische Studie. Frankfurt/Main 2005
Honneth, A.:
   Das Ich im Wir. Studien zur Anerkennungstheorie. Frankfurt/Main 2010
Honneth, A.:
   Verwilderungen. Kampf um Anerkennung im frühen 21. Jahrhundert.
   In: Aus Politik und Zeitgeschichte (APuZ) 1–2/2011, S. 37–45
Horkheimer, M./ Adorno, Th.W.:
   Ideologie und Handeln.
   In: Horkheimer, M./ Adorno, Th.W.: Sociologica II. Reden und Vorträge. Frank-
   furter Beiträge zur Soziologie. Frankfurt/Main 1967, S. 38–47
Horkheimer, M./ Adorno, Th.W.:
   Dialektik der Aufklärung. Frankfurt/Main 1969
Hormel, U./ Scherr, A. (Hrsg.):
   Diskriminierung. Grundlagen und Forschungsergebnisse. Wiesbaden 2010

Hüpping, S.:
Anomia. Unsicher in der Orientierung, sicher in der Abwertung.
In: Heitmeyer, W.: Deutsche Zustände. Folge 4. Frankfurt/Main 2006, S. 86–100
Hüpping, S./ Reinecke, J.:
Abwärtsdriftende Regionen. Die Bedeutung sozioökonomischer Entwicklungen für Orientierungslosigkeit und Gruppenbezogene Menschenfeindlichkeit.
In: Heitmeyer, W.: Deutsche Zustände. Folge 5. Frankfurt/Main 2007, S. 77–101
Hüttermann, J.:
Moscheekonflikte im Figurationsprozess der Einwanderungsgesellschaft: eine soziologische Analyse.
In: Krüger-Potratz, M./ Schiffauer, W.: Migrationsreport 2010. Fakten – Analysen – Perspektiven. Frankfurt/Main 2011, S. 39–81
Human Rights Watch:
Diskriminierung im Namen der Neutralität.
Kopftuchverbote für Lehrkräfte und Beamte in Deutschland. Berlin 2009; online unter: *http://www.hrw.org/sites/default/files/reports/germany0209de_ webwcover.pdf* [2.03.2011]
Huth-Hildebrandt, Ch.:
Das Bild von der Migrantin. Auf den Spuren eines Konstrukts.
Frankfurt/Main 2002
Huxley, J./Haddon, A.C.:
We Europeans: A Survey of »Racial« Problems. London 1935
Institut für Demoskopie Allensbach:
Zuwanderer in Deutschland. Studie im Auftrag der Bertelsmann Stiftung.
Allensbach Archiv, IFD-Studie 5292, 2009; online unter: *http://www.bertelsmann-stiftung.de/cps/rde/xbcr/SID-7DB7EC8E-05215C8F/bst/xcms_bst_dms_29096_29097_2.pdf* [30.09.2013]
Institut für Staatspolitik:
Der Fall Sarrazin. Eine Analyse. IsF-Wissenschaftliche Reihe-Heft 15. Albersroda 2010
Interkultureller Rat in Deutschland (Hrsg.):
Bundesweites Clearingprojekt: Zusammenleben mit Muslimen: Starke Frauen. Schwerer Weg! Zur Benachteiligung muslimischer Frauen in der Gesellschaft. Würzburg 2010
Jäger, S.:
BrandSätze – Rassismus im Alltag. Duisburg 1992 (Inaug.Diss.)
Jäger, M.:
Ethnisierung von Sexismus im Einwanderungsdiskurs. Analyse einer Diskursverschränkung. Online unter: http: *www.uni-duisburg.de/DISS/ Internetbibliothek/Art.../Etnisierung_von_Sexismus.htm.* (2000)

Janßen, A./ Polat, A.:
Soziale Netzwerke türkischer Migrantinnen und Migranten.
In: *Aus Politik und Zeitgeschichte* (ApuZ.) 1–2/2006, S. 11–17.

Jeske, E. (Hrsg.):
Wörterbuch zur Erblehre und Erbpflege (Rassenhygiene). Berlin 1934

Joas, H. (Hrsg.):
Lehrbuch der Soziologie. Frankfurt am Main 2007

Junge, M.:
Ambivalenz: Eine Schlüsselkategorie der Soziologie von Zygmunt Bauman.
In: Junge, M./ Kron, Th. (Hrsg.): Zygmunt Bauman. Budrich, Opladen 2002,
S. 81–101

Kant, I.:
Von den verschiedenen Racen der Menschen.
In: Kant, I.: Schriften zur Anthropologie, Geschichtsphilosophie, Politik und
Pädagogik 1.Werkausgabe Bd. XI. Hrsg. Wilhelm Weischedel. Frankfurt/Main
1982 (4. Auflage), S. 11–30

Kastner, J.:
Politik und Postmoderne. Libertäre Aspekte in der Soziologie Zygmunt Baumans.
Münster 2000

Katz, J.:
Vom Vorurteil bis zur Vernichtung. Der Antisemitismus 1700–1933.
München 1989

Kelek, N.:
Islam im Alltag. Islamische Religiosität und ihre Bedeutung in der Lebenswelt
von Schülerinnen und Schülern türkischer Herkunft. Münster 2002

Kelek, N.:
Die muslimische Frau in der Moderne.
In: *Aus Politik und Zeitgeschichte* (APuZ). 1–2/2006, S. 25–31.

Kelek, N.:
Die fremde Braut. Ein Bericht aus dem Innern des türkischen Lebens in Deutschland. München 2006 (5. Auflage)

Kelek, N.:
Die Stereotype des Mr. Buruma.
In: Therry,Ch.,/ Seeliger, A. (Hrsg.): Islam in Europa. Eine internationale Debatte.
Frankfurt/Main 2007, S. 110–116

Kelek, N.:
Himmelreise. Mein Streit mit den Wächtern des Islam. München 2011

Kermani, N.:
Wer ist Wir? Deutschland und seine Muslime. München 2009

Kerner, I.:
Differenzen und Macht. Zur Anatomie von Rassismus und Sexismus.
Frankfurt/Main 2009

Kiesel, D./ Messerschmidt, A./ Scherr, A. (Hrsg.):
Die Erfindung der Fremdheit. Zur Kontroverse um Gleichheit und Differenz im Sozialstaat. Frankfurt/Main 1999

Kimmerle, H.:
Jacques Derrida. Hamburg 2008

Klein, M.:
Geschichtsdenken und Ständekritik in apokalyptischer Perspektive. Martin Luthers Meinungs- und Wissensbildung zur ‚Türkenfrage' auf dem Hintergrund der osmanischen Expansion und im Kontext der reformatorischen Bewegung. Hagen 2004 (Inaug.Diss.)

Klein, A./ Küpper, B./Zick, A.:
Rechtspopulismus im vereinigten Deutschland als Ergebnis von Benachteiligungsgefühlen und Demokratiekritik.
In: Heitmeyer, W.: Deutsche Zustände. Folge 7. Frankfurt/Main 2009, S. 93–112

Kleinert, C.:
Fremdenfeindlichkeit – Einstellungen junger Deutscher zu Migranten. Wiesbaden 2004 (Inaug.Diss.)

Kliche, Th.:
„Islam" in Stereotyp, Fluktuat und Matrize.
In: Wasmuth, J. (Hrsg.): Zwischen Fremd- und Feindbildern. Interdisziplinäre Beiträge zu Rassismus und Fremdenfeindlichkeit. Münster 2000, S. 116–150

Klinkhammer, G.:
Moderne Formen islamischer Lebensführung. Eine qualitativ-empirische Untersuchung zur Religiosität sunnitisch geprägter Türkinnen der zweiten Generation in Deutschland. Marburg 2000

Koenig, M.:
Staatsbürgerschaft und religiöse Pluralität in post-nationalen Konstellationen. Zum institutionellen Wandel europäischer Religionspolitik am Beispiel der Inkorporation muslimischer Immigranten in Großbritannien, Frankreich und Deutschland. (Inaug.Diss.) Marburg 2003

Königseder, A.:
Feindbild Islam.
In: Benz, Wolfgang (Hrsg.): Islamfeindschaft und ihr Kontext. Dokumentation der Konferenz „Feindschaft Muslim – Feindschaft Jude". Berlin 2009, S. 21–33

Köllisch, T.:
Wie ehrlich berichten Jugendliche über ihr delinquentes Verhalten? Ergebnisse einer externen Validierung selbstberichteter Delinquenz. Arbeitspapiere aus dem Projekt „Soziale Probleme und Jugenddelinquenz im sozialpädagogischen Kontext" des Max-Plank-Instituts für ausländisches und internationales Strafrecht Freiburg i.Br. / Nr.7. Freiburg 2002

Korte, H.:
Die etablierten Deutschen und ihre ausländischen Außenseiter.
In: Gleichmann, P./ Goudsblom, J./ Korte, H. (Hrsg.): Macht und Zivilisation.
Norbert Elias' Zivilisationstheorie 2. Frankfurt/Main 1984, S. 261–279

Koschorke, A.:
Ein neues Paradigma der Kulturwissenschaften.
In: Eßlinger, E./ Schlechtriemen, T./ Schweitzer, D./ Zons, A. (Hrsg.):
Die Figur des Dritten. Ein kulturwissenschaftliches Paradigma.
Frankfurt/Main 2010, S. 9–31

Krüger-Potratz, M./ Schiffauer, W.:
Migrationsreport 2010. Fakten – Analysen – Perspektiven. Frankfurt/Main 2011

Kühl, S.:
Die Internationale der Rassisten. Aufstieg und Niedergang der internationalen
Bewegung für Eugenik und Rassenhygiene im 20. Jahrhundert.
Frankfurt/Main 1997

Kühnel, S./ Schmidt, P.:
Orientierungslosigkeit. Ungünstige Effekte für schwache Gruppen.
In: Heitmeyer, W. (Hrsg.): Deutsche Zustände. Folge 1. Frankfurt/Main 2002,
S. 83–95

Kühnel, S./ Leibold, J.:
Islamophobie in der deutschen Bevölkerung: ein neues Phänomen oder nur ein
neuer Name? Ergebnisse von Bevölkerungsumfragen zur Gruppenbezogenen
Menschenfeindlichkeit 2003 bis 2005.
In: Wohlrab-Sahr, M./ Tezcan, L. (Hrsg.): Soziale Welt – Sonderband 17 „Kon-
fliktfeld Islam in Europa", München 2007, S. 135–154.

Küpper, B./ Heitmeyer, W.:
Feindselige Frauen. Zwischen Angst, Zugehörigkeit und Durchsetzungsideologie.
In: Heitmeyer, W.: Deutsche Zustände. Folge 3. Frankfurt/Main 2005, S. 108–128

Kuhlmann, W.:
Ist die Transzendentalpragmatik eine philosophische Form des Fundamentalismus?
In: Meyer, Th. (Hrsg.): Fundamentalismus in der modernen Welt. Die Interna-
tionale der Unvernunft. Frankfurt/Main 1989, S. 33–49

Leggewie, C.:
Ethnizität, Nationalismus und multikulturelle Gesellschaft.
In: Berding, H. (Hrsg.): Nationales Bewußtsein und kollektive Identität.
Studien zur Entwicklung des kollektiven Bewußtseins in der Neuzeit 2. Frank-
furt/Main 1996 (2. Auflage), S. 46–65

Leggewie, C.:
Ethnische Spaltungen in demokratischen Gesellschaften.
In: Heitmeyer, W. (Hrsg.): Was hält die Gesellschaft zusammen?
Frankfurt/Main 1997, S. 233–254

Leibold, J./ Kühnel, S.:
Islamphobie. Sensible Aufmerksamkeit für spannungsreiche Anzeichen.
In: Heitmeyer, W. (Hrsg.): Deutsche Zustände. Folge 2: Frankfurt/Main 2003,
S. 100–119

Leibold, J./ Kühnel, S.:
Islamophobie. Differenzierung tut not.
In: Heitmeyer, W. (Hrsg.): Deutsche Zustände. Folge 4. Frankfurt/Main 2006,
S. 135–155

Leibold, J./ Kühnel, S./ Heitmeyer, W.:
Abschottung von Muslimen durch generalisierte Kritik.
In: *Aus Politik und Zeitgeschichte* (APuZ), 1–2/2006, S. 3–10.

Leibold, J./ Kühnel, S.:
Islamophobie oder Kritik am Islam?
In: Heitmeyer, W. (Hrsg.): Deutsche Zustände. Folge 6. Frankfurt/Main 2008,
S. 95–115

Leiris, M.:
Die eigene und die fremde Kultur. Frankfurt/Main 1977

Lemaire, G.-G.:
Orientalismus – Das Bild des Morgenlandes in der Malerei. Berlin 2005

Lemmen, T./ Miehl, M.:
Islamische Religionsausübung in Deutschland.
Hrsg: Friedrich Ebert Stiftung. Bonn 2001

Lenz, F.:
Menschliche Auslese und Rassenhygiene (Eugenik) Bd.II. München 1932
(4. Auflage)

Lévi-Strauss, C.:
Rasse und Geschichte. Frankfurt/Main 1972

Lévi-Strauss, C.:
Der Blick aus der Ferne. Frankfurt/Main 2008

Loimeier, R.:
Edward Said und der Deutschsprachige Orientalismus. Eine kritische Würdigung.
In: *Wiener Zeitschrift für kritische Afrikastudien* 2/2001, S. 63–85.

Lorenz, K.:
Das sogenannte Böse. Zur Naturgeschichte der Aggression. München 1974

von Lucke, A.:
Eindringende Eiszeit. Der neue Jargon der Verachtung.
In: Heitmeyer, W.: Deutsche Zustände. Folge 9. Frankfurt/Main 2010, S. 257–266

Luhmann, N.:
Soziale Systeme. Grundriß einer allgemeinen Theorie. Frankfurt/Main 1987

Luhmann, N.:
Die Gesellschaft der Gesellschaft. Frankfurt/M 1997

Luhmann, N.:
Gesellschaftsstruktur und Semantik. Studien zur Wissenssoziologie der modernen Gesellschaft. Bd.4 Frankfurt/Main 1999

Luhr, C./ Rauchfuß, J.:
Sarrazin schafft sich ab: mit Rassismus.
In: Bündnis »Rechtspopulismus stoppen« (Hrsg.): Rechtspopulismus in Berlin. Rassismus als Bindeglied zwischen der »Mitte« der Gesellschaft und Neonazismus? Berlin 2011, S. 28–29.

Malinowski, B. (1929):
Das Geschlechtsleben der Wilden in Nord-West-Melanesien. Bd.II Frankfurt/Main 1979

Mall, R.A.:
Philosophie im Vergleich der Kulturen. Darmstadt 1996

Mansel, J./ Heitmeyer, W.:
Spaltung der Gesellschaft. Die negativen Auswirkungen auf das Zusammenleben.
In: Heitmeyer, W.: Deutsche Zustände. Folge 3. Frankfurt/Main 2005, S. 39–72

Mansel, J./ Endrikat, K./ Hüpping, S.:
Krisenfolgen. Soziale Abstiegsängste fördern feindselige Mentalitäten.
In: Heitmeyer, W.: Deutsche Zustände. Folge 4. Frankfurt/Main 2006, S. 39–66

Marth, J./ Grau, A./ Legge, S.:
Fremdenfeindlichkeit. Warum der lokale Kontext einen Unterschied macht.
In: Heitmeyer, W.: Deutsche Zustände. Folge 9. Frankfurt/Main 2010, S. 61–81

Matschke, K.-P.:
Das Kreuz und der Halbmond. Die Geschichte der Türkenkriege.
Düsseldorf 2004

Mecheril, P.:
Pädagogik der Anerkennung. Eine programmatische Kritik.
In: Hamburger, F./Badawia, T./ Hummrich, M. (Hrsg.): Migration und Bildung. Über das Verhältnis von Anerkennung und Zumutung in der Einwanderungsgesellschaft. Wiesbaden 2005, S. 311–328

Mehan, H./ Wood, H.:
Fünf Merkmale der Realität.
In: Weingarten, E./Sack, F./Schenkein, J.: Ethnomethodologie. Beiträge zu einer Soziologie des Alltagshandelns. Frankfurt/Main 1979, S. 29–63

Melter, C./ Mecheril, P. (Hrsg.):
Rassismuskritik. Bd.1: Rassismustheorie und -forschung. Schwalbach/Ts. 2009

Memmi, A. (1982):
Rassismus. Frankfurt/Main 1992

Merz-Benz, P.-U./ Wagner, G. (Hrsg.):
Der Fremde als sozialer Typus. Konstanz 2002

Meyer, Th.:
Fundamentalismus. Die andere Dialektik der Aufklärung.
In: Meyer, Th. (Hrsg.): Fundamentalismus in der modernen Welt. Die Internationale der Unvernunft. Frankfurt/Main 1989, S. 13–22

Meyer, Th.:
Parallelgesellschaft und Demokratie.
In: Meyer, Th./ Weil, R. (Hrsg.): Die Bürgerschaft. Perspektiven für Bürgerbeteiligung und Bürgerkommunikation. Bonn 2002, S. 343–372

Micksch, J. (Hrsg.):
Antimuslimischer Rassismus. Frankfurt/Main 2009

Miles, R.:
Die Idee der »Rasse« und Theorien über Rassismus. Überlegungen zur britischen Diskussion.
In: Bielefeld, U. (Hrsg.): Das Eigene und das Fremde. Neuer Rassismus in der alten Welt? Hamburg 1991, S. 189–219

Miles, R.:
Rassismus. Einführung in die Geschichte und Theorie eines Begriffs. Hamburg 1992 (2. Auflage)

Miles, R.:
Geschichte des Rassismus.
In: Burgmer, Ch. (Hrsg.): Rassismus in der Diskussion. Berlin 1999, S. 9–26

Miles, R.:
Bedeutungskonstitution und der Begriff des Rassismus.
In: Räthzel, N. (Hrsg.): Theorien über Rassismus. Hamburg 2000, S. 17–33

Mitchell, T.:
Die Welt als Ausstellung.
In: Conrad, S./ Randeria, S. (Hrsg.): Jenseits des Eurozentrismus. Postkoloniale Perspektiven in den Geschichts- und Kulturwissenschaften. Frankfurt/Main 2002, S. 148–176

Mühe, N.:
Muslime in Berlin. New York/ London/ Budapest 2010
Hrsg: Open Society Institute (Städtebericht der Monitoring-Reihe "Muslime in Städten der EU")

Mühlmann, W.:
Rassen- und Völkerkunde. Lebensprobleme der Rassen, Gesellschaften und Völker. Braunschweig 1936

Mühlmann, W.:
Geschichte der Anthropologie. Wiesbaden 1986 (4. Auflage)

Münch-Heubner, P.L.:
Islamismus oder Fundamentalismus? Ein Beitrag zu einem akademischen Glaubenskrieg.
In: Zehetmair, H. (Hrsg.): Der Islam. Im Spannungsfeld von Konflikt und Dialog. Wiesbaden 2005, S. 36–48

Nassehi, A.:

Der Fremde als Vertrauter. Soziologische Beobachtungen zur Konstruktion von Identitäten und Differenzen.

In: *Kölner Zeitschriften für Soziologie und Sozialpsychologie*. 47, 3/ 1995, S. 443–463.

Nassehi, A.:

Der soziologische Diskurs der Moderne. Frankfurt/Main 2009

Naumann, Th.:

Feindbilder Islam. Historische und theologische Gründe einer europäischen Angst.

In: Schneiders, Th. G. (Hrsg.): Islamfeindlichkeit. Wiesbaden 2009, S. 19–36

Nökel, S.:

Migration, Islamisierung und Identitätspolitiken. Zur Bedeutung der Religiosität junger Frauen in Deutschland.

In: Lukatis, I./ Sommer, R./Wolf, C. (Hrsg.): Religion und Geschlechterverhältnis. Opladen 2000, S. 261–270

Özyurt, S.:

Die Türkenlieder und das Türkenbild in der deutschen Volksüberlieferung vom 16. bis zum 20. Jahrhundert. München 1972

Ornig, N.:

Die Zweite Generation und der Islam in Österreich. Eine Analyse von Chancen und Grenzen des Pluralismus von Religionen und Ethnien. Graz 2006

Osterhammel, J.:

Kolonialismus. Geschichte, Formen, Folgen. München 1995

Paffrath, U.:

Stellungnahme zu den Ergebnissen der Studie „Kinder und Jugendliche in Deutschland: Gewalterfahrungen, Integration, Medienkonsum" des Kriminologischen Instituts Niedersachsen (KFN).

Forschungszentrum für Religion und Gesellschaft (forege) Köln 2010

Pagenstecher, C.:

Die ‚Illusion' der Rückkehr. Zur Mentalitätsgeschichte von ‚Gastarbeit' und Einwanderung.

In: *Soziale Welt*, 47, 2/ 1996, S. 149–179.

Palm, K.:

Der „Rasse"-Begriff in der Biologie nach 1945.

In: AG gegen Rassismus in den Lebenswissenschaften (Hrsg.): Gemachte Differenz. Kontinuitäten biologischer „Rasse"-Konzepte. Münster 2009, S. 240–254

Park, R.E.:

Human Migration and the Marginal Man.

In: *American Journal of Sociology* 33, 1928, S. 881–893.

Park, R.E.:

Migration und der Randseiter.

In: Merz-Benz, P.-U./ Wagner, G. (Hrsg.): Der Fremde als sozialer Typus. Konstanz 2002

Parsons, T.:

Das System moderner Gesellschaften. München 1982

Peters, J.:

Rechtspopulismus in Gestalt einer Bürgerbewegung.

In: Häusler, A./ Killguss, H.-P. (Hrsg.): Feindbild Islam. Rechtspopulistische Kulturalisierung des Politischen. (Dokumentation zur Fachtagung vom 13.September 2008) Köln 2008, S. 25–28

Peterson, A.:

Der Holocaust. Eine unwiderrufliche Herausforderung für Sozialtheorie und Praxis.

In: Junge, M./ Kron, Th. (Hrsg.): Zygmunt Bauman. Opladen 2002, S. 105–141

Petzke, M./Endrikat, K./ Kühnel, S.M.

Risikofaktor Konformität. Soziale Gruppenprozesse im kommunalen Kontext.

In: Heitmeyer, W.: Deutsche Zustände. Folge 5. Frankfurt/Main 2007, S. 52–76

Peucker, M.:

Islamfeindlichkeit – die empirischen Grundlagen.

In: Schneiders, Th. G. (Hrsg.): Islamfeindlichkeit. Wenn die Grenzen der Kritik verschwimmen. Wiesbaden 2009, S. 155–165

Pfahl-Traughber, A.:

Islamismus in der Bundesrepublik Deutschland. Ursachen, Organisationen, Gefahrenpotenzial.

In: *Aus Politik und Zeitgeschichte* (APuZ), 51/2001, S. 43–53.

Pinn, I.:

Von der exotischen Haremsschönheit zur obskuren Fundamentalistin.

In: Youssef, H. (Hrsg.): Abschied vom Harem. Selbstbilder – Fremdbilder muslimischer Frauen. Berlin 2004, S. 137–152

Ploetz, A.:

Die Tüchtigkeit unserer Rasse und der Schutz der Schwachen. Grundlinien einer Rassenhygiene. I. Theil. Berlin 1895

Pollack, D.:

Studie „Wahrnehmung und Akzeptanz religiöser Vielfalt." Bevölkerungsumfrage des Exzellenzclusters „Religion und Politik". (2010)

online unter: *www.uni-muenster.de/imperia/und/content/religion_und_politik/ aktuelles/2010/12_2010/studie_wahrnehmung_und_akzeptanz_religioeser_ vielfalt.pdf*

Priester, K.:

Rassismus. Eine Sozialgeschichte. Leipzig 2003

Priester, K.:
    Populismus als Protestbewegung.
    In: Häusler, A./ Killguss, H.-P. (Hrsg.): Feindbild Islam. Rechtspopulistische
    Kulturalisierung des Politischen. (Dokumentation zur Fachtagung vom
    13.09.2008) Köln 2008, S. 15–18
Räthzel, N. (Hrsg.):
    Theorien über Rassismus. Hamburg 2000
Räthzel, N.:
    Kultur und Ideologie. Der Nutzen von Cultural Studies und Ideologietheorie für
    die Rassismusforschung.
    In: Berghold, J./ Menasse, E./ Ottomeyer, K. (Hrsg.): Trennlinien. Imagination
    des Fremden und Konstruktion des Eigenen. Klagenfurt 2000, S. 135–148
Reese-Schäfer, W.:
    Unbehagen an der Moderne und an der Postmoderne. Zygmunt Bauman und das
    kommunitaristische Denken.
    In: Junge, M./ Kron, Th. (Hrsg.): Zygmunt Bauman. Budrich, Opladen 2002,
    S. 325–353
Richter, E.:
    Die Einbürgerung des Islams.
    In: *Aus Politik und Zeitgeschichte* (APuZ), 20/2005, S. 3–7.
Römhild, R.:
    Kultur, Ethnizität, Ethnisierung. Dynamiken und Begrenzungen der multi-
    kulturellen Gesellschaft.
    Hrsg.: Landeshauptstadt Stuttgart: Zukunft Interkultur. 1. Stuttgarter Integra-
    tionstagung. Stuttgart 1999
Rommelspacher, B.:
    Was ist eigentlich Rassismus?
    In: Melter, C./ Mecheril, P. (Hrsg.): Rassismuskritik. Bd.I: Rassismustheorie
    und -forschung. Schwalbach/Ts. 2009, S. 25–38
Rosenberg, A.:
    Blut und Ehre. München 1934 (NSDAP) (3. Auflage)
Rosenberg, A. (1930):
    Der Mythus des 20.Jahrhunderts. München 1935 (54. Auflage)
Roy, O.:
    Der islamische Weg nach Westen. Globalisierung, Entwurzelung und Radi-
    kalisierung. Bonn 2006
Sager, T./ Peters, J.:
    Die PRO-Aktivitäten im Kontext der extremen Rechten.
    In: Häusler, A. (Hrsg.): Rechtspopulismus als „Bürgerbewegung". Kampagnen
    gegen Islam und Moscheebau und kommunale Gegenstrategien.
    Wiesbaden 2008, S. 115–128
Said, E.:
    Orientalismus. Frankfurt/Main 1981

Sarrazin, Th.:

Deutschland schafft sich ab. Wie wir unser Land aufs Spiel setzen.

München 2010 (15. Auflage)

Schaefer, D./ Mansel, J./ Heitmeyer, W.:

Rechtspopulistisches Potential. Die »saubere« Mitte als Problem.

In: Heitmeyer, W. (Hrsg.): Deutsche Zustände. Folge 1. Frankfurt/Main 2002,
S. 123–141

Schallmayer, W.:

Vererbung und Auslese. Grundriß der Gesellschaftsbiologie und der Lehre vom
Rassedienst. Jena 1918 (3. Auflage)

Scheich, E.:

Denkverbote über Frau und Natur – Zu den strukturellen Verdrängungen des
naturwissenschaftlichen Denkens.

In: Kulke, Ch. (Hrsg.): Rationalität und sinnliche Vernunft. 1988, S. 72–89

Scherr. A:

Die Konstruktion von Fremdheit in sozialen Prozessen. Überlegungen zur Kritik und Weiterbildung interkultureller Pädagogik.

In: Kiesel, D./ Messerschmidt, A./ Scherr, A. (Hrsg.): Die Erfindung der Fremdheit. Zur Kontroverse um Gleichheit und Differenz im Sozialstaat. Frankfurt/
Main 1999, S. 49–65

Scherr, A.:

Ethnisierung als Ressource und Praxis.

In: PROKLA *Zeitschrift für kritische Sozialwissenschaft*, 120, 3/ 2000, S. 399–
414.

Scherr, A.:

Subjektbildung in Anerkennungsverhältnissen. Über „soziale Subjektivität"
und „gegenseitige Anerkennung" als pädagogische Grundbegriffe.

In: Hafenegger, B./ Henkenborg, P./ Scherr, A. (Hrsg.):
Pädagogik der Anerkennung. Grundlagen, Konzepte, Praxisfelder. Schwalbach/
Ts. 2007 (2. Auflage), S. 26–44

Scherr, A.:

Soziale Benachteiligung, Kriminalisierung und Kriminalitätsbelastung von
Jugendlichen mit Migrationshintergrund.

In: DVJJ (Hrsg.): Fördern, Fordern, Fallenlassen. Aktuelle Entwicklungen im
Umgang mit Jugenddelinquenz. Dokumentation des 27. Deutschen Jugend-
gerichtstags. Godesberg 2008, S. 215–233.

Scherr, A.:

Diskriminierung und Rassismus.

In: Otto, H.-U./ Thiersch, H. (Hrsg.): Handbuch Soziale Arbeit. München 2011,
S. 268–277

Schiffauer, W.:

Parallelgesellschaften. Wie viel Wertekonsens braucht unsere Gesellschaft?
Für eine kluge Politik der Differenz. Bielefeld 2011 (2. Auflage)

Schiffer, S.:
Die Darstellung des Islams in der Presse. Sprache, Bilder, Suggestionen. Eine Auswahl von Techniken und Beispielen. Erlangen-Nürnberg 2004 (Inaug.Diss.)
Schiffer, S.:
Grenzenloser Hass im Internet. Wie „islamkritische" Aktivisten in Weblogs argumentieren.
In: Schneiders, Th. G. (Hrsg.): Islamfeindlichkeit. Wiesbaden 2009, S. 341–362
Schiffer, S.:
Kommentar zum Vortrag von Angelika Königseder „Feindbild Islam".
In: Benz, W.: Islamfeindschaft und ihr Kontext. Dokumentation der Konferenz „Feindbild Muslim – Feindbild Jude." Berlin 2009, S. 35–43
Schiffer, S./ Wagner, C.:
Antisemitismus und Islamophobie: Ein Vergleich. Deiningen 2009
Schiffer, S.:
Islamophobie – Plädoyer für eine internationale Bezeichnung.
In: INAMO. Feindbild Islam. Islamfeindlichkeit und Rechtspopulismus. 17, 68/ Winter 2011, S. 22–24.
Schlenker-Fischer, A.:
Demokratische Gemeinschaft trotz ethnischer Differenz. Theorien, Institutionen und soziale Dynamiken. Wiesbaden 2009
Schlögel, K.:
Planet der Nomaden. Zürich 2000
Schmidt, F.:
Das Reich als Aufgabe. Berlin 1940
Schneiders, Th. G. (Hrsg.):
Islamfeindlichkeit. Wenn die Grenzen der Kritik verschwimmen. Wiesbaden 2009
Schneiders, Th. G.:
Die Schattenseite der Islamkritik. Darstellung und Analyse der Argumentationsstrategien von Henryk M. Broder, Ralf Giordano, Necla Kelek, Alice Schwarzer und anderen.
In: Schneiders, Th. G. (Hrsg.): Islamfeindlichkeit. Wiesbaden 2009, S. 403–432
Schröder, I.W.:
Ethnisierung als Strategie sozialer Schließung in sozio-politischen Konflikten.
In: Grugel, A./ Schröder, I.W. (Hrsg.): Grenzziehungen. Zur Konstruktion ethnischer Identitäten in der Arena sozio-politischer Konflikte. Frankfurt/Main 1998, S. 1–22
Schröter, S.:
Nationale oder lokale Identität? Ethnische und religiöse Interpretation sozialer Konflikte in Indonesien.
In: Meyer, G./ Thimm, A. (Hrsg.): Ethnische Konflikte in der Dritten Welt. Ursachen und Konsequenzen. Mainz 2001, S. 39–60

Schütz, A.:

Der Fremde. Ein sozialpsychologischer Versuch.

In: Schütz, A.: Gesammelte Aufsätze. Bd.II. Studien zur soziologischen Theorie.
Den Haag 1972, S. 53–69

Schütz, A./Luckmann, T.:

Strukturen der Lebenswelt. Bd.I Frankfurt/Main 1979

Schutzbund für das deutsche Volk (SDV)e.V:

Das Heidelberger Manifest (Unterzeichner-Fassung vom 17.6.1981), online unter: *http://www.schutzbund.de/heidelberger_manifest.htm* [10.12.2008]

Schwarz, P.(Hrsg.):

Die Sarrazin-Debatte. Eine Provokation und die Antworten. Hamburg 2010

Senatsverwaltung für Integration, Arbeit und Soziales Berlin (Hrsg):

Mit Kopftuch außen vor? Schriften der Landesstelle für Gleichbehandlung –
gegen Diskriminierung. Berlin [o.J.]

Senghaas, D.:

Die fixe Idee vom Kampf der Kulturen.

In: *Blätter für deutsche und internationale Politik*, 2/1997, S. 215–221.

Senghaas, D.:

Zivilisierung wider Willen. Frankfurt/Main 1998

Seidel, E.:

Die schwierige Balance zwischen Islamkritik und Islamophobie.

In: Heitmeyer, W. (Hrsg.): Deutsche Zustände. Folge 2: Frankfurt/Main 2003,
S. 261–279

Sezgin, H. (Hrsg.):

Manifest der Vielen. Deutschland erfindet sich neu. Berlin 2011

Shooman, Y.:

Islamfeindschaft im World Wide Web.

In: Benz, W. (Hrsg.): Islamfeindschaft und ihr Kontext. Dokumentation der
Konferenz „Feindschaft Muslim – Feindschaft Jude". Berlin 2009, S. 85–89

Shooman, Y.:

Selbst- und Fremdbilder in der medialen Rezeption der Deutschen Islam Konferenz: Eine Fallstudie zu den Tageszeitungen *FAZ* und *DIE WELT*.

In: Ucar, B. (Hrsg.): Die Rolle der Religion im Integrationsprozess. Die deutsche
Islamdebatte. Frankfurt/Main 2010

Shooman, Y.:

Kronzeuginnen der Anklage? Zur Rolle muslimischer Sprecherinnen in aktuellen Islamdebatten.

In: Schmidt,S./ Krämer, S./ Voges, R. (Hrsg.): Politik der Zeugenschaft. Zur
Kritik einer Wissenspraxis. Bielefeld 2011, S. 331–352

Shooman, Y.:
Der Topos »Deutschenfeindlichkeit« in rechtspopulistischen Diskursen.
In: Bündnis »Rechtspopulismus stoppen« (Hrsg.): Rechtspopulismus in Berlin.
Rassismus als Bindeglied zwischen der »Mitte« der Gesellschaft und Neonazismus? Berlin 2011, S. 45–47.

Simmel, G.:
Exkurs über den Fremden.
In: Soziologie. Untersuchungen über die Formen der Vergesellschaftung. Berlin 1908

Simmel, G.:
Soziologie. Untersuchungen über die Formen der Vergesellschaftung. Gesamtausgabe Bd.II. Frankfurt/Main 1992

Sinus-Sociovision:
Zentrale Ergebnisse der Sinus-Studie über Migranten-Milieus in Deutschland; online unter: *http://www.sinus-institut.de/uploads/tx_mpdownloadcenter/ MigrantenMilieus_Zentrale_Ergebnisse_09122008.pdf* [9.12.2008]

Sokolowsky, K.:
Feindbild Moslem. Berlin 2009

Sonderegger, A.:
Geschichte und Gedenken im Banne des Eurozentrismus.
In: Gomes B./ Schicho, W./ Sonderegger, A. (Hrsg.): Rassismus. Beiträge zu einem vielgesichtigen Phänomen. Wien 2008, S. 45–72

Spenlen, K.:
Integration muslimischer Schülerinnen und Schüler. Analyse pädagogischer, politischer und rechtlicher Faktoren. Berlin 2010

Spielhaus, R.:
Wer ist hier Muslim? Die Entwicklung eines islamischen Bewusstseins in Deutschland zwischen Selbstidentifikation und Fremdzuschreibung. Würzburg 2011

Spitzer Ch.:
Neorassismus und Europa. Europäische Hochschulschriften. Reihe XXII Soziologie, Bd. 390. Frankfurt/Main 2003

Spuler-Stegemann, U.:
Muslime in Deutschland. Nebeneinander oder Miteinander? Freiburg/Basel/ Wien 1998

Stäheli, U.:
Poststrukturalistische Soziologien. Bielefeld 2000

Stascheit, G. (Hrsg.):
Ausländer nehmen uns die Arbeitsplätze weg! Rechtsradikale Propaganda und wie man sie widerlegt. Mühlheim an der Ruhr 2005

Stegemann, D.:
>> Rechtspopulismus<< keine Randerscheinung, sondern ein gesamtgesellschaft-
liches Problem.
In: Bündnis >>Rechtspopulismus stoppen<< (Hrsg.): Rechtspopulismus in Berlin.
Rassismus als Bindeglied zwischen der >>Mitte<< der Gesellschaft und Neonazis-
mus? Berlin 2011, S. 5–7.
Stichweh, R.:
Der Fremde. Studien zur Soziologie und Sozialgeschichte. Frankfurt/Main 2010
Stonequist, E.V.:
The Marginal Man. A Study in Personality and Culture Conflict. New York 1937
Stuckart, W./ Schiedermair, R.:
Rassen- und Erbpflege in der Gesetzgebung des Dritten Reiches. Leipzig 1938
Taguieff, P.-A.:
Die Metamorphosen des Rassismus und die Krise des Antirassismus.
In: Bielefeld, U. (Hrsg.): Das Eigene und das Fremde. Neuer Rassismus in der
alten Welt? Hamburg 1991, S. 221–268
Taguieff, P.-A.:
Die Macht des Vorurteils. Der Rassismus und sein Double. Hamburg 2000
Taşci, H.:
Identität und Ethnizität in der Bundesrepublik Deutschland am Beispiel der
zweiten Generation der Aleviten aus der Republik Türkei. Berlin 2006
Taylor, Ch.:
Das Unbehagen an der Moderne. Frankfurt/Main 1995
Taylor, Ch.:
Quellen des Selbst. Die Entstehung der neuzeitlichen Identität.
Frankfurt/Main 1996
Taylor, Ch.:
Multikultarismus und die Politik der Anerkennung. Frankfurt/Main 2009
Terkessidis, M.:
Psychologie des Rassismus. Wiesbaden 1998
Tezcan, L.:
Der säkulare Muslim. Zu Generierung einer Kategorie im Kontext der Deut-
schen Islam Konferenz.
In: Krüger-Potratz, M./ Schiffauer, W.: Migrationsreport 2010. Fakten – Ana-
lysen – Perspektiven. Frankfurt/Main 2011, S. 83–108
Tibi, B.:
Europa ohne Identität? Die Krise der multikulturellen Gesellschaft.
München 2000
Toprak, A./ El-Mafaalani, A.:
Muslimische Kinder und Jugendliche in Deutschland. Lebenswelten – Denk-
muster – Herausforderungen. Konrad-Adenauer-Stiftung e.V. (Hrsg), Berlin 2011;
online unter: *http://www.kas.de/wf/de/33.28612* [03.11.2012]

Trubeta, S.:

Die Konstitution von Minderheiten und die Ethnisierung sozialer und politischer Konflikte. Eine Untersuchung am Beispiel der im griechischen Thrakien ansässigen Moslemischen Minderheit. Frankfurt/Main 1999

Tsiakolos, G.:

Der Beitrag von Ethologie und Anthropologie zur Bildung gesellschaftsrelevanter Kategorien.

In: Dittrich, E.J. & Radtke, F.-O. (Hrsg.): Ethnizität, Wissenschaft und Minderheiten. Opladen 1990

Turhan, I./ Turhan, C.:

Junge Muslime in der Schule. Probleme und Lösungsansätze im interkulturellen Dialog. Marburg 2011

UN-Antirassismuskonvention:

Internationales Übereinkommen zur Beseitigung jeder Form von Rassendiskriminierung vom 7. März 1966 (BGBl. 1969 II S. 961).

In: Institut für Menschenrechte 2009; online unter: *http://www.institutfuer menschenrechte.de/fileadmin/user_upload/PDFDateien/Pakte_Konventionen/ ICERD/icerd_de.pdf* [9.9.2009]

Wagner, U./ van Dick, R./ Endrikat, K.:

Interkulturelle Kontakte. Die Ergebnisse lassen hoffen.

In: Heitmeyer, W. (Hrsg.): Deutsche Zustände. Folge 1. Frankfurt/Main 2002, S. 96–109

Waldenfels, B.:

Grenzen der Normalisierung. Studien zur Phänomenologie des Fremden. Frankfurt/Main 1998

Waldenfels, B:

Topographie des Fremden. Studien zur Phänomenologie des Fremden. Frankfurt/Main 1999 (2. Auflage)

Weber, Max.:

Kommentar zu einem Vortrag von Dr. Ploetz, Die Rassen und Gesellschaftsbegriffe.

In: Gesammelte Aufsätze zur Soziologie und Sozialpolitik. Tübingen 1988, S. 456–462.

Weber, Max:

Wirtschaft und Gesellschaft. Grundriss der verstehenden Soziologie. Frankfurt/Main 2005

Weber, M.:

Zuschreibungen gegenüber Mädchen aus eingewanderten türkischen Familien in der gymnasialen Oberstufe.

In: Gieseke, H./ Kuhs, K. (Hrsg.): Frauen und Mädchen in der Migration. Frankfurt/Main 1999, S. 45–71

Weber, M.:
Ethnisierungsprozesse im Schulalltag. AkteurInnen zwischen Struktur und Eigensinn.
In: Badawia, T./ Hamburger, F./ Hummrich, M. (Hrsg.): Wider die Ethnisierung einer Generation – Beiträge zur qualitativen Migrationsforschung. Frankfurt/ Main, London 2003, S. 242–253

Weber, M.:
Heterogenität im Schulalltag. Konstruktion ethnischer und geschlechtlicher Unterschiede. Opladen 2003

Wehler, H.-U.:
Nationalismus und Nation in der deutschen Geschichte.
In: Berding, H. (Hrsg.): Nationales Bewußtsein und kollektive Identität. Studien zur Entwicklung des kollektiven Bewußtseins in der Neuzeit 2. Band Frankfurt/Main 1996 (2. Auflage), S. 163–175

Weingart, P./ Kroll, J./Bayertz, K.:
Rasse, Blut und Gene. Geschichte der Eugenik und Rassenhygiene in Deutschland. Franfurt/Main 1996 (2. Auflage)

Welsch, W.:
Transkulturalität zwischen Globalisierung und Partikularisierung.
In: Institut für Auslandsbeziehungen (Hrsg.): Migration und kultureller Wandel. *Zeitschrift für Kulturaustausch* 45,1/ 1995/1. Stuttgart 1995

Weß, L. (Hrsg.):
Die Träume der Genetik. Nördlingen 1989

Wickert, C.:
KFN legt zweiten Forschungsbericht zur Jugendgewalt, Integration und Religiosität vor.
In: Criminologia, online unter: *http://criminologia.de/2010/06/kfn-legt-zweiten-forschungsbericht-zur-jugengewalt-integration-religiositaet-vor/* [16.06.2010]

Winkler, P.:
Zwischen Kultur und Genen? Fremdenfeindlichkeit aus der Sicht der Evolutionsbiologie.
In: *Analyse und Kritik. Zeitschrift für Sozialwissenschaften*, 16/ 1994, S. 101–115.

Winnicott, D.W.:
Reifungsprozesse und fördernde Umwelt. München 1974

Wolf, A. (Hrsg.):
Neue Grenzen. Rassismus am Ende des 20. Jahrhunderts. Wien 1997

Wolf, C./ Stellmacher, J./ Wagner, U./ Ch., O.:
Druckvolle Ermunterung. Das Meinungsbild fördert menschenfeindliche Gewaltbereitschaft. S. 142–163
In: Heitmeyer, W.: Deutsche Zustände. Folge 2. Frankfurt/Main 2003

Wolf, C./ Wagner, U./ Christ, O.:
Die Belastungsgrenze ist nicht überschritten. Empirische Ergebnisse gegen die Behauptung vom »vollen Boot«.
In: Heitmeyer, W.: Deutsche Zustände. Folge 3. Frankfurt/Main 2005, S. 73–91

Wolf, C./ Schlüter, E./ Schmidt, P.:
Relative Deprivation. Riskante Vergleiche treffen schwache Gruppen.
In: Heitmeyer, W.: Deutsche Zustände. Folge 4. Frankfurt/Main 2006, S. 67–85

Zehetmair, H. (Hrsg.):
Der Islam. Im Spannungsfeld von Konflikt und Dialog. Wiesbaden 2005

Zick, A./ Küpper, B.:
«Die sind doch selbst schuld, wenn man was gegen sie hat!» oder Wie man sich seiner Vorurteile entledigt.
In: Heitmeyer, W.: Deutsche Zustände. Folge 3. Frankfurt/Main 2005, S. 129–143

Zick, A./ Küpper, B.:
Politische Mitte. Normal feindselig.
In: Heitmeyer, W.: Deutsche Zustände. Folge 4. Frankfurt/Main 2006, S. 115–134

Zick, A./ Küpper, B./ Wolf, H.:
Wie feindselig ist Europa? Ausmaße Gruppenbezogener Menschenfeindlichkeit in acht Ländern.
In: Heitmeyer, W.: Deutsche Zustände. Folge 9. Frankfurt/Main 2010, S. 39–60

PRESSE- UND ONLINEARTIKEL

Ahmadiyya Muslim Jaamat:
Ahmadiyya Muslim Jaamat in Deutschland; online unter:
http://www.ahmadiyya-islam.org/de/ahmadiyya/einfuehrung/was-ist-ahmadiyyat/ [18.07.2012]

Alevitische Gemeinde in Deutschland:
„Das Alevitentum gehört zur Türkei, und zwar als eigenständige Religionsgemeinschaft." Presseerklärung 13. Juli 2012; online unter:
alevi.com/de/„das-alevitentum-gehort-zu-turkei-und-zwar-als-eigenstandige-religionsgemeinschaft/ [08.10.2012]

Bielefeldt, H.:
Diskurs der Eigentlichkeit. In: Die Tageszeitung (taz); online unter: http://www.taz.de/1/archiv/print-archiv/printressorts/digi-artikel/?ressort=me&dig=2007%2F11%2F02%2Fa0111&cHash=9904279532 [2.11.2007]

Brumlik, M.:
Christliche Wahrheit und Abwehr. In: Die Tageszeitung (taz); online unter :
http://www.taz.de/?id=digitazartikel&ressort=me&dig=2007/10/08/a0124&no_cache=1&src=GI [20.10.2007]

Broder, H.M.:
Antisemitismus und Islamophobie.
In: Die Achse des Guten, 17.12.2009; online unter: *http://www.achgut.com/ dadgdx/index.php/dadgd/article/antisemitismus_und_islamophobie/* [30.07.2012]

Buchen, St.:
Wie Ayaan Hirsi Ali Breiviks Massenmord erklärt.
In: Cicero, 18.05.2012; online unter: *http://www.cicero.de/salon/ ayaan-hirsi-ali-wie-springers-ehrenpreistraegerin-breiviks-massenmord- erklaert/49381* [20.05.2012]

Burger, R.:
NRW-Wahlkampffreden. Rüttgers in der Kritik. In: Frankfurter Allgemeine Sonntagszeitung, 6.09.2009, Nr. 36, S.40; online unter: *http://www.faz.net/ aktuell/politik/inland/nrw-wahlkampffreden-ruettgers-in-der-kritik-1856712. html* [08.10.2011]

Deutscher Gewerkschaftsbund (DGB):
Stellungnahme der ISL zu den Überlegungen zur Einführung eines Islam-Unterrichts in Hessen nach dem niedersächsischen Modell ; 17. Februar 2009; online unter: *http://www.zusammenleben-in-offenbach.de/modules.php?op= modload&name=PagEd&file=index&topic_id=15&page_id=412* [01.08.2010]

Die Tagezeitung (taz):
Reine Kopfsache, 05.03.2010; online unter: *http://www.taz.de/1/archiv/ print-archiv/printressorts/digi-artikel/?ressort=tz&dig=2010%2F03%2F05%2 Fa0062&cHash=fe16d953f3* [15.04.2012]

Die Tageszeitung (taz):
Henryk M. Broder interviewt Thilo Sarrazin. Es war ein langer und lauter Furz, 7.12.2010; online unter: *www.taz.de/!62422/* [08.10.2011]

Frankfurter Allgemeine Rhein-Main:
Neue Initiative säkularer Muslime 20.07.2005, online unter: *http://www.faz.net/ aktuell/rhein-main/frankfurt/neue-initiative-saekularer-muslime-1253518.html* [12.04.2013]

Frankfurter Allgemeine Zeitung (FAZ):
Unterschiedliche Reaktionen auf neue Initiative säkularer Muslime 21.07.2005; online unter: *http://www.faz.net/aktuell/rhein-main/frankfurt/religion- unterschiedliche-reaktionen-auf-neue-initiative-saekularer-muslime-1259260. html* [11.08.2010]

Frankfurter Allgemeine Zeitung (FAZ):
Alice Schwarzer im Interview. „Die Islamisten meinen es so ernst wie Hitler", 04.07.2006; online unter: *http://www.faz.net/aktuell/feuilleton/debatten/ alice-schwarzer-im-interview-die-islamisten-meinen-es-so-ernst-wie- hitler-1358511.html* [13.09.2008]

Frankfurter Allgemeinen Sonntagszeitung (FAS):;
Kristina Schröder im Interview. Politiker warnen vor Diskriminierung. „Deutschenfeindlichkeit ist Rassismus" (9.10.2010); online unter: *http://www.faz.net/aktuell/politik/inland/politiker-warnen-vor-diskriminierung-deutschenfeindlichkeit-ist-rassismus-11052550.html* [07.01.2011]

Franzen, K. E.:
Ausstellung über das Morgenland. Der Orientmonolog. In: Frankfurter Rundschau, 11.02.2011, 34; online unter: *http://www.fr-online.de/kunst/ausstellung-ueber-das-morgenland-der-orientmonolog,1473354,7183666.html* [17.03.2012]

Geyer, S./Schindler, J.:
Im Netz der Islamfeinde. In: Frankfurter Rundschau, 14.9.2011, S. 19; online unter: *http://www.fr-online.de/die-neue-rechte/-politically-incorrect--im-netz-der-islamfeinde,10834438,10835026.* [03.03.2012]

Geyer, St./ Jörg, S. :
Islamfeinde drohen Behörden. In: Frankfurter Rundschau, 29.9.2011 S.1; online unter: *http://www.fr-online.de/politik/neue-rechte-islamfeinde-drohen-behoerden,1472596,10913038.html* [03.03.2012]

Geyer, St.:
Das Tribunal der Islamhasser. In: Frankfurter Rundschau, 04.01.2012; online unter: *http://www.fr-online.de/die-neue-rechte/politically-incorrect-das-tribunal-der-islamhasser,10834438,11385126.html* [04.05.2012]

Goddar, J. / Schmidt, V.:
Jugend in Braun:
In: Frankfurter Rundschau, 18. 03 2009

Grobe, K.:
Revolution in Arabien. Die Königsfamilie zittert: In: Frankfurter Rundschau, 01.03.2011; online unter: *http://www.fr-online.de/aegypten-syrien-revolution/proteste-in-saudi-arabien-die-koenigsfamilie-zittert,7151782,7508668.html* [09.05.2011]

Hamburger Abendblatt:
Der Mann, der die Indianer holte, 09.10.2003; online unter: *http://www.abendblatt.de/hamburgarticle212409/Der-Mann-der-die-Indianer-holte.html* [11.09.2010]

Handelsblatt:
„Einwanderer machen Deutschland dümmer". In Handelsblatt, 10.06.2010; online unter:
http://www.handelsblatt.com/politik/deutschland/thilo-sarrazin-einwanderer-machen-deutschland-duemmer/3458084.html [04.01.2011]

Hebel, St.:
Gauck in der Falle. In: Frankfurter Rundschau, 04.06.2012; online unter: *http://www.fr-online.de/kultur/islam-muslime-gauck-gauck-in-der-falle,1472786,16299874.html* [05.08.2012]

Kelek, N.:
Ein Befreiungsschlag. In: Frankfurter Allgemeine Zeitung, 30.08.2010; online unter: *http://www.faz.net/aktuell/feuilleton/debatten/2.1763/die-debatte/ integrations-debatte-ein-befreiungsschlag-12189.html* [05.03.2011]

Kelek, N.:
Luthers Kopftuch. Taugen Islamkritiker zur Erneuerung des Islam? Unter Muslimen herrscht Skepsis. In: Die Welt, 14.11.2011; online unter: *http://www.welt.de/print/ die_welt/kultur/article12149696/Luthers-Kopftuch.html* [08.02.2012]

Kelek, N.:
Das System Islam. In: Forum am Freitag, 16.07.2010; online unter: *http://www.zdf.de/ZDFmediathek/beitrag/video/1089020/Das+System+Islam/ beitrag/video/1089020/Das-System-Islam* [18.08.2010]

Maier J.:
Populismus vor der hessischen Landtagswahl. Die Sorgen mit der Politreligion Islam. In: Süddeutsche Zeitung, 25.1.2008; online unter: *http://www.sueddeutsche.de/politik/populismus-vor-der-hessischen- landtagswahl-die-sorgen-mit-der-politreligion-islam-1.290899* [23.06.2008]

Noelle, E./ Petersen, Th.:
Eine fremde, bedrohliche Welt. Die Einstellung der Deutschen zum Islam. IDA, Allensbacher Archiv, IfD-Umfrage 7089, April/Mai 2006. In: Frankfurter Allgemeine Zeitung (FAZ), 17.5.2006, S. 5.

Reents, F.:
Der Funke springt über. In: Frankfurter Allgemeine Zeitung, 25.07.2007, S.34.

Reimann, A.:
In: Die Tageszeitung (taz): Schäubles Islamgipfel – Muslime streiten über Platz für Muslima, 26.04.2007; online unter: *http://www.spiegel.de/politik/ deutschland/schaeubles-islamgipfel-muslime-streiten-ueber-platz-fuer- muslima-a-479566.html* [18.07.2009]

Remlein,Th.:
Die schweigende Mehrheit der Muslime fühlt sich missverstanden. Aufstand gegen Imame. In: Pressespiegel des evangelischen Regionalverbandes Frankfurt am Main, 21.07.2005

Sarrazin, Th.:
Lettre International, September 2009, 199; online unter: *www.spiegel.de/ wirtschaft/soziales/ 0,1518,652571,00.htm* [11.01.2010]

Statistisches Bundesamt.
Neue Daten zur Migration in Deutschland verfügbar. In: Pressemappe 04.05.2007; online unter: *http://www.presseportal.de/pm/32102/980441/ statistisches_bundesamt* [03.07.2009]

Spiegel Online. Panorama:
Kriminologische Studie. Jung, muslimisch, brutal, 05.06.2010, online unter: *http://www.spiegel.de/panorama/justiz/0,1518,698948,00.html,* [02.08.2010]

Schindler, J.:

Der Halbmond ist aufgegangen. In: Frankfurter Rundschau, 17.6.2011; online unter: *http://www.fr-online.de/die-neue-rechte/islam-angst-der-halbmond-ist aufgegangen,10834438,8565958.html* [05.08.2011]

Schindler, J.:

Islamfeinde bekämpfen sich selbst. In: Berliner Zeitung, 1.11.2011; online unter: *http://www.berliner-zeitung.de/neue-rechte/politically-incorrect-islamfeinde-bekaempfen-sich-selbst,10911114,11085006.html* [16.05.2012]

Schmale, H.:

Lob und Tadel für Gauck. In: Frankfurter Rundschau, 01.06.2012; online unter: *http://www.fr-online.de/gauck-folgt-wulff/bundespraesident-und-islam-lob-und-tadel-fuer-gauck,11460760,16159844.html* [18.07.2012]

Sorayan, S:

Kopftuch-Studien in Deutschland. Ein Literaturbericht 2007, 1–25. In: *http://www.dji.de/bibs/15_8751_Die_Kopftuch_Studien_Saroyan_end.pdf* [28. 09.2011]

Wefing H:

„Ätsch, ich darf stolz sein." Frankfurter Allgemeine Zeitung, 01.02.2006 online unter: *http://www.faz.net/aktuell/feuilleton/seyran-ates-aetsch-ich-darf-stolz-sein-1306268.html* [07.04.2009]

Zeit Online:

Gauck: „Die Muslime, die hier leben, gehören zu Deutschland", 31.05.2012; online unter: *http://www.zeit.de/news/2012-05/31/bundespraesident-gauck-die-muslime-die-hier-leben-gehoeren-zu-deutschland-31133409* [08.07.2012]

Anhang:
Muslime in Deutschland – Zahlen und Fakten

Bis Ende des 20. Jahrhunderts bezogen sich die Aussagen über „Muslime" in Deutschland überwiegend auf Forschungserkenntnisse mit türkischen bzw. türkeistämmigen MigrantInnen.[1] Auffallend ist in diesem Zusammenhang, dass bei türkischen Familien meist völlig selbstverständlich von deren Zugehörigkeit zur islamischen Religion ausgegangen wurde (vgl. Haug u.a. 2009, 25ff; Brettfeld/Wetzels 2007, 49). Das Interesse bezog sich bis dahin primär auf migrationsspezifische

---

1 | In wissenschaftlichen Untersuchungen herrscht in der Frage, wer als MigrantIn gezählt wird bzw. einen Migrationshintergrund hat, keine Eindeutigkeit (vgl. Spenlen 2010, 4). Beispielsweise wird in der KFN-Studie, wie gezeigt, von ausländischen Jugendlichen gesprochen, selbst wenn diese die deutsche Staatsbürgerschaft haben und zudem auch in Deutschland geboren sind (vgl. Baier u.a. 2010, 10[Anm.3]). Seit dem Mikrozensus 2005 wird das Phänomen „Migration" durch das Konzept „Bevölkerung mit Migrationshintergrund" konkretisiert, wie dies das Statistische Bundesamt in Wiesbaden in seiner Darstellung der Ergebnisse des Mikrozensus 2008 vornimmt. Auf diese Weise sollen auch Personen mit einbezogen werden, die selbst keine Zuwanderungsbiographie haben, was bedeutet, dass auch die in Deutschland geborenen Nachkommen unter dieser Terminologie erfasst werden. Demnach zählen zu den Menschen mit Migrationshintergrund „alle nach 1949 auf das heutige Gebiet der Bundesrepublik Deutschland Zugewanderten, sowie alle in Deutschland geborenen Ausländer und alle in Deutschland als Deutsche Geborenen mit zumindest einem zugewanderten oder als Ausländerin in Deutschland geborenen Elternteil" (Statisches Bundesamt 2010, 5). Da der Migrationshintergrund ausschließlich von den Eltern bzw. eines Elternteils abgeleitet wird, bezieht sich dies auf Personen erster bis dritter Generation (vgl. Statistischen Bundesamt 2010, 6; vgl. Spenlen 2010, 4). Ähnlich uneindeutig ist die Zuordnung nach Generationen. Das sozioökonomische Panel (SOEP) des Deutschen Instituts der Wirtschaft differenziert nach Geburt und Staatsangehörigkeit. Die Autoren unterscheiden hier zwischen der ersten Generation, die im Herkunftsland, und der zweiten Generation, die in Deutschland geboren ist (vgl. SOEP in Spenlen 2010, 4). Ebenso verhält es sich in der Studie des Bundesamtes für Migration und Flüchtlinge (BAMF) „Ausländerzahlen 2009" (vgl. Bundesamt für Migration und Flüchtlinge 2009, 4).

Problembereiche und weit weniger auf die aus den Herkunftsländern importierte fremde Religion. Die Religionszugehörigkeit wurde erst Ende der 1990er Jahre Gegenstand von Debatten und statistischer Erfassung (vgl. Spielhaus 2011, 11f). Genaue Angaben zur Anzahl der Muslime in Deutschland können bis heute nicht getroffen werden, da die Religionszugehörigkeit von den Meldebehörden nicht systematisch erfasst wird und die Informationen hierzu im Wesentlichen auf Ausländer- bzw. Migrationsstatistiken beruhen (vgl. Spenlen 2010, 12 [Anm.21]); Spielhaus 2011, 11[Anm.3]). Erst die vom Bundesamt für Migration und Flüchtlinge im Auftrag der Deutschen Islam Konferenz (DIK) im Jahre 2009 in Auftrag gegebene Studie „Muslimisches Leben in Deutschland" (MLD)[2] gab repräsentativ Auskunft über Anzahl und Struktur der MuslimInnen in Deutschland. Neben der MLD-Studie bezogen sich lediglich noch zwei weitere Studien explizit auf diese Fragestellung, wie die im Jahre 2004 vom Bundesministerium des Innern in Auftrag gegebene und im Jahre 2007 herausgegebene Studie „Muslime in Deutschland" und die im Rahmen des Religionsmonitors 2008 durchgeführte Sonderstudie der Bertelsmann Stiftung „Muslimische Religiosität in Deutschland". Beide Studien suchen dem eigenen Anspruch nach – in Abgrenzung zu den Studien, die von der Nationalität auf Religion schließen – das muslimische Leben und die islamische Religiosität mit multivariaten Methoden zu belegen. Während die Bertelsmann Stiftung mit ihrer Studie neben „einem besseren Verständnis der Religionen untereinander und möglicherweise damit einen Schritt hin zu mehr Toleranz unter den Menschen" leisten möchte, macht die vom ehemaligen Innenminister Wolfgang Schäuble initiierte Studie „Muslime in Deutschland" bereits im Vorwort deutlich, dass das neue umfassende Interesse an der muslimischen Bevölkerung primär im Zusammenhang der Bedrohung durch einen „weltweit operierende(n) wachsende(n) islamistische(n) Terrorismus" zu sehen sei und man „dabei" vermehrt mit Personen konfrontiert sei, „die dauerhaft hier in Deutschland ihren Lebensmittelpunkt haben" (vgl. Bertelsmann Stiftung 2008, 5; Brettfeld./Wetzels 2007, Vorwort). In dem vom Innenministerium initiierten Forschungsvorhaben waren im Hinblick auf anstehende Sicherheitsfragen demnach primär „Vorformen" politisch-religiös motivierter Gewalt von Interesse, „vor allem ein auf der Einstellungsebene ggfs. bestehender Resonanzboden, der die Entfaltung eines islamisch geprägten Extremismus begünstigen und ein Reservoir für entsprechende Organisationen und eine Rekrutierungsbasis für künftige Täter politisch motivierte Gewalthandlungen darstellen kann" (Brettfeld/ Wetzels 2007, 9). Obgleich die Studie von Brettfeld und Wetzels Forschungslücken zu schließen versucht, bleibt auch bei ihr das Problem der „Türkenhaftung" mit implizit vorausgesetzter islamischer Religionszugehörigkeit bestehen, wie dies die MLD-Studie betont: „Insofern gilt auch für die Studie der Autoren Brettfeld und Wetzels (2007), wie für die Studien des ZfT (Zentrum für Türkeistudien, N.C.), dass die Aussagen sich vor allem auf türkische Muslime und regionale Schwerpunkte beziehen." (Haug u.a. 2009, 29f). Trotz dieser offensichtlichen „Mängel" kann die

---

2 | Im Folgenden wird hier von der MLD-Studie gesprochen.

genannte Studie zu denjenigen Studien in Deutschland gezählt werden, die die Muslime in Blick hat, weil sie mit „multivariaten" Forschungsmethoden verschiedene Bereiche des muslimischen Lebens untersucht und Informationen liefert, die nicht nur für den Bereich des Extremismus, der Prävention und der Terrorabwehr relevant sind. Hingegen geht es der Sonderstudie „Muslimische Religiosität in Deutschland" der Bertelsmann Stiftung, die zur Ergänzung des Religionsmonitors erschien, primär um die Hervorhebung der spirituellen Dimension des islamischen Glaubens, der religiösen Praxis im Alltag und ihrer Bedeutung für das Individuum (vgl. Bertelsmann Stiftung 2008, 8). Mit einem interdisziplinär angelegten Erhebungsinstrument zur Analyse religiöser Dimensionen steht hier das Erleben und Empfinden der individuellen Religiosität bzw. Spiritualität im Zentrum der Untersuchung.

Demgegenüber möchte die MLD-Studie die genaue Anzahl der MuslimInnen in Deutschland aus muslimischen Herkunftsregionen ermitteln, die Pluralität der muslimischen Glaubensrichtungen und Orientierungen (jedoch ohne Berücksichtigung von Konvertiten) erfassen, Auskunft über deren konkretes religiöses Leben und Alltagspraxis sowie über die gesellschaftliche Teilhabe in unterschiedlichen Bereichen geben. So ist hier das Untersuchungsinteresse im Gegensatz zur Untersuchung von Brettfeld/Wetzels nicht auf die politischen, ideologischen und religiösen Haltungen konzentriert, sondern vielmehr auf die gelebte religiöse Haltung und mögliche Konsequenzen daraus bezüglich einer „Teilhabe" am öffentlichen Leben.

Da hier im Gegensatz zu den früheren Studien neben dem Ausländerzentralregister die ermittelten Anteilswerte an MuslimInnen unter den Zugewanderten aus ca. 50 Herkunftsregionen der ermittelten Einbürgerungen und die Eigenangaben zur Religionszugehörigkeit vorliegen, scheint sie von stärkerer Aussagekraft als die beiden oben genannten Studien, sowie die derjenigen Studien, die von der Herkunftsregion der MigrantInnen automatisch auf deren Religionszugehörigkeit schließen. Deshalb werden, sofern keine weiteren Quellen genannt sind, zu den folgenden Ausführungen die Daten auf der Grundlage der MLD-Studie dargestellt und diskutiert, obgleich auch in der MLD-Studie bezüglich der Anzahl der MuslimInnen einige nicht plausible Schlussfolgerungen gezogen wurden, beispielsweise dadurch, dass man die Religionszugehörigkeit der telefonisch Befragten ganz selbstverständlich mit der Religion der im gleichen Haushalt lebenden Mitglieder gleichsetzte.

1.1 Anzahl und Herkunftsregionen der MuslimInnen in Deutschland

Im Rahmen der MLD-Studie, in der Menschen aus knapp 50 muslimisch geprägten „Herkunftsländern" untersucht wurden, wird davon ausgegangen, dass in Deutschland bei einer ermittelten Anzahl von 3,8 bis 4,3 Millionen MuslimInnen gegenüber der Gesamtzahl von rund 82 Millionen Menschen deren Anteil an der Gesamtbevöl-

kerung zwischen 4,6 und 5,2% beträgt, wobei rund 45% „der in Deutschland lebenden MuslimInnen mit Migrationshintergrund" über die deutsche und etwa 55%
über „eine ausländische Staatangehörigkeit" verfügen (vgl. Haug u.a. 2009, 11).
Deutsche ohne Migrationshintergrund, die zum Islam konvertierten, wurden in der
Studie nicht berücksichtigt, da es dort primär „im Erkenntnisinteresse" lag, lediglich „Muslime mit Migrationshintergrund" zu ermitteln.[3]

Demnach leben weitaus mehr Menschen mit muslimischem Glauben in
Deutschland als mit den bisherigen Schätzungen, die von 3,1 und 3,4 Millionen
ausgingen, bisher angenommen wurde. Indem im Rahmen der Studie zudem festgestellt wurde, dass „erhebliche Anteile der Personen mit Migrationshintergrund
aus den entsprechenden Herkunftsländern keine Muslime sind", wurde mit dieser
ersten bundesweiten Datenbasis über die muslimische Bevölkerung in Deutschland gleichzeitig aufgezeigt, dass keinesfalls, wie es bisher gängige Praxis war,
automatisch von der Herkunftsregion auf Religionszugehörigkeit geschlossen
werden kann (Haug u.a. 2009, 12). Dies zeigte sich insbesondere am Beispiel der
„Herkunftsalbaner" und der „Herkunftsiraner", bei denen sich 50% der befragten
Herkunftsalbaner und ca. 40% der Herkunftsiraner nach eigenen Angaben zu keiner Religion bekannten (vgl. ebd., 85ff).[4] Demgegenüber gaben 80% der Türkischstämmigen und 75% der Nordafrikaner an, Muslime zu sein und lediglich
1% der Zuwanderer aus Zentralasien/GUS bezeichneten sich als bekennende Muslime (vgl. ebd., 96). Bei 6.004 telefonischen Interviews mit Migranten „aus 49
muslimisch geprägten Herkunftsländern" stützte sich die Auswertung der Studie
auf insgesamt 17.000 Personen, da hierbei die Angaben über die Haushaltsmitglieder mit berücksichtigt wurden (ebd., 11).[5]

---

3 | Es wird allerdings angegeben, dass die Anzahl der Konvertiten, die wissenschaftlich
nicht validiert sei, schätzungsweise zwischen 13.000 bis 100.000 Personen betrage. Da
die Studie mit namensbasiertem Verfahren durchgeführt wurde und Konvertiten in den
seltensten Fällen schriftlich dokumentiert seien, konnte demnach, so die Begründung, ihre
Anzahl auch verfahrenstechnisch nicht ermittelt werden (vgl. Haug u.a. 2009, 58).

4 | Anzumerken ist hier, dass die MLD-Studie dennoch zu einer höheren Anzahl von Mus-
limInnen kommt, obgleich sie feststellt, dass viele Menschen, die bisher aufgrund ihrer
Nationalität dem Islam zugeordnet wurden, wie am Beispiel der Albaner und Iraner gezeigt,
keine MuslimInnen sind. Demnach müsste sich eigentlich die Anzahl der MuslimInnen insgesamt reduzieren, was vermutlich deshalb nicht der Fall ist, weil in der letzten oben genannten relevanten Schätzung im Jahre 2007 nur 20 Herkunftsländern untersucht wurden
und die MLD-Studie knapp 50 Länder in ihren Untersuchungen berücksichtigte (vgl. Haug
u.a. 2009, 85).

5 | Im ersten Halbjahr 2008 wurden 6.004 Personen telefonisch befragt (vgl. Haug u.a.
2009, 38). Zur Untersuchung der Sozialstruktur der in Deutschland lebenden MuslimInnen
wurden darüber hinaus Geschlecht, Alter, Religionszugehörigkeit, Nationalität und das
Verwandtschaftsverhältnis im Haushalt lebenden Mitglieder der Interviewten abgefragt,
so dass hierzu insgesamt Informationen von ca. 17.000 Personen vorlagen (vgl. ebd., 21).

Die folgende Tabelle gibt genauere Angaben über die Religionsangehörigkeit der oben aufgeführten Gruppen.

	Südosteuropa	Türkei	Zentralasien / GUS	Iran	Süd-/ Südost-asien	Naher Osten	Nordafrika	Sonstiges Afrika	Gesamt
Muslim	37,2	81,4	1,2	48,7	57,2	59,3	74,6	22,1	52,0
Christ	34,1	2,7	55,7	10,3	8,8	17,4	3,4	59,2	22,1
Jude	0,1	0,0	3,0	0,7	0,0	1,1	0,0	0,0	0,8
Andere	0,6	1,2	2,0	1,9	13,9	2,8	0,0	1,4	1,9
Keine	27,9	14,7	38,0	38,4	20,0	19,5	22,0	17,1	23,3
Gesamt in %	100,0	100,0	100,0	100,0	100,0	100,0	100,0	100,0	100,0
Gesamt (n)	2.226	2.401	2.864	753	2.551	3.064	1.786	1.347	16.992

Quelle: MLD 2008, Datensatz über alle Haushaltsmitglieder, gewichtet; ungewichtete Fallzahl: 16.992
Tabelle entnommen aus Haug u.a. 2009, 95, Tabelle 9

1.1.2 Zusammensetzung der MuslimInnen in Deutschland nach Herkunftsregionen

Wie zu erwarten war, bilden mit ca. 2.5 bis 2.7 Millionen Menschen (63%) die Türkischstämmigen die größte Gruppe der MuslimInnen in Deutschland. Die südosteuropäischen Länder wie Bosnien, Bulgarien und Albanien folgen den Türkischstämmigen mit ca. 14%, während die drittgrößte muslimische Bevölkerungsgruppe ihren Ursprung mit ca. 8% im Nahen Osten hat. Von den 7% Nordafrikanern stammen die meisten aus Marokko; weiter stammen 0,4% der MuslimInnen

---

Bei der Befragung wurde ein sequenzielles Verfahren gewählt und ein Master-Fragebogen auf Deutsch entwickelt. Der sequenzielle Fragebogen zeichnet sich dadurch aus, dass der Master-Fragebogen erst in der Referenzsprache entwickelt und getestet und erst danach in die Zielsprache übersetzt wird (vgl. ebd., 46f). Schwerpunkt des Fragebogens bildeten „der Migrationshintergrund sowie weitere soziodemographische Merkmale der Befragten", die „Zusammensetzung des Haushalts sowie soziodemographische Merkmale der Haushaltsmitglieder, Religionszugehörigkeit und genaue Glaubensrichtung des Befragten sowie aller Haushaltsmitglieder, Religiosität des Befragten und Bedeutung der Religion für das alltagspraktische Verhalten des Befragten sowie der Haushaltsmitglieder, Aspekte der strukturellen Integration des Befragten sowie Aspekte der sozialen Integration des Befragten" (ebd.,49f). (Zur näheren Informationen der ausgewählten Herkunftsregionen vgl. ebd., Tabelle 1 u.2. 52ff, 302 ff; zur methodischen Beschreibung der Studie vgl. ebd., 36ff).

in Deutschland aus Zentralasien/GUS, 1,7% aus dem Iran, 4,6% aus Süd/Südostasien und 1,5% aus dem „sonstigen Afrika" (vgl. Haug u.a. 2009, 96, Abbildung 10).

1.1.3 Die räumliche Verteilung in den Bundesländern

Mit rund 98% leben die meisten Muslime in den „alten Bundesländern". Lediglich 1,6% haben sich in den neuen Ländern niedergelassen. Mit 33,1% lebt jeder dritte Muslim in NRW. Lediglich 16.6% der Muslime leben in Baden Württemberg, 13,2% in Bayern und 10,3% Hessen. Mit 6,9% ist die Zahl der Berliner Muslime an der Gesamtzahl relativ gering. Nur 25% der Muslime leben in den verbleibenden alten Bundesländern (vgl. Haug u.a. 2009, 107, Tabelle 11; 108, Abbildung 17).

1.2 GLAUBENSRICHTUNGEN

Die Studie zeigt deutlich, dass sich in Deutschland die Vielfalt der muslimischen Welt gleich einem kulturell-religiösen Mikrokosmos widerspiegelt, da fast alle Strömungen des islamischen Glaubens vom Reform-Islam bis zur islamischen Orthodoxie, von fundamentalistischen Verbrämungen bis hin zu den Djihadisten, von mystischer Frömmigkeit bis zu religiöser Indifferenz in Deutschland zu finden sind. Die meisten MuslimInnen in Deutschland gehören mit 74% der sunnitischen Glaubensrichtung an, wobei allein innerhalb dieser Richtung neben kleineren Rechtschulen vier große anerkannte sunnitische Rechtsschulen (hanafitische, schafiitische, hanbalitische, malikitische) existieren, deren Unterschiede nicht die Glaubensgrundsätze der islamischen Religion als Ganzes berühren.

Die Gruppe der Aleviten bilden mit 12,7% bei einer Mitgliederstärke von 480.100 bis 551.500 Personen die zweitgrößte Gruppe (vgl. ebd., 97 Abbildung 11). Die Schiiten folgen mit 7,1%, wobei auch hier zu berücksichtigen ist, dass innerhalb der schiitischen Glaubensrichtung ebenfalls viele unterschiedliche Glaubensakzentuierungen existieren. Darüber hinaus befinden sich in Deutschland weitere kleinere Gruppierungen, wie die Gruppe der Ahmadiyya Muslim Jaamat (1,7%), Sufis/Mystiker (0,1%) und Ibaditen (0,3%) (vgl. Haug u.a. 2009, 97, Abbildung 11).

Die MLD-Studie zeigt somit sehr deutlich die Herkunftsvielfalt der MuslimInnen und die Heterogenität des islamischen Glaubens, so dass ersichtlich werden müsste, dass das alltagstheoretische essentialistisch-typisierende Reden über „den Islam" und „die Muslime", wie es sich bisweilen in den Medien und öffentlichen Debatten offenbart, so nicht haltbar ist.

1.3 ASPEKTE DER INTEGRATION

Bei der Auswertung des Integrationsgrades von MigrantInnen bezog sich die MLD-Studie auf ein theoriegestütztes Konzept nach Esser, der den in der klassischen amerikanischen Migrationsforschung gebräuchlichen Terminus „Assimilation" verwendet. Aufgrund seines im deutschen Sprachraum negativen „Beigeschmacks" wurde „Assimilation" in der MLD-Studie durch den Begriff „Integration" ersetzt. (vgl. Esser 2001, 22ff; Haug u.a. 2009, 207f). Dem Konzept Essers folgend wurden im Zuge der Studie vier Dimensionen der Integration untersucht: Die *„strukturelle Integration"* (1), die sich auf Indikatoren wie „Schulabschluss im Herkunftsland und in Deutschland, Erwerbstätigenquote, Stellung im Beruf, Einkommensquelle und die Abhängigkeit von Transferleistungen" bezieht; die *„kognitive bzw. kulturelle Integration"* (2), die sich auf „Sprachkenntnisse" wie die „selbst eingeschätzten Deutschkenntnisse" in unterschiedlichen Kompetenzbereichen bezieht; die *„soziale Integration"* (3) bezieht sich auf „Mitgliedschaften" in deutschen Vereinen und solchen des Herkunftslandes, sowie auf interethnische bzw. interreligiöse Kontakte im Lebensumfeld, und die *„identifikatorische bzw. emotionale Integration"* (4), die an die „Verbundenheit mit Deutschland und mit dem Herkunftsland" gebunden ist (vgl. Haug u.a. 2009, 208f). Im Folgenden sollen nun ausgewählte Aspekte der genannten vier Bereiche dargestellt werden.

1.3.1 Bildungsniveau

Hinsichtlich der erworbenen Schulabschlüsse als einem wesentlichen Merkmal der strukturellen Integration ergab die Untersuchung, dass sowohl diejenigen MuslimInnen, die ihre Bildungsabschlüsse in den Herkunftsländern erwarben, als auch diejenigen, die in Deutschland zur Schule gegangen sind, ein signifikant niedrigeres Bildungsniveau als der Bevölkerungsdurchschnitt aufweisen, was sich insbesondere am Beispiel der Musliminnen aus der Türkei zeigte (vgl. Haug u.a. 2009, 210f; Foroutan 2010, 21ff; Bundesamt für Migration und Flüchtlinge 2010, 80). Betrachten wir das Schulbildungsniveau[6] der Befragten mit Migrationshintergrund nach Religion im Vergleich zwischen Muslimen und Nicht-Muslimen aus den gleichen Herkunftsländern verfügen die im Rahmen der Studie untersuchten MuslimInnen mit 14,8% über keinen (Christ/Jude/Andere: 6,9%), mit 28,8% über einen niedrigen (Christ/Jude/Andere: 23,7%), mit 22,3% über einen

---

6 | Allgemein verfügen MigrantInnen in Deutschland über ein geringeres Bildungsniveau als einheimische Deutsche. Im Jahre 2005 verließen beispielsweise jeder/jede sechste ausländische Schüler/In die Schule ohne einen Abschluss, während dies bei den Deutschen lediglich bei 14% lag. Einen mittleren bzw. einen höheren Schulabschluss erzielen trotz der Verbesserungen in den vergangenen Jahren 40% der nichtdeutschen Jugendlichen. Deutsche Jugendlichen lagen hier bei 70% (vgl. Gesemann 2006, 11).

mittleren (Christ/Jude/Andere: 27,3%) und mit 34,1% über einen hohen Bildungs-
abschluss ([Fach-]Abitur, (Christ/Jude/Andere: 42,2%) (vgl. Haug u.a. 2009, 211,
Tabelle 32)

Bei denjenigen, die ihren Schulabschluss in Deutschland erwarben, zeigte sich
im Rahmen der Untersuchung ein ähnliches Muster. Im Vergleich zwischen
MuslimInnen und Angehörigen anderer Religionen aus den gleichen Herkunftsregionen verfügen erstere ebenfalls über eine schlechtere Schulbildung (vgl. Haug
u.a. 2009, 211f).

Die Untersuchungsresultate zeigen nicht nur die Unterschiede im Bildungsniveau gegenüber anderen Religionsangehörigen aus der gleichen Herkunftsregion,
sondern auch die Unterschiede zwischen den einzelnen Einwanderergruppen muslimischen Glaubens. Dies wird aus der folgenden Tabelle für die in Deutschland
erworbenen Schulabschlüsse der Befragten mit Migrationshintergrund nach islamischer Konfession deutlich.

Schulabschluss in Deutschland der Befragten nach muslimischer Konfession

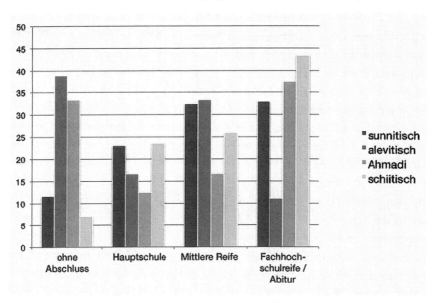

Quelle: MLD 2008, Datensatz der Befragten im Alter ab 16 Jahren gewichtet. Ungewichtete Fallzahlen: 1.695 (nur Bildungsinländer, ohne Schüler/innen). Andere Konfessions-
gruppen konnten aufgrund der kleinen Fallzahl nicht gesondert ausgewertet werden (vgl.
Haug u.a. 2009, 212: aus Tabelle 33 zusammengestellt von der Verfasserin).

So weisen die türkischen Aleviten und die Ahmadiyya unter den MuslimInnen den
niedrigsten – wobei bei Ahmadiyya-MuslimInnen gleichzeitig die Anzahl der
Hochgebildeten auch sehr hoch ist – und die iranischen Schiiten den höchsten Bildungsgrad auf. Die iranischen Migranten (MuslimInnen sowie andere) weisen hier

– unabhängig davon, wo sie ihren Schulabschluss erworben haben – den höchsten Bildungsrad auf. MuslimInnen aus Zentralasien und GUS stellen ebenfalls eine gebildete Gruppe dar, während die Christen, Juden und andere Religionen zusammengenommen zu 5,1% keinen Schulabschluss haben und 23,6% über eine niedrige Schulbildung verfügen (vgl. Haug u.a. 2009, 215).

Diese Zahlen belegen, dass unter den MuslimInnen ein unterschiedliches Bildungsniveau vorhanden ist, wobei die türkische Zuwanderungsgruppe ein besonders niedriges Bildungsniveau aufweist (vgl. Haug u.a. 2009, 210f; Bundesamt für Migration und Flüchtlinge 2010, 80). Entscheidend ist hierbei, dass zwischen der Religionszugehörigkeit und den Bildungsressourcen von MigrantInnen kein direkter kausaler Zusammenhang besteht:

„Ein direkter Zusammenhang zwischen der Zugehörigkeit zum Islam und der Bildung lässt sich dabei angesichts der großen Unterschiede zwischen den Muslimen aus verschiedenen Herkunftsländern nicht feststellen. Die Unterschiede im Bildungsniveau zwischen den Religionen und Konfessionen hängen vor allem mit der historischen Gegebenheit der Anwerbung von Arbeitsmigranten aus der Türkei, dem ehemaligen Jugoslawien sowie Marokko und Tunesien zusammen. Diese Arbeitsemigranten und ihre Familienangehörigen stammten überwiegend aus bildungsfernen sozialen Schichten." (Haug u.a. 2009, 220)

Dies betrifft insbesondere türkische Migrantinnen, die gegenüber den männlichen Migranten in Widerspiegelung der Situation ihres Herkunftslandes in der Regel ein geringeres Bildungsniveau aufweisen und zu 42,4% keinen schulischen Abschluss in ihrem Herkunftsland erworben. Allerdings hat im Generationsverlauf ein erheblicher Bildungsaufstieg bei Migrantinnen, die die deutsche Schule besuchten, stattgefunden. So wird inzwischen deutlich, dass türkischstämmige Migrantinnen nicht nur seltener als männliche Migranten die Schule ohne Abschlüsse verlassen, sondern gegenüber ihrer Müttergeneration ein wesentlich höheres Bildungsniveau erreichen (vgl. ebd.). So sind es mittlerweile lediglich noch 13,6% der Migrantinnen mit türkischen Vorfahren (männliche Migranten liegen hier bei 15,2%), die bei Schulbesuch in Deutschland über keinen Schulabschluss verfügen (vgl. ebd., 221, Tabelle 35).

Demnach liegen Personen mit türkischem Migrationshintergrund, wie die MLD-Studie und der Mikrozensus 2008 zeigen, in ihrem Bildungsniveau gegenüber anderen Einwanderergruppen zunächst sehr zurück. Schaut man sich jedoch die entsprechende Bildungsdynamik zwischen der ersten, der zweiten und dritten Generation an, wird eine hohe Bildungsaspiration im Verhältnis zur Elterngeneration deutlich (vgl. Foroutan 2010, 23f; Haug u.a. 2009, 216, Abbildung 56).

All dies bestätigt noch einmal die Erkenntnis, dass es keinen direkten Zusammenhang zwischen der Zugehörigkeit zum Islam und dem individuellen Bildungsniveau geben kann, da weder die innerkonfessionell konstatierten Bildungs-Differenzen noch die zuletzt genannte positive Bildungs-Dynamik der in Deutschland heranwachsenden Generation diesen hypothetischen Zusammenhang plausibel erscheinen lassen. Auch denjenigen Argumentationen, die einen Zusammenhang zwischen orthodoxer Religionspraxis und niedrigem Bildungsniveau sehen, kann widersprochen werden. Wie im Rahmen der MLD-Studie gezeigt, verfügen Aleviten gegenüber der Gesamtgruppe der MuslimInnen über ein sehr niedriges Bildungsniveau, obgleich diese Gruppe in Deutschland zu den am weitesten „aufgeklärten" und säkularisierten MuslimInnen gezählt wird, die die Gleichberechtigung unter den Geschlechtern umfassend verwirklicht hätten. Hinzu kommt, dass sich die Gruppe der Aleviten ausdrücklich von einem rigiden fundamentalistischen Schriftverständnis distanziert, womit die allenthalben konstatierte Kausalität von Bildungsrückstand in Verbindung mit einem orthodoxen Religionsverständnis wohl kaum haltbar ist. Bei näherer Betrachtung zeigt sich ebenso, dass der festgestellte Bildungsrückstand bei Aleviten aus der Türkei nicht mit dem alevitischen Glauben dieser Gruppe in Verbindung steht, sondern wohl eher mit deren marginalisierter gesellschaftspolitischer Position und Situation in ihren Herkunftsländern, so dass vermutet werden darf, dass der konstatierte Bildungsrückstand dieser Glaubensgruppe wohl eher mit deren gesellschaftspolitischer Situation in ihren Herkunftsländern korrespondiert. Im Rückgriff auf Zygmunt Baumanns Theorie des „Unentscheidbaren" könnte man demnach annehmen, dass die in Deutschland von der zweiten und dritten Migranten-Generation muslimischen Glaubens verkörperte „Position des Dritten" – als eine Position zwischen dem Eigenem und dem Fremden – in der Türkei den Aleviten zugeschrieben wird, denen bis in die Gegenwart die umfassende Anerkennung als gleichberechtigte türkische Gesellschaftsmitglieder verweigert wird. Ein anderes interessantes Resultat der MLD-Studie zeigt sich im Vergleich der im Herkunftsland erlangten Bildungsabschlüsse der dort lebenden religiösen Minderheiten wie Christen, Juden und Angehörigen anderer Glaubensrichtungen gegenüber der islamischen Mehrheit. Demnach verfügen religiöse Minderheiten in einigen muslimisch geprägten Herkunftsländern über ein höheres Bildungsniveau als Muslime (Iran, Südostasien, Südosteuropa, Türkei).

In der Türkei waren beispielsweise bis zu 28,2% dieser Minderheitengruppe ohne Abschluss, während MuslimInnen im gleichen Herkunftsland bis zu 35,0% keinen qualifizierten Schulabschluss nachweisen konnten (vgl. Haug u.a. 2009, 217 Abbildung 57). In anderen muslimisch geprägten Herkunftsregionen (Naher Osten, Zentralasien/GUS) ist das Verhältnis umgekehrt. Demnach können auch diese Zahlen kaum als Beleg eines Kausalzusammenhanges von Religionszugehörigkeit und Bildungsvermögen einerseits und Minderheitenstatus und Bildungsvermögen andererseits herangezogen werden.

1.3.2 Sprachfähigkeit der befragten Personen mit Migrationshintergrund nach Generationszugehörigkeit

Um die Sprachfähigkeit der Befragten zu erfassen, wurden in der Studie vier Dimensionen der Sprachbeherrschung, nämlich Sprechfähigkeit, Lesefähigkeit, Hörverständnis und Schreibvermögen, untersucht, die die Befragten selbst einschätzten (vgl. ebd., 237f). Demnach waren die Deutschkenntnisse bei 21,8% sehr gut, bei 0,8% sehr schlecht, bei 8,0% schlecht, bei 27,7% mittelmäßig und bei 39,4% gut. Lediglich 2,2% der Befragten verfügten über keine Deutschkenntnisse (vgl. ebd., 239). Bei differenzierter Betrachtung zeigt sich, dass die Befragten der ersten Migrantengeneration ihre Fähigkeiten in der Schriftsprache mit 33,2% als gut bzw. mit 22,2% als sehr gut angaben, während 8,9% ihre Schreibkompetenzen in Deutsch als schlecht angaben. Hingegen sind es bei der zweiten Generation (ohne Migrationserfahrung) lediglich 0,5%, die ihre Schreibkompetenz in Deutsch „sehr schlecht" einschätzten, während 53,3% von ihnen ihre Deutschkenntnisse als sehr gut und 37,4% als gut bezeichnen. Hierbei war kein signifikanter geschlechtsspezifischer Unterschied feststellbar (vgl. ebd., 241).

1.3.3 Sprachfähigkeit der befragten Personen mit Migrationshintergrund nach Religion und Herkunftsland

Bei differenzierter Betrachtung zeigten sich nur geringe Unterschiede in der Sprachbeherrschung zwischen Muslimen und Angehörigen anderer Glaubensrichtungen, wobei einschränkend zu bemerken ist, dass diese Zahlen lediglich auf der Selbsteinschätzung der Befragten gründeten. Demnach schätzten rund 60% beider Gruppen ihre Sprachkompetenz als gut bis sehr gut ein. Auch bei den anderen Komponenten der Sprachbeherrschung ergab sich lediglich eine geringe Differenz. Hier schätzten mehr Angehörige anderer Religionen ihre Kenntnisse in Deutsch mittelmäßig ein als Muslime. Frauen aus der Türkei, die nicht der islamischen Religion angehören, beherrschen demnach zu 13% die Schriftsprache nicht, während dies bei Musliminnen aus der Türkei 8% beträgt. Insgesamt zeigte sich, dass der Anteil unter Muslimen mit schlechten Deutschkenntnissen um 3% höher war als bei Angehörigen anderer Glaubensrichtungen (vgl. Haug u.a. 2009, 243ff).

1.3.4 Erwerbstätigkeit

Die Erwerbstätigenquote bei Menschen mit Migrationshintergrund war im Jahre 2005 mit 56% deutlich niedriger als seitens der autochthonen Bevölkerung, die im Vergleichsjahr bei 68% lag. So gingen 43% der befragten Frauen einer Erwerbstätigkeit nach und 19% von ihnen befanden sich in Ausbildung. Mit 61% Erwerbstätigkeit war die Anzahl der erwerbstätigen Männer deutlich höher als bei Frauen. Hingegen war die Differenz zwischen den Geschlechtern, die sich in einer Ausbildung befanden, bei 21% bei Männern und 19% bei Frauen gering (Haug u.a. 2009,

222ff) Auch innerhalb der Migranten-Gruppen gab es unterschiedliche Erwerbs-quoten. Generell ließen sich neben einer Differenzierung von Geschlecht[7] und Altersstruktur, keine Unterscheidungsmerkmale feststellen, die für einzelne Gruppen typisch wären. Interessant sind auch die unterschiedlichen Arbeitslosenraten nach Religionszugehörigkeit der Personen aus den gleichen Herkunftsländern. Beispielsweise wiesen MuslimInnen aus Zentralasien mit 16,7% (Andere 8,0%) und dem Nahen Osten mit 12,8% (Andere 10,4%) höhere Arbeitslosenraten auf, wohingegen sich bei MigrantInnen aus der Türkei und Iran ein anderes Bild zeigte. Während MuslimInnen aus der Türkei zu 4,2% arbeitslos waren, waren dies bei Angehörigen anderer Religionen aus der Türkei 7,3%.[8] Bei MigrantInnen aus dem Iran waren es ebenfalls MuslimInnen, die mit 4,5% eine geringere Arbeitslosenquote aufwiesen als Nicht-Muslime mit 17,6% (vgl. Haug u.a. 2009, 223 Abbildung 58).

1.3.5 Transferleistungen

20% aller Befragten mit Migrationshintergrund aus muslimisch geprägten Ländern lebten zum Zeitpunkt der Erhebung in einem Haushalt, in dem Transferleistungen die einzige Einkommensquelle darstellten.[9] Entsprechend bestritten 80% der genannten Personengruppen ihren Lebensunterhalt ganz oder teilweise durch Lohnerwerb bzw. durch Einkommen aus selbstständiger Erwerbsarbeit (vgl. Haug u.a. 2009, 234).

Festzuhalten ist in diesem Zusammenhang, dass Personen ohne Migrationshintergrund zur Bestreitung ihres Lebensunterhalts weniger Transferleistungen bezogen wie MigrantInnen. Andererseits zeigte sich, dass MigrantInnen mit 40% zu

---

7 | Die Erwerbslosenquote bei ausländischen Migrantinnen ist besonders hoch. Im Jahre 2005 waren 43% der Migrantinnen und zu 63% deutsche Frauen (ohne Migrationshintergrund) erwerbstätig (vgl. Haug u.a. 2009, 224).

8 | An dieser Stelle soll darauf hingewiesen werden, dass in Deutschland die Türkeistämmigen mit und ohne deutscher Staatsbürgerschaft mit etwa 11% gemeinsam mit den Russischstämmigen (12%) im Verhältnis zu anderen Zuwanderergruppen (6–8%) die höchste Arbeitslosenquote aufweisen. Dies geht aus der Studie, die im Auftrag der Bertelsmann Stiftung vom Institut für Demoskopie Allensbach durchgeführt wurde, hervor (vgl. Bertelsmann Stiftung 2009, 41).

9 | Obgleich keine direkte Vergleichszahlen aller Haushalte in Deutschland vorhanden waren, die sich allein über Transferleistungen finanzierten, erlaubt der Mikrozensus (2007) Aussagen über die hauptsächlichen Einnahmequellen auf der Ebene der Personen, die sich auf die Gesamtbevölkerung in Deutschland beziehen. Demnach konnte festgehalten werden, dass die Bevölkerung ohne Migrationshintergrund ihren Lebensunterhalt häufiger aus Erwerbs- oder Berufstätigkeit sichert als dies bei MigrantInnen der Fall ist. Interessant war in diesem Zusammenhang auch, wie gezeigt, dass Personen mit Migrationshintergrund (40%) häufiger von den eigenen Angehörigen unterstützt wurden als Personen ohne Migrationshintergrund (25%) (vgl. Haug u.a. 2009, 235).

25% gegenüber der deutschen Bevölkerung ohne Migrationshintergrund deutlich mehr Unterstützung seitens ihrer Familienangehörigen erfuhren (vgl. ebd., 235). Dennoch besteht offensichtlich kein kausaler Zusammenhang zwischen der Religionszugehörigkeit und der Inanspruchnahme von Transferleistungen, wie man der folgenden Tabelle, in der Quellen des Haushaltseinkommens der Befragten mit Migrationshintergrund nach Herkunftsregion und Religion (in Prozent) aufgeführt sind, entnehmen kann.

Quellen des Haushaltseinkommens der Befragten mit Migrationshintergrund nach Herkunftsregion und Religion (in Prozent)[10]

Lohn/Gehalt

	Südosteuropa	Türkei	Zentralasien / GUS	Iran	Süd-/ Südost- asien	Naher Osten	Nordafrika	Sonstiges Afrika
Muslim	81,1	75,2	28,6	67,1	70,8	62,1	78,4	73,3
Christ / Jude / Andere	70,5	56,3	72,6	63,2	66,0	63,4	60,0	80,9

Quelle: MLD 2008, Datensatz der Befragten im Alter ab 16 Jahren gewichtet. Ungewichtete Fallzahlen: 4.321 (vgl. Haug 2009, 233, Tabelle 37, zusammengestellt von der Verfasserin)

Arbeitslosengeld II (Hartz IV, Sozialhilfe)

	Südosteuropa	Türkei	Zentralasien / GUS	Iran	Süd-/ Südost- asien	Naher Osten	Nordafrika	Sonstiges Afrika
Muslim	16,6	11,5	52,4	17,1	28,3	32,2	15,3	20
Christ / Jude / Andere	10,5	17,7	20,6	27,8	11,1	27,1	0,0	16,5

Quelle: MLD 2008, Datensatz der Befragten im Alter ab 16 Jahren gewichtet. Ungewichtete Fallzahlen: 4.321 (vgl. Haug 2009, 233, Tabelle 37, zusammengestellt von der Verfasserin)

---

10 | Die Tabellen wurden mit Hilfe der in MLD erhobenen und in der Tabelle 37 dargestellten Datensätze der Befragten im Alter ab 16 Jahren erstellt, wobei dort nur ausgewählte Parameter berücksichtigt wurden. Selbstständige Tätigkeit, Rente, Pension, Arbeitslosengeld I etc. wurden nicht berücksichtigt (vgl. Haug u.a. 2009, 233).

Abschließend kann somit konstatiert werden, dass bei der Beurteilung der strukturellen Integration keine Kausalität zwischen *dem* Islam und dem jeweiligen Bildungsniveau, der Arbeitslosigkeit sowie einer Inanspruchnahme von Transferleistungen zu erkennen ist. Schon allein die festgestellten großen Abweichungen innerhalb der Gruppe der MuslimInnen in Bezug auf ihre jeweiligen Herkunftsregionen – wobei diese Abweichungen sowohl interkonfessionell als auch interreligiös vorhanden waren – muss hier jeglichen vermuteten kausalen Zusammenhang zwischen *dem* Islam und den einer strukturellen Integration zugeordneten Kriterien entkräften. Das heißt letztlich: eine Beurteilung der strukturellen Integration vor dem Hintergrund der untersuchten Kriterien wie Bildungsniveau, Arbeitslosigkeit und einer Inanspruchnahme von Transferleistungen bedarf ganz offensichtlich anderer Kriterien als die der religiösen Orientierung.

1.3.6 Soziale Integration: Interethnische Kontakte und Freundschaftsbeziehungen zu Personen deutscher Herkunft bei Befragten nach Religion

Um Aussagen über die soziale Integration treffen zu können, untersuchte die MLD-Studie in vier Bereichen die Kontakthäufigkeit von Muslimen und Nicht-Muslimen aus den gleichen Herkunftsregionen zur Aufnahmegesellschaft und die Verbundenheit bzw. die Identifikation mit Deutschland durch etwaige Vereinsmitgliedschaften.

Bezüglich der Kontakte zwischen Deutsch-Deutschen und Menschen mit Migrationshintergrund wurden Kontakte in der Familie, Kontakte im Freundeskreis, Kontakte in der Nachbarschaft und Kontakte am Arbeitsplatz in den Blick genommen. Es zeigte sich hierbei, dass die Kontakthäufigkeit mit Personen deutsch-deutscher Herkunft sehr groß war (vgl. Haug u.a. 2009, 263). Bei einer Differenzierung zwischen MuslimInnen und Nicht-MuslimInnen konnte jedoch festgestellt werden, dass in allen vier Bereichen die Kontakte zwischen MuslimInnen und Deutsch-Deutschen geringer waren als Kontakte zwischen Deutsch-Deutschen und Personen mit anderer Religionszugehörigkeit (vgl. ebd., 264)

Bezüglich der Kontakte in der Familie gaben 67,3% der MuslimInnen an, häufig (Andere 72,6%), 14,4 Prozent gelegentlich (Andere 12,3%) und 18,3% nie (Andere 15, 1%) Kontakte in der Familie mit Personen deutscher Herkunft zu haben.[11] Bei Kontakten im Freundeskreis ergab sich ein ähnliches Bild. 69,8% der Befragten gaben an, häufige (Andere 70,2%), 18,1% gelegentliche (Andere 20,5%) und 12,1% keine (Andere 9,4%) Kontakte im Freundeskreis mit Personen deutscher Herkunft zu haben. Häufige Kontakte in der Nachbarschaft wurden mit 77,4%

---

11 | Die Autoren der Studie weisen jedoch einschränkend daraufhin, dass die hohe Anzahl der Kontakthäufigkeit in den Familien bzw. verwandtschaftlichen Beziehungen evtl. aus missverstandener Fragestellung resultierten, da andere Studien bezüglich der Kontakte innerhalb der Familie deutlich niedrigere Ergebnisse erzielten (Haug u.a 2009, 266).

(Andere 83,0%), gelegentliche mit 12,7% (Andere 10,4%) und nie mit 9,8% (Andere 6,7%) angegeben.

Wie zu erwarten war, kommt es am häufigsten am Arbeitsplatz zu interethnischen Kontakten. So hatten MuslimInnen zu 79,6% häufig (Andere 80,6%), 5,8% gelegentlich (Andere 3,3%) und 14,6% nie (Andere 16,1%) Kontakte am Arbeitsplatz mit Personen deutscher Herkunft (vgl. Haug u.a 2009, 264, Tabelle 44).

1.3.7 Mitgliedschaften der Befragten in deutschen bzw. herkunftslandbezogenen Vereinen

Wie der folgenden Grafik zu entnehmen ist, waren 41,2% der Befragten kein Mitglied in einem Verein, während bis zu 36,6% Mitglied eines deutschen Vereins und 17,9% sowohl in deutschen als auch in herkunftsbezogenen Vereinen Mitglied waren. Lediglich 4,2% der Befragten war Mitglied in einem explizit herkunftsbezogenen Verein (vgl. Haug u.a. 2009, 257, Abbildung 66). Vergleicht man Vereinsmitgliedschaften der befragten MuslimInnen mit Angehörigen anderer Religionen aus den gleichen Herkunftsregionen, so kann festgestellt werden, dass MuslimInnen häufiger in Vereinen organisiert sind. Während MuslimInnen zu 55% in einem deutschen Verein Mitglied sind, sind es bei den Nicht-Muslimen 48% (vgl. Haug u.a. 2009, 257 Abbildung 66).

Mitgliedschaften der befragten Muslime in deutschen bzw. herkunftsland-bezogenen Vereinen (in Prozent)

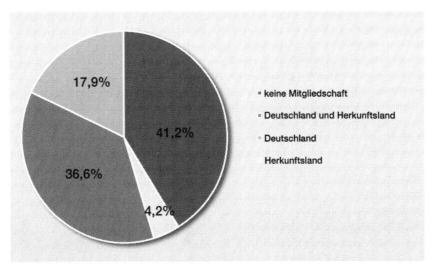

Quelle: MLD 2008, Datensatz der Befragten im Alter ab 16 Jahren gewichtet. Ungewichtete Fallzahlen: 4.115 (vgl. Haug u.a. 2009, 257, Tabelle 66, zusammengestellt von der Verfasserin)

1.3.8 Verbundenheit der MuslimInnen mit ihrem Herkunftsland und mit Deutschland

Im Bereich emotional-identifikatorischer Integration wiesen MuslimInnen insgesamt niedrigere Werte auf als Nicht-Muslime aus den gleichen Herkunftsregionen. Dennoch identifizierte sich mit über 70% eine große Anzahl der MuslimInnen mit Deutschland und lediglich 27% der Befragten fühlten sich stärker mit ihrer Herkunftsnation verbunden. Es war zudem erkennbar, dass der Identifikationsgrad mit Deutschland mit dem Erwerb der deutschen Staatsangehörigkeit ansteigt (vgl. ebd., 300f).

Verbundenheit der Muslime mit Deutschland und Herkunftsland

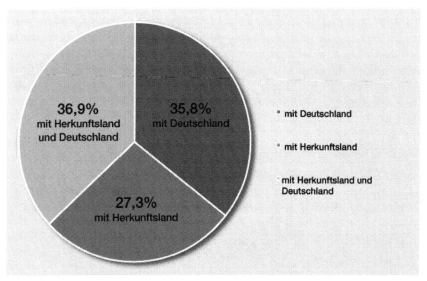

Quelle: MLD 2008, Datensatz der Befragten im Alter ab 16 Jahren gewichtet. Ungewichtete Fallzahlen:5.083 (vgl. Haug u.a. 2009, 300, Tabelle 48, zusammengestellt von der Verfasserin).

Die vergleichende Analyse zwischen MuslimInnen und NichtmuslimInnen aus der gleichen Herkunftsregion zeigt, dass MuslimInnen mit 36% eine geringere Verbundenheit zu Deutschland empfinden als Angehörige anderer Religionen mit 50%. Doch schaut man sich die einzelnen Herkunftsregionen differenziert an, so zeigt sich, dass die beschriebene Differenz nicht für alle MuslimInnen bzw. Nicht-MuslimInnen gilt. Beispielsweise empfinden MuslimInnen aus Südosteuropa und Zentralasien/GUS eine stärkere Verbindung zu Deutschland als Nicht-MuslimInnen aus der gleichen Herkunftsregion. Deutlich wird dies auch durch die Verbundenheit der MuslimInnen aus Süd- bzw. Südostasien und MuslimInnen aus Afrika südlich der Sahara mit Deutschland, die ähnliche Werte aufzeigen wie bei den Nicht-MuslimInnen (vgl. Haug u.a. 2009, 300). Interessant waren an dieser Stelle auch die Resultate bezüglich einer Vorstellung potenzieller interreligiöser Partnerschaften: 64,7% der Singles muslimischen Glaubens und 64,1% der Singles nicht-muslimischen Glaubens konnten sich eine solche Partnerschaft vorstellen. Bei verheirateten MuslimInnen waren es 58,4%, bei verheirateten Nicht-MuslimInnen 67,1%, die sich eine interreligiöse Partnerschaft vorstellen konnten.

Diese hohe Zustimmung zu interreligiösen Partnerschaften ist bemerkenswert, wenn auch eine große Diskrepanz zwischen Zustimmung und tatsächlich eingegangenen interreligiösen und interethnischen Partnerschaften besteht. Dennoch zog ein überwiegender Anteil der Befragten – zumindest theoretisch – bei der Auswahl einer potenziellen Partnerschaft die Grenzen nicht entlang religiöser oder ethnischer Zugehörigkeit (vgl. Haug u.a. 2009, 277f).

1.3.9 Fazit

Hinsichtlich der Integration (strukturelle/kognitive und soziale/identifikatorische) von MuslimInnen kann somit abschließend festgehalten werden, dass für die in den öffentlichen Debatten viel bemühte überwiegende Mehrheit der MuslimInnen gilt, dass sie in den oben genannten Bereichen gut integriert sind, während man etwa bei 20% der Menschen muslimischen Glaubens aus muslimisch geprägten Herkunftsnationen – insbesondere im Bereich der strukturellen Integration (Bildungsniveau/Erwerbstätigkeit) – Integrationsdefizite erkennen kann. Hierbei weisen besonders die Aleviten aus der Türkei ein unterdurchschnittliches Bildungsniveau auf. Insgesamt besehen wird zudem deutlich, dass MuslimInnen schlechtere Integrationswerte erzielen als Menschen mit einer anderen Religionszugehörigkeit, bzw. als diejenigen, die keiner Religion angehören und der gleichen Herkunftsregionen entstammen. Schaut man sich jedoch die untersuchten Gruppen differenzierter an, werden einerseits starke Unterschiede innerhalb der Gruppe der MuslimInnen selbst und andererseits mit Angehörigen anderer Religionen erkennbar. Hier erzielen MuslimInnen je nach Region mal bessere und mal schlechtere Werte als Nicht-Muslime, so dass man in der Gesamtschau zu dem Ergebnis kommt, dass für die angezeigten Integrationsdefizite nicht die islamischen Religion, sondern hier vielmehr die spezifische politische Situation der jeweiligen Herkunftsländer und die Anwerbe- und Integrationspolitik der Bundesregierung verantwortlich gemacht werden muss (vgl. Haug u.a. 2009, 333ff).

Mit der MLD-Studie wird zudem – ähnlich der Untersuchungsresultaten von Halm und Sauer – deutlich, dass das Reden von muslimischen „Parallelgesellschaften"[12]

---

12 | Der Begriff „Parallelgesellschaft" impliziert die Kritik der Abgrenzung einer als ethnisch homogen erlebten Bevölkerungsgruppe, wobei nach wie vor eine wissenschaftlich-systematische Auseinandersetzung bzw. eine trennscharfe terminologische Bestimmung dieser scheinbar zur „Phrase" mutierten Terminologie fehlt (vgl. Bukow u.a. 2007, 11; Halm/

nicht nur keine empirische Basis hat, sondern im Gegenteil unter MuslimInnen eine große Bereitschaft zur sozialen und gesellschaftlichen Partizipation vorhanden ist.

Die beklagte Bildung von Parallelgesellschaften, mit denen sich imaginierte ethnisch homogene Bevölkerungsgruppen von der Mehrheitsgesellschaft abschotteten, anstelle sich im Zuge der geforderten Assimilation bzw. Akkulturation an die Aufnahmegesellschaft bei Preisgabe der eigenen Herkunftskultur anzugleichen, scheint so nicht zuzutreffen.[13] Hier wiesen insbesondere Halm/Sauer darauf hin, dass die „These der Entwicklung zu parallelen Gesellschaftsstrukturen von Deutschen und Türken" durch Ergebnisse von Längsschnittuntersuchungen nicht zu belegen seien, sondern sich im Gegenteil ein Trend einer leicht zunehmenden gesellschaftlichen „Durchmischung" abzeichne, wobei sich, wie eingeräumt wurde, die Identifikation mit dem Islam vergrößert habe (Halm/Sauer 2006, 21). Obwohl so gut wie keine systematisch-differenzierte wissenschaftliche Auseinandersetzung mit so genannten Parallelgesellschaften existieren, was angesichts der Tatsache, dass „institutionell geschlossene Gesellschaften in einer globalisierten Weltgesellschaft" kaum noch existierten, nicht verwunderlich sei, wie Bukow u.a. betonen, scheint sich dieser Terminus zur Charakterisierung eines desintegrativen Charakters des Islam bewährt zu haben. Die „Rede von der Parallelgesellschaft", so die Autoren weiter, würde hier in erster Linie aus einem „migrationspolitischen Alarmismus der Medien" genährt (Bukow u.a. 2007, 11).

Somit liegt es nahe, die Existenz von Parallelgesellschaften in Frage zu stellen bzw. demgegenüber zu zeigen, dass es sich hierbei wohl eher um Organisationsformen von Migranten in der „neuen Heimat" handelt, die Meyer als „ethnische Kolonien" bzw. als „ethnisch-verdichtete Siedlungsgebiete" bezeichnet, die in ihrer Bedeutung, wie auch Bukow u.a. betonen, etwas anderes als die so genannten „Parallelgesellschaften" darstellen (vgl. Meyer, 2002, 363). Diese als Parallelgesell-

---

Sauer 2006, 18ff; Meyer 2002, 343; Janßen/Polat 2006, 18). Dennoch erfährt insbesondere seit der Ermordung des niederländischen Journalisten Theo van Gogh im Jahre 2004 und im Rahmen der Debatten um Zwangsverheiratungen und Ehrenmorde dieser Begriff bis heute eine hohe Popularität in den Medien und der Politik. Meyer (2002) verwendet diesen Begriff für soziale Kollektive, auf die für ihn folgende Merkmale zutreffen: „ethnokulturell bzw. kulturell-religiös *heterogen*; nahezu vollständige *lebensweltliche* und *zivilgesellschaftliche* sowie weitgehende (...) *ökonomischen* Segregation; nahezu *komplette Verdoppelung* der gesellschaftlichen Institutionen; formal *freiwillige* Form der Segregation; siedlungsräumliche *oder* nur sozial-interaktive Segregation, sofern die anderen Merkmale alle erfüllt sind" (Meyer 2002, 344). Halm und Sauer merken allerdings kritisch an, dass hierbei lediglich die Form (das „Wie") des Zusammenlebens berücksichtigt und keinesfalls alle Dimensionen erfasst würden, die mit Integration bzw. Desintegration in Zusammenhang stünden. Insbesondere gelte dies für soziale und wirtschaftliche Teilhabe, die als die wichtigsten Bestandteile der gesellschaftlichen Integration anzusehen seien (vgl. Halm/Sauer 2006,19).

13 | Vgl. Editorial *Aus Politik und Zeitgeschichte* (ApuZ) 1–2/2006,2.

schaft bezeichneten Organisationsformen von Migrantengruppen bilden demnach in Deutschland einen Trend ab, der sich in allen klassischen Einwanderungsländern zeigt. MigrantInnen lassen sich zunächst in Regionen nieder, in denen sie auf Menschen gleicher Herkunft und gleicher Sprache treffen, um nach einer gewissen Zeit ein solches vorübergehendes Arrangement wieder zu verlassen (vgl. Bukow u.a. 2007, 11). Die Rede von der Parallelgesellschaft hat demnach einen anderen Hintergrund als den einer vermuteten religiös motivierten Assimilierungsresistenz und Segregationstendenz:

„Die Debatte um die Parallelgesellschaft findet in einer virtuellen, vormodernen Welt der gefühlsmäßigen Orientierung an überkommen gemeinschaftsgesättigten, gesamtgesellschaftlich angelegten Deutungsmustern statt [...]. Sie speist sich aus einem Unbehagen an der Moderne und aus der Angst um den Verlust sicher geglaubter Privilegien. Eine in diesem Kontext formulierte ‚gefühlte' Parallelgesellschaft bleibt gegenüber Erfahrungen und Informationen immun. Das macht sie als Folklore stabil, attraktiv und legitimationsträchtig" (Bukow u.a. 2007, 16).

Die Untersuchungen von Halm und Sauer bezüglich einer möglichen Existenz von türkischen Parallelgesellschaften, die in Anlehnung an den von Meyer[14] entwickelten Indikatoren für Parallelgesellschaften seit 1999 vom Zentrum für Türkeistudien jährlich mit 1000 erwachsenen türkischstämmigen Migrantinnen und Migranten aus NRW durchgeführt werden, konnten die These der Existenz von Parallelgesellschaften nicht bestätigen. Sie wiesen bezüglich einer tendenziellen Vermischung vielmehr auf eine Zunahme der Identifikation mit dem Islam und einer wachsenden Wahrnehmung von Diskriminierungserfahrungen hin (vgl. Halm/Sauer 2006, 19ff). Auch die MLD-Studie konnte „die Rede von der Parallelgesellschaft" empirisch nicht stützten, wie die oben dargestellten Ergebnisse deutlich zeigen.

Trotz dieser empirischen Erkenntnis bleibt im öffentlichen Diskurs ein resistent erscheinender, „gefühlter" Zusammenhang von vielfältigen gesellschaftlichen Problemlagen mit der wahrgenommenen „Ausländerproblematik", die zur „Muslim"-Problematik umgedeutet wird, haften. Bukow macht hierfür eine seit Jahren anhaltende „Ausländerdiskussion" mit verantwortlich, die, wie er betont, den öffentlichen Diskurs nachhaltig prägte und dazu geführt habe, dass aktuelle gesellschaftliche Problemkonstellationen wie „Kriminalität und Drogen, Arbeitslosigkeit und Desintegration, Kulturkonflikt und Fundamentalismus, soziale Brennpunkte und urbaner Verfall, Ethnizität und Paternalismus" reflexartig in monokausaler

---

14 | Nach Meyer sind dies Indikatoren, die durch Merkmale wie Religiosität (kulturelle Homogenität), Kontakte zu Deutschen (lebensweltliche Segregation), Organisationsgrade (Verdoppelung von Institutionen), Diskriminierung (Freiwilligkeit von Segregation) und ethnische Quartiersbildung (Wohnraumsegregation) gekennzeichnet sind (vgl. Meyer 2002, 343ff; Halm/Sauer 2006, 20).

Verknüpfung mit der Ausländerfrage in Zusammenhang gebracht und kaum noch in ihrem komplexen Sachzusammenhang diskutiert werden (Bukow 2007, 29).

Möglicherweise ist dies einem dialektischen Wirkzusammenhang des „Fremden im Eigenen" geschuldet, mit dem einerseits das Eigene in der Abgrenzung zum Fremden trennscharfe definitorische Konturen erfährt, jedoch andererseits das Fremde als das Unbekannte, unter Umständen sukzessive in den Verdacht gerät, das Eigene zu bedrohen, was sich aus der Bewertungsperspektive des Eigenen in vielen gesellschaftlichen Problemzonen vor dem Hintergrund der vorurteilenden Selbstvergewisserung zu bestätigen scheint.

Kultur und soziale Praxis

Gesine Drews-Sylla, Renata Makarska (Hg.)
Neue alte Rassismen?
Differenz und Exklusion in Europa nach 1989

Oktober 2014, ca. 300 Seiten, kart., ca. 29,80 €,
ISBN 978-3-8376-2364-2

Heidrun Friese
Grenzen der Gastfreundschaft
Die Bootsflüchtlinge von Lampedusa
und die europäische Frage

Juli 2014, 250 Seiten, kart., 29,99 €,
ISBN 978-3-8376-2447-2

Jörg Gertel, Rachid Ouaissa (Hg.)
Jugendbewegungen
Städtischer Widerstand und Umbrüche
in der arabischen Welt

Juli 2014, 400 Seiten, Hardcover,
zahlr. z.T. farb. Abb., 19,99 €,
ISBN 978-3-8376-2130-3

**Leseproben, weitere Informationen und Bestellmöglichkeiten
finden Sie unter www.transcript-verlag.de**

Kultur und soziale Praxis

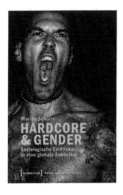

Marion Schulze
Hardcore & Gender
Soziologische Einblicke in eine globale Subkultur

Dezember 2014, ca. 400 Seiten, kart., ca. 34,99 €,
ISBN 978-3-8376-2732-9

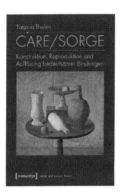

Tatjana Thelen
Care/Sorge
Konstruktion, Reproduktion
und Auflösung bedeutsamer
Bindungen

Oktober 2014, ca. 330 Seiten, kart., ca. 32,99 €,
ISBN 978-3-8376-2562-2

Nadja Thoma, Magdalena Knappik (Hg.)
Sprache und Bildung in Migrationsgesellschaften
Machtkritische Perspektiven
auf ein prekarisiertes Verhältnis

Februar 2015, ca. 300 Seiten, kart., 29,99 €,
ISBN 978-3-8376-2707-7

**Leseproben, weitere Informationen und Bestellmöglichkeiten
finden Sie unter www.transcript-verlag.de**